■《资本论》专题研究丛书

全国中国特色社会主义政治经济学研究中心（福建师范大学）2022年重点项目研究成果

全国经济综合竞争力研究中心2022年重点项目研究成果

福建省"双一流"建设学科——福建师范大学理论经济学科2022年重大项目研究成果

福建省社会科学研究基地——福建师范大学竞争力研究中心2022年资助研究成果

《资本论》专题研究参考资料 2

劳动价值论

主编：李建平　黄　瑾
执行主编：陈美华

中国财经出版传媒集团
经济科学出版社
Economic Science Press

图书在版编目（CIP）数据

劳动价值论/李建平，黄瑾主编；陈美华执行主编
. －－北京：经济科学出版社，2023.4
（《资本论》专题研究丛书.《资本论》专题研究参
考资料；2）
ISBN 978 - 7 - 5218 - 4691 - 1

Ⅰ.①劳…　Ⅱ.①李…②黄…③陈…　Ⅲ.①马克思
主义 - 劳动价值论 - 研究　Ⅳ.①F014.2

中国国家版本馆 CIP 数据核字（2023）第 064856 号

责任编辑：孙丽丽　胡蔚婷
责任校对：蒋子明
责任印制：范　艳

劳动价值论

——《资本论》专题研究参考资料·2

主　编　李建平　黄　瑾
执行主编　陈美华
经济科学出版社出版、发行　新华书店经销
社址：北京市海淀区阜成路甲 28 号　邮编：100142
总编部电话：010 - 88191217　发行部电话：010 - 88191522
网址：www. esp. com. cn
电子邮箱：esp@ esp. com. cn
天猫网店：经济科学出版社旗舰店
网址：http://jjkxcbs. tmall. com
北京季蜂印刷有限公司印装
710×1000　16 开　25.25 印张　370000 字
2023 年 9 月第 1 版　2023 年 9 月第 1 次印刷
ISBN 978 - 7 - 5218 - 4691 - 1　定价：108.00 元
（图书出现印装问题，本社负责调换。电话：010 - 88191545）
（版权所有　侵权必究　打击盗版　举报热线：010 - 88191661
QQ：2242791300　营销中心电话：010 - 88191537
电子邮箱：dbts@ esp. com. cn）

绪　　论

　　科学劳动价值论是马克思经济学说的理论基础，马克思的全部经济理论，包括《资本论》全书的理论内容，都是建立在劳动价值论的理论基础之上。马克思通过对自由资本主义时期市场经济经验的总结，在批判地继承古典学派劳动价值学说的基础上，创建了科学的劳动价值论，并由此创建了剩余价值学说，引起了整个政治经济学的革命。但自科学劳动价值论建立一百多年来，国内外学者对有关劳动价值论的理论渊源、理论内涵、研究方法进行深入研究，关于劳动价值论的讨论和争论也从未停止，尤其是在当代经济条件下，劳动形态和价值形成呈现出许多新特点，国内外学者对劳动价值论的争论更为激烈。因此，在新的历史条件下，如何深化认识和坚持发展科学劳动价值论，证明马克思劳动价值论仍具有强大生命力，是一个重大的理论与现实问题。

一、劳动价值论的由来和演进

　　劳动创造商品价值，最初是由古典学派的创始人威廉·配第提出的，并经亚当·斯密和大卫·李嘉图的修改、补充与发展，为马克思科学劳动价值理论体系的建立奠定了重要的理论基础。

（一）威廉·配第劳动价值思想的萌芽

　　威廉·配第是英国资产阶级古典经济学派的创始人，同时也是第一个正式从经济学的角度提出"劳动创造价值"思想的经济学家。在《赋税论》中，他分析了"自然价格"和"政治价格"的区别，指出"自然价格"实际指的是商品的价值，"政治价格"是指商品的市场价格，政治价格围绕自然价格上下波动。配弟对价值理论的一个突出贡献就是提出了劳动是商品价值的源泉。他指出："假如一个人在能够生产一普式耳谷物的时间内，将一盎司白银从秘鲁的银矿中运来伦敦，那么，后者就是前者的自然价格。"① 在此，配第认为，一盎司白银之所以作为一普式耳谷物的"自然价格"，是因为生产一盎司白银和生产一普式耳谷物所耗费的劳动时间相等。这说明配第已经认识到生产中耗费的劳动时间决定商品的价值。

此外，配第还提出了商品的价值量同劳动生产率成反比的理论观点。他说："如果发现了新的更丰富的银矿，因而获得两盎司白银和以前获得一盎司白银同样容易，那么，在其他条件相等的情况下，现在谷物一普式耳售价十先令，和以前一普式耳售价五先令，同样低廉。"② 他又说："一百个农民所能做的工作，如果有两百个农民来做的话，谷物的价格就会上涨一倍。"③ 根据配第的观点，劳动生产率提高一倍，白银价值量就降低一半，而农业生产率降低一半，小麦的自然价格就会上涨一倍。这说明，不管是生产白银还是生产谷物，劳动生产率与商品价值量都是成反比例关系。

总之，威廉·配第初步得出的劳动价值论的命题虽然还未形成体系，但却蕴涵着劳动价值论的最初萌芽，是古典学派劳动价值理论的初步形成。

（二）亚当·斯密对劳动价值论的初始发展

亚当·斯密在继承威廉·配第"劳动创造价值"思想观点的基础上，于1776 年发表了著名的《国民财富的性质和原因的研究》一书，第一次系统地具体化地论述了劳动价值论。

首先，斯密对商品的使用价值和交换价值做出了明确的区分。他说："'价值'一词有两个不同的意思，有时它表示某一特定物品的效用；有时则表示该物品给予占有者购买其他物品的能力。前者也许可称之为'使用价

---

① ② 威廉·配第：《赋税论》，商务印书馆 1978 年版，第 48 页。
③ 威廉·配第：《赋税论》，商务印书馆 1978 年版，第 88 页。

值'，而后者或许可称之为'交换价值'。"① 斯密认为，使用价值就是特定物品的效用，交换价值就是指人们由于占有某物而取得的对他种货物的购买力。其次，斯密阐明劳动是衡量商品交换价值的真实尺度。他在考察与分析了分工、交换和货币以后，明确提出"劳动是测量一切商品交换价值的真正标准"②。在亚当·斯密看来，"每一件物品的真正价格，或者对于任何想取得它的人来说，它的真正成本，就是为了得到它所必须付出的辛劳。"③ 最后，斯密总结出国民财富为一国国民所需要的一切必需品和便利品，他指出："对每一个国家来说，供应全国人民每年消费的生活必需品与便利品的根本来源，是全体国民每年的劳动"④。在亚当·斯密看来，一国国民所需要的必需品与便利品，它们都是以商品的形式而存在的，也可以说财富就是商品，它们来源于劳动。

（三）大卫·李嘉图的劳动价值理论及其局限性

大卫·李嘉图是古典政治经济学的集大成者，他在批判地继承了亚当·斯密劳动价值论基础上，进行深入的研究，从而把劳动价值论推向了古典政治经济学的高峰。

李嘉图进一步区分了商品的使用价值和交换价值，认为一种没有任何使用价值的商品，就不能满足消费者的需要，那么即使这种商品耗费了大量的劳动，或者是稀有的，但它仍然不会有任何的交换价值。他又指出："效用对于交换价值来说虽是绝对不可缺少的，但也不能成为交换价值的尺度"⑤ 因此，在他来看，商品的使用价值是交换价值的前提条件，是物质承担者，但商品的使用价值也不是交换价值的决定因素。另一方面，他明确指出，绝大多数商品的价值完全取决于生产它们所耗费的劳动，"我的价值尺度是劳动量"，而且他指出决定商品价值的劳动，是社会必要劳动。他指出："一切商

---

① 亚当·斯密：《国富论》，谢宗林，李华夏译，中央编译出版社 2011 年版，第 21 页。
②③ 亚当·斯密：《国富论》，谢宗林，李华夏译，中央编译出版社 2011 年版，第 23 页。
④ 亚当·斯密：《国富论》，谢宗林，李华夏译，中央编译出版社 2011 年版，第 1 页。
⑤ 大卫·李嘉图：《政治经济学及赋税原理》，郭大力、王亚南译，商务印书馆 2013 年版，第 5 页。

品，不论是工业制造品、矿产品还是……也就是由那些要继续在最不利的条件下进行生产的人所必须投入的较大量劳动。这里所说的最不利条件，是指所需的产量使人们不得不在其下进行生产的最不利条件"① 可以看出大卫·李嘉图把在最坏的条件下生产的商品所要耗费的劳动看作是必要劳动，强调只有社会必要劳动时间决定商品的价值量，等等。

有关劳动价值论的由来和演进，尤其是马克思科学劳动价值论与古典学派的价值学说的关系，国内外学者都进行大量的研究。如国外一些学者贬低劳动价值论的科学地位，认为马克思的劳动价值论与以前的古典政治经济学的价值论混为一谈。如熊彼特说："马克思使价值理论成为他的理论结构的基石，这和他同时代和较晚的理论家们的做法是一致的，他的价值理论是李嘉图式的价值理论。"② 又如罗尔指出，劳动价值学说的"基本论点的提法应归功于斯密和李嘉图。随着马克思的'重新发现'这些提法而来的热情也许是自动启蒙的一种典型经验"③。

国内学者对劳动价值论的理论渊源和理论发展脉络的梳理较为一致，大多数学者认为劳动价值论可以溯源到威廉·配第提出的劳动决定价值这一基本命题，充分肯定了古典学派经济学家，尤其是李嘉图在发展劳动价值论方面所作出的贡献。同时也意识到由于时代、阶级的限制，古典学派的价值理论存在着难以克服的难题。马克思在批判继承古典学派价值理论的基础上，运用辩证唯物主义和历史唯物主义的研究方法，拨开了价值理论的迷雾，创立了科学的劳动价值论，使价值理论发生了革命性的变革。如邱兆祥（1990）④ 认为对商品价值的探索可以追溯到亚里士多德对商品交换的研究，他充分肯定了配第、斯密、李嘉图等古典经济学家对劳动价值论作出的贡献，同时还指出，尽管他们各自的理论存在不完善之处，但也为马克思和恩格斯

---

① 大卫·李嘉图：《政治经济学及赋税原理》，郭大力、王亚南译，商务印书馆 2013 年版，第 58 页。
② 熊彼特：《资本主义、社会主义与民主主义》，商务印书馆 1979 年版，第 32 页。
③ 罗尔：《经济思想史》，商务印书馆 1981 年版，第 287 页。
④ 邱兆祥：《浅论古典学派在劳动价值论上的贡献》，载于《中央财政金融学院学报》1990 年第 3 期，第 46～48 页。

创立完全科学的劳动价值论奠定了基础。汤在新（2005 年)① 认为，马克思提出价值量和价值的本质、价值转化为生产价格等重要观点是对古典学派价值理论的批判继承，也为他创立自己的理论体系提供了思想来源。指出马克思依据其首创的劳动二重性学说，使李嘉图关于价值量的论断得到科学说明；并阐明了马克思把古典学派以价值为起点的理论体系发展为以商品作为起始范畴，实现了价值论的革命变革，从而逐渐形成了马克思主义经济学的理论体系结构。胡莹，刘静琬（2021 年)② 重点研究了马克思对李嘉图价值理论的认识、评价、继承和发展，胡莹，刘静琬指出，李嘉图有关资本主义社会国民财富的分配问题、以及工资、利润和地租的形成及其相互关系的论述，揭露了当时社会的阶级矛盾，这为马克思劳动价值论的建立奠定了基础。但她们也提出，李嘉图价值理论的主要缺点在于其经济范畴的超历史性，而马克思运用历史唯物主义的研究方法，从价值的概念、价值的构成和价值的转化形式等方面完善了劳动价值论。

二、劳动价值论的理论内涵

马克思在批判地继承古典学派劳动价值论的基础上，通过对商品关系的深刻分析，阐明了商品的二因素和生产商品的劳动的二重性及其相互关系，分析了价值的质和量的规定性及其变化规律、价值形式的发展和货币的起源、商品经济的基本矛盾和基本规律及其作用等，从而形成科学的劳动价值论。马克思的劳动价值论是一个结构完整、逻辑严密、内容丰富、博大精深的理论体系，正确理解和准确把握劳动价值论的理论内涵，是坚持和发展劳动价值论的重要前提。

（一）如何理解劳动价值论的整体内涵

关于马克思劳动价值论的基本内涵，有学者认为《资本论》第一卷第一

---

① 汤在新：《价值论的革命变革——从斯密、李嘉图到马克思》，载于《经济评论》2005 年第 2 期，第 3～8 页。
② 胡莹、刘静琬：《价值理论的发展：从李嘉图到马克思》，载于《当代经济研究》2021 年第 4 期，第 5～15 页。

章第一、二节所涉及的商品的使用价值和价值、劳动的二重性、价值量、社会必要劳动时间等内容，构成了马克思劳动价值论的基本内容；一些学者则把《资本论》第一卷第一章全四节都看作马克思劳动价值论的内容。还有学者将价值实体、价值量、价值形式、价值本质概括为马克思劳动价值论。陈征（1982 年）① 指出，要研究马克思劳动价值论，就要了解马克思对古典学派劳动价值论除去批判地继承外，还有那些创造和发展，完成了那些革命性的变革。以此出发，陈征从商品是使用价值和价值的统一（价值实体和价值量）、劳动二重性、价值形式、商品拜物教四个方面来理解马克思劳动价值论的基本内涵，认为这四者是一个有严密的内在联系的逻辑整体，要从这个系统的整体来把握马克思的劳动价值理论。卫兴华（2001 年）② 指出马克思的劳动价值论不是仅限于《资本论》第一卷第一章的内容，随着研究的进展和逻辑的推进，在《资本论》其他章节中，劳动价值论得到了深化和丰富。卫兴华认为，首先应弄清和把握《资本论》中由抽象到具体、由简单到复杂的方法，与此相联系，作为研究始点的商品和生产商品价值的劳动，都是暂时抽去了复杂的经济关系，从简单的规定性上说明的，马克思所论述的生产商品和价值的劳动，决不仅仅是体力劳动，它决没有排除脑力劳动如科学技术工作，所以，在当前经济信息化、高科技化、全球化背景下，生产和分配应更加重视科技工作和经营管理的劳动。李铁映（2003 年）③ 提出马克思劳动价值论包括诸多范畴，如商品的二因素、劳动的二重性、价值的本质、价值实体、价值量、价值载体、价值形式、价值构成、价值转形、价值规律、国际价值等，不能简单地把其中几个方面看作是马克思劳动价值论。与此同时，李铁映对劳动和劳动力问题、商品生产和价值问题、活劳动与物化劳动问题、剩余价值与净增价值问题进行了新的探讨，并指出马克思的劳动价值论是经

　　① 陈征：《马克思劳动价值理论的基本内容》，载于《南昌大学学报（人文社会科学版）》1982 年第 3 期，第 10～17 页。

　　② 卫兴华：《三论深化对劳动和劳动价值论认识的有关问题》，载于《高校理论战线》2001 年第 8 期，第 35～42 页。

　　③ 李铁映：《关于劳动价值论的读书笔记》，载于《中国社会科学》2003 年第 1 期，第 25～40 页。

受了实践检验的科学理论，是随着时代的发展而不断丰富和发展的。

（二）关于生产性劳动与非生产性劳动的探讨

马克思从劳动过程和资本主义生产过程两个角度界定劳动：从简单劳动过程的观点来看，凡是进行物质资料的生产，创造出新的使用价值的劳动，就是生产性劳动，否则就是非生产性劳动；二是从资本主义生产过程的观点来看，凡是能带来或生产剩余价值的劳动，才是生产性劳动，否则就是非生产性劳动。

针对学界有关劳动价值论一些基本理论问题的争论，一些学者展开深入论述和分析。例如，在生产劳动和非生产劳动问题上，学者们普遍认为生产劳动的外延，需要随着经济发展的实践而扩大。问题在于，生产劳动外延的范围应该扩大到何种程度，学术界对划分生产劳动和非生产劳动的标准存在不同的理解。国外学术界出现以生产新价值、社会一般利益和资本积累等不同的角度对生产劳动和非生产劳动进行新阐释。基此，谢富胜（2003 年）[1]根据马克思对一般劳动过程、资本主义生产过程和流通过程的分析，指出在资本主义生产关系下，生产劳动是指和生产资本相交换并能生产剩余价值的有用劳动，非生产劳动就是和收入相交换的劳动，他认为判断一种劳动是生产劳动还是非生产劳动，关键在于用来交换的劳动是否改变了交换双方现有的经济关系，从而对生产劳动与非生产劳动进行具体的区分。同时，谢富胜指出，随着新技术革命的发展，资本主义生产过程和劳动过程出现了进一步的分离，总体劳动过程相应进一步扩大；此外，出现了劳动者向非物质生产领域和新兴产业转移的两种趋势；而在社会主义市场经济条件下，生产劳动是指通过市场与公有制的生产资料相结合生产社会剩余的劳动；就私有制生产方式来说，生产劳动是指与私有资本相交换生产剩余价值的劳动。

（三）关于价值量的分析

马克思运用劳动二重性学说分析了价值实体，说明商品的价值是凝结着

---

① 谢富胜：《论生产劳动和非生产劳动》，载于《经济评论》2003 年第 2 期，第 8～12 页。

无差别的人类劳动，而商品的价值量是由社会必要劳动决定的。马克思指出："只有社会必要劳动时间才算是形成价值的劳动时间。"① "社会必要劳动时间是在现有的社会正常的生产条件下，在社会平均的劳动熟练程度和劳动强度下制造某种使用价值所需要的劳动时间。"② 由此可见，社会必要劳动时间既包括主观的生产条件，又包含客观的生产条件。商品的价值量之所以由社会必要劳动时间决定，是由商品生产本身的性质和特点决定的。

围绕价值量的决定问题，国内外学者进行大量的研究。马克思指出，单位商品的价值量与劳动生产率成反比，价值总量与劳动生产率无关；在劳动时间不变的前提下，价值总量总是一个定量。而在现实生活中，按不变价格计算的国民生产总值总是不断增加，且大大超过劳动力的增长率，似乎它与劳动生产率成正比。根据这一矛盾，谷书堂教授提出了"价值总量之谜"。陈永志，杨继国（2003 年）③ 认为，之所以认为这是一个矛盾是因为我们对不变价格计算的国民生产总值范畴内涵认识不清，尤其是对劳动价值论中"价值"范畴的狭隘与静态的理解。陈永志，杨继国基于国民生产总值范畴中的两个影响因素出发，依据马克思的劳动价值论的逻辑体系，阐明了劳动生产率与单位产品价值量"成反比"，与国民生产总值"成正比"的基本关系，解释了"价值总量谜团"，从而说明马克思经济学的生命力和劳动价值论的科学性。

（四）关于劳动二重性的研究

劳动二重性理论是马克思对劳动价值理论的重大变革，也是理解整个马克思主义政治经济学的"枢纽"。马克思写信给恩格斯时说："我的书最好的地方是：在第一章就着重指出了按不同情况表现为使用价值或交换价值的劳动二重性（这是对事实的全部理解的基础）。"④ 但长期以来，对劳动二重性

---

① 《马克思恩格斯文集》第 5 卷，人民出版社 2009 年版，第 221 页。
② 《马克思恩格斯文集》第 5 卷，人民出版社 2009 年版，第 52 页。
③ 陈永志、杨继国：《"价值总量之谜"试解》，载于《经济学家》2003 年第 6 期，第 35 ~ 42 页。
④ 《马克思恩格斯〈资本论〉书信集》，人民出版社 1976 年版，第 225 页。

及价值本质存在着理解上的分歧，有人藉此质疑和曲解马克思劳动价值论。任洲鸿（2009 年）① 认为，厘清马克思对抽象劳动概念的相关论述并阐明其经济学本质，既是深化认识社会主义市场经济条件下的劳动与劳动价值论的时代要求，也为澄清学术界对价值本质理解上的分歧提供一个新的理论视角。因此，任洲鸿基于对马克思、恩格斯对"抽象劳动"概念的文本考察，引入生理学意义上的抽象劳动和经济学意义上的抽象劳动两个概念。指出所谓生理学意义上的抽象劳动就是生产"一般的使用价值"的劳动，所谓经济学意义上的抽象劳动则是指凝结或物化为价值的人类劳动。从而说明经济学意义上的抽象劳动决定着商品价值的"质"的规定性及其同一性，其只存在于商品生产与交换的经济关系中，具有历史暂时性。在此基础上，任洲鸿提出了从"商品二重性"向"产品二重性"的历史演进假说，这在经济全球化与社会主义市场经济的时代背景下，有助于我们深化对唯物史观视域下的中国特色社会主义乃至人类社会发展规律的理解。

三、劳动价值论的方法论专题

自《资本论》出版以来，国内外学者对劳动价值论的创新与发展作了大量探索，有坚持、创新和发展的，也有误读、歪曲和否定的。理论界对劳动价值论的种种偏见，既有来自阶级立场的不同，也有与对马克思劳动价值论研究方法的忽视或者说不理解有关。随着劳动价值论研究和论争的不断深入，方法论问题已成为不可忽视的重要理论和现实问题。

从国内学者的讨论来看，学者对马克思劳动价值论的方法论问题，基于马克思《资本论》研究方法的分析解读，见仁见智。李建平（2002 年）② 指出，要"完整地准确地理解"劳动价值论，就应当了解和掌握《资本论》所应用的方法，这是深化对劳动和劳动价值论认识的前提。因此，李建平不仅

---

① 任洲鸿：《马克思"抽象劳动"概念探析》，载于《当代经济研究》2009 年第 8 期，第 26 ~ 30 页。

② 李建平：《掌握〈资本论〉方法，正确理解劳动价值论》，载于《当代经济研究》2002 年第 1 期，第 6 ~ 9 页。

剖析了当前学术界一些学者对《资本论》方法的理解上存在的偏差，而且提出马克思的"最完整最系统的"劳动价值理论应该包含三个层次的内容：即马克思对资产阶级古典政治经济学劳动价值理论的肯定、继承和批判、改造；关于劳动价值论最简单、最抽象、最一般的规定；劳动价值论的进一步具体化。并指出这三个层次的内容是相对独立、有所区别但又相互联系、相互渗透的一个有机整体。朱炳元（2005 年）[1] 指出，马克思研究劳动价值论采用的方法包括科学的抽象方法、从抽象上升到具体的叙述方法、逻辑与历史相统一的方法，以及辩证法这四种研究方法。并提出掌握马克思劳动价值论的方法论，对于理解马克思劳动价值论本身，以及结合变化了的情况与时俱进地推进这一理论的创新和发展都具有重要的意义。在此基础上，针对理论界对劳动价值论的种种误读，诸如劳动价值论是否"过时"、价值的源泉、以及价值的分配等问题，运用方法论进行一一剖析。张雷声（2018）[2] 认为，劳动价值论作为马克思主义经济学的理论基石，要整体地把握马克思主义经济学的宏观架构，就必须立足方法整体性理解和把握劳动价值论的逻辑整体性，从而进一步去把握其历史整体性。因此，张雷声基于逻辑整体性角度分析了劳动价值论，指出从劳动创造价值到价值转化为生产价格，反映的是劳动价值论由价值的简单规定进一步上升为价值的复杂规定的逻辑发展过程；并强调指出，把握马克思对政治经济学方法的创新，是理解马克思劳动价值论逻辑整体性及其意义，以及发展劳动价值论的前提。钟春洋（2011）[3] 认为，对劳动价值论创新与发展可运用哲学意义上的方法、逻辑层次的方法、技术性方法三大层次进行研究，并论述了这三个层次研究方法的前提和意义，强调研究方法的开放性、综合性、协调性。

---

[1]　朱炳元：《马克思劳动价值论的方法论》，载于《毛泽东邓小平理论研究》2005 年第 11 期，第 17~24 页。

[2]　张雷声：《马克思劳动价值论的逻辑整体性》，载于《教学与研究》2018 年第 4 期，第 5~11 页。

[3]　钟春洋：《方法论视野下马克思劳动价值论新解读》，载于《当代经济研究》2011 年第 12 期，第 7~13 页。

四、有关劳动价值论的争论问题研究

关于劳动价值论的争论一直是学术界的热点问题之一，各种观点林林总总。既有来自西方资产阶级庸俗经济学家的污蔑和攻击，也有来自国内反马克思主义经济学者对劳动价值论的歪曲与否定。与此同时，马克思主义派别的经济学家对于各种各样的攻击也给予了迎头痛击，这种攻击和反攻击的论争迄今已经延续了一百多年，其论争的实质是抛弃还是坚持马克思的劳动价值论。

西方资产阶级经济学家对马克思劳动价值论的批判与争论是持久和激烈的，主要经历了三次的大争论，分别发生在 19 世纪 90 年代、20 世纪三四十年代，以及 20 世纪 70 年代。有的学者通过攻击《资本论》第一卷关于劳动价值论和第三卷关于生产价格问题的阐述是相互矛盾的，从而否定马克思劳动价值论的实际地位；有的学者直接否定任何价值理论，而只倡导价格理论；甚至有学者试图建立一种"没有劳动价值论的剥削论"用以否定科学的劳动价值论，等等。对于这些攻击和非难，马克思主义者进行有理有据的反驳，他们的著述反映了西方马克思主义经济学家对劳动价值论认识的最高水平，也极大地维护了马克思劳动价值论的科学地位。

新中国成立以来，我国理论界对于马克思劳动价值论的理解和界定存在较大的分歧，围绕着如何认识和理解劳动价值论进行了六次大讨论。在新中国成立初期，讨论的焦点是围绕着商品生产和价值规律在社会主义条件下的地位、作用问题。随着改革开放进一步推进，社会分工和协作的不断深化，劳动方式、劳动结构和劳动布局发生了前所未有的变化，尤其是科技生产和管理日益发挥重大的作用，学术界对价值创造源泉展开激烈争论，包括非物质生产领域的劳动是否创造价值、在坚持马克思劳动价值论的基础上如何扩展劳动的内涵和外延等问题，呈现出各种各样的观点，也出现了许多高水平的著述和文章，从而推动了对马克思劳动价值论的研究。

（一）关于劳动价值论一元论的争论

坚持劳动价值论一元论的学者认为，活劳动是价值的唯一源泉，物化劳

动不能创造价值，非劳动生产要素不能决定价值。苏星（1992）① 对谷书堂同志主编的《社会主义经济学通论》一书中所提出的一系列观点持反对意见，包括对价值的界定、"生产劳动和非生产劳动的界限，认为物质生产领域和非物质生产领域都创造价值""把社会主义的工资、利息和地租，说成是根据劳动、资本、土地等生产要素在价值形成中所作的贡献而给予的相应报酬，并把它确立为社会主义的分配原则"等。苏星认为，按照马克思的观点，只有物质生产部门的劳动才是生产劳动，才创造价值；他指出，"主张活劳动和物化劳动都创造价值，甚至认为劳动、资本、土地共同创造价值。"的观点实质与萨伊的生产费用价值理论相同，归根到底是错误的。对于苏星所持的劳动价值论一元论的观点以及对多元论的批评意见，谷书堂表示否定，并在《新劳动价值论一元论——与苏星同志商榷》（1993）② 文章中提出不同的观点与苏进行商榷。谷书堂和柳欣指出，今天所面临的社会主义现实生活与马克思所描述的社会主义原则并不相同，传统的劳动价值论一元论已不能解释现实生活中的价值决定，需要在原劳动价值论一元论的基础上扩大劳动的外延，加入资本、土地等非劳动生产要素以及技术变动下的利益关系，以便对价值决定做出合乎现实的说明。同时，谷书堂指出，苏星同志对多元论解释的批评，只是简单地用肯定一种理论的逻辑正确性去否定另一种理论，没有能够提出采用一元论方法如何能正确地说明我们面临的现实问题的例证，是缺乏说服力的。为了找到劳动价值多元论与一元论的平衡分析，谷书堂提出"新的劳动价值一元论"，即通过扩展劳动这一概念的外延而把资本等部分非劳动生产要素引入劳动（劳动生产率）的概念中来，把劳动定义为由其生产的一定量的使用价值所体现或支出的劳动量 = 劳动时间 × 劳动生产率，从而推论出"价值与劳动生产率成正比"，否定"价值与劳动生产率成反比"的结论。

对于谷苏之间的争论，何炼成认为各有偏颇之处，并在《也谈劳动价值

---

① 苏星：《劳动价值论一元论》，载于《中国社会科学》1992 年第 6 期，第 3 ~ 16 页。
② 谷书堂、柳欣：《新劳动价值论一元论——与苏星同志商榷》，载于《中国社会科学》1993 年第 6 期，第 83 ~ 94 页。

论一元论——简评苏、谷之争及其他》（1994）① 中肯定了苏星的"只有活劳动才能创造价值，物化劳动不能创造价值"的观点，但何炼成认为"价值创造只来源于物质生产部门的生产劳动"是一种传统的观点，不符合社会生产发展的客观实际。何认为，生产劳务和精神产品的劳动同样创造价值，而且这种劳动多为复杂劳动，因此在同样时间创造的价值要大于物质生产劳动所创造的价值。同时，如何理解谷、柳提出的"新的劳动价值论一元论"，即"劳动 = 劳动时间 × 劳动生产率"。何炼成认为，首先要先界定"劳动"这一概念，是指劳动产品的使用价值还是劳动产品的价值，若是前者，就不存在异议，若是后者，就要作出两种不同层面的理解，"价值与劳动生产率成正比"的结论并非都是成立的。

（二）关于社会必要劳动时间的理论定位

根据马克思劳动价值论，商品的价值量是由社会必要劳动时间决定的。但马克思在《资本论》第一卷和第三卷对社会必要劳动时间分别作出两种不同的规定。在《资本论》第一卷中，马克思指出："社会必要劳动时间是在现有的社会正常的生产条件下，在社会平均的劳动熟练程度和劳动强度下制造某种使用价值所需要的劳动时间。"② 在第三卷中，马克思指出："事实上价值规律所影响的不是个别商品或物品，而总是各个特殊的因分工而互相独立的社会生产领域的总产品；因此，不仅在每个商品上只使用必要的劳动时间，而且在社会总劳动时间中，也只把必要的比例量使用在不同类的商品上。"③ 长期以来，学术界对两个必要劳动时间关系的认识观点纷呈，先后出现了"一致说""引申说""同一说""矛盾说""否定说"等等。

苏星（1992）曾经指出，只有第一种含义的社会必要劳动时间决定价值。

---

① 何炼成：《也谈劳动价值论一元论——简评苏、谷之争及其他》，载于《中国社会科学》1994年第 4 期，第 23～31 页。

② 《马克思恩格斯文集》第 5 卷，人民出版社 2009 年版，第 52 页。

③ 《马克思恩格斯文集》第 7 卷，人民出版社 2009 年版，第 716 页。

主张两种社会必要劳动时间决定价值的学者，理论上容易否定劳动价值论，如果第二种含义的社会必要劳动也决定商品价值，实际上以市场价格来说明价值决定。何炼成（1994）则认为两种社会必要劳动时间共同决定价值，第二种含义的社会必要劳动时间也参与价值决定，符合劳动价值论一元论的观点。

此外，比较有代表性的观点是王峰明（2009）① 从哲学方法论角度探讨两种社会必要劳动时间的关系问题。王峰明指出：马克思在《资本论》第一卷第一篇中关于价值规定的概括，采用的是一种思维抽象，与此相联系，应当把第一种社会必要劳动时间定格为一种思维抽象，主要说明商品价值决定的本质规定和科学内涵，但这是以供求一致的前提假设为条件的。对于第二种必要劳动时间，王峰明在分析马克思有关市场价值多重性规定的基础上，指出第二种必要劳动时间包含两个方面的规定内容：一是在理想的正常生产条件下，当全社会的总供给与总需求一致，商品的价格取决于部门生产的个别价值总量的加权平均值。二是在全社会的总供给与总需求不一致的情况下，价格波动围绕的中心，当供大于求时，是由各部门内处于上等生产条件的个别价值调节的；当供小于求时，则由下等生产条件的个别价值调节。因此，第二种必要劳动时间它是比市场价值更具体、更丰富的思维具体，它解释了市场价格波动的整体表象。两种必要劳动时间体现了马克思在分析同一个问题的深化过程中考察层次的转换和角度的改变。

对于王峰明所持的观点，丁堡俊在《论社会必要劳动时间的理论定位——兼与王峰明先生商榷》（2010）② 一文中，在分析价格理论的基本逻辑的基础上进行剖析，一方面，他认同王峰明强调"价值和时间Ⅰ属于简单概念，时间Ⅱ属于具体概念，市场价值则是二者转换的枢纽"的观点，但他又指出，王峰明并没有具体论述市场价值为什么和怎样成为从价值到时间Ⅱ转

　　① 　王峰明：《马克思经济学假设的哲学方法论辨析——以两个"社会必要劳动时间"的关系问题为例》，载于《中国社会科学》2009 年第 4 期，第 54 ~ 64 页。

　　② 　丁堡骏：《论社会必要劳动时间的理论定位——兼与王峰明先生商榷》，载于《当代经济研究》2010 年第 10 期，第 1 ~ 4 页。

换的枢纽；另一方面，王峰明也没有把市场价值范畴和价值范畴区别开来。丁堡俊认为，马克思对价值和价值实现问题的分析，具有很强的逻辑层次。按照唯物辩证法质量互变规律的基本原理，价值量的规定性是以价值质的规定性为前提的，因此，他强调社会必要劳动时间的解释范围，必须严格限定在与商品价值质的规定性相匹配的范围之内。

（三）关于劳动生产率与商品价值量的关系以及价值转形理论的争论

马克思在《资本论》中指出："劳动生产力越高，生产一种物品所需要的劳动时间就越少，凝结在该物品中的劳动量就越小，该物品的价值就越小。相反地，劳动生产力越低，生产一种物品的必要劳动时间就越多，该物品的价值就越大。可见，商品的价值量与实现在商品中的劳动的量成正比地变动，与这一劳动的生产力成反比地变动。"① 针对马克思劳动价值论关于"劳动生产率与单位商品价值量的变动关系"这一论题，理论界始终存在着不同的理解和认识。丁堡骏在《揭开劳动生产力与商品价值量之间关系之谜》② 一文中，运用双重转形理论对马克思的反比学说进行了解析，指出劳动生产率与价值的转化形式（市场价值或生产价格）之间的关系则只是现象形态的关系。

何干强在《也谈劳动生产率同价值创造的关系》（2011）③ 中，从分析价值性质入手，提出"社会标准的有用劳动是社会价值创造的前提"，进而提出劳动生产率较高的生产条件下，促使先进的客观生产要素成为"社会必要劳动的'优良吸收器'""在同样时间大大减少了无用劳动，提高了劳动的有用程度"，从而得出了劳动生产率与商品价值量成正比的结论。对于何干强的观点，徐东辉在《基于双重价值转形理论论证劳动生产率与单位商品价值量的

---

① 《马克思恩格斯文集》第5卷，人民出版社2009年版，第53～54页。
② 丁堡俊、张洪平：《揭开劳动生产力与商品价值量之间关系之谜》，载于《税务与经济》1994年第3期，第33～39页。
③ 何干强：《也谈劳动生产率同价值创造的关系》，载于《教学与研究》2011年第7期，第46～53页。

反比关系——兼与何干强教授商榷》（2016）① 一文中分析了"劳动生产率与商品价值量成正比"结论不合理以及违背了马克思劳动价值论。他指出："以双重价值转形理论为基础'反比说'具有科学性和理论优势，可以更好地阐释马克思劳动价值论和解读当前的经济现实，可以固本清源、激浊扬清，进一步证明马克思主义经济理论是一个开放的、与时俱进的理论体系。"

五、劳动价值论在当代的运用与发展

马克思的劳动价值论创作于 19 世纪中期，当时一些主要资本主义国家已基本完成了工业革命，正由工场手工业发展为机器大工业的资本主义工业化初期。与此相适应，生产方式仍然以体力劳动为主，文化产业和服务业尚不发达，但工业革命的完成，为商品经济的充分发展铺展了广阔的前景。面对自由市场经济的发展，马克思已敏锐地发现脑力劳动在商品生产中的重要作用，并在当时科学技术还未高度发展时，就提出了"科学技术是生产力"、生产力中包括科学的重要论断，肯定了科学技术在生产中的重大作用，这充分显示了马克思高瞻远瞩、理论天才的巨大创造性。但一百多年以后，社会经济文化科技发生了巨大的变化，尤其随着我国经济体制改革的不断深入，在新的市场经济条件下，科技工作和经营管理的作用日益凸显。那么，在新的历史条件下，如何深化认识和发展劳动价值论、运用马克思劳动价值论阐析当前面临的新情况、新问题，是一个重要的理论问题和现实问题。

（一）在当代如何坚持运用和发展马克思劳动价值论

卫兴华在《劳动价值论的坚持与发展问题》②（2012）主张坚持和发展马克思劳动价值论。首先，他提出要坚持马克思劳动价值论，他认为，价值论的基本原理和商品经济的规律是统一的，所以，资本主义社会的劳动价值论与社会主义社会的劳动价值论也应该是统一的；其次，卫兴华主张拓宽劳动

---

① 徐东辉：《基于双重价值转形理论论证劳动生产率与单位商品价值量的反比关系——兼与何干强教授商榷》，载于《当代经济研究》2016 年第 12 期，第 70～77 页。

② 卫兴华：《劳动价值论的坚持与发展问题》，载于《经济纵横》2012 年第 1 期，第 1～7 页。

价值论，认为只有属于商品经济关系的生产劳动，才能创造价值。提出商业劳动和某些精神生产劳动（科技、设计、出版、工艺和美术等劳动）也可以创造价值，而社会公务活动（党政军、公检法的劳动）虽然很重要，但不创造价值。

顾海良在《马克思劳动价值论的科学地位及其新课题》① （2001）中指出，在新的历史条件下，深化劳动价值论、尤其是深化社会主义经济关系中劳动价值论的研究和认识，具有重要的现实意义，因此，必须在坚持马克思劳动价值理论的基础上，对价值形成（创造）、价值实现和价值分配、价值抽象与价值转化、价值形成（或创造）与使用价值生产（或财富创造），以及生产性劳动的性质等问题进行了分析，从而为研究当前我国面临的现实问题提供理论基础。

中国社会科学院"劳动价值论"课题组在《如何深化和发展马克思劳动价值论》（2002）② 从科技革命、经济全球化和中国的社会主义市场经济发展新的实际情况出发，从劳动论和价值论两个方面探讨了在新的时代应该如何深化和发展马克思劳动价值论，提出了社会主义市场经济条件下，生产劳动与非生产劳动的区分标准；拓展了生产劳动的范围；明确了物化劳动在价值形成和价值创造中的作用等等。

（二）马克思劳动价值论在当代的新发展——现代科学劳动理论

在新的历史条件下，有关深化认识和发展创新马克思劳动价值论，在国内学术界上比较有代表性的是陈征创建的现代科学劳动理论体系。陈征认为，在当前新的历史条件下，劳动价值论必须在理论上进行发展创新。因此，他在对马克思"科学劳动"进行阐发的基础上，从当代劳动的新特点出发，即"商品价值创造由体力劳动为主转变为以脑力劳动为主、科学劳动对生产和经

---

① 顾海良：《马克思劳动价值论的科学地位及其新课题》，载于《南开经济研究》2001 年第 6 期，第 7～9 页。

② 中国社会科学院"劳动价值论"课题组：《如何深化和发展马克思劳动价值论》，载于《中国社会科学院研究生院学报》2002 年第 4 期，第 2～10 页。

济生活起着越来越重要的作用、由精神劳动生产的精神产品得到广泛的发展和使用、管理劳动和服务劳动在社会经济生活中已居于十分重要的地位"①，提出现代科学劳动新的理论范畴，阐述了现代科学劳动的本质内涵，即"现代科学劳动是掌握了现代有关最新科学、多学科的前沿理论和最新先进技术的科学劳动者所进行的科学劳动，是高级或超高级的脑力劳动，是高级或超高级的复杂劳动。"② 此外，陈征不仅从本质内涵上发展了劳动价值论，而且系统研究了现代科学劳动的具体表现形式及其价值创造，包括现代服务劳动、现代管理劳动、现代精神劳动、现代科技劳动，以及现代教师劳动等等。现代科学劳动是发展劳动价值论的本质范畴和核心理论内容，是马克思劳动价值论在高科技信息时代下的发展创新，极大地丰富和发展了马克思劳动价值论的内涵。

（三）人工智能和数字经济背景下如何运用和发展马克思劳动价值论

人工智能是信息技术高度发展的结果，智能化因素渗透在生产力各要素中并带来人机关系的变化，使劳动过程和创造价值过程呈现出新的特点。据此部分西方学者提出科学技术、知识、机器等取代生产工人而成为价值创造的主体力量，从而再次掀起了对马克思劳动价值论的批判热潮。

白永秀和刘盼在《人工智能背景下马克思劳动价值论的再认识》（2020）③中运用马克思劳动过程理论分析了人工智能背景下创造价值与为创造价值服务的生产要素的新变化、智能劳动创造价值的特点等等。但白永秀和刘盼指出，人工智能只会改变劳动、劳动资料、劳动对象三要素存在的具体形态以及三者相结合创造价值的具体形态，并不会改变他们的本质及其在价值创造过程中的作用，人的活劳动仍然是价值的唯一源泉。所以，人工智能背景下马克思劳动价值论依然表现出其强大的生命力，它仍然是我们正确理解价值

---

①　陈征：《当代劳动的新特点》，载于《光明日报》2001 年 7 月 17 日。

②　陈征：《现代科学劳动探索》，载于《经济学家》2004 年第 2 期，第 4～11 页。

③　白永秀、刘盼：《人工智能背景下马克思劳动价值论的再认识》，载于《经济学家》2020 年第 6 期，第 16～25 页。

来源问题的科学指南。

数字经济是数字经济时代劳动发展的新现象和新趋势，数字劳动以其线上运行方式呈现出一种新的劳动形式，出现诸如受众劳动、休闲劳动、玩劳动等形式，使价值生产的条件、过程、后果等方面呈现出一系列新特征。富丽明在《当"劳动"变成"休闲"：数字劳动价值论争议研究》（2021）① 指出西方主流经济学和自治主义马克思主义都过于强调数字技术进步发挥的主体性力量，并主张单纯利用知识技术的力量来推动一场全民性的社会改革，其目的是掩饰数字资本剥削数字劳动的本质。富丽明认为，只有马克思的劳动价值论才能将数字劳动问题与其所处的生产关系背景相结合，才能揭示数字资本对数字劳动的隐形剥削。其中，劳动者的注意力成为商品，是数字资本实现剥削的关键。资本家诱迫数字劳动者用注意力创造剩余价值，对劳动者的剥削程度更深。所以数字劳动者应保护注意力，并且合理投放注意力，才能实现数字劳动者自主式休闲的跃升。

六、小结

综合上述有关马克思劳动价值论系列问题的研究文献，说明学术界对马克思劳动价值论给予高度的关注，其讨论和研究是深入和全面的。

就劳动价值论理论渊源方面而言，国内学者对劳动价值论的理论渊源和理论发展脉络的梳理都聚焦在古典学派劳动价值学说上。其实价值学说最早可以追溯到圣典学者的"公平价格"理论。当时以阿圭那为代表的早期圣典学者对于公平价格的研究可以算是人们对于价值论的最初理解和劳动价值论的最初缩影。在独立小生产方式下，每个独立小生产者是按照自身劳动的耗费来制定自己产品的"价格"，为了避免这种不规范的价格制定方式和个体差异性所带来的公平问题，从而提出"公平价格"概念，即"对成本与报酬间的平衡点的判断，被认为只是社会的共同协议或评价。"② 随着商业的不断发

---

① 富丽明：《当"劳动"变成"休闲"：数字劳动价值论争议研究》，载于《中国矿业大学学报（社会科学版）》2021 年第 1 期。

② ［英］米克：《劳动价值学说研究》，陈彪如译，商务印书馆 2014 年版，第 9 页。

展，重商主义学派进一步发展了价值学说。不同于圣典价值学者只初步的提出了价格的观点，重商主义学派广泛的将把商品的"价值"（有时称为"自然价值"）和商品的实际市场价格等同起来；指出"价值"是决定于市场的需求与供给，并且认为"价值与内在价值之间存在着类乎因果关系的体现。"① 在此基础上，古典学派将价值学说进行充分的发展，从配第提出"劳动创造价值"这一命题，到李嘉图的劳动价值理论把古典政治经济学的价值学说推向最高峰，对后人研究劳动价值理论做出了历史性的贡献，但是，由于他们都是站在资产阶级立场上，用形而上学的和非历史的观点来研究价值问题，带有庸俗和错误的观点。如李嘉图从来没有研究过劳动的性质和价值的性质，因此就不能完整而科学地说明什么是价值，价值是如何形成的，不能建立完整而科学的劳动价值论；同时，由于李嘉图未能区分劳动和劳动力的界限，混淆了价值和生产价格，以致在价值理论上造成了两个难以克服的难题，最终导致李嘉图学派的破产。

就劳动价值论理论内涵方面而言，不论是从总体上把握马克思劳动价值论的内涵，还是就马克思劳动价值论一些基本理论问题进行分析，国内学者对马克思劳动价值论都进行了大量的探索。劳动价值论是《资本论》的重要组成部分，贯穿于《资本论》的始终。研究马克思劳动价值论的基本内涵，要回到《资本论》中，从中挖掘马克思研究劳动价值论的基本思路、核心内涵和理论体系。马克思劳动价值论是对 19 世纪自由资本主义时期市场经济经验的总结，经济在发展，时代在变迁，马克思"活劳动是价值唯一源泉"内涵是永恒的真理，但其外延应顺应时代的发展而不断扩大，劳动创造价值出现新特点、新形式。而且在对马克思劳动价值论内涵的探索中，要从当代新的历史条件下出发，对马克思劳动价值论中的重要理论范畴、重要问题进行解读、深化认识和发展，充分展现了马克思劳动价值论与时俱进的理论品质，从而证明马克思劳动价值论在当代仍具有强大的生命力。

---

① ［英］米克：《劳动价值学说研究》，陈彪如译，商务印书馆 2014 年版，第 12 页。

　　就劳动价值论研究方法方面而言，从方法论视角研究劳动价值论，是正确理解劳动价值论的基础，是深化认识和研究劳动价值论的前提。马克思运用了辩证法、逻辑与历史相一致、具体到抽象、抽象到具体等方法研究和阐述劳动价值论。研究劳动价值论，既要遵循马克思的研究方法和叙述方法，又要把握其逻辑整体性。才能避免出现对劳动价值论的断章取义甚至误读，认为劳动价值论已过时等错误观点。在创新和发展劳动价值学说时，同样也可以借助数学、抽象的理想模型等手段，抓住当前经济发展的本质，揭示经济发展规律。需要注意的是，无论运用何种数量分析方法，都要能够科学地概括经济事实，模型的假设要一步步地从理想化到与现实相结合，从而使理想情况下的规律逐步转化为与"现实一致"的规律，理论联系实践，指导实践。

　　就劳动价值论相关争论问题而言，长期以来，国内外学术界关于劳动价值论相关问题展开激烈的争论。其中，关于劳动价值论一元论争论问题，按照马克思劳动价值论的基本内涵，"活劳动是价值唯一源泉"，但随着社会的发展、科学技术的进步，创造价值的劳动已由马克思时代的物质生产部门为主发展为管理劳动、服务劳动、科技劳动、精神劳动等多种劳动形式并存，马克思劳动价值论的外延必须扩大，才能解释当前社会生产发展的客观实际。关于两种社会必要劳动时间问题，我比较认同王峰明老师的观点，第一种社会必要劳动时间主要说明商品价值决定的本质规定和科学内涵，第二种社会必要劳动时间是马克思分析有关市场价值多重性规定的基础上，解释了社会总供给和社会总需求变动的情况下市场价格波动的整体表象。关于劳动生产率与商品价值量的关系问题，应当基于马克思价值转化来阐释劳动生产率与商品价值量的反比说。

　　就劳动价值论在当代的运用和发展方面而言，马克思的劳动价值论创作于 19 世纪中期，虽然一百多年过去了，但劳动价值论的基本原理包括价值创造与形成、价值实现与分配、以及生产性劳动等理论对于当前我国社会主义市场经济建设仍具有重要指导意义。尤其是随着数字信息技术的发展，数字劳动以其线上运行方式呈现出一种新的劳动形式，对经济社会及人们的生活产生深远影响。因此，当前必须坚持运用马克思劳动价值论等分析数字劳动及其价值创造的一系列问题，厘清数字劳动的本质及概念范畴的争议问题，建构数字劳动价值创造的理论体系，破除马克思劳动价值论"无效论"的谬论，从而增强马克思劳动价值论的现实解释力。

目　　录

第四编 理 论 争 论

第五编 在当代的运用与发展

第一编　理　论　溯　源

浅论古典学派在劳动价值论上的贡献

邱兆祥[*]

任何一种科学知识，都有其历史发展的过程。作为经济科学重要组成部分的价值学说，也不例外。人类对商品价值的猜测，可以追溯得很久远。早在古希腊时，著名大学者亚里士多德就曾苦思冥想过商品交换的共同基础。他说："5 张床：1 间屋"

"无异于"：

"5 张床 = 若干货币"。

亚里士多德看到了商品之间所以能够交换，必须在质上是相等的。他认为"没有等同性，就不能交换，没有可通约性，就不能等同"。马克思说，亚里士多德看到商品交换有"本质上的等同性"，是个很了不起的发现，"正是在这里闪耀出他的天才的光辉。"（《马克思恩格斯全集》第 23 卷，第 74、75 页）但由于历史条件的限制，在那时他还不可能知道这个"等同性"的基础为何物。自亚里士多德之后，尽管还有不少学者对这个问题作过一些探索，但也都未能透过商品交换的迷雾，揭开商品价值的奥秘。两千多年来，价值问题一直是经济科学中的一块待发现的"新大陆"。经济科学中的地理大发现的任务，后来历史地落到了资产阶级古典学派的肩上。

生活在动荡年代的威廉·配第，是十七世纪最杰出的学者之一。由于在劳动价值论上的特殊贡献，使他成为古典学派的创始人和经济科学中的地理大发现的"哥伦布"。配第曾当过水手、医生，还在讲台上施展过自己的才华。

配第通过研究医学，不仅同社会建立了广泛的联系，而且训练了灵活的头脑。他的宏大抱负，使他不满足于当个医生，而是越来越多地致力于经济

---
* 邱兆祥，中国金融学院。

和政治的研究。配第的第一部经济学著作是 1662 年出版的《赋税论》。在这本书中他向政府提议，用什么办法能够增加税收，改进贸易。配第的第二部经济学著作是 1676 年写出的《政治算术》，由于政治上的原因当时未能发表，直到 1683 年才有人将这一著作改头换面匿名发表。在这部著作中，他企图用数字、重量和尺度来说明经济现象，这对他从交换关系中推算出价值大有益处。比较系统阐发劳动价值论思想的，还是他的《赋税论》。马克思曾经写道："配第在这部著作中，实际上用商品中包含的劳动的比较量来确定商品的价值"。（《马克思恩格斯全集》第 26 卷 I 附录，第 380 页）

配第在劳动价值论上有两点突出的贡献：

第一，配第把价格区分为"自然价格"和"政治价格"。前者实际上是指商品的价值，后者是指市场价格。市场价格的涨落以什么为中心呢？他认为，这个中心就是"自然价格"，即价值。价值的源泉是劳动。他举例说："假如一个人在能够生产一蒲式耳谷物的时间内，将一盎斯白银从秘鲁的银矿中运来伦敦，那么，后者便是前者的自然价格。"（《赋税论·献给英明人士·货币略论》，商务印书馆 1972 年版，第 52 页）这就是说，一盎斯白银成了一蒲式耳小麦的自然价格，或者说，一蒲式耳小麦的价值，是由生产一盎斯白银的劳动时间决定的。用劳动时间确定商品的价值，是配第在经济科学上的一个重大贡献。

第二，配第根据劳动决定价值的原理，得出价值的大小以劳动生产率为转移的结论。他说："原来一百人能完成的工作，现在要二百个农夫才能完成，那么小麦就得贵一倍。"（同上书）也就是说，小麦的价值同农业劳动生产率成反比例，而同生产小麦所耗费的劳动量成正比例。

任何事情的开头总是困难的，配第在艰难的摸索中迈出了第一步，不愧是个在价值学说史上作出重要贡献的天才人物。但是，我们也应该看到，他创立的价值理论还是不完善的。其主要表现是：

第一，配第不了解价值的社会性质，因此也就没有把价值和交换价值、价格区分开来。他所说的小麦和白银的交换，虽然有了两种商品交换的基础是劳动的正确思想，但他不是用凝结在小麦中的劳动来决定价值，而是用凝结在白银中的劳动决定小麦的价值，实际上这不过是小麦的交换价值或价格。

第二，配第不但把价值和交换价值、价格混为一谈，还把价值和使用价值混为一谈。本来商品的使用价值是由劳动和自然界这两个因素共同创造的，但是，他在有些著述中却把商品价值说成是劳动和自然界共同创造的，这样就混淆了使用价值和价值的本质差别。显然，这同他的劳动价值论是相矛盾的。

如果说配第奠定的劳动价值论是经济科学中发现的"新大陆"，那末，亚当·斯密和大卫·李嘉图则是这块新大陆的开拓者和耕耘者。

亚当·斯密生活在工场手工业时代，那时资本主义就象一个初生的婴儿一样正在成长起来。时代的需要，造就了特殊的人才。亚当·斯密就是当时的一个卓越的人物。1776 年，斯密发表了有名的《国民财富的性质和原因的研究》（简称《国富论》）一书。在这部古典学派的重要经济文献中，他不仅把劳动价值论推向了一个新的境界，而且还使资产阶级经济学发展成为一个完整的体系。正如马克思所说："在亚·斯密那里，政治经济学已发展为某种整体，它所包括的范围在一定程度上已经形成"。（《马克思恩格斯全集》第26 卷Ⅱ，第 181 页）

斯密是一个善于独立思考的人。在他的笔下，日常经济现象都充满着浪漫主义色彩。商品、货币、交换活动、租地和雇工、纳税和贴现，都有了特殊的含义和情趣。在大诗人拜伦和普希金的时代，经济学能够那样趣味横生，具有强大的吸引力，可以说在一定程度上应该归功于斯密的创造性活动。

斯密继承了配第的劳动价值论，正确地说明了劳动是价值的源泉。他说："劳动是衡量一切商品价值的真实尺度。任何一个物品的真实价格，即要取得这物品实际上所付出的代价，乃是获得它的辛苦和麻烦。"（《国民财富的性质和原因的研究》上卷，商务印书馆 1972 年版，第 26 页）斯密不仅坚持而且发展了配第提出的劳动价值论，具体说来，主要表现在：

第一，斯密和配第一样，认为劳动是价值的源泉。但配第把创造价值的劳动归结为生产金银的劳动，而斯密则指出生产一切商品的劳动都创造价值。

第二，斯密和配第一样，认为交换价值是由劳动决定的。但配第认为商品只有和金银交换才有交换价值，斯密则认为商品和商品交换也具有交换价值。

第三，斯密和配第一样，认为价值要通过交换价值或价格表现出来。但配第注重的是价值的货币形式，而斯密认为价值不一定要由货币表现，也可以由其他商品表现。

斯密虽然继承和发展了配第的劳动创造价值的原理，但他的价值论仍有不科学的地方。斯密时而认为生产商品时付出的劳动决定该商品的价值，时而又认为商品的价值是由交换来的商品中所包含的劳动量所决定的。由于他没有从理论上把一种商品在生产中耗费的劳动与交换的商品中所包含的劳动区分开来，由于他没有把价值如何决定与价值如何表现的问题分辨清楚，因而也就把价值和交换价值相混淆了。斯密还认为，工资、利润、地租这三个要素是价值的根本源泉，价值是由这三个要素决定的。这一观点也是同劳动决定价值的理论相矛盾的。本来工资、利润和地租只是劳动者新创造出来的价值分割成的各个部分（即所谓"三种收入"），决不是反过来由这三部分决定。可见，在斯密的价值理论中，正确与错误、科学成分和庸俗成分是共存一体的。尽管斯密在论述价值如何决定时，存在着混乱和自相矛盾的地方，但总的来看，在斯密的经济理论的整个构架中仍然贯穿着劳动创造价值这条主线。

亚当·斯密是一个承上启下的人物，他的未竟事业自然会有后来者。大卫·李嘉图生活在机器大工业时代，社会化大生产的广泛联系使他开阔了理论视野，他不仅成功地继承和发展了配第和斯密建树的价值理论，而且成了古典经济学的完成者。

李嘉图生于伦敦一个交易所经纪人的家庭。少年时代就受过商业教育，十四岁随父从事交易所活动，二十五岁时因经营投机事业发了财，成为百万富翁。以后他离开交易所，开始研究数学、物理、化学、地质学，成为一个学识渊博的人。他透彻地研究了货币流通和信贷、国际经济关系、税收、地租和国际分工等问题，而研究政治经济学，则是他的主要工作和乐趣。他的坚韧不拔的毅力和追求真理的精神，曾使同时代的学问家惊叹不已。

李嘉图步入研究经济学的生涯之后，一直苦心探索价值问题。李嘉图在价值学说上的主要功绩就在于他发展了斯密劳动价值论中的科学因素，批判和纠正了斯密价值理论中的一些错误和缺陷，始终坚持了劳动时间决定商品价值的观点。

李嘉图的最主要著作是 1817 年发表的《政治经济学及赋税原理》。这部著作在许多方面发展了斯密的理论，特别是对劳动价值的阐释，比斯密大大前进了一步。在价值的决定上，他否定了斯密关于价值取决于所购买的劳动量的说法，并且批评了斯密关于三要素决定价值的错误，始终坚持认为商品的价值是由生产商品的劳动决定的。尤其可贵的是，李嘉图还肯定了商品的价值量取决于生产商品所耗费的社会必要劳动时间，并正确地指出：商品的交换价值与生产商品所耗费的劳动量成正比，与劳动的生产率成反比。李嘉图的以上论述，把劳动价值论推进到了资产阶级经济学范围内所能达到的最高点，使他成为古典学派的最大代表和"用劳动时间确定价值学派的领袖。"（《马克思恩格斯全集》第 4 卷，第 132 页）但由于历史的和阶级的局限，李嘉图的价值学说仍然是不彻底的，他并没有解决劳动价值论的一系列根本问题，如什么是价值的本质和实体，劳动为什么和怎样表现为价值等等问题，因而他也未能提出一个真正科学的劳动价值论。

当李嘉图学派最终走向解体后，"古典政治经济学走入了绝境。从这种绝境中找到出路的那个人就是卡尔·马克思。"古典经济学派在劳动价值论上具有不可磨灭的历史功绩，他们在经济科学的茫茫大海中跋涉，历尽艰辛坎坷，终于带来了希望的曙光。马克思和恩格斯正是站在这些科学巨人的肩上，创立了完全科学的劳动价值论。

（原文发表于《中央财政金融学院学报》1990 年第 3 期）

价值论的革命变革

——从斯密、李嘉图到马克思

汤在新[*]

英国古典政治经济学作为马克思经济理论的来源，主要表现为马克思对这个学派理论体系的创立者亚当·斯密和完成者大卫·李嘉图理论的批判继承上，特别是表现在对他们价值理论的批判继承上。列宁曾用以下两句话概括了马克思和古典学派之间的联系："亚当·斯密和大卫·李嘉图研究经济制度的时候奠定了劳动价值论的基础。马克思继续了他们的事业。他严密地论证了并且透彻地发展了这个理论"[①] 以下就价值理论的几个主要点，阐释马克思对古典学派的继承和发展。这会有助于加深对马克思经济理论的理解，澄清对劳动价值论的一些误解。

一、价值量和价值的本质

1. 商品的两个因素，使用价值和价值

亚当·斯密在他的巨著《国民财富的性质和原因的研究》（以下简称《国富论》）中，首先把价值区分为交换价值和使用价值两个概念。他指出，价值一词有两个不同的意义。它有时表示特定物品的效用，有时又表示由于占有某物而取得的对他种货物的购买力。前者可叫做使用价值，后者可叫做交换价值。然后，斯密进一步指出，交换价值不是由货物的效用即使用价值决定。他说，使用价值很大的东西，往往具有极小的交换价值，甚或没有；反之，交换价值很大的东西，往往具有极小的使用价值，甚或没有。在这里，

斯密第一次明确地把交换价值和使用价值两者区别开来，并排除了从使用价值中去寻求交换价值的决定。

在古典学派的另一部重要著作《政治经济学及赋税原理》（以下简称《原理》）中，李嘉图一开始就引述了斯密关于区分交换价值和使用价值的论述，然后作出结论说：所以，效用对于交换价值说来虽是绝对不可缺少的，但却不能成为交换价值的尺度。接着，李嘉图又纠正了斯密关于没有使用价值的商品也会具有交换价值的错误说法，指出：一种商品如果全都没有用处，那就无论怎样稀少，也无论获得时需要费多少劳动，总不会具有交换价值。

李嘉图指出，萨伊批评斯密把价值归结为劳动而忽视自然要素的作用，是由于混同了财富的增加和价值的增加。他说，政治经济学中的许多错误都是由于这种混同而产生的。

李嘉图和斯密一样，把交换价值和使用价值看作是价值的两种含义，而不理解这是商品的两个因素，因而他虽然实际上把使用价值看作是价值存在的物质前提，但却始终把使用价值放在经济学之外，而只研究价值。

我们知道，马克思也曾说过，商品的使用价值是商品学的研究对象，不属于政治经济学的研究范围。有人据此批评马克思理论不考虑商品的效用，不考虑对商品的需求，与实际相脱离。其实，这种看法是把马克思和李嘉图等同起来了。

马克思早在 1857～1858 年的手稿中就曾指出，李嘉图撇开商品的效用和需求的观点从简单流通范围来看是正确的，但从资本流通范围来看则是错误的。马克思解释说，在简单流通中，交换只涉及剩余生产和剩余产品，而在资本流通中，交换则涉及全部生产。只有全部产品转化为货币，资本主义生产才能得到更新。全部产品能否实现，则要取决于社会对这些产品的总需求量即总消费量，所以，"在这里，总消费表现为使用价值的产品的尺度，因而也表现为作为交换价值的产品的尺度。"在这里，"产品的存在的尺度就在于产品的自然属性本身，使用价值要转化为一般形式，就只需有一定的数量，这个量的尺度并不是物化在产品中的劳动，而是来自产品作为使用价值的性质，而且是作为他人的使用价值的性质。"可见，使用价值本身在一定范围内，在发达商品经济范围内也会作为经济形式本身的决定因素，从而处在经济学及其形式规定之中，和价值一起成为经济学的研究对象。马克思作出结论说，"使用价值一旦由于现代生产关系而发生形态变化，或者它本身影响现代生产关系并使之发生形态变化，它就属于政治经济学的范围了。"① 从下面对价值实体和价值转形的介绍中，可以看出马克思关于商品效用及其社会需求的研究。

应该注意到，与古典学派不同，马克思研究的不是单纯的价值，而是商品。在马克思理论中，价值和使用价值是商品内在的处于对立统一关系中的两个因素。这种对立统一关系孕育着现代生产关系的一切矛盾。

2. 价值实体和价值量

斯密是从劳动分工出发来研究交换价值的。在他看来，分工发展以后，人们所需要的必需品，主要不再是自己的劳动生产物，而是用自己的劳动生产物所交换来的别人的劳动生产物。这种交换，实际上不过是体现在这些商品中的劳动量的交换。他说，以货币或货物购买物品，就是用劳动购买，正如我们用自己的劳动取得一样。所以，在斯密看来，商品的交换价值不言而喻地取决于劳动。斯密克服了重商主义者、配第和重农主义者所主张的只有对外贸易、生产金银的劳动或农业劳动才是财富来源的观点，第一次把价值归结为一般劳动。这是斯密在价值理论上的一个重要贡献。

但是，斯密对价值规定的认识并不是一致的。他不仅把价值决定于生产商品所耗费的劳动量，同价值决定于商品所能购买到的劳动量混为一谈，下面会看到，他还断定价值是由工资、利润、地租三者构成的。

与斯密不同，李嘉图则始终坚持正确的价值定义，他在《原理》中正确地指出，政治经济学所分析的商品，不是人们劳动无法增加的罕见的商品，如图画、古钱之类，而是数量可以由人类劳动增加、生产可以不受限制地进

---

① 《马克思恩格斯全集》第46卷上册，388～389页，人民出版社1979年版，第46卷下册，人民出版社1980年版，第411页。

行竞争的商品。他指出，前一种商品的"价值"（实即垄断价格）取决于买者的财富和嗜好，而后一种商品，由于供给会随着需求的增加而增加，所以，它不取决于供求情况而取决于生产成本的增减，即取决于生产它所耗费的劳动量的变化。他写道：除非生产中所用的劳动量有增减，否则商品的价值决不会改变。

在《原理》中，李嘉图还论述了物化劳动和活劳动在价值形成中的不同作用，说明了复杂程度不等的劳动在同一时间内所创造的价值是不相等的，提出了社会必要劳动概念。马克思对李嘉图的贡献评价道："作为古典政治经济学的完成者，李嘉图把交换价值决定于劳动时间这一规定作了最透彻的表述和发挥。"同时，马克思也指出：李嘉图的研究"只限于价值量"[①]。

与古典学派不同，马克思科学地揭示出价值的实体，并进而发展了李嘉图对价值量的研究。马克思写道："要想得到和各种不同需要量相适应的产品量，就要从社会总劳动中付出各种不同的和一定数量的劳动量，这种按一定比例分配社会劳动的必要性，决不可能被社会生产的一定形式所取消，而可能改变的只是它的表现形式，这是不言而喻的。自然规律是根本不能取消的。在不同历史条件下能够发生变化的，只是这些规律借以实现的形式。而在社会劳动的联系体现为个人劳动产品的私人交换的社会制度下，这种劳动按比例分配所借以实现的形式，正是这些产品的交换价值。"[②] 交换价值既然是商品经济条件下按比例分配社会劳动这一"自然规律"实现的形式，那么，价值的实体就只能是劳动，只能是人类的抽象劳动。

马克思还依据他首创的劳动二重性学说，使李嘉图关于价值量的论断得到科学说明。首先，李嘉图虽然提出了活劳动创造价值和物化劳动转移旧价值，但是他没能把同一劳动区分为抽象劳动和具体劳动，因而不能说明新价值的创造和旧价值的转移在同一劳动过程中是如何进行的。其次，李嘉图并没有把复杂劳动和非复杂劳动（他没有"简单劳动"概念）归结为抽象劳

① 《马克思恩格斯全集》第 13 卷，人民出版社 1962 年版，第 50～51 页。
② 《马克思恩格斯全集》第 32 卷，人民出版社 1958 年版，第 541 页。

动，因而也不能从科学上说明它们之间量的比较。最后，关于社会必要劳动概念，马克思不仅以平均劳动耗费取代了李嘉图的最大劳动耗费，而且把社会必要劳动同时归结为按需要分配的社会劳动总量。这个完整的价值量规定才说明了为什么价格和价值一致时会实现供求平衡，才揭示出价值规律是按需要分配社会劳动的内在规律，如马克思所说，"商品的价值规律决定社会在它所支配的全部劳动时间中能用多少时间去生产每一种特殊商品。"①

3. 价值形式和价值的本质

斯密虽然分别论述到价值和交换价值，但是并没能从理论上、从概念上将两者区别开来。与斯密不同，李嘉图则较为明确地指出了价值是交换价值的基础。李嘉图在致特罗尔的一封信中，写道：在《原理》一书中，"我没有说，耗费在一件商品上的劳动是商品交换价值的尺度，而是说，是商品实在价值的尺度。……交换价值是由实在价值来调节的，因而是由耗费的劳动量来调节的。"②

李嘉图的缺陷在于，不了解"实在价值"即价值和交换价值之间的内在联系。他把价值形式看成一种完全无关紧要的东西或在商品本性之外存在的东西，从来没有提出、更没有说明价值为什么要表现为交换价值，至于价值形式进一步发展的货币形式、资本形式等等的特殊性，更是他所无法理解的。这个重大的理论问题，是马克思提出并加以解决的。

要说明价值和交换价值的联系，说明价值为什么要表现为交换价值，就需要回答为什么劳动要表现为价值，为什么劳动量不直接用劳动时间计算，而表现为劳动产品的价值量？对于这个问题，马克思是以关于价值实体和劳动二重性的学说予以回答的。马克思论证说："在社会劳动的联系体现为个人劳动产品的私人交换的社会制度下"，即在商品经济社会中，劳动，一方面是社会劳动，因为，它的产品是供社会消费的，表明它自身是社会总劳动的一部分；另一方面，每一个商品生产者在表面上都是完全自由地从事对自己有

---

① 《马克思恩格斯全集》第 23 卷，人民出版社 1972 年版，第 394 页。
② 《李嘉图著作和通信集》第 9 卷，商务印书馆 1986 年版，第 9~10 页。

利的劳动，并且按照自己的意愿组织劳动，所以，它又是个人劳动。这种个人劳动不是直接的社会劳动。在这里，"生产的社会性只是由于产品变成交换价值和这些交换价值的交换，才事后确立下来。"① 这就是说，正是由于这种社会中的劳动所具有的特殊性，正是由于社会劳动和个人劳动的矛盾，劳动产品才表现为商品，用劳动时间计算的劳动量才表现为商品的价值量。在"自由人联合体"中，就不存在这类转化。就我们曾经经历过的计划体制的社会主义社会来看，由于生产是计划安排的，价格是计划规定的，因而，在这里并不存在真正意义上的商品及其价值，而是如斯大林所说，存在的只是商品的"外壳"和作为经济核算工具的"价值"。可见，价值，是历史范畴，是物掩盖下的人与人的关系，它不能、也不可能包含任何物质因素。

二、价值转化为生产价格

1. 斯密：市场价格波动的中心是"自然价格"

在《国富论》中，斯密已察觉到在资本主义生产条件下价值规律会发生变形。他写道，在劳动的全部生产物都属于劳动者自己的"社会状态"下，商品的价值由生产这物品一般所需要的劳动量来决定。但是，在资本积累和土地私有已出现的进步社会，劳动者对原材料增加的价值，不再全部属于劳动者，而要扣出两个部分作为利润和地租分别给予资本家和地主。这时，商品的价值是由工资、利润、地租三者构成。本来，这里只涉及价值的分配，而斯密却认为价值决定发生了变化，其深刻的原因是他看到，在"进步社会"，商品只有按照由工资、利润、地租三者的"自然率"所构成的"自然价格"交换，而不是按劳动量交换，才能补偿生产费用，从而商品才能生产出来。

2. 李嘉图：价值理论体系的矛盾

李嘉图对斯密的三种收入构成价值（自然价格）的观点是持否定态度的，但他并不清楚斯密陷入生产费用论的深刻原因，虽然他实际上也察觉

① 《马克思恩格斯全集》第46卷上册，人民出版社1979年版，第119页。

到价值转形问题。李嘉图在《原理》一书《论价值》章的第 4、5 两节中列举了一些冗长而繁琐的例解，来说明这个问题。现在把李嘉图的一个例解稍加简化如下：

假定资本家 A 投资 5000 镑，全部作为支付工资的"流动资本"。现雇佣 100 个工人生产谷物，假定利润率为 10%，则年终谷物的相对价值为 5500 镑，即工资 5000 镑，利润 500 镑。另假定资本家 B 同样投资 5000 镑，作为支付工资的"流动资本"，雇佣 100 个工人制造机器。年终机器的相对价值和谷物一样，都是 5500 镑。

第 2 年，A 把谷物卖掉后继续投资 5000 镑，雇佣 100 个工人，生产出来的谷物价值，和上年度一样，仍为 5500 镑。假定 B 在第 2 年利用第 1 年生产出来的机器，即投入固定资本为 5500 镑的机器，然后再投资 5000 镑雇佣 100 个工人生产棉布，假定机器不磨损，即没有旧价值的转移，则棉布的相对价值为 6050 镑，其中 5500 镑，是 100 个工人的工资 5000 镑和这笔资本的利润 500 镑之和，这和谷物的情况一样；除此之外，还有 550 镑，则是 5500 镑固定资本（机器）按 10% 的利润率计算所应得的利润。

在这里，李嘉图写道："因此，在这种情形下，资本家们每年在商品生产上所使用的劳动量虽然恰好相等，但所生产的商品的价值却会由于各人使用的固定资本或积累劳动量不等而互不相等。"[①] 这个论断显然和他所坚持的活劳动创造价值、劳动量决定价值量的基本理论相矛盾。但是，李嘉图却仅仅把它看作是价值决定的一种例外。

其实，李嘉图所遇到的问题是：使用同一劳动量（100 个工人）的 A（生产谷物）和 B（生产棉布）两个资本，由于有机构成不等（$A = 0c + 5000v$，$B = 5500c + 5000v$），在同一利润率（10%）下，各自加到商品售价上的利润量不等（A 为 550，B 为 1050）。这时，两种商品的售价，就不再取决于它们内含的劳动量，而是由生产成本加平均利润决定。马克思在《剩余价值理论》中指出，李嘉图的例子清楚地说明，平均利润率的客观存在，证实价值（c +

---

① 李嘉图：《政治经济学及赋税原理》，商务印书馆 1983 年版，第 27 页。

v + m）转化为生产价格（c + v + p）。李嘉图由于混同剩余价值和利润、从而混同价值和生产价格而使自己的理论陷入困境。

3. 古典派的终结：新、陈葡萄酒的论战

19 世纪 20 年代～19 世纪 30 年代是英国政治经济学的狂飙时期。英国经济学界在这一时期主要围绕李嘉图理论特别是劳动价值论展开了一场大论战。这场论战的结局，是鼎盛一时的古典政治经济学及其价值论走向衰败和解体。

论战的发起者是马尔萨斯。他在《政治经济学定义》一书中指出，李嘉图所说的例外，是指所用固定资本量不等、耐用程度不同、而所用流动资本的回收时间又彼此各别的商品，这类商品为数之多，使得劳动时间决定价值的法则可以看成是例外，而例外倒成为法则了。马尔萨斯还指出，李嘉图的理论只有在特殊情况下，只有在不使用资本从而不存在资本利润的"文明"以前的社会中，才是适用的。

发现李嘉图理论的矛盾，是马尔萨斯的一个功绩。但是，马尔萨斯不是要推进劳动价值论，而是企图利用这一矛盾来推翻李嘉图体系。由此引发出李嘉图门徒和马尔萨斯门徒之间的一场大争论。争论的中心本来是李嘉图体系中存在的等量资本获得等量利润和价值决定的矛盾，但却片面化为对如下一个实例的解释：耗费同量劳动生产的葡萄酒，为什么窖藏时间长的陈葡萄酒会比没有窖藏的新葡萄酒有更大的价值？

新、陈葡萄酒由于窖藏时期不同，即资本周转时期不同而具有不等的利润，因而陈葡萄酒的生产价格会超过其自身的价值，会超过新葡萄酒的生产价格。但是，李嘉图的门徒们并不了解问题的实质，而只能口头上诡辩地把困难支开。

穆勒的解释是：在陈酒窖存的时间内，用手直接去做的劳动已经结束，而用手所生产的工具间接去做的劳动即积蓄劳动仍然在进行。他举例说，如果一部机器的利润可以看作机器包含的积蓄劳动所做劳动的报酬，新酒则可以看作是一部生产陈酒的机器，它所包含的积蓄劳动所做的劳动，形成陈酒中利润所代表的价值，所以陈酒的价值高于新酒。

麦克库洛赫则是通过歪曲劳动的规定性来解释的。他说，有充分理由把劳动定义为任何一种旨在引起某一合乎愿望的结果的作用或操作，而不管它是由人、由动物、由机器还是由自然力完成的。他后来又把这个说法修改为：只有人占有的畜力和自然力能够劳动和创造价值。他依此解释说，陈葡萄酒的价值增殖完全是由于自然力在酒桶内较长时间劳动的结果。因而陈酒所包含的总劳动量比新酒所包含的劳动量要大。

穆勒是李嘉图学派解体的标志，而麦克库洛赫则是这个理论解体的最可悲的样板。他把劳动的概念本身都丢掉了。

4. 马克思：生产价格是价值原则上的变形

1885 年，恩格斯在《资本论》第 2 卷《序言》中，要求那些污蔑马克思"剽窃"的"经济学家们"证明："相等的平均利润率怎样能够并且必须不仅不违反价值规律，而且反而要以价值规律为基础来形成。"对这个问题在以后的 10 年间，不少资产阶级学者提出了各自的解释，但没有一个正确答案。直到 1894 年《资本论》第 3 卷问世，才以生产价格理论作出了科学的回答。然而，经济学家们没法理解和接受生产价格理论，在他们看来，生产价格理论是对劳动价值论的否定，《资本论》第 3 卷是对第 1 卷的否定。

其实，在《资本论》第 1 卷定稿前，马克思就已经最终完成了生产价格理论。在 1857～1858 年写作的《资本论》初稿中，马克思已经发现，由于一般利润率的形成，出现了由生产费用加平均利润形成的、不同于价值的价格，这个价格又不是由供求变动引起的波动不定的市场价格，所以马克思称之为"正常价格"。在 1861～1863 年写作的《资本论》第 2 稿中，马克思开始时为了显示出"正常价格"作为市场价格波动中心的特点，提出了"平均价格"这个术语。后来，考虑到这仍然是一个属于市场运动的概念，又改为"费用价格"，最后定名为"生产价格"。第 2 稿的重大成就是揭示出价值转化为生产价格的机制。马克思区别开两种竞争：同一生产部门的竞争和不同生产部门的竞争，说明了两者的不同作用。前者使同一领域生产的商品的价值决定于这个领域中平均需要的劳动时间，从而确立市场价值。后者把不同的市场价值平均化为代表不同于实际市场价值的费用价格（生产价格），从而在不同领域确立同一的一般利润率。马克思指出，生产价格是价值的进一步发展和完成。价值是逻辑发展的起点，没有价值从而就不会有剩余价值，剩余价值向利润、利润向平均利润的转化，从而也就没有价值向生产价格的转化。价值既是逻辑的起点，在历史上也是先于生产价格而存在，价值转化为生产价格，是符合历史发展的。从抽象范畴（价值）到具体范畴（生产价格）的逻辑发展，标志着商品经济发展的不同阶段。马克思曾明确指出，商品按价值交换，"适用于生产资料归劳动者所有的那种状态"；商品按生产价格交换，"则需要资本主义的发展达到一定的高度"；"'直接的'价值规定在资产阶级社会中的作用"是极小的。① 可以看出，早在《资本论》第 1 卷出版以前马克思就已经完成了生产价格理论，说明了生产价格不是市场运动的范畴，而是价值的原则上的变形，是发达商品经济条件下市场价格波动的基础。

生产价格中扣除生产费用（c + v）后的平均利润，分解为企业利润和利息以及地租。商品按生产价格出售，就可以补偿使用各种生产要素的费用，就可以保证每一种特殊商品再生产的条件得到满足，就可以保证该商品的供给。正如马克思所说："从长期来看生产价格是供给的条件，是每个特殊生产部门商品再生产的条件。"② 同时，商品按生产价格出售，还可以保证社会对每一种特殊商品的需求得到满足。因为，生产价格是社会按需要分配各种生产资源的实现形式。所以，当商品的市场价格与生产价格一致时，该商品也就实现了供求平衡。可以说，生产价格是与该商品的供求均衡时的出售价格相一致的。生产价格既满足供给的条件，又能保证提供出社会需要的商品量，因而市场价格围绕生产价格波动就可实现资本、土地、劳动等各种生产要素按需要配置于各个生产部门。这表明价值规律作为按比例分配社会劳动的实现形式，在市场经济条件下转化为按需要分配各种生产资源的实现形式。

5. 马克思对"转形问题"的回答

在《资本论》第 3 卷出版后，西方学者在攻击《资本论》第 3 卷和第 1 卷矛盾时，又提出了一个所谓的"转形问题"，认为价值在转化为生产价格的分析中，各部门的成本价格都是以价值（c + v）衡量的，但实际购买 c 和 v

---

① ② 参见《马克思恩格斯全集》第 25 卷，人民出版社 1974 年版，第 198、221 页。

的价格是包括利润的，因此，总剩余价值等于总利润、总价值等于总生产价格这两个等式不一定成立。这个问题，马克思似乎已事先意识到，他在《资本论》第3卷中写道："当我们把全国商品的成本价格的总和放在一边，把它的利润或剩余价值的总和放在另一边时，很明白，计算一定会是正确的。""不过这里说来说去，总不过是：加入到某种商品中去的剩余价值会过于多，加入到某别种商品中去的剩余价值会过于少，因此，商品生产价格中包含的同价值不相一致的情形，将会互相抵消。"所以，他认为，"没有在这一点上面再进一步考察下去的必要。"①

按照马克思理论，经济规律不同于自然科学的规律，它不具有对具体事物的量化关系，而是指经济现象总体的发展趋势。例如，作为价值转化为生产价格的前提条件而出现的利润平均化规律，就是作为企业竞争的趋势存在，而不是指每个企业获得的利润量，如果每个企业都得到平均利润，就不会出现企业破产和兼并了。经济规律的另一个特点在于它是在人们的背后、在历史过程中逐渐形成的。价值转形也不例外，各部门对成本价格的衡量也会是一个从价值到生产价格的逐渐演化过程。因此，在抽象的理论分析的起点上，以价值衡量成本价格，是和历史发展相一致的。

三、以价值为起点的政治经济学体系

价值理论是剩余价值理论的基石，同时作为商品经济内在机制的理论表现，它又是资本主义经济理论乃至市场经济理论的基石。马克思对古典学派价值论的批判继承，也为他创立自己的理论体系提供了思想来源。

斯密认为，国民财富的增长取决于劳动生产力的增进，而后者又取决于劳动分工。随着分工和商品交换的发展，一切产品都成为商品，整个社会生活都建立在商品交换的基础上，这样，就提出了一个首先需要探讨的重大问题，即交换价值的决定问题。斯密正是以此为起点进而研究资本、赋税、国

---

① 《马克思恩格斯全集》第25卷，第163、165、169页，人民出版社1974年版，参见《马克思恩格斯全集》第25卷，第198、221页，人民出版社1974年版。

家、对外贸易等具体问题，形成自己的理论体系的。

斯密对价值问题的提出，反映了经济学的研究在其从具体到抽象的过程中跨出了决定性的一步。在斯密之前，配第及其后继者的著作都是从人口、国家等总体开始，在研究具体问题的过程中才涉及到分工、价值等抽象的一般关系。而在《国富论》中，斯密不仅以分工这种一般关系作为分析的起点，而且把价值这个具有决定意义的抽象的一般关系明确提出来，进行专门而系统的分析，在此基础上研究各种经济问题、经济关系，从而把政治经济学发展为某种整体。这就决定了以斯密为起点的李嘉图理论体系在方法论上的特点：从商品的价值量决定于劳动时间这个规定出发，然后研究其他经济关系（其他经济范畴）是否同这个价值规定相矛盾，或者说，它们在多大程度上，改变着这个价值规定。这更充分地显现出以价值这种抽象范畴为起点的理论体系。

马克思在《〈政治经济学批判〉导言》中总结了古典经济学从具体到抽象和从抽象到具体的历史上两种发展历程，注意到李嘉图方法的科学性和缺乏中介环节的重大缺陷，提出了不同于研究方法的叙述方法，即"从抽象到具体的方法"：从规定性简单的抽象范畴上升到规定性较多的具体范畴，直到具有许多规定和关系的丰富的总体范畴；从抽象到具体的逻辑联系表现为，用前面已经阐明的抽象的规定性去解释后面尚待阐明的比较具体的规定性，然后再用这个已经阐明的比较具体的规定性去解释后面尚待阐明的更为具体的规定性，依此循序渐进，直到说明所应考察的具体总体。

马克思在 1850 年代初的手稿中，开始确定的作为研究资本主义经济起点的最抽象的范畴也是价值，不久，当他弄清价值和使用价值的关系后就把"商品"作为起始范畴，并逐渐形成自己的经济学的体系结构：从一般抽象范畴商品和货币开始，上升到资本（从资本一般到资本竞争再进入信用、股份资本）、土地所有制、雇佣劳动这些构成资本主义社会基本阶级的依据的范畴，然后上升到资本主义生产关系总和的承担者国家以及生产的国际关系，最后上升到作为资本主义经济总体的范畴世界市场。这就形成了马克思在 1859 年出版的《政治经济学批判》一书《序言》中公开宣布的著作结构计划："我考察资产阶级经济制度是按照以下的次序：资本、土地所有制、雇佣劳动；国家、对外贸易、世界市场。"可以看出，这一具有严密逻辑结构的全新的理论体系的形成，是接受了古典经济学以抽象范畴（价值）为起点展开理论分析的启示的。马克思没能完成他庞大的写作计划，但他留下的理论体系构想，对于建立社会主义政治经济学仍然具有指导意义。

（原文发表于《经济评论》2005 年第 2 期）

价值理论的发展：从李嘉图到马克思

胡　莹　刘静豌[*]

　　马克思撰写的经济思想史著作《剩余价值理论》第二卷，在本质上只和一个名字有关，甚至只和一本著作有关，那就是李嘉图的《政治经济学及赋税原理》。马克思指出，李嘉图的全部著作已经包含在他的最初两章《论价值》和《论地租》里。"在这两章中，把发展了的资产阶级生产关系，因而也把被阐明的政治经济学范畴，同它们的原则即价值规定对质，查清它们同这个原则直接适合到什么程度，或者说，查清它们给商品的价值关系造成的表面偏差究竟是什么情况。李嘉图著作的这两章包含着他对以往政治经济学的全部批判"[①]。在李嘉图看来，如果能够顺利解决利润和价值法则的关系问题的话，地租理论不过是对以"所含有的劳动"作为价值尺度这一原理的拓展性运用。由此可见，价值理论是李嘉图全部经济学理论的基础，也为马克思劳动价值论的建立奠定了基础。厘清马克思在《剩余价值理论》第二卷中对李嘉图价值理论的认识和评价，对于探讨马克思与李嘉图乃至整个古典政治经济学之间的学术关系、研究马克思劳动价值论的生成、分析马克思政治经济学的研究方法，都具有重要的理论意义。

一、李嘉图价值理论建立的动因

　　李嘉图以对利润率的关切为起点，在《政治经济学及赋税原理》一书中建立起一个较为完整的经济理论体系。李嘉图运用抽象研究方法研究资本主义经济问题，在当时英国经济社会发展的现实和前人对劳动价值论研究的基

---

　　*　胡莹，中山大学马克思主义学院；刘静豌，中山大学马克思主义学院。
　　①　《马克思恩格斯全集》第34卷，人民出版社2008年版，第187页。

础上重点研究资本主义社会国民财富的分配问题。李嘉图的价值理论虽然在表面上和当时阶级斗争所涉及的具体问题没有直接联系，但它却是维护资产阶级利益的理论武器。这是劳动价值论在当时的阶级斗争中的现实意义，也是李嘉图为自己提出的历史任务。

（一）批评斯密的购得价值论

斯密认为，在资本积累和土地占有出现以前的早期原始社会，商品是按照在获得该商品时所耗费的劳动量进行交换的。斯密断言，在平常的工业关系中——当资本已经积累起来和对土地支付地租的时候——相对的交换价值是由商品所能支配的相对劳动量决定的，而不是由生产各该商品所必需的劳动量来决定的。这样的转变一旦实现，斯密就开始寻找一些特殊的根据，证明商品所能支配的劳动"才是价值的普遍尺度和正确尺度，换言之，只有用劳动作标准，才能在一切时代和一切地方比较各种商品的价值"。①

在原始工业情况下，斯密认为一个特殊的衡量单位足以决定商品的交换价值，而在资本积累和土地私有规定了经济生产的形式之后，就一定要予以废弃。资本和土地作为生产物来使用，会影响到劳动尺度原有的纯粹性和普遍性，可能使人们承认某些特殊范畴是例外。但斯密的这一观点不同于抛弃原有的整个理论，只能算是对原始工业情况下的劳动价值论作了轻微的修改——这是斯密和李嘉图所证实的劳动价值论——根据这种劳动价值论，劳动质量的差异，可以根据市场上按一种大致不差的平等关系所进行的讨价还价加以调整。这虽然不够精确，但足以使日常买卖正常进行。在还没有受到詹姆斯·穆勒的鼓励而进行阐述的时候，在没有受当时争论的影响而作出连续的说明的时候，李嘉图尚满足于斯密价值理论的大体轮廓。但是，他的这种默认还是有所保留。李嘉图认识到，斯密放弃他原来的价值尺度即"生产所耗费的劳动"是错误的，并认为在资本积累和土地占有出现以前的早期社会状态里普遍实行的原则，同样也适用于在先进的工业条件下的交换关系。

----

① 亚当·斯密：《国富论》，郭大力、王亚南译，商务印书馆 2015 年版，第 31 页。

（二）论证谷物进口的合理性

不同意斯密放弃"哲学的"价值尺度而采取"经验的"价值尺度，是李嘉图论述价值问题第一阶段的特征。由于 1815 年到 1816 年的谷物论战，这一问题变成对李嘉图来说更重大的问题。在《政治经济学及赋税原理》中，李嘉图最关心的问题就是要反驳高工资必然意味着高物价的论断。这一论断是谷物论战的焦点问题。

谷物价格上涨意味着工资上涨，工资上涨必然带来物价上涨，这一点在当时的经济思想体系里是深入人心的。斯密整个推理倾向就是要证明，谷物价格的上涨立即带来劳动价格和一切其他商品价格的相应上涨。马尔萨斯认为，"谷物价格对劳动价格的影响虽是缓慢的，而且也不可能全部加以支配，但却无疑是强大的。"① 萨伊曾断言："谷物是生产得非常普遍的物品……不能随意抬高它的价格。"② 麦克库洛赫坚定地相信，谷物价格制约着其他一切商品的价格，当谷物价格上涨或下跌时，商品价格也要同样地上涨或下跌，因而他根据这一点提出降低公债利息的建议，并获得了李嘉图的赞同。甚至李嘉图本人在 1814 年曾经写信给马尔萨斯说："如果谷物价格上涨，所有商品的价格必定上涨。"③ 不久以后，他又提到："由于劳动工资上涨的结果，一切物品的价值一定要上涨。"

但是，1815 年到 1816 年的谷物论战逐渐改变了李嘉图的看法。当时，英国社会普遍感到一种不安，认为取消谷物进口的限制将导致一般物价的下跌。马尔萨斯认为，取消谷物进口的限制必定引起一般物价的跌落，从而大大地妨害工业。依靠资本利润为生的人们在那样的情况下将会感到，他们的名义资本要因物价下跌而缩减。像过去一样，此时的李嘉图仍然深信谷物贸易自由是可取的，但同时他也认识到物价跌落的严重后果，所以他力图证明这两

---

① 马尔萨斯：《论谷物法的影响——地租的性质与发展》，何宁译，商务印书馆 1960 年版，第 13 页。

② 萨伊：《政治经济学概论》，陈福生等译，商务印书馆 2017 年版，第 228 页。

③ 《大卫·李嘉图全集：第 6 卷》，胡世凯译，商务印书馆 2013 年版，第 153 页。

个现象之间没有必然的联系。

（三）驳斥麦克库洛赫的观点

1816 年麦克库洛赫寄了一份建议书给李嘉图，主张把公债利息降低到相当于谷物跌价的程度。① 李嘉图表示反对并指出，麦克库洛赫的计划是根据这样的假定，即调节银行券的标准既不是黄金也不是白银，而是小麦。如果采取这样的标准，公债的利息就必须每隔一段时间按照谷物价格进行一次调整。李嘉图写道："您的理论体系的出发点是这样一个假设，即：谷物的价格控制其他一切东西的价格，谷物涨价或跌价时，各种商品也涨价或跌价。可是我认为这是一种错误的体系，尽管您有一些伟大的权威支持您，像亚当·斯密、马尔萨斯先生和萨伊先生。"② 此时，李嘉图在多大程度上已经得出谷物价格和工资上涨不一定带来普遍的物价上升这样的结论，是难以断定的。但是有一点是可以肯定的，那就是此时的李嘉图相信有必要彻底驳倒麦克库洛赫的建议所依据的基本假定，即谷物价格和工资水平的提高会带来一般物价水平的提高。

与此同时，李嘉图逐渐察觉到工资和利润朝着反方向变动的理论存在缺陷。假如工资上涨必定带来物价上升，那么就无法证明工资上涨是利润跌落的唯一原因。因为如果物价上涨的幅度超过工资上涨的幅度，那么制造商用产品所得的高价可以补偿所需支付的高工资，利润可能保持不变甚至有所增长。因此，李嘉图的利润理论是否正确，在很大程度上要看他能否证明物价不一定随着工资的上涨而提高。

以上原因叠加起来，使得从 1815 年《论谷物低价的影响》发表到 1817 年《政治经济学及赋税原理》出版期间，李嘉图最关心的问题就是要反驳工资上涨必然带来物价普遍上涨的观点。那么，李嘉图是如何进行反驳的？

---

① 《大卫·李嘉图全集：第 7 卷》，于树生译，商务印书馆 2013 年版，第 158 页。
② 《大卫·李嘉图全集：第 7 卷》，于树生译，商务印书馆 2013 年版，第 112 页。

二、价值的概念与劳动价值论

为了进行反驳，李嘉图发展并扩大了他最初的价值概念。李嘉图的价值理论要完成的主要任务有：第一，否定每一次工资上升都一定会转嫁到商品价格上面的观点；第二，证明高工资与低物价实际上并不矛盾；第三，从长远来说低利润只能是高工资造成的结果，马尔萨斯的观点是错误的；第四，麦克库洛赫降低公债利息的建议既不公平又不正当；第五，随谷物自由输入而来的并非一般物价的进一步下跌。由此可见，《政治经济学及赋税原理》第一章的《论价值》的目的，与其说是对价值概念作出说明，不如说是作为李嘉图一直坚持并为之辩护的若干实际命题的理论依据。《政治经济学及赋税原理》给予了价值理论一个突出的地位。

（一）李嘉图关于价值的概念与价值理论的地位的看法

李嘉图指出，使用价值虽然不是决定交换价值的因素，却是交换价值的前提。"一种商品如果全然没有用处……总不会具有交换价值。"[1] 他把使用价值看作交换价值的物质承担者。效用对于交换价值说来虽是绝对不可缺少的，但却不能成为交换价值的尺度。但是李嘉图也只是提了一下使用价值就把它抛开，而致力于交换价值的探讨。李嘉图说："具有效用的商品，其交换价值是从两个泉源得来的，——一个是它们的稀少性，另一个是获取时所必需的劳动量。"[2] 由此可见，和其他古典政治经济学家一样，李嘉图仍然是在交换价值的形态下探讨商品的价值问题，从而阐明其劳动价值论。价值尺度和价值决定原则是有区别的，但李嘉图认为是同一个问题。"商品的价值或其所能交换的任何另一种商品的量，取决于其生产所必需的相对劳动量，而不

---

[1]　大卫·李嘉图：《政治经济学及赋税原理》，郭大力、王亚南译，商务印书馆 2013 年版，第 112 页。

[2]　大卫·李嘉图：《政治经济学及赋税原理》，郭大力、王亚南译，商务印书馆 2013 年版，第 6 页。

取决于付给这种劳动的报酬的多少。"① 事实上这正是他把耗费劳动论和购得劳动论并列为斯密二重价值论的一个暗含前提。

价值理论是李嘉图分配论的理论基础，他以其价值论来论证工资、利润和地租的形成及其相互关系，揭露了当时的社会阶级矛盾并得出结论：随着社会的发展，"真正得到利益的只有地主"②，工资仅仅可以维持劳动价值的水平，利润则将会不断地下降。李嘉图的《政治经济学及赋税原理》以分配论为核心，而贯穿整个分配论的一条线索是维护资产阶级的利益、反对土地贵族的利益的思想。他承认资产阶级和工人阶级之间存在矛盾，但认为这只是次要的、从属性的矛盾，资产阶级甚至全社会的利益和土地贵族的利益的矛盾则是主要矛盾。李嘉图的价值理论虽然在表面上和当时阶级斗争所涉及的具体问题没有直接联系，但它却是维护资产阶级利益的理论武器。这是劳动价值论在当时的阶级斗争中的现实意义，也是李嘉图为自己提出的历史任务。

斯密的任务具有双重性：一方面是研究资产阶级社会的内部生理，另一方面是叙述这种社会在外表上显示出来的关联。在斯密的著作中，这两种工作互相矛盾地并行着。其中，资产阶级体系的生理学及其内部有机关联的基础是价值由劳动时间决定，这就是李嘉图的出发点。马克思认为，李嘉图研究方法的科学意义和伟大的历史价值在于"揭示并说明了阶级之间的经济对立——正如内在联系所表明的那样——这样一来，在经济学中，历史斗争和历史发展过程的根源被抓住了，并且被揭示出来了。"③

（二）李嘉图的耗费劳动价值论

价值尺度和价值决定原则在斯密那里是两个不同的概念。斯密始终把购得劳动看作价值尺度，并没有把它看作价值决定原则。在斯密看来，价值尺度在任何时候都是购得劳动，但价值决定原则却会随着时代条件的变化而变

---

① 大卫·李嘉图：《政治经济学及赋税原理》，郭大力、王亚南译，商务印书馆 2013 年版，第 5 页。

② 大卫·李嘉图：《政治经济学及赋税原理》，郭大力、王亚南译，商务印书馆 2013 年版，第 104 页。

③ 《马克思恩格斯全集》第 34 卷，人民出版社 2008 年版，第 184 页。

更，斯密价值论真正的二重性就体现在其关于价值决定原则的看法上。他认为在资本积累和土地私有出现以前的早期原始社会状态里，劳动的全部产品属于劳动者，生产任何商品所用的劳动量，是能够调节"通常应可购买、支配或交换的劳动量"① 的唯一条件。一旦资本在个别人手中积累起来，土地被少数人占有，产品不再归劳动者所有，而要在资本家、土地所有者和劳动者之间分享，这时商品价值不是由耗费劳动决定，而是由工资、利润和地租这三个部分的收入共同决定。"这三个组成部分各自的真实价值，由各自所能购买或所能支配的劳动量来衡量。劳动不仅衡量价格中分解为劳动（指工资）的那一部分的价值，而且衡量价格中分解为地租和利润的那些部分的价值。"② 斯密关于价值尺度和价值决定原则的基本观点是：在简单商品交换下，耗费劳动决定价值；在资本主义商品交换下，三种收入决定价值。价值尺度始终是购得劳动，这一尺度先后同耗费劳动及三种收入相符合。

对此，李嘉图指出："在研究商品价值变动的原因时，完全不考虑劳动价值涨落所发生的影响固然是错误，但过于重视它也同样是错误的。所以在本书以后各部分中，虽然我有时提到这一引起变动的原因，但我总认为商品相对价值的一切巨大变动都是由于生产所必需的劳动量时时有所增减而引起的。"③ 他批评了斯密的购得劳动价值论，即由商品在市场上所购买到的劳动量来决定商品价值的理论。李嘉图认为，在消耗劳动和购得劳动之间存在不相等的状况。前者在许多情形下都是能够正确说明他物价值变动的不变标准；后者却会和与之相比较的商品发生同样多的变动。他举出下例作为反驳：同一国家中，在某一时期内生产一定量食物或必需品所需的劳动量，可以两倍于另一相隔很远时期所需的劳动量，但劳动者的报酬却可能保持不变。由购买劳动来计算的价值基本不变，而由消耗劳动计算的价值却有较大的变化。

从斯密到麦克库洛赫等都主张，当资本和土地计入经济生产成本时，在

---

① 亚当·斯密：《国富论》，郭大力、王亚南译，商务印书馆 2015 年版，第 42 页。
② 亚当·斯密：《国富论》，郭大力、王亚南译，商务印书馆 2015 年版，第 43~44 页。
③ 大卫·李嘉图：《政治经济学及赋税原理》，郭大力、王亚南译，商务印书馆 2013 年版，第 27 页。

原始社会状态里决定相对价值的情况，即由"所含有的劳动"决定相对价值的情况就改变了。因此，利润与地租要成为价值的组成部分。商品的真实价格要随着正常的工资率、利润率和地租的相应变动而变化。李嘉图也发现了在劳动量之外有两种影响价值的因素：一是固定资本在所付总资本中所占的比重，以及其耐久性；二是"劳动价值"的变化，即工资的涨落。因此，李嘉图《政治经济学及赋税原理》中的《论价值》一章的主要目的，是要确定资本积累和地租支付在多大程度上修正或改变了在商品生产上所使用的相对劳动量对于商品交换价值所产生的影响。

（三）马克思批评李嘉图混淆了价值与交换价值

李嘉图从一开始就把价值定义为交换价值，并且和斯密一样，把它定义为获取别种货物的能力。他谈到价值的决定方法："规定各种物品的现在相对价值或过去相对价值的，是劳动所将生产的各种商品的相对量，而不是给予劳动者以换取其劳动的各种商品的相对量"① 在这里，"相对价值"不外是指由劳动时间决定的交换价值。李嘉图对价值概念的说明，还是停留在价值尺度的规定性上，而不是价值决定的原则上。这个"相对价值"，后来又被李嘉图称作"比较价值"。李嘉图的价值理论和斯密的"耗费劳动价值论"一样，都是从价值尺度的角度来说明价值概念的。在斯密那里，无论是在资本积累和财产私有出现之前还是在这之后，"购得劳动"才是决定价值的准则。在李嘉图那里，"从一开始就只谈论价值量，就是说，只谈论各个商品价值量之比等于生产这些商品所必需的劳动量之比。"② 对于创造交换价值或表现为交换价值的劳动的性质，他没有去研究。

在李嘉图看来，商品 A"相对价值"的变动有两种情况：一是由商品 A 自身生产所需的劳动时间的变动而导致的；二是用商品 B 的使用价值或货币来表示的商品 A 的"相对价值"的变动。因此，李嘉图也把第一种意义上的

---

① 大卫·李嘉图：《政治经济学及赋税原理》，郭大力、王亚南译，商务印书馆2013年版，第10页。

② 《马克思恩格斯全集》第34卷，人民出版社2008年版，第181页。

"相对价值"的变动叫作"绝对价值"的变动。商品 A"绝对价值"的变动，如果伴随着商品 B"绝对价值"的同比例变动，那么商品 A 第二种意义上的"相对价值"就不会改变。在其他地方，李嘉图又把这个"绝对价值"叫作真实价值或价值一般。① 李嘉图没有对这些关于价值定义上的多种因素作出清晰的说明，在很多时候价值和交换价值是混为一谈的。"他经常忘记这种'实际价值'，或者说，'绝对价值'，而只是念念不忘'相对价值'，或者说'比较价值'。"②

李嘉图只是研究了价值量，即造成商品价值量差别的抽象的、一般的劳动量，而没有从作为价值实体的形式的角度来研究劳动。对此，马克思指出："决不因为一切商品就它们是交换价值来说都只是社会劳动时间的相对表现，价值概念的相对性就取消了……商品的相对性决不仅仅在于商品彼此交换的比例，而且在于所有商品同作为它们的实体的这种社会劳动的比例。"③

（四）马克思关于价值概念的认识

李嘉图只注意交换价值的量，而忽略了不同物的量只有化为同质的单位，才能在量上进行比较。马克思正是从李嘉图所忽略的地方开始，首先探讨了被交换价值的外观所掩盖的价值实体。他从交换价值进入到抽象劳动，从抽象劳动进入到价值。在明确了抽象劳动是价值实体之后，马克思进一步考察价值量。从交换价值中把价值抽象出来作为一个独立的范畴，这是马克思劳动价值论的一个重要理论成果。马克思区分了价值、交换价值和价格，明确它们的关系：价值是交换价值的基础，交换价值是价值的表现形式，价格是价值的货币表现形态。

对于创造交换价值的劳动的性质，李嘉图并没有去研究。马克思的抽象劳动概念的确立说明了在商品发展的过程中，劳动逐步发展为创造价值的劳

---

① 大卫·李嘉图：《政治经济学及赋税原理》，郭大力、王亚南译，商务印书馆 2013 年版，第 16 页。
② 《马克思恩格斯全集》第 34 卷，人民出版社 2008 年版，第 191 页。
③ 大卫·李嘉图：《政治经济学及赋税原理》，郭大力、王亚南译，商务印书馆 2013 年版，第 191 页。

动。但是，劳动的抽象化并不是脱离实际的过程，而是商品生产本身客观的、现实的过程。在这一过程中，抽象劳动和具体劳动相统一。马克思指出：劳动这个范畴的抽象，"这个被现代经济学提到首位的、表现出一种古老而适用于一切社会形式的关系的最简单的抽象，只有作为最现代的社会的范畴，才在这种抽象性上表现为实际上真实的东西。"① 劳动的抽象性与具体性是辩证统一的，劳动的抽象性与历史性也是辩证统一的。商品既具有使用价值又具有价值，马克思从商品的二重性中导引出包含在商品中的劳动的二重性，指出具体劳动创造使用价值，抽象劳动创造价值。

马克思认为商品的价值量取决于社会必要劳动时间。李嘉图也提出了必要劳动这个概念，但他关于农业生产和工业生产的价值量决定规则却自相矛盾。他认为农业生产物的价值量取决于最劣等土地上耗费的劳动时间，而工业生产物的价值量则取决于平均劳动时间。这种自相矛盾归根到底是因为李嘉图没有意识到价值向生产价格的转化。马克思的价值量取决于社会必要劳动时间的论断，也是从抽象劳动是价值实体这一点中得出的结论。李嘉图没有把商品生产看作某种特定的历史形态，不了解价值是一个历史范畴。

三、用劳动价值论解释利润、工资和地租

马克思在概括李嘉图研究价值理论的思路时指出："李嘉图从商品价值量决定于劳动时间这个规定出发，然后研究其他经济关系是否同这个价值规定相矛盾，或者说，它们在多大程度上使这个价值规定发生变形。"② 李嘉图也认为《政治经济学及赋税原理》的《论价值》一章的主要目的是要确定资本积累和地租支付，在多大程度上修正或改变了在商品生产上所使用的相对劳动量对于商品交换价值所产生的影响。先提出劳动价值论、再印证劳动价值论与其他经济关系是否存在矛盾，这是李嘉图研究价值理论的两个基本步骤。

---

① 《马克思恩格斯文集》第 8 卷，人民出版社 2009 年版，第 29 页。
② 《马克思恩格斯全集》第 34 卷，人民出版社 2008 年版，第 182 页。

（一）李嘉图关于利润、工资和地租与劳动价值论的关系的论述

1. 关于利润和价值法则的关系

在《论价值》一章中，李嘉图重点论述利润对价值法则的影响，地租对价值法则的影响则留到下一章《论地租》去论述。相同的劳动量与相等数量的资本结合生产出来的两种商品，获得的利润是相等的从而两种商品的价值量是相等的吗？为了回答这个问题，李嘉图列举了非常多的实例。"假设我在一年间支出1000磅，雇佣20个人来生产一种商品。一年之后，我又在一年间支出第二个1000磅，雇佣20个人，来把这个商品完成，到第二年终，我才把这个商品运上市场。假设利润为10%，我的商品就必须卖2310磅，因为我在一年间使用1000磅资本，在第二年间又使用了2100磅资本。另一个人所使用的劳动量是恰好相等的，不过他是把这全量使用在一年间。他支出2000磅，使用40个劳动者，并在第一年终，照10%的利润卖掉，即卖2200磅。这里，我们有了两个商品，在其内，恰好有等量的劳动被使用了，但一个是卖2310磅，别一个是卖2200磅。"[①] 这些例子多是为了说明一个共同的现象：不同商品是借助不同比例的固定资本和流动资本来生产的，或者说，所使用的固定资本部分有不同的耐久性，由此生产出来的利润不等，从而导致等量劳动生产出来的商品价值不等。不管这种差别是表现在固定资本的耐久程度上，或流动资本的流通时间，或两种资本的结合比例上，还是表现在曾使用等量劳动的不同商品要运去市场所必须经过的时间上，问题在于这种差别会在商品的相对价值上引起怎样的变动？为什么会引起这样的变动？

由此可见，李嘉图在一定程度上已经认识到，在生产过程中物化在生产资料中的劳动通过转移和直接生产耗费劳动一起决定了商品价值。由于使用不同质量的资本而在价值交换关系里所产生的这种现象，在李嘉图这里显然被认为是"所含有的劳动"作为价值尺度的普遍应用性和严格精确性的例外。

---

① 大卫·李嘉图：《政治经济学及赋税原理》，郭大力、王亚南译，商务印书馆2013年版，第27～28页。

2. 关于工资和价值法则的关系

在谷物论战中，李嘉图最关心的问题就是要反驳工资上涨必然带来物价普遍上涨的观点，这也是李嘉图研究价值理论的直接动因。他从劳动决定价值和资本耐久性这两个方面来反驳这一观点。第一，商品价值不随工资涨落而变动，而是受必要劳动量的变动而变动。商品不断涨价的最高限度是与其生产所需的劳动追加量成比例的。除非是生产所需的劳动增加，否则它们就不会有任何程度的上涨。"工资上涨不会使它们的货币价值上涨；也不会使它们相对于任何一种生产所需的劳动量没有增加、所用固定资本与流动资本比例相同、固定资本的耐久性也相同的商品而言的价值上涨。"① 如果生产其他商品所需的劳动量有所增减，那么一定会造成其相对价值的变动，但这种变动是由于必要劳动量的变动引起的，而不是出于工资的上涨所造成的。第二，资本耐久性对工资与商品价值的关系的影响。李嘉图认为，在任何一种生产中，使用固定资本所生产的商品的相对价值将按此种耐久资本的耐久性的大小而与工资成反比地变化。"工资上涨时，它们就会跌落；工资跌落时，它们就会上涨。"② 相反，只有那些主要用劳动来生产、所用固定资本较少，或者所用固定资本的耐久性较小的商品，其价值才会在工资上涨时上涨、在工资下跌时下跌。因此，李嘉图认为，在机器或耐用资本还没有被大量使用的早期社会里，工资上涨带来物价普遍上涨的观点才是成立的。

工资的上涨不会以相等的程度影响两种不同商品的价值。李嘉图指出："固定资本耐久性的这种差别，两种资本配合比例的这种变化，在商品生产所需劳动量的增减之外，又引进了另一个使商品相对价值发生变动的原因，这就是劳动价值的涨落。"③ 与使用较不耐久固定资本的商品相比，使用较耐久固定资本的商品的相对价值会随着工资的上涨而下落，这是因为它使用了比

---

① 大卫·李嘉图：《政治经济学及赋税原理》，郭大力、王亚南译，商务印书馆2013年版，第21页。

② 大卫·李嘉图：《政治经济学及赋税原理》，郭大力、王亚南译，商务印书馆2013年版，第32页。

③ 大卫·李嘉图：《政治经济学及赋税原理》，郭大力、王亚南译，商务印书馆2013年版，第22页。

较多的固定资本，投在工资上面的资本比较少。因此，"在任何一种生产中，使用固定资本所生产的商品的相对价格将按此种资本的数量与耐久性的大小而与工资成反比地变化。工资上涨时，它们就会跌落。"①

劳动价值涨落，指的是工资水平的变动。李嘉图在这里指出了工资水平变动对商品价值的影响，在一定程度上陷入了把"劳动价值"看做由劳动来决定的商品价值的影响因素的循环决定论。李嘉图写道："在机器或耐用资本还没有大量使用的早期社会里，等量资本所生产的商品的价值是接近相等的，彼此之间的相对价值只会由于生产所需的劳动量的增减而有涨有跌。但在采用了这些昂贵而耐用的工具之后，使用等量资本所生产的商品的价值就极不相等了。彼此之间的相对价值虽然仍旧会由于生产所需的劳动量的增减而有涨有跌，但同时也会由于工资和利润的涨落而发生另一种虽然是次要的变动。"② 即便由工资和利润的变动而引起的价值变化在李嘉图看来是"微小"的例外，但既然认识到了不同质量的等量资本生成不等量利润这一现象，就不可避免地引发了另一个问题，即如何看待不同质量资本生成不同利润这一现象与等量资本获得等量利润这一原则之间矛盾。

3. 关于地租和价值法则的关系

英国自 1773 年之后，谷物就无法自给。拿破仑于 1806 年封锁欧洲大陆，禁止英国商品运入欧洲，同时英国亦封锁海口进行报复，这种情况造成谷物进口来源被掐断。在 1789～1820 年期间，农业又连续几年遭受自然灾害，造成谷物产量锐减。这两种情况，造成英国谷物价格猛烈上涨，地租上升。那么，地租是谷物价格的构成因素吗？如果是，这是否违背了李嘉图的价值法则？李嘉图指出："谷物的价值是由不支付地租的那一等土地上，或用不支付地租的那一份资本进行生产时所投下的劳动量所决定的。谷物价格高昂不是因为支付了地租，相反地，支付地租倒是因为谷物昂贵。人们曾经正确地指

---

① 大卫·李嘉图：《政治经济学及赋税原理》，郭大力、王亚南译，商务印书馆 2013 年版，第 49 页。

② 大卫·李嘉图：《政治经济学及赋税原理》，郭大力、王亚南译，商务印书馆 2013 年版，第 32 页。

出，即使地主放弃全部地租，谷物价格也不会降低。这种做法不过会使某一些农场主能够生活得像绅士一样。但却不会减少在生产率最低的已耕地上生产农产品所必需的劳动量。"① 在他看来，谷物价格是由用最大的劳动支出来生产谷物所耗费的劳动量决定，地租不是商品价格的构成部分。对此，马克思给予了高度的肯定，认为"李嘉图把地租理论同价值规定这样直接地、有意识地联系起来，这是他的理论贡献。"②

李嘉图只有级差地租理论而没有绝对地租理论，他认为在最劣等土地上耕种的农业资本家是不需要给地主交付地租的。可是，土地所有者不会无偿将土地交给农业资本家使用。只要土地是私有的，绝对地租必定是存在的。李嘉图认为地租就是级差地租，指出地租是一般利润以上的剩余。但是，如果地租也代表劳动时间，为什么在工业上剩余劳动只等于利润，而在农业上却要分割为利润和地租？既然农业的利润是和一切别的生产部门的利润相等，这种分割又何以可能？李嘉图将利润和剩余价值视为同一的观点，在这里把问题弄得困难了。

（二）马克思批评李嘉图混淆了利润与剩余价值

李嘉图没有离开剩余价值的特殊形态——利润、利息和地租——来讨论剩余价值。所以，他对于资本有机构成的考察，是以流通过程为基础的资本有机构成上的区别，即固定资本和流动资本的区别为限。马克思认为，对于以真正生产过程为基础的资本有机构成上的区别，即不变资本和可变资本的区别，李嘉图并未留意到。不过，"李嘉图把固定资本和流动资本的差别与不同的资本周转时间相对比，并从不同的流通时间，实际上也就是从资本的流通时间或再生产时间引出这一差别，却应该看成是一个重大的功绩。"③

李嘉图平均利润学说的核心观点在于利润与资本成比例，而不与所用的

---

① 大卫·李嘉图：《政治经济学及赋税原理》，郭大力、王亚南译，商务印书馆 2013 年版，第 59 页。
② 《马克思恩格斯全集》第 34 卷，人民出版社 2008 年版，第 270~271 页。
③ 《马克思恩格斯全集》第 34 卷，人民出版社 2008 年版，第 195 页。

劳动量成比例。因为如果利润是与所用的劳动量成比例，那么等量资本就会提供极不相等的利润。马克思则认为，利润量与该生产部分所生产的剩余价值量相等，剩余价值不是依存于资本量，而是依存于可变资本的量，即依存于所用劳动的量。那么，利润到底与全部预付资本成比例，还是与可变资本即所用劳动的量成比例呢？如果利润要作为资本（例如在一年间）的一个百分率成为相等的，让等量资本在相等时间内各提供相等的利润，各商品的价格就必然会与商品的价值不同。把一切商品的这种成本价格加在一起，其总和就会和这一切商品的价值相等。同样，总利润也会和这一切资本加在一起（例如在一年间）提供的总剩余价值相等。如果我们不以价值的决定为基础，平均利润从而成本价格就会只是想象的，没有根据的。不同生产部门的剩余价值的平均化，不会改变这个总剩余价值的绝对量，而只会改变它在不同生产部门间的分配。但这个剩余价值本身的决定，只由剩余劳动时间来决定。没有这个，平均利润便是一个一无所有的平均，只是空想。李嘉图的错误，就在于将平均利润看成是剩余价值。马克思指出："当我们谈李嘉图的剩余价值理论时，我们谈的就是他的利润理论，因为他把利润和剩余价值混淆起来了，也就是说，他只是从对可变资本即投在工资上的那部分资本的关系来考察利润。"①

若已知剩余价值率，一定资本的剩余价值量就不是依存于资本的绝对量，而是依存于所用劳动的量了。反之，已知平均利润率，利润量就必须依存于所用资本的量，不是依存于所用劳动的量。"利润率一般是大还是小，确实取决于整个资本家阶级的资本所使用的劳动总量，取决于所使用的无酬劳动的相对量，最后取决于花费在劳动上的资本同只是作为生产条件再生产出来的资本之间的比例。"② 所以，利润的平均化是这样引起的：商品的相对价值会变动，会互相均衡，使得它们不是依照它们的现实的价值，而是依照它们所必须提供的平均利润来相互对应，这就是马克思所说的价值向生产价格的转化。

① 《马克思恩格斯全集》第 34 卷，人民出版社 2008 年版，第 420 页。
② 《马克思恩格斯全集》第 34 卷，人民出版社 2008 年版，第 421 页。

（三）马克思批评李嘉图混淆了价值与生产价格

一般利润率的表现、实现和成立，是价值转化为生产价格的前提。李嘉图反过来假定价值和生产价格是同一的，因为他把利润率和剩余价值率混同。他没有想到，在一般利润率成为问题以前，商品的价格会因一般利润率的成立而发生变化。他把这个利润率当做是根源的，从而在他看来，这个利润率会决定价值。如果要以一般利润率为前提，那么因为要维持这样的一般利润率，就必须在价值决定的价格上有例外的修正。他并未意识到，为了要形成一般利润率，价值必须先转化为生产价格。在一般利润率的基础上，李嘉图要考察的已经不是商品的真实价值，而是由价值转化而成的生产价格。

李嘉图的错误在于他混同了价值与生产价格。他把资本主义生产当做社会生产的唯一形式，不了解商品生产在其发展过程中经历了简单商品生产和资本主义商品生产的阶段，从而也就不了解价值法则在这两个不同阶段的作用有其不同的形式。马克思指出："李嘉图所以犯这一切错误，是因为他想用强制的抽象来贯彻他把剩余价值率和利润率等同起来的观点。庸俗经济学家由此得出结论说，理论上的真理是同现实关系相矛盾的抽象。相反，他们没有看到，因为李嘉图在正确抽象方面做得远远不够，才使他采取了错误的抽象。"①

在资本主义条件下，剩余价值表现为利润，由于各部门的相互竞争，利润又转化为平均利润，与此同时价值则转化为生产价格。商品不再直接依据由劳动时间决定的价值出售，而是依据生产价格出售，生产价格和价值的背离已经成为正常的现象。李嘉图看不到这些转化过程，跳过了一系列的中间环节，把价值与生产价格直接等同起来了。这与李嘉图的资产阶级立场是分不开的。这些讨论必然导致对剩余价值形成和剥削问题的关注。而在李嘉图生活的时期，英国社会的主要阶级矛盾仍然是资产阶级和土地贵族之间的矛盾。

---

① 《马克思恩格斯全集》第34卷，人民出版社2008年版，第495~496页。

李嘉图在劳动时间决定价值量和一切资本都要计算利润的观点的相互纠缠之下，把利润和工资都看成是商品价值的构成因素，和他自身所坚持的价值法则发生了矛盾。这种矛盾是由他自己思想上的混乱引起的，导致他自己修改了自己的价值法则："资本在不同行业中划分为不同比例的固定资本与流动资本，在相当大的程度上改变了在几乎完全只用劳动来生产的情形下能普遍适用的一条法则，即除非生产中所用的劳动量有增减，否则商品的价值决不会改变。"① 正如马克思所指出的，李嘉图"把一般利润率作为前提偷运进来。这在第一章《论价值》就发生了……怎样从单纯的商品'价值'规定得出商品的剩余价值、利润、甚至一般利润率——这一点对李嘉图来说仍然是不清的。"② 在马克思看来，平均利润率不是前提，而是在劳动价值论基础上资本竞争的结果。就连为李嘉图进行辩护的学者也指出："李嘉图把一般利润率当成前提而没有解释其形成，这是他的劳动价值论的一个缺点。他没有解释为什么一般利润率应该是 10% 而不是 20%。而马克思的价值理论对利润的来源进行了探究，指出利润来自于对工人的剥削。"③

（四）马克思关于价值构成和价值转化形式的认识

马克思认为，商品的价值由不变资本 C、可变资本 V 和剩余价值 M 这三部分构成。其中，C 是垫支资本中用于购买生产资料的资本，是投在工资之外的资本；V 是支付给劳动者的工资，是劳动者必要劳动的报酬，也是劳动力的价值；M 是剩余价值，是劳动者在剩余劳动时间内创造的价值，由资本所有者占有，是资本获得的利润的来源。尽管李嘉图认识到商品的价值不仅决定于直接耗费在生产中的活劳动，而且也决定于包含在生产资料中的劳动，但当需要说明新价值的创造和旧价值的转移是如何进行时，他陷入了困境。马克思的劳动二重性理论解答了这一问题，它说明了新价值是由抽象劳动

---

① 大卫·李嘉图：《政治经济学及赋税原理》，郭大力、王亚南译，商务印书馆 2013 年版，第 28 页。
② 《马克思恩格斯全集》第 34 卷，人民出版社 2008 年版，第 210 页。
③ Lifteris Tsoulfidis. Rocardo's Theory of Value and Marx's Critique [J]. *History of Economic Ideas*, Vol. 6，No. 2，1998：79.

（活劳动）创造的，而由资本转移到新商品上的价值则是由具体劳动（包含在生产资料中的对象化劳动）来实现的。

　　劳动力成为商品是货币转化为资本的前提条件，劳动力商品的价值表现为工资 V。那么，这种劳动价值或劳动的自然价格，是怎样决定的呢？李嘉图认为劳动的价值是由为劳动而支付的货币的价值决定。令他苦恼的是，为什么劳动价值的决定方法，似乎和其他商品的价值决定法则不同呢？对此，马克思指出："这样提出问题，既然以价值规律作为前提，问题本身就无法解决，所以不能解决，是因为这里把劳动本身同商品对立起来了，把一定量直接劳动本身同一定量对象化劳动对立起来了。"① 在马克思看来，"李嘉图本来应该说劳动能力，而不是劳动。而这样一来，资本也就会表现为那种作为独立的力量与工人对立的劳动的物质条件了。而且资本就会立刻表现为一定的社会关系了。"② 如果像李嘉图一样，只把资本当作"积蓄劳动"而与"直接劳动"相区别，资本就只是一种物质的东西，只是劳动过程的要素。这样一来，劳动和资本、工资和利润的关系也就无法说明。

　　马克思发现了劳动力商品这一范畴，在劳动价值论的基础上提出了剩余价值理论，解决了资本主义的剥削是怎样在价值规律的基础上进行的这一问题。两种商品互相交换，不是比例于它们里面包含的必要劳动即工资的价值，而是比例于其内包含的总劳动量，即必要劳动和剩余劳动之和。劳动量和劳动（力）的价值 V，是两个不同的范畴。如果这个劳动量指的是活劳动（V＋M），那么劳动量和劳动力价值之间的差别是剩余价值；如果这个劳动量指的是对象化劳动和活劳动（C＋V＋M），那么劳动量和劳动力价值之间的差别是不变资本和剩余价值。斯密所说的两种价值决定尺度，差别就在这里。生产商品所耗费的劳动量，与劳动者用这个劳动能够购得的商品量（即劳动力价值），是两件不同的东西。这个劳动量中究竟有多少是归劳动者自己，对于商品内所包含的总劳动量是全然没有影响的。剩余价值作为商品

① 《马克思恩格斯全集》第 34 卷，人民出版社 2008 年版，第 450 页。
② 《马克思恩格斯全集》第 34 卷，人民出版社 2008 年版，第 453 页。

的资本价值增殖，不等于它里面所包含的总劳动量（C＋V＋M），也不等于它里面所包含的活劳动（V＋M），而是等于它能够支配的剩余劳动（M）。

　　李嘉图在他的地租理论上使用了两个命题。第一个命题是：同一部门的生产物，会依照相同的市场价值售卖，从而竞争会引起不同的利润率；第二个命题是：每个投资的利润率必须是同一的，从而竞争会引起一般的平均利润率。马克思指出，第一个命题适用于投在同一生产部门内不同的独立资本，第二个命题适用于投在不同生产部门的诸资本。第一个命题即价值或价格相等但利润率不相等，是由于在同一生产部门，竞争的作用使这个部门的商品的价值由生产这种商品社会必要劳动时间决定，从而使得市场价值的成立。个别劳动时间低于社会必要劳动时间的具有相同资本有机构成的同量资本可获得的利润率较高，反之则较低。第二个命题即利润率和价格相等，但价值不相等，是由于等量资本在不同生产部门会以极不相等的比例使用不变资本和可变资本，从而提供极不相等的剩余价值。不同生产部门商品的市场价值会均衡化，使不同部门的利润率归于同一，并使等量资本提供等量的平均利润。

　　但是，正如马克思所指出的，这种利润率的均衡化"只有通过市场价值转化为不同于实际价值的费用价格才[1]有可能"。① 第二个命题所指向的竞争，决不是使商品价格和商品价值归于同一，而是使商品价值转化为与价值有别的生产价格。李嘉图在《政治经济学及赋税原理》的第四章"论自然价格和市场价格"中所考察的恰好是与此相反的运动方向，即从市场价格（与价值相区别的价格）到自然价格（表示在货币上的价值）的还原。马克思指出，这是一个错误。"这个谬误，是由在第一章《论价值》中已经犯下的把费用价格和价值等同起来的错误造成的，而后面这个错误的产生，又是因为李嘉图在他只需要阐明'价值'的地方，就是说，在他面前还只有'商品'的地方，就把一般利润率以及由比较发达的资本主义生产关系产生的一切前提全

---

　　① 《马克思恩格斯全集》第34卷，人民出版社2008年版，第230页。

都拉扯进来。"①

价值和生产价格之间存在表面的矛盾，这一矛盾的具体表现形式就是劳动价值论和等量资本获得等量利润的矛盾。斯密承认两者的矛盾，从而放弃了劳动价值论。李嘉图为了坚持劳动价值论，把两者不符合的现象宣布为例外。马克思在分析剩余价值和剩余价值率向利润和利润率的转化之后，分析了利润向平均利润的转化，从而发现了价值向生产价格的转化。由此，市场价格不再围绕着价值而是围绕着生产价格波动，生产价格掩盖了价值决定价格的基础。但是，生产价格却是以价值为前提的，在数量上，全部商品的生产价格总和等于全部商品的价值总额。生产价格的运动规律就是价值的运动规律，只不过它是价值运动的变形规律。

四、结语

李嘉图坚持了价值决定于劳动时间的理论，并在价值量的问题上作出了比前人更为详细的分析，尽管在他的分析中存在着若干缺点。这是他作为古典政治经济学家最杰出的贡献之一。李嘉图价值理论的主要缺点在于其经济范畴的超历史性。这样看来，斯密关于两重的价值规定原则适用于人类社会发展不同时期的观点，显示出他比李嘉图有更强的历史感。经济范畴的超历史性使李嘉图的价值学说遇到了两个不可克服的困难，第一个困难是价值法则和利润存在之间的矛盾，第二个困难是价值法则和等量资本获得等量利润之间的矛盾。实际上这是一个没有被意识到的问题，即价值如何转化为生产价格。

李嘉图被马歇尔称为"新古典学派之父"。在李嘉图之后，新李嘉图主义者宣称劳动价值论是"不必要的迂回"，甚至是不合逻辑的、误导性的论断。例如，斯蒂德曼（Steedman）将李嘉图的价值理论解释为生产费用价值论。总体来说，新李嘉图主义者更为关注李嘉图所说的"恒定不变的价值尺度"，认为斯拉法的"标准商品"就是李嘉图求而不得的不变尺度。新李嘉图主义

---

① 《马克思恩格斯全集》第 34 卷，人民出版社 2008 年版，第 230～231 页。

者指出，不需要借助于劳动价值论也能建立起"标准商品"和产品的相对价格体系。有一些马克思主义学者尽力想要在《政治经济学及赋税原理》中发现马克思意义上的劳动价值论，例如多布（Dobb）和米克（Meek）就主张将李嘉图和马克思之间的分歧弱化。不同于斯密，马克思认为劳动价值论在资本主义时期是有效的，因为在资本主义时期商品生产成为普遍的、一般的现象，资本与劳动相结合生产出商品，商品用于交换从而获得剩余价值。在这一阶段才出现了作为价值实体的抽象劳动。相反，在前资本主义时期的生产方式中，交换是偶然的，商品交换的比例并不必然反映生产所耗费的劳动，而是反映了经济之外的其他因素，如习俗和权力等。只有当交换成为经常性、普遍性的现象时，抽象劳动才得以出现，劳动价值论才开始起作用。李嘉图不了解抽象劳动的概念，因而也不了解资本主义生产方式和前资本主义生产方式的差异。

历史的观点为科学的抽象研究方法提供了前提。科学的抽象法要求把一切掩盖着生产关系内在联系的东西抽掉，以突出显示范畴的本质。从配第开始的英国古典政治经济学在探讨资本主义生产关系时，曾普遍地使用抽象法，而李嘉图更是使用抽象法的典型。但是，由于它们以非历史的观点用一般的生产关系来代替资本主义生产关系，它们的抽象法抽掉了资本主义生产关系的内在联系，抽掉了这一特定社会形态的本质。在古典政治经济学中，抽象性和历史性互相排斥，一切范畴都成为自然的、永恒的，对价值、利润、工资和地租的量的分析排斥了对其质的分析。

李嘉图不是由简单范畴上升到复杂的、具体的范畴，而是跳过中间环节使几个范畴直接相等，如使利润和剩余价值、价值和生产价格直接相等、使利润率和剩余价值率直接相等。这是他的价值理论乃至整个经济理论的突出特点。马克思批评李嘉图混淆了价值与交换价值、混淆了利润与剩余价值、混淆了价值与生产价格。李嘉图从来没有离开剩余价值的特殊形态——利润、利息和地租——来单独讨论剩余价值。李嘉图平均利润学说的核心观点在于利润与资本成比例，而不是与所用的劳动量成比例。马克思则认为，利润与该生产部分所生产的剩余价值相等，剩余价值不是依存于资本量，而是依存于可变资本的量，即依存于所用劳动的量。李嘉图的错误，就在于将平均利润看成是剩余价值，在于其抽象掉了资本主义生产关系。把剩余价值和利润等同起来，是古典经济学走向解体的原因之一。马克思的抽象法抓住了复杂的现实社会整体中事物的本质，抽掉了一切非本质的表面现象，是抽象性和历史性的统一。经济范畴的逻辑发展是现实发展的历史过程的反映。历史从哪里开始，思想进程也应当从哪里开始。

注释

[1]"费用价格"这一术语分别用在三种不同的意义上：（1）资本家的生产费用（c+v）；（2）同商品的价值一致的商品的"内在生产费用"（c+v+m）；（3）生产价格（c+v+平均利润）。在这里，"费用价格"是用在第三种意义上，也就是"生产价格"或"平均价格"（c+v+平均利润）的意义上。

（原文发表于《当代经济研究》2021年第4期）

第二编　理 论 内 涵

马克思劳动价值理论的基本内容

陈　征*

马克思劳动价值理论的基本内容是什么？国内外学术界有不同的看法。但是弄清楚这个问题却是极其重要的：因为马克思的经济学说是马克思主义的主要内容，剩余价值理论是马克思经济学说的基石，而劳动价值理论是剩余价值理论的基础。如果没有马克思的科学的劳动价值理论，也就不可能有科学的剩余价值理论，当然也就不可能有马克思的经济学说，以至科学的革命的马克思主义了。形形色色的资产阶级经济学家，攻击马克思主义，攻击马克思的《资本论》，往往是从攻击马克思的劳动价值理论开始的。

概括说来，我国学术界对这一问题的理解，基本上有如下六种看法：

有的同志认为："马克思的劳动学说的基本要点是：第一，商品有两种属性，即使用价值和价值，它们是对立的统一物。……第二，劳动的二重性决定商品的二重性。……第三，生产商品的劳动时间，决定商品的价值量。……第四，社会必要劳动时间，是随着劳动生产率的提高而变化的。……"这就是说，马克思劳动价值理论的基本内容，主要体现在《资本论》第一卷第一章第一、二节中。

有的同志认为：除了与上述意见的一、三、四点相同外，还要增加两点：其一是，价值实体是抽象的人类社会劳动；第二是，价值形式。这就是说，他们认为应该包括《资本论》第一卷第一章第一、二、三节的内容。

也有的同志认为：《资本论》第一卷"第一章论述的是商品，实际上论述

---

* 陈征，福建师范大学。

的是商品的价值或交换价值。劳动价值论是本章的中心内容。"这就是说，第一章的全四节是劳动价值论的中心内容。

又有一些同志认为："第一篇所论述的中心是建立科学的劳动价值学说。""在第一篇中，马克思运用辩证唯物主义和历史唯物主义的原理，对资产阶级古典政治经济学进行了革命的批判，在批判继承的基础上，建立起完整的科学的劳动价值理论。"这似乎是第一篇的全三章，都可包括在劳动价值理论的基本内容之内。

另一些同志认为：除在商品二重性、劳动二重性、价值形式以外还要包括价值规律作用的形式，即包括价值转化为生产价格的问题。这就是说，除去第一卷第一章外，还要包括第三卷的有关部分。

还有的同志把马克思的劳动价值理论概括为四点：1. 价值实体。2. 价值量。3. 价值形式。4. 价值本质。这是不按章节体系，纯粹从原理的角度出发而进行的划分。

我认为：要了解马克思劳动价值理论的基本内容，这就要了解马克思的劳动价值理论和古典学派的劳动价值理论的本质差别，也就是要了解马克思在劳动价值理论上对古典学派除去批判地继承外，还有那些创造和发展，完成了那些革命性的变革，这也就是要求我们如何系统地深刻地理解《资本论》中有关劳动价值理论的问题。如果从劳动价值理论在资本主义经济中的应用，从马克思对劳动价值理论的发展和完成方面来看，当然要包括价值的转化形式，生产价格的问题在内；如果从一般商品经济所包含的劳动价值理论出发，《资本论》第一卷第一章全四节所包含的内容，就是对马克思的科学的劳动价值理论的很好概括，这既是马克思劳动价值理论的基本内容，也是他和古典学派劳动价值理论根本不同的地方。

那么，马克思劳动价值理论的基本内容，究竟包含哪些要点呢？

第一，商品是使用价值和价值的统一（价值实体和价值量）。首先，马克思从商品的使用价值和价值的对立统一关系上来进行研究。古典学派虽然正确地区分了商品的使用价值和交换价值，指出交换价值不是由使用价值决定的，但他们对价值和交换价值的关系还没有明确的理解，往往把二者混为一谈，没有把使用价值和价值看成是一个统一体。马克思从分析商品的使用价值和交换价值出发，然后再从交换价值引出价值，指出交换价值只是价值的表现形式，价值则是交换价值的实在内容，商品是使用价值和价值这两个因素的辩证统一，而价值又是商品经济的一个最主要，最根本的基础。从一方面看，使用价值和价值是互相依赖、互为条件的，使用价值是价值的物质承担者，没有使用价值的东西就不可能有价值，这就纠正了斯密认为没有使用价值的东西也可能有价值的错误；但反过来说，没有价值但是有使用价值的东西，也不能成为商品，这就揭示了商品的社会属性，和仅仅作为自然物体而存在的自然属性的产品不同，这就纠正了古典学派把商品看成是自然属性的错误；因此，产品成为商品，必须是使用价值和价值的统一。从另一方面看，使用价值和价值又是互相矛盾的。这是因为，商品生产者生产的商品，不是为了自己使用它，必须把它的使用价值让渡给别人，这是对别人的使用价值，对社会的使用价值；同时，商品价值也不是在生产中能够直接表现出来的，而是要通过交换才能表现出来的，只有通过交换，价值才能实现。这样，在商品这个经济细胞的内部就包含着使用价值和价值的深刻矛盾。这种商品内部矛盾的发展就表现为商品的外部矛盾，即商品与商品的矛盾，然后再发展为商品与货币的矛盾。随着资本主义生产条件的出现，货币转化为资本，劳动力成为商品，商品与货币的矛盾又发展为资本与劳动的矛盾。所以，商品内部矛盾孕育着资本主义一切矛盾的萌芽，研究资本主义生产关系必须从分析商品着手，这一点，古典学派是完全不理解的。这也正是马克思运用唯物辩证法从商品分析开始研究资本主义经济的一个重大创造。

其次，对于价值实体的研究。古典学派虽曾发现商品价值是劳动创造的。特别是李嘉图还认识到劳动是价值的唯一源泉，但他们往往是孤立地研究价值。把价值看成商品的"天然的社会属性"。即把价值当成是商品的自然属性。马克思对于价值实体的研究，着重从价值的质的方面，揭示了价值的社会性质。马克思指出：商品价值是商品中人类抽象劳动的凝结，也就是物化了的人类社会劳动的凝结，价值实体无非是抽象劳动的物化，它是商品的内在属性，是交换价值的基础，交换价值只是价值的表现形式。这就科学地说明了价值和交换价值的关系，把价值实体和价值形式，价值决定和价值表现严格地区别开来，进而揭示了价值实体的社会性质无非是在物的外壳下掩盖的人和人之间的社会关系。这就从根本上对价值的社会属性给予了正确的解释，纠正了古典学派把价值看成是商品的自然属性的谬误。必须注意，马克思对价值的分析，不是从价值的概念出发，来分析使用价值和交换价值，而是从分析商品出发，得出使用价值和交换价值，从而进一步对价值进行分析。因此，对价值的分析是和对商品的分析密切联系在一起的。所以才能揭示出价值的实质无非是在物的外壳掩盖下人和人的关系，如果离开商品孤立地分析价值，就不可能揭示价值的实质。可见，把劳动价值理论寓于商品理论之中，通过对商品的分析来揭示价值的实质，这是马克思劳动价值理论的一个显著的特点，也是一个显著的优点。这同一些资产阶级和小资产阶级的经济学家，离开商品孤立地分析价值是完全不同的，这也是马克思劳动价值理论与古典学派劳动价值理论的主要区别之一。

再次，对于价值量的研究。古典学派在研究价值时，往往不从质上进行分析，只把注意力集中在价值的量的方面，只对价值量进行研究，他们从来没有想到，劳动的量的差别，是以质的同一性作为前提的。虽然他们也曾指出，价值量是由劳动时间计算的，不是用个人的劳动时间来计算，而是用社会的劳动时间来计算的；但由于他们没有对价值实体进行研究，没有对形成价值的劳动进行认真的深入的分析，所以就不能说明：为什么价值量的大小，必须由社会必要劳动时间决定。马克思在科学地研究了价值实体的基础上，进一步阐明了斯密、李嘉图所不能阐明的关于价值量的决定问题。马克思指出：商品的价值实体是抽象的人类劳动，这是同一的人类劳动的耗费，在商品世界中，社会的全部劳动力又是由个别存在的单个劳动力所组成，每个个别的单个劳动力在生产商品时，都只能当作同一的平均的劳动力，因此，在商品生产时对劳动力的耗费，就不能只是个别劳动时间，而只能是社会平均的必要劳动时间。又如对价值的计算问题，斯密不能解决异质劳动（指复杂劳动和简单劳动）如何形成价值的问题。

他认为要找到不同劳动比例的准确的尺度是很困难的。只有通过市场上的议价来作大体上两不吃亏的调整。李嘉图也试图解决这个"异质劳动如何形成商品价值"的问题，但由于他不懂得劳动二重性，当然对这个问题也不可能得到解决。只有马克思，把价值实体看成是抽象的人类社会劳动的凝结，这就从根本上解决了异质劳动如何形成价值的问题。他指出，具体劳动是异质的，无法互相比较；但抽象劳动是同质异量的，是可以通过商品交换来进行比较的。当然，在计算价值量时，还要注意复杂劳动与简单劳动的差别，要把复杂劳动折算成为简单劳动，而决定商品价值量的则是抽象的简单劳动。由此可见，古典学派虽然研究了价值量，但却不能科学地系统地说明这个问题，只有马克思，在分析价值实体的同时，又进行了对价值量的分析，从质和量两个方面分别研究了价值问题，从而科学地系统地对价值作了正确的说明。现在我们再来看看，马克思在第一章第一节所加的标题："商品的二因素：使用价值和价值（价值实体，价值量）"，就会有进一步的体会了。马克思所以加上这个括弧，说明他解决了前人所没有解决的问题，也是他在批判地继承的基础上，进一步创造和发展的地方。这些内容，成为马克思劳动价值理论的重要构成部分，是毫无疑义的了。

第二，体现在商品中的劳动二重性。古典学派只是一般地说劳动创造价值，但对创造价值的劳动本身却缺乏研究和分析，不懂得创造商品的劳动是有二重性的。这就不能从根本上弄清楚有关价值和劳动的一系列问题，当然也就不可能建立起科学的劳动价值理论。马克思指出："……古典政治经济学在任何地方也没有明确地和十分有意识地把体现为价值的劳动同体现为产品使用价值的劳动区分开。"[①] "经济学家们毫无例外地都忽略了这样一个简单的事实：既然商品有二重性——使用价值和交换价值，那末，体现在商品中的劳动也必然具有二重性，而象斯密、李嘉图等人那样只是单纯地分析劳动，就必然处处都碰到不能解释的现象。实际上，这就是批判地理解问题的全部

---

① 《马克思恩格斯全集》第23卷，人民出版社1972年版，第97页。

秘密。"① 为什么他们不能揭示创造商品的劳动二重性呢？不管是斯密还是李嘉图，虽然他们在政治经济学史上作出了杰出的贡献，但他们都是资产阶级的经济学家，他们都是站在资产阶级的立场上，为资产阶级的偏见所束缚，把资本主义生产看成是永恒的自然的形式，把劳动创造价值看成是自然如此、向来如此、永远如此的事情。他们"从来没有提出过这样的问题：为什么这一内容要采取这种形式呢？为什么劳动表现为价值，用劳动时间计算的劳动是表现为劳动产品的价值量呢？"② 他们从来没有研究：在什么条件下的劳动形成价值，为什么劳动能形成价值，怎样形成价值。他们把劳动创造价值仅仅看成是人类劳动的自然特征，从而把价值看成是反映物质关系的自然范畴了。马克思对劳动价值理论的重大变革，最重要的一个问题就是发现了商品的二重性，是由体现在商品中的劳动二重性所决定的。马克思写信给恩格斯时说："我的书最好的地方是：（1）在第一章就着重指出了按不同情况表现为使用价值或交换价值的劳动二重性（这是对事实的全部理解的基础）。"③ 马克思指出：生产商品的劳动都可以从两方面看，一方面，劳动具有各种不同的具体形式。如织布的劳动和打铁的劳动在具体形式上就是各不相同的，由于具体形式不同，就有着不同的目的、对象、方法、手段和结果，这就形成具体劳动；另一方面，劳动者在进行生产劳动时，都要消耗一定的劳动力，都要有人的体力和脑力的支出，如果撇开劳动的各种具体形式，那么，在其中存在的共同的东西，就是一般的人类劳动，这就是抽象劳动。具体劳动创造商品的使用价值，抽象劳动形成商品的价值。商品之所以具有使用价值和价值的二重性，就是因为创造商品的劳动具有具体劳动和抽象劳动的二重性。正是由于马克思区别了创造商品的劳动二重性，才能从质的方面分析了价值实体，揭示了价值的本质，指出价值不是通常意义上的社会劳动的表现，而是抽象的简单的社会劳动物体化了的结果。这就说明了形成商品价值的劳动的特点，指出了不是在任何情况下的劳动都能形成价值，只是在商品生产条

---

① 马克思恩格斯：《〈资本论〉书信集》，人民出版社 1976 年版，第 250 页。
② 《马克思恩格斯全集》第 23 卷，人民出版社 1972 年版，第 97 页。
③ 马克思恩格斯：《〈资本论〉书信集》，人民出版社 1976 年版，第 225 页。

件下，商品生产者的抽象劳动才形成价值。既然价值是由抽象劳动形成的，因而商品和商品相交换，反映着价值和价值相交换，也就是劳动和劳动相交换。正是由于商品价值作为抽象劳动的社会表现，它才最明显地反映着商品生产社会所特有的生产关系。可见，正是由于对劳动二重性的分析，"第一个彻底研究了劳动所具有的创造价值的特性"①，"第一次确定了什么样的劳动形成价值，为什么形成价值以及怎样形成价值"② 等问题。这种关于价值实体和价值本质的研究，正是马克思劳动价值理论中的一个最重要和最基本的观点。马克思分析价值的质的规定性的同时，又接着分析了价值的量的规定性，从而把个人劳动归结为社会劳动，把个人劳动时间归结为社会必要劳动时间，从分析抽象劳动这一范畴出发，引出社会必要劳动这个经济范畴，科学地阐明了确定商品价值量的为什么必须是社会必要劳动时间，和怎样确定这种社会必要劳动时间等问题。不仅如此，正是由于揭示了劳动二重性，还解决了在商品生产过程中，具体劳动在创造使用价值的同时，还起着转移旧价值、保存旧价值的作用，只有抽象劳动，才能创造新价值。这就解决了在商品生产过程中的新价值的创造和旧价值的转移问题，从而解决了价值构成和价值形成等问题，批判了一些资产阶级经济学家认为资本和劳动共同创造价值的错误观点。必须注意，马克思所揭示的劳动二重性，是"体现在商品中的劳动的二重性"③，正如他从商品分析出发来研究价值一样，他分析劳动二重性也是密切联系着商品这个细胞而进行的，而没有离开商品孤立地研究劳动二重性。这也是马克思的劳动价值理论和古典学派根本不同的地方。如果我们离开商品而孤立地大谈其所谓抽象劳动和具体劳动，显然是不符合马克思的原意的，因而也是不确切的。关于劳动二重性问题，马克思自己曾说："商品中包含的劳动的这种二重性，是首先由我批判地证明了的。这一点是理解政治经济学的枢纽。"④ 为什么是枢纽？因为劳动二重性的发现，才揭示了经济

① 《马克思恩格斯全集》第 22 卷，人民出版社 1965 年版，第 236 页。
② 《马克思恩格斯全集》第 24 卷，人民出版社 1972 年版，第 22 页。
③ 《马克思恩格斯全集》第 23 卷，人民出版社 1972 年版，第 54 页。
④ 《马克思恩格斯全集》第 23 卷，人民出版社 1972 年版，第 55 页。

的内在矛盾，揭示了使用价值和价值、价值和交换价值、价值实体和价值形式的关系，说明了价值实体、价值本质、价值量、价值形式等一系列问题，一句话，才形成了科学的正确的劳动价值理论。如果没有发现劳动二重性，就不可能有科学的劳动价值论，也就不可能有科学的剩余价值论，当然也就不可能运用劳动价值论和剩余价值论来研究资本主义的一切经济现象，揭示资本主义经济运动的规律，阐明资本主义生产关系中的一系列问题。简单地说，如果离开了对劳动二重性的分析，就不可能理解和解决政治经济学中的一系列根本问题。恩格斯指出：在劳动二重性这个问题上，马克思的见解是"在劳动发展史中找到了理解全部社会史的锁钥。"① 正是由于马克思在批判地继承古典学派劳动价值理论的基础上，揭示了体现在商品中的劳动二重性，才使劳动价值理论建立在真正科学的基础上。

第三，关于价值形式。古典学派从来没有分析商品的价值形式，因而把价值与交换价值相混同，把价值与价格相混同。这样，就不可能揭示商品交换背后所掩盖着的人和人之间的关系。马克思研究价值形式，"做资产阶级经济学从来没有打算做的事情"。② 首先，马克思指出了，产品转化为商品，使商品不仅具有自然属性，而且还有社会属性。这就使商品表现为二重物，既有自然形式，即使用价值的形式，同时还具有价值的形式。价值形式，是由商品的社会属性产生的。这种价值形式，不象使用价值形式那样，由商品本身表现出来，而是通过商品与商品的交换，在商品交换的社会关系中才能表现出来。古典学派把商品看成只是自然物质，看不到它的社会属性，当然就不会注意商品价值的表现形式了。其次，马克思揭示了价值和价值形式的对立统一关系，而这正是价值形式理论的基本内容之一。所谓价值形式，也就是交换价值，价值实体是内容，交换价值是价值的表现形式。但这种表现，不是通过商品自身直接表现出来的，而且通过商品与商品的交换，一个商品的价值通过另一个商品的使用价值才能表现出来。所以，离开了商品交换，

① 《马克思恩格斯全集》第 21 卷，人民出版社 1972 年版，第 353 页。
② 《马克思恩格斯全集》第 23 卷，人民出版社 1972 年版，第 61 页。

就无所谓交换价值，价值也就无从表现，价值形式也就不再存在了。马克思深刻分析了价值和价值形式之间的对立统一的辩证关系，既揭示了在交换价值中怎样隐藏着价值，又揭示了价值怎样通过交换价值才能表现出来的。再次，马克思分析了价值形式的两极，相对价值形式和等价形式，指出了二者之间的对立统一的辩证关系。从一方面看，相对价值形式和等价形式是相互依赖、互为条件的，它们是同一价值形式或价值表现中"不可分离的两个要素"①；从另一方面看相对价值形式和等价形式，又是互相排斥，互相对立的，同一商品在同一个价值表现或价值关系中，不能同时表现为两种形式。这种相对价值形式和等价形式的对立统一，正是商品内部使用价值和价值的对立统一的反映。本来，商品内部是包含着使用价值和价值的矛盾的，现在却表现为相对价值形式和等价形式的矛盾。这是因为：相对价值形式上的商品价值要通过等价形式上商品的使用价值来表现。这样，商品内部的矛盾运动，就表现为商品与商品之间的外部的矛盾运动了。为了进一步研究相对价值形式与等价形式，马克思还分别地进行了考察。马克思从质和量两方面研究了相对价值形式的内容和相对价值形式的量，然后再揭示了等价形式所具有的三个特点，这就是：使用价值成了它的对立面，即价值的表现形式；具体劳动成为它的对立面，即抽象人类劳动的表现形式；私人劳动成为它的对立面，即社会劳动的表现形式。马克思对价值形式两极所作的深刻分析，阐明了价值形式是怎样表现价值的，价值怎样通过价值形式而表现出来的。这就进一步揭示了价值的本质，解剖了价值的内容与形式，价值决定与价值表现的一切秘密。这对于科学的劳动价值理论的建立与形成，赋予系统而完整的实际意义。因此，相对价值形式与等价形式的对立统一的辩证关系不仅是价值形式的基本内容之一，也是构成科学的劳动价值理论的重要内容之一。再次，马克思对价值形式发展作了历史性的分析，指出了从简单价值形式如何发展到货币形式，这就揭示了货币的起源和本质，揭示了货币谜一般的秘密。马克思指出，与劳动产品只是在偶然情况下才成为商品的物物交换相适应的简

---

① 《马克思恩格斯全集》第 23 卷，人民出版社 1972 年版，第 62 页。

单价值形式，其基本特点是：一个商品的价值通过另一个商品的使用价值表现出来，这时处于等价形式的是个别等价物。随着交换的发展、扩大和经常化、固定化，出现了扩大的价值形式，这时候，一个商品的价值可以通过许多起等价形式作用的商品的使用价值而表现出来，这时处于等价形式的则是特殊等价物。随着交换的发展，直接物物交换为间接的物物交换所代替，出现了一般的价值形式，一切商品的价值都可以同起一般等价物作用的商品相交换，这时处于等价形式的则是一般等价物。随着起一般等价物作用的商品固定在金银身上，出现了货币，一般价值形式又发展为货币形式。马克思所分析的价值形式的发展过程，实际上，也是商品生产和商品交换发展的历史过程。在这里，逻辑的发展和历史的发展是一致的。马克思在这里分析所运用的方法是唯物辩证法，从对立统一的矛盾运动中，从量变到质变，否定之否定的发展过程中，分析了价值形式的发展。所以马克思自己曾说："在关于价值理论的一章中，有些地方我甚至卖弄起黑格尔特有的表达方式。"① 但是必须注意，马克思这里所进行是由简单到复杂的分析，在简单价值形式中，包含着所有价值形式的一切特点和秘密。正是由于"一切价值形式的秘密都隐藏在这个简单的价值形式中。因此，分析这个形式确实困难。"② 在这个形式中，不仅"包含着货币形式的全部秘密"，而且也"包含着萌芽状态中的劳动产品一切资产阶级形式的全部秘密。"③ 正是由于马克思深入而细致地分析了简单价值形式包含的两极及其特点，揭示了简单价值形式的秘密，才能正确地分析了价值形式的发展，了解了商品和货币在交换过程中的全部真相。所以马克思说："对资产阶级社会说来，劳动产品的商品形式，或者商品的价值形式，就是经济的细胞形式，在浅薄的人看来，分析这种形式好象是斤斤于一些琐事，这的确是琐事，但这是显微镜下的解剖所要做的那种琐事。"④对于这些琐事，两千多年来人们在这个方面的努力却毫无结果。只有马克思，

---

① 《马克思恩格斯全集》第 23 卷，人民出版社 1972 年版，第 24 页。
② 《马克思恩格斯全集》第 23 卷，人民出版社 1972 年版，第 62 页。
③ 《马克思恩格斯全集》第 31 卷，人民出版社 1972 年版，第 311 页。
④ 《马克思恩格斯全集》第 23 卷，人民出版社 1972 年版，第 8 页。

通过这种显微镜下的抽象分析，才解决了商品"如何、因何、从何变为货币"的问题，科学地阐明了商品和货币的关系，使对价值本身的研究趋于完善。由此可见，马克思对价值形式的一系列的深刻分析，正是马克思的劳动价值理论和古典学派的劳动价值理论的重大区别之一，从而也就构成科学的劳动价值理论不可缺少的一个基本内容。

第四，关于商品拜物教。古典学派把商品仅仅看成是自然产品，看不到它的社会属性；把价值看成是"天然的社会属性"，是物本身所具有的属性；把创造价值的劳动看成是劳动的自然属性，认为在一切历史发展阶段的生产方式条件下，所有劳动都能创造价值；因而他们把商品与商品的交换，仅仅看成是物与物的关系，看不到在这种物的外壳掩盖下所体现的人和人的关系。马克思通过对商品拜物教的分析，深刻揭示了商品的内在矛盾，进一步阐明了商品是一定历史条件下的产物，价值不是商品的自然属性，也不是纯粹抽象的概念，而是商品生产者所特有的社会关系。但是这种社会关系，在商品生产社会里，不是直接地表现出来，而是间接地通过商品与商品的交换，即物和物的关系而表现出来，所以这种关系是在物的外壳掩盖下的关系。出于这种社会关系要通过物的关系而表现，这就使商品本身产生神秘性质。马克思指出，商品的这种神秘性质，不是由商品的使用价值发生的，也不是由形成价值的抽象劳动的性质发生的，而是由商品形式本身发生的。第一，生产商品的各种劳动的具体劳动虽然是不同的，但他们所支付的抽象劳动又都是一样的，可是这种无差别的抽象劳动，却不能直接表现出来，而是要物化在商品中，通过价值表现出来。这一转换，就使商品本身神秘化了。第二，生产物质资料的劳动量是以劳动时间来计算的，但产品一旦变成商品，劳动量就不能用劳动时间来直接计算，而是作为价值量来计算，价值量又只能通过商品交换才能表现出来。这一转换，又使商品本身神秘化了。第三，虽然任何社会里劳动者之间都要发生互相交换劳动的社会关系，但在商品生产的社会里，这种交换劳动的社会关系，却要通过物和物的交换而表现出来。这一转换，人和人的关系通过物和物的关系来表现，就使得商品这个物本身神秘化了。正是由于上述原因使商品本身产生神秘化，这就产生了商品拜物教。马克思揭示了商品拜物教的来源、性质和秘密，指出了"商品世界的这种拜物教性质"，"是来源于生产商品的劳动所特有的社会性质"①。劳动为什么要表现为价值，价值为什么要表现为交换价值，劳动时间为什么要表现为价值量，人和人的关系为什么要通过物和物的关系而表现，这都是一定社会历史条件下的产物。从历史上看，劳动表现为价值，人与人的关系表现为物与物的关系，是生产资料私有制的结果。在生产资料私有制条件下，生产者的私人劳动虽然具有社会性，但由于他们是私有者，只能直接表现为私人劳动，不能直接表现为社会劳动。这种私人劳动，只有通过商品交换，才能转化为社会劳动，即劳动的社会性才得以实现。因此，在商品交换过程中，就要把劳动的千千万万的具体形式撇开，把具体劳动还原为抽象的人类一般劳动，这才使得在不同的商品中，在质的方面有同一性，可以互相比较，在量的方面有差异性，可以互相确定比例，才能进行商品与商品的交换。这样，劳动产品就采取了商品形式，劳动就采取了价值的形式，劳动时间就采取了价值量的形式，劳动者互相之间的关系就表现为物和物之间交换关系的形式。可见，价值并不是物所固有的自然属性，而是人和人之间社会关系的表现；劳动也不是天然地表现为价值，而是社会发展的产物，是一定历史条件下一定的社会关系的产物。马克思证明：只有在一定条件下，劳动产品才成为商品，劳动才形成价值，人和人的关系才颠倒地表现为物和物的关系。古典学派不懂得这些问题，虽然他们能够发现劳动创造价值，但不能科学地说明为什么劳动能创造价值，在什么条件下劳动才能创造价值，所以也就不能建立起科学的系统的劳动价值理论。列宁指出："凡是资产阶级经济学家看到物与物之间的关系的地方（商品交换商品），马克思都揭示了人与人之间的关系"②。这正说明了马克思的劳动价值理论和古典学派劳动价值理论之间的最根本的区别所在，也是马克思对劳动价值理论的一个重大的创造和发展，从而是劳动价值理论完成革命性

---

① 《马克思恩格斯全集》第 23 卷，人民出版社 1972 年版，第 89 页。
② 《列宁选集》第 2 卷，人民出版社 1972 年版，第 444 页。

的变革的根本所在。这当然要构成为马克思的科学的劳动价值理论的一个极其重要的基本内容。

上述四点，是《资本论》第一卷第一章所概括的基本要点，是马克思对古典学派在批判继承的基础上进行创造和发展的地方。正是由于这些重大的创造和发展，使劳动价值理论产生革命性的变革，成为真正科学的理论体系，构成了马克思劳动价值理论的基本内容。但是必须注意，这四者之间，是一个有严密的内在联系的逻辑整体，不能随意地加以割裂。我们要从这个系统的整体来把握马克思的劳动价值理论，不能片面地孤立地理解它。

那么，《资本论》第三卷中所分析的生产价格理论，能否当作价值转化理论，从而构成马克思劳动价值理论的基本内容呢？这是要进行具体分析的问题。从一般商品经济所包含的价值理论的基本内容看，是不包括生产价格理论的。如果把劳动价值理论应用于资本主义社会，就要解决为什么资本家按等价原则雇佣工人，却能取到剩余价值；为什么在发达的资本主义条件下，等量资本却能取得等量利润，这两个使李嘉图学派破产的难题。马克思把科学的劳动价值理论应用于资本主义社会，分析劳动力这个特殊商品的价值和使用价值，揭示了剩余价值的源泉，从而解决了第一个难题；分析了利润如何转化为平均利润，价值如何转化为生产价格，从而解决了后一个难题。这是马克思劳动价值理论在资本主义条件下的应用，是对古典学派的革新与突破。也可以说是马克思对生产价格理论的创立，同时也是他的劳动价值理论的继续和发展，是科学的劳动价值理论的完成。反之，如果认为马克思劳动价值理论的基本内容也包括生产价格理论，那么就有可能得出这种理论只能适用于资本主义社会的错误结论。因为在简单商品生产条件下，是不存在生产价格这个范畴的。至于社会主义制度下是否还有生产价格这个范畴，这是一个正在争论的问题。即使社会主义制度下还有生产价格，它和在资本主义条件下，通过部门之间竞争，引起资本转移，由平均利润而形成的生产价格在本质上是完全不同的。因此，劳动价值理论在社会主义条件下的应用，不一定包含资本主义条件下的那种生产价格范畴。可见，如果把生产价格理论包含在劳动价值理论的基本内容中去，看来是不妥当的。至于一些资产阶级经济学家，妄图通过生产价格来否定马克思的劳动价值理论，那是需要专门批判的问题，在这里，就不再进行分析和论证了。

（原文发表于《江西大学学报（社会科学版)》1982 年第 3 期）

三论深化对劳动和劳动价值论认识的有关问题

卫兴华*

一、澄清对马克思有关理论的误解

（一）马克思的劳动价值论不是体力劳动价值论

有一些论著讲，马克思认为只有体力劳动才是创造价值的生产劳动。一位学者在发表的论文中说，"根据传统的政治经济学观点，只有物质生产部门的体力劳动才是创造价值的劳动"。还有的学者认为，马克思的劳动价值论就是《资本论》第一卷第一章《商品》中所讲的内容，排除了科技工作者和经营管理者的劳动。二者都认为马克思的劳动和劳动价值论不包括脑力劳动。不过，前者认为目前肯定科技工作和经营管理是劳动的重要形式，是理论的重大突破与发展，而后者则认为不应扩大马克思的劳动和劳动价值的范围。

的确，《资本论》第一卷第一章中论述劳动价值论的内容时，没有专门论述科技工作者和经营管理者的劳动问题。但是，马克思的劳动价值论并不限于《资本论》第一卷第一章的内容。首先应弄清和把握《资本论》中由抽象到具体、由简单到复杂的方法。

马克思对资本主义经济关系的研究，是从商品开始的。这是因为，商品表现为资本主义"财富的元素形式"。作为马克思研究出发点的商品，究竟是资本主义经济中的商品，还是简单商品，或是一般商品？学界对此曾有过讨论。其实，三者是一致的。马克思研究的着眼点，是资本主义商品经济，是

---

* 卫兴华，中国人民大学。

作为资本主义财富元素形式的商品。所谓财富的元素形式，也就是经济的细胞形式。马克思认为，研究劳动产品的商品形式，或者商品的价值形式，就是研究资本主义经济的细胞形式。从这个角度看，马克思的作为研究始点的商品，应是资本主义经济中的商品。但是，这里的商品，又是撇开资本主义经济关系的单纯商品。马克思论述商品价值形式的发展，从物物交换的偶然的价值形式到扩大的价值形式，到一般价值形式，最后突破物物交换关系发展为货币形式，都是讲资本主义前的商品价值形式及其发展过程。恩格斯曾指出，作为马克思研究始点的商品生产，"是作为历史前提的简单商品生产"。而研究简单商品生产，事实上也就是研究商品生产一般；即研究简单商品生产所得出的基本原理和内在规律，诸如商品二因素、劳动两重性、价值实体和价值量的决定、劳动生产力与商品价值的关系、价值与交换价值的关系、价值规律、货币流通规律，等等。这些对一切商品生产都有适用性，当然也适用于资本主义商品生产。因此，马克思说，"作为我们出发点的，是在资产阶级社会的表面上出现的商品，它表现为最简单的经济关系，资产阶级财富的要素"。① 由此可见，马克思分析的商品价值关系，决不是停留在商品物物交换中的价值关系，而是运用科学抽象方法，从分析体现简单经济关系的简单商品生产出发，上升为体现资本主义关系的资本主义商品生产。马克思甚至在《资本论》第一卷第一章第一节中论述商品价值量由社会必要劳动时间决定时，还举了英国资本主义生产的例子。他说：在英国采用蒸汽织布机后，把一定量的纱织成布所需劳动可能比过去减少一半。这时，手工织布工人一小时的劳动产品只代表半小时的社会劳动，因此其价值也降到了以前的一半。马克思的劳动价值论是剩余价值论的基石，是为揭示资本主义经济关系及其规律而创立的。这表明，认为马克思的劳动价值论只适用于物物交换时期商品价值关系，并不符合马克思的理论原理和方法。

与此相联系，马克思所论述的生产商品和价值的劳动，决不仅仅是体力劳动。作为研究始点的商品和生产商品价值的劳动，都是暂时抽去了复杂的

---

① 《马克思恩格斯全集》第 47 卷，人民出版社 1979 年版，第 37 页。

经济关系，从简单的规定性上说明的，但它决没有排除脑力劳动如科学技术工作等。马克思在论述生产商品的劳动时间随劳动生产力的变化而变化时，指出：劳动生产力是由多种情况决定的，其中包括劳动者的劳动熟练程度，以及"科学的发展水平和它在工艺上的应用程度"，等等。科学越发展，它在工艺上的应用程度越高，劳动生产力也越高。可见，马克思的商品价值理论中一开始就重视科学的发展和应用问题。只不过是根据研究的进程，还没有专门论及科技工作者和经营管理者的劳动也是创造价值的生产劳动。

　　马克思的劳动价值论，是随着研究的进展和逻辑方法的展开而不断深化和丰富的。在《资本论》第一卷第五章《劳动过程和价值增殖过程》中，形成价值的"社会必要劳动时间"概念扩大了。不仅包括活劳动的社会必要劳动时间，也包括所耗费的物化劳动的社会必要劳动时间。就是说，生产资料必须以正常的方式被消费，"因为浪费了的原料或劳动资料是多耗费的物化劳动量，不能算数，不加入形成价值的产品中"。①

　　在《资本论》第一卷第十一章《协作》中，生产管理的职能被加了进来。马克思明确指出：一切规模较大的社会劳动或共同劳动，都需要指挥，以协调个人的活动。一个单独的提琴手是自己指挥自己，一个乐队就需要一个乐队指挥。一旦从属于资本的劳动成为协作劳动，这种管理、监督和调节的职能就成为必要的。马克思在这里就提出资本主义管理内容和职能的二重性。一方面，资本家的管理是由社会劳动过程的性质产生的一种特殊职能；另一方面，这种管理又是一种剥削雇佣工人所需要的职能。前一种管理职能是一切共同劳动过程共有的；后一种管理职能是由资本主义关系的对抗性质产生的，是资本主义生产特有的。

　　《资本论》第一卷第十四章《绝对剩余价值和相对剩余价值》又提出了"总体劳动"和"总体劳动者"的概念。在单个人的劳动过程中，是把劳动的各种职能集于一身，"把脑力劳动和体力劳动结合在一起"。（马克思即使在论述个体商品生产者的劳动时，也没有认为只有体力劳动是劳动，只有体力

---

① 《马克思恩格斯全集》第 23 卷，人民出版社 1972 年版，第 222 页。

劳动创造价值。）"随着劳动过程本身的协作性质的发展，生产劳动和它的承担者即生产工人的概念也就必然扩大。为了从事生产劳动，现在不一定要亲自动手；只要成为总体工人的一个器官，完成他所属的某一种职能就够了。"在生产力一定发展条件下，劳动过程的各种职能包括脑力劳动和体力劳动分离开了。总体劳动者的各个成员直接地或者间接地作用于劳动对象。他们之中既包括一般职工，也包括厂长、经理、工程师和其他科技人员。在《资本论》第四卷即《剩余价值理论》中，马克思进一步说明：在特殊的资本主义生产方式中，许多劳动者共同生产一种商品；随着这种生产方式的发展，这些或那些工人的劳动同生产对象之间直接存在的关系，自然是各种各样的。例如，那些工厂小工，同原料的加工毫无直接关系；监督加工工人的监工，离原料的加工更远一些；"工程师又有另一种关系，他主要只是从事脑力劳动，如此等等。""资本主义生产方式的特点，恰恰在于它把各种不同的劳动，因而也把脑力劳动和体力劳动，或者说，把以脑力劳动为主或者以体力劳动为主的各种劳动分离开来，分配给不同的人。"① 在作为《资本论》第一卷手稿部分的《直接生产过程的结果》中，马克思更明确地指出了在总体劳动中脑力劳动者的具体职能。在"直接商品形成过程"中，"有的人多用手工作，有的人多用脑工作，有的人当经理、工程师、工艺师等等，有的人当监工，有的人当直接的体力劳动者或者做十分简单的粗工"。这里清楚地说明，作为经营管理者的经理和作为科技工作者的工程师、工艺师等脑力劳动者，也是生产商品和价值的生产劳动者。

从以上论述可以毫无疑义地看出，马克思的劳动和劳动价值论，决不是体力劳动和体力劳动价值论。它已包含了科技工作和经营管理是总体劳动的构成部分，同样是属于生产商品和价值的生产劳动内容。因此，所谓"传统政治经济学"认为"只有物质生产部门的体力劳动才是创造价值的劳动"的论断，是没有根据的。无论马克思主义经典著作或任何"传统政治经济学"教材中，都没有提出过这样的理论见解。同样，认为马克思的劳动和劳动价

---

① 《马克思恩格斯全集》第 26 卷第 1 册，人民出版社 1972 年版，第 443～444 页。

值理论，只限于《资本论》第一卷第一章的内容，不应扩大不属于马克思劳动概念的劳动范围，不应将科技工作和经营管理也纳入马克思的劳动和劳动价值论的范围，也不符合马克思有关理论的本意。

（二）分配制度的理论和事实依据不是价值理论

理论界的部分学者存在这样一种见解：社会主义实行按劳分配的理论依据是劳动价值论，现在提出按劳分配与按生产要素分配相结合，就必然要肯定要素价值论，即各种要素都创造价值。关于这个问题，需要弄清以下几点：

马克思提出社会主义实行按劳分配制度与劳动价值论无关。因为马克思曾认为社会主义制度下商品生产消亡了，劳动不再形成价值，自然就不存在价值的创造与价值分配问题，因而按劳分配是指个人消费品的实物分配。按劳分配的理论和事实根据是：由于实行社会主义公有制，每个劳动者向社会所能提供的是自己的劳动，从社会取得的是个人消费品；劳动还没有成为生活的第一需要，还仅仅是或主要是个人谋生的手段；生产力的水平还没有达到按需分配的高度；劳动者已成为生产资料和产品的主人等。任何一部流行的政治经济学教材中，论述社会主义实行按劳分配的原因或根据时，都没有与劳动价值论相联系，没有从劳动价值论出发。

在存在商品价值关系的条件下，价值的生产是价值分配的基础，价值创造的多少制约着价值分配的多少，这是不言而喻的事情。但是，分配方式或分配制度的选择与确定，不是由价值理论决定的。无论是斯密、李嘉图还是马克思的劳动价值论，既决定不了资本主义、也决定不了社会主义的分配方式。资本主义社会实行按资分配或按生产要素分配，也不是以要素价值论为理论依据，而是以要素所有权为实际依据。要素价值论只是对按要素分配的一种解释和说明。萨伊、克拉克等的要素价值论，是为先期存在的资本主义按生产要素分配的现实进行理论辩护，说明资本主义制度的公平合理性。萨伊说："事实已经证明，所生产出来的价值，都是归因于劳动、资本和自然力这三者的作用和协力，其中以能耕种的土地为最重要因素但不是唯一因素。除这些外，没有其他因素能生产价值"。这就是萨伊的三要素价值论，即资本、土地（自然力）与劳动一样都"能生产价值"。他说，正因为劳动力、资本与土地"协同创造价值"，"因此它们的使用是有价值的，而且通常得有报酬。对借用劳动力所付的代价叫做工资。对借用资本所付的代价叫做利息。对借用土地所付的代价叫做地租。"① 萨伊反对斯密的劳动价值论。他把价值与财富论同起来，批评斯密把劳动作为所生产价值的唯一尺度，即把劳动作为财富的唯一尺度。萨伊从自己的要素价值论出发，否认资本家对工人的剥削，还把工人与资本家看作是没有什么本质不同的劳动者。

美国的克拉克把要素价值论同资本主义存在的合理性直接联系在一起。他说："每个生产因素在参加生产过程中，都有其独特的贡献，也都有相应的报酬——这就是分配的自然规律。……社会（指资本主义社会——引者）有没有权利维持现状，以及它能不能照样地继续存在，都要看这个论点能否成立。这就使分配问题具有不可估量的重要性。"② 他认为，在自然规律充分发挥作用的条件下，会将劳动所生产的部分给予劳动者，将资本所生产的部分给予资本家。工人阶级如果明确他们创造的财富很少，但已全部归于他们，他们就不会想到革命。如果"剥削劳动"的说法被证实，"每一个正直的人都应当变成社会主义者"③。

由此可见，西方学者的要素价值论，是用以论证资本主义分配制度的合理性和整个资本主义制度永存的合理性的。但不能反过来，认为实行按生产要素分配，就证明资本、土地等要素都创造价值，断言按要素分配就是以要素价值论为理论根据。

社会主义实行按劳分配，不是以劳动价值论为依据；实行按生产要素分配，也不是以要素价值论为依据。因此，用按生产要素分配来否定劳动价值论，主张要素价值论，是没有根据的。要知道，马克思正是在资本主义完全实行按生产要素分配（核心是按资分配）、西方学者宣传要素价值论的现实经济生活中，批判了萨伊的"三位一体公式"，否定了要素价值论，提出自己的

① 萨伊：《政治经济学概论》，商务印书馆 1998 年版，第 75 ~ 77 页。
② 克拉克：《财富的分配》，商务印书馆 1983 年版，第 2 ~ 3 页。
③ 克拉克：《财富的分配》，商务印书馆 1983 年版，第 3 页。

劳动价值论的。

马克思认为，分配制度首先取决于生产资料所有制度。按生产要素分配，首先取决于要素所有权。利润、利息是资本所有权在经济上的实现，地租是土地所有权在经济上的实现。我国实行按劳分配为主体、按劳分配与按要素分配相结合，是以在所有制结构上实行公有制为主体、多种所有制经济共同发展为现实依据的。

有的学者认为，资本、土地等生产要素都创造价值，对劳动价值论提出质疑或否定。本着百家争鸣、学术自由的方针，可以各抒己见。但仅仅依据现行政策鼓励生产要素参加分配，就否定劳动价值论，肯定要素价值论，这无论在理论逻辑和研究方法上都是一种简单化的、非科学的论断，还需要拿出有说服力的论证和依据来。

二、马克思的劳动与劳动价值理论与当代现实

（一）劳动生产率与价值关系之谜

长期以来，存在这样一个经济学问题：马克思主义经济学认为，劳动生产力与单位商品价值成反比，商品价格是价值的货币表现，价值规律要求价格与价值相一致。然而，在现实经济生活中，尽管劳动生产力在或快或慢地不断提高，按理，商品价值应随之不断下降，价格也应随之下降。可是实际情况所表现出的是，无论中国和外国，从一个较长的时期看，商品的市场价格在不断提高。这究竟是理论不符合实际呢？还是实际离开了理论或规律？

马克思关于劳动生产率与单位商品价值成反比的原理，是有历史事实根据的。自18世纪到19世纪英国完成产业革命后，棉纺织业的劳动生产率大幅度提高，价值和价格随之相应下落。例如，百支机制棉纱每磅市价，1786年是38先令，1829年降到3先令2便士，到1931年再降为2先令11便士。再如，机制棉布的价格指数，若以1820年为100，1821年降为96.3，1825年又降为86.3，1830年再降为51.5。就是说，在10年内下降了将近一半。这

是当时还实行金本位制、贵金属货币作为一般等价物的价值与价格下降的情况。金本位制崩溃、完全以纸币作为货币的情况下，劳动生产率同价值与价格的变动关系就呈现出一种不同于贵金属货币流通时的情况。

2000 年岁末，英国《经济学家》杂志发表论文，回顾了 20 世纪 100 年中物价的变迁。从 1900 年至世纪末，消费品价格平均增加了 20 倍，年均递增 3%。1900 年，英国《经济学家》驻纽约记者年租住宾馆的支出为每晚 8 美元，现在要 600 美元，是那时的 75 倍。但是，价格也有下降的。1900 年，从纽约向芝加哥打一个三分钟的长途电话需支付 5.45 美元，而现在只需 5 美分，不到当时的 1%。1900 年，一辆手工打造的汽车售价为 1000 美元，到 1924 年，福特 T 型车售价仅为 265 美元，因为福特公司已使用装配流水线大批量生产汽车。后来加上通货膨胀等因素，汽车的纸币价格提高了。但一个世纪以来，由于生产汽车的劳动生产率提高，汽车的真实价格下降了 50%。

有的学者否定劳动生产率与价值成反比的原理或规律，竟将随着劳动生产率提高商品量或使用价值量会同比增加，误为商品价值量会同比增加。这是把马克思的价值论与财富论混淆起来了。有一篇论文为论证由科学技术进步引起的劳动生产率的提高会相应创造出更多的价值，引用了邓小平的一段论述："同样数量的劳动力，在同样的劳动时间里，可以生产出比过去多几十倍几百倍的产品。社会生产力有这样巨大的发展，劳动生产率有这样大幅度的提高，靠的是什么？最主要的是靠科学的力量、技术的力量"。显然，邓小平这段话中所讲的是劳动生产率与"产品"量的关系，即与使用价值量的关系，而非与价值量的关系。

为弄清劳动生产率与商品价值关系原理同价格变动现象相"背离"的情况，需要先弄清商品价值运动与价格运动的关系。这个问题，我在《再论深化对劳动和劳动价值论的认识》[①] 已作了专门论述，这里不再赘述。只补充说明一下：商品价格与商品价值相一致的趋势，并不一定表现为价格运动与价

---

① 《宏观经济研究》2001 年第 3 期。

值运动相一致。即使在使用贵金属货币的条件下，商品的价值下降了，价格是否随之下降，还要看贵金属货币自身的价值是否变化和怎样变化而定。贵金属货币的价值可以不变、可以下降、也可能上升，而且下降或上升的幅度又可以有种种组合情况。这样，商品价值随劳动生产率提高而下降，表现在价格运动上，可以不变，可以同幅度或不同幅度地下降，也可以有种种幅度的上升。在金本位制崩溃后，银行券纸币化。纸币自身没有价值，它是一种价值符号。纸币票面值的高低，与劳动生产率的变化无关，完全是由国家规定的。如果一个国家的经济增长了，纸币不增加发行，更多的商品量与不变的纸币量相交换，商品价格就会下降。但实际经济生活中，纸币发行量会随着经济的增长而增大。各国都把货币政策作为实现宏观经济目标的手段，政府的财政支出要适应经济生活各方面经费增长的需要。工资福利要提高，经济、文化、教育、科技、国防等方面的建设费用在增长，而且，各方面费用支出增长的幅度是不平衡的。因此，货币量的发行，必然随着经济的增长而增长。其增长幅度，可以与经济增长同步，也可能高于经济增长幅度。例如，美国联邦储备委员会，曾依据每年劳工投入年增 1.5%，加上劳动生产率年增 1% 的情况，确定货币供应量年增长 2.5% 左右。如果劳动生产率提高幅度大，货币供应量增长幅度也大。这样，用纸币表现的商品价格，就不会随商品价值的下降而下降。在出现通货膨胀的情况下，价格会上涨得更多。这正是一个世纪以来，总价格上升好多倍的社会经济背景。这种情况，马克思是没有也不可能预见到的。因此，在其著作中，也不可能涉及这个问题。

尽管价格的运动不能准确地反映价值的运动，但是劳动生产率与价值成反比的规律依然会表现其作用。有的学者否认这一规律，断言"根据马克思主义经济学的分析，这种劳动生产率提高的后果是单位商品的价值下降了……应该说，这一观点是与实际情况不符的，没有说服力"。可惜作者没有拿出有任何说服力的否定"这一观点"的论据，连必要的论证也没有。商品的总价格虽然随着国民生产总值的增长而增长（萨缪尔森的《经济学》表明：1900~1990 年，美国的消费品价格与国民生产总值差不多都增长了近 14 倍），但由于不同产品生产的劳动生产率不同，价格上涨的幅度也不同。劳动生产率提高更快的部门，商品价格增长得较慢，相对而言是降低了。还有些商品的实际价格绝对地降低了。例如，上世纪 70 年代到 80 年代初，发达国家一直被高通胀率所困扰。在此 10 年中，美国平均消费品价格上升了近 30%，其中医疗服务、香烟、剧院门票等价格上升 50% 以上；而移动电话、录像机等产品，由于劳动生产率提高得更快，提高幅度更大，因而价格下降了 60% 以上。

要把科技发明、科技进步同科技工作者的劳动区别开来。科技发明与进步，必须应用于生产才能转化为现实的生产力，科技工作者运用科技发明与进步进行生产，才会创造出更多的价值。如果科技发明不用于生产，不能转化为现实的生产力，便不能增加一份新价值。另外，科技发明与进步，如果普遍提高了一个部门的劳动生产率，商品量即使用价值量随之同比增加，但商品价值量并不同比增加，单位商品价值反而降低。如果按照有的学者的看法，由于科技进步提高了劳动生产率，便随之同比增加了商品价值量，前面举例中的汽车、电子产品等的价格就不会降低了，美国等发达国家生产的汽车等商品，就不会比中国制造的便宜了。

弄清上面所述的这些道理，前面所提出的劳动生产率与商品价值关系之谜就容易破解了。为什么中国劳动力和劳动耗费比美国多，而目前中国国内生产总值却只为美国的 1/9（1 万亿美元∶9 万亿美元）；中国人均国内生产总值去年达到 800 多美元，而美国人均达到近 3 万美元，就易理解了。由于美国的劳动生产率远远高于中国，它可以用较少的劳动力生产出更多的产品，由于用纸币表现的价格大致与经济同比增长，其国内生产总值或国民生产总值以及人均国内生产总值自然就会大大高于中国了。

（二）将马克思的价值论与财富论既相统一又区别开来

马克思把"价值"与"财富"始终是既相统一又区分开来的，价值寓于财富即使用价值之中，使用价值是价值的物质承担者。但二者不能混淆。马克思指出，在他看来，价值是无差别的人类劳动的凝结，劳动是价值的唯一源泉；而财富是由使用价值构成的，"不论财富的社会形式如何，使用价值总是构成财富的物质内容"①，劳动不是财富的唯一源泉。马克思有时偶而从价值或交换价值的含义上使用"财富"一词时，则称之为"抽象财富"。而西方学者往往把价值同财富两个概念及其内容等同起来，因而把财富的构成要素当作价值的构成要素。马克思说明了两者的区别：在价值中不包含一个使用价值原子，只包含劳动；而使用价值即财富"是自然物质和劳动这两种要素的结合"。比如，一张桌子是由木工劳动与木材构成的；而木材中除了伐木、运输等劳动外，还包括经自然增长的树木这种"自然力"。一架机器包含了制造机器的劳动或钢材，而钢材是生产钢铁的劳动产品，生产铁的原料是矿石等自然物质或"自然力"。因此，一切产品归根到底都是由劳动和自然力两种要素相结合而构成的。正是在这个意义上，马克思引证了配第的名言："劳动是财富之父，土地是财富之母"。其中"土地"是泛指自然力的。有人根据马克思所引证的配第的这句话，论证劳动与土地都是价值的源泉，是不符合马克思原意的。

根据马克思的财富论，生产力越落后，劳动生产率越低，在构成财富的两个因素即劳动与自然力中，劳动作为源泉之一的作用越大。而生产力越发展，劳动生产率越高，劳动的作用就越小。科学技术的发展，在推动劳动生产率提高中具有决定性的作用。马克思指出："随着大工业的发展，现实财富的创造较少地取决于劳动时间和已耗费的劳动量，较多地取决于在劳动时间内所运用的动因的力量，而这种动因自身——它们的巨大效率——又和生产它们所花费的直接劳动时间不成比例，相反地却取决于一般的科学水平和技术进步，或者说取决于科学在生产上的应用。"又说："一旦直接形式的劳动不再是财富的巨大源泉，劳动时间就不再是，而且必然不再是财富的尺度"。同时，"工人不再是生产过程的主要当事者，而是站在生产过程的旁边。"②

对社会进步来说，特别是对社会主义国家的发展来说，重要的不是付出更多的劳动耗费，生产出更多的价值量，而是力求用相对较少的劳动耗费

---

① 《马克思恩格斯全集》第 23 卷，人民出版社 1972 年版，第 48 页。
② 《马克思恩格斯全集》第 46 卷下，人民出版社 1972 年版，第 217～218 页。

（包括活劳动和物化劳动）生产出更多的产品即社会财富。社会主义的根本任务是发展生产力，经济发展是我们的主题；社会主义的根本目的，是实现共同富裕，提高人民生活水平是我们的根本出发点。而经济发展有两条不同的途径：一条是主要依靠多投入活劳动和物化劳动，以增加产出；另一条是主要依靠提高劳动生产率，少投入，多产出。马克思财富论的着眼点在于后者。发展经济的第二条途径，才能给人民带来实惠，提高人均国内生产总值。科技进步的巨大贡献和决定性作用，在于提高劳动生产率，增加社会财富，而不在于创造更多的价值。

（三）生产和分配应更加重视科技工作和经营管理的劳动

如前所说，在马克思的有关劳动和劳动价值理论中，已包括了科技工作和经营管理的劳动。但是，马克思以后社会经济已经过了100多年发展的今天，科技工作和经营管理的劳动，在生产和经济发展中的地位和作用，表现得更为重要和凸显。经济信息化、高科技化、全球化，都向科技工作者和经营管理者提出更多更高的要求。发达国家的经济增长，主要靠提高劳动生产率，而劳动生产率的提高又主要依靠科技进步。2000年，美国的经济增长率近5%，而劳动生产率提高了3.8%；日本经济增长率为1.4%，而劳动生产率则增长了2.3%[①]。我国的科技水平落后于先进国家，因而劳动生产率也远远低于发达国家。面对经济全球化和加入世贸组织的现实，我国需要迎接新的机遇和挑战，正面临的是激烈的国内特别是国际竞争形势。经济竞争，在现代条件下，很大程度上是科技竞争，也是经营管理的竞争，归根到底是科技人才和经营管理人才的竞争。在人才竞争中，市场机制会在人才资源配置中起重要作用。国有企业和事业单位，怎样用好人才、留住人才、发展人才，涉及国有企事业单位乃至整个社会主义经济在激烈的竞争中是优胜还是劣汰的问题。社会主义经济要兴旺发达，要不断发展壮大，就必须重视科技工作和经营管理的劳动在生产和经济发展中的重要地位和作用，在分配上应给予

---

① 《经济日报》2000年12月30日，《香港商报》2001年3月28日。

与其贡献相称的报酬。

当代社会生产由过去的体力劳动为主逐步转向以脑力劳动为主。发达国家的工人阶级也趋向白领化、知识化、技能化。科技工作和经营管理的水平也在不断提高。从劳动和劳动价值论的角度看，科技工作和经营管理不仅是创造价值的生产劳动，而且是一种复杂劳动，在同样的劳动时间内比一般劳动会创造出更多的价值。不言而喻，根据按劳分配原则，它们应该获得更多的报酬。前面讲过，按劳分配制度不是以劳动价值论为理论依据的，对不创造价值的非生产劳动，也要按劳分配。但是，在存在商品价值关系的条件下，对企业的职工来说，要实行多劳多得，根据劳动的质量与数量不同给予不同的工资奖金。职工的劳动贡献有不同的方面。一般工人的劳动质量与数量体现在产品的质量与数量上。而作为商品存在的产品，既是财富即使用价值，又是价值。在其他条件既定的情况下，生产的使用价值越多，其内含的价值也越多。因此，对企业的一般工人来说，按劳分配，既可以说是按其生产的产品质量与数量分配，也可以说是按其创造的价值多少进行分配。但对科技工作和经营管理的劳动来说，它们的贡献有两个不同的层次。一是作为复杂劳动既然创造出更多的价值，就应获得更多的报酬。但仅仅这样是不够的。一项重大科技发明或创新，可以大大提高劳动生产率，使同样的劳动时间，生产的产品增加几倍、几十倍或更多。如果是个别企业获得这种成果，其劳动可以作为倍加的劳动起作用，创造出更多的社会价值，从而可以实现超额利润。如果是全行业由此而受益，根据劳动生产率与单位商品成反比的规律，商品价值下降，但"相对剩余价值"增加。而且由纸币表现的价格并不降低，从而国内生产总值会大幅增加。用以直接满足人民需要的财富即使用价值量也大幅增加，有利于实现共同富裕的社会主义根本目的。

科技进步与创新能够带来巨大的经济效益，这点从我国863计划实行以来所获得的巨大成效中可以清楚地看出来。实施863计划15年来，累计创造新增产值560多亿元，产生间接经济效益高达2000多亿元。

由此可见，评价科技工作的贡献，既要考虑它作为复杂劳动在创造价值中的作用；更要考虑它在提高劳动生产率、增加社会财富和社会经济效益方面的作用。应根据这两方面的贡献给予较高的报酬。

经营管理劳动，也是复杂劳动，可以创造更多的价值。但对它的评价，也不能仅限于这一方面。一个优秀企业家，可以形成一种无形资产。它既在商品和价值生产中起重要作用，更在有关企业发展战略、团结广大职工发挥积极性和创造性、创造企业和产品品牌以及市场营销等方面起决定性作用。实行传统计划经济时的经营管理，同实行市场经济时的经营管理有很大的差别。市场经济条件下的经营管理难度更大，需要适时捕捉和掌握信息，扩大市场占有率，提高产销率，有效地实现商品和价值。一个素质高的精明的企业家，可以团结职工，扭亏为盈，充分实现其使用价值和价值，创造出很高的经济效益。而一个素质低、无能的厂长经理，可以把一个好端端的国有企业搞垮。因此，对经营管理者要区别对待。对那些为国家和社会作出重大贡献的经营管理者，应给予相应的丰厚报酬。让一部分人先富起来的政策，也应该体现在有贡献的科技工作者和经营管理者身上。

（原文发表于《高校理论战线》2001 年第 8 期）

论生产劳动和非生产劳动

谢富胜*

生产劳动和非生产劳动问题是长期争论不休的政治经济学基本理论问题之一。第二次世界大战后，一方面由于新技术革命的影响，主要资本主义国家的经济结构发生了重大变化；另一方面，20 世纪 70 年代末，社会主义国家纷纷趋向市场经济体制的改革也使得自身的经济结构发生了重大变化，因而无论是资本主义国家还是社会主义国家，由"非物质生产部门"构成的第三产业日趋增大，第三产业的劳动也日益渗透到社会生产的各个部门当中去。据统计，1996 年世界第三产业占国内生产总值（GDP）的平均比重已达 60.7%，发达国家第三产业占国民经济比重已达到了 70% 以上。我国第三产业在 GDP 中的比重由 1978 年的 23.7% 增加到 2000 年的 33.2%。在这种情况下，如何看待马克思的生产劳动理论？怎样分析现代资本主义生产劳动？如何认识社会主义市场经济条件下的生产劳动和第三产业的劳动？成为国内外学者研究的热点问题。

一、国内外学者对生产劳动的研究

（一）国内学者对生产劳动的研究

在社会主义市场经济条件下，物质产品的概念和生产领域的范围发生了很大的变化，国内学者普遍认为必须随着经济发展的实践扩大创造价值的生产劳动的外延，关键是在扩大生产劳动外延的范围问题上存在着激烈的争论，即对划分生产劳动和非生产劳动的标准有不同的理解，概括起来主要有以下

---

* 谢富胜，中国人民大学经济学院。

几种标准。

一是以国内生产总值（或国民生产总值）的统计口径作为划分标准，如钱伯海认为除了企业生产人员的直接劳动外，包括科研、教育、文化事业部门、国家管理部门以及先前企业等提供的劳动，合称社会劳动都创造价值。二是以市场交换作为划分标准，如李江帆认为三大产业的所有劳动，只要它们能创造出用于交换的使用价值就创造价值，具体而言，不仅包括工农业、商业、饮食、裁缝、修理、运输、通信等行业创造价值，而且科、教、文、卫、体都创造价值。三是以商品生产作为划分标准。如程恩富主张凡是直接生产物质商品和文化商品（精神商品）以及直接为劳动力商品的生产和再生产服务的劳动，其中包括自然人和法人实体的内部管理劳动和科技劳动，都属于创造价值的劳动或生产劳动。但他不赞成把创造价值的生产劳动扩展到纯粹买卖、纯粹中介的经济领域和党政军与公检法等非经济活动领域。四是以劳动性质作为划分标准，如苏星认为生产劳动与非生产劳动不是按部门区分，而是按劳动性质来区分，应求助于劳动价值一元论，而不能靠多元论来解决；吴易风提出对此问题既不应作全面肯定判断，也不应作全面否定判断，应具体问题具体分析。五是以满足人类需要作为划分的标准，如白暴力指出生产劳动具有人类需要性、物质性（客观存在性）、社会性和历史性，所以凡是能生产满足人类需要的物质产品的劳动都是生产劳动，但是由生产的社会形式引起和为满足少数人需要的劳动都不是生产劳动[①]。

（二）国外马克思主义学者对生产劳动的研究

20 世纪 50 年代以来，主要资本主义国家的经济结构由于国家支出的迅速增长、商业和分配领域工人的巨大增加发生了很大的变化。与这种变化相适应，西方马克思主义学者对政治经济学的研究目的也发生了从解释资本主义剩余价值问题转向对垄断资本主义条件下剩余的使用问题的转化，因此分析

[①] 谢富胜等：《近十年来国内学者劳动价值论研究综述》，载于《教学与研究》2002 年第 2 期。

垄断资本的积累和增长以及剩余的浪费成为中心问题①。经济实践和理论研究目的的变化使西方马克思主义学者对生产劳动和非生产劳动的划分采取了新的标准。

曼德尔认为，从生产新价值的角度与从社会一般利益的角度区分的生产劳动和非生产劳动的两种概念是不同的：从生产新价值角度看的生产劳动从社会一般利益看不一定是有益的活动甚至有害；从社会一般利益角度看的生产劳动从生产新价值看不一定创造了新价值。从生产新价值的角度来看，凡创造、改变或保存使用价值的劳动，或成为实现使用价值而在技术上不可或缺的劳动也就是使其交换价值得以增加的都是生产劳动②。他还对"第三产业"的概念进行了分析，认为只有同生产商品没有联系的创造性职业如科学研究、艺术、医药、卫生、教育、体育以及一切与闲暇和假期有关的"非生产性"活动，才同劳动生产率提高相联系，其他的都是资本主义生产方式扩展的结果而不是原因③。吉尔曼（Gillman）、莫瑞斯（Morris）和布莱克（Blake）从资本积累的角度对斯密区分生产劳动和非生产劳动的两种标准做出新的解释，他们认为在斯密时代生产物质产品的劳动是生产不变资本和可变资本的劳动，即必需品（或工资品）和生产资料都是物质商品，而奢侈品则是仆役和医生、教师以及艺术家等提供的服务，因而斯密的第二种区分标准（即物质规定性标准）实际上不是指商品的物质性，而是指物质商品有通过将自己转移到别的商品中而保持自身价值的能力，也就是进入资本再生产过程的能力，而奢侈品不能保持自身的价值，因而并不进入资本再生产的循环④；必要性的检验标准不是产品的社会有用性而是资本消费和积累的关系⑤，随着经济的发展，劳动力的价值或实际工资的内容包括了新的商品和服务如

① Ian. Gough, Marx's Theory of Productive and Unproductive Labor, *New Left Review*, 1972（76），pp. 61.
② 曼德尔：《论马克思主义经济学》上卷，商务印书馆1979年版，第188~189页。
③ 曼德尔：《论马克思主义经济学》上卷，商务印书馆1979年版，第205~207页。
④ Justin Blake, 1960. Jacob Morris on Unproductive Employment：A Criticism. *Science and Society*：24，pp. 171.
⑤ Jacob Morris, 1958. Unemployment and Unproductive Employment, *Science and Society*, 22, pp. 195.

国家提供的医疗、保健和教育等等。因此布莱克认为生产劳动是指其产品能作为可变资本和不变资本重新进入生产过程的劳动，包括那些并不直接创造剩余价值的活动如由国家提供的医疗保健、教育以及在科学和研究部门进行的劳动①，并认为他的标准是对马克思标准的替代。但与布莱克不同的是，吉尔曼和莫瑞斯认为生产劳动是指在第一部类（工资品）和第二部类（生产资料）中生产剩余价值的劳动，并认为他们的标准是对马克思标准的补充②。斯威齐认为国家支出在数额和种类上的巨大扩张使其在经济活动中具有特殊重要性需对其加以分析。国家的资本支出通常期望获得足够的剩余价值以抵付政府债务的现行利息率，尽管在动机方面与私人资本有些差别，但应将其视为资本，其活动具有生产性；垄断资本主义条件下，原来视为生产过程一部分的运输、仓储、商品递送等活动的扩张大大超过竞争条件下社会必要的界限，其超过部分不具有生产性③；在他与巴兰合著的《垄断资本》和巴兰的《增长的政治经济学》中，他们提出区分的标准是在一种比较合理的经济秩序下所必要的活动才是生产劳动，其中包含那些同剩余交换的职业如教师、科学家、医生、艺术家等的劳动④，非生产劳动是指在资本主义制度条件和关系下产生而在合理社会秩序下不存在的需求所导致的劳动⑤。

从以上国内外学者对生产劳动的研究来看，都已经脱离了按物质生产过程作为标准来划分劳动的生产性，都试图结合经济实践和研究目的的变化提出自己的标准来分析新的问题，问题在于马克思当年对生产劳动和非生产劳动的分析是从什么意义上来进行的呢？这些学者是否沿着还是背离马克思的分析方法来分析资本主义国家和社会主义市场经济中的生产劳动和第三产业

---

① Justin Blake, 1960. Jacob Morris on Unproductive Employment : A Criticism. *Science and Society* : 24, pp. 173.

② Joseph Gillman, 1965. Prosperity in Crisis, New York, pp. 23 ; Jacob Morris, 1958. Unemployment and Unproductive Employment, *Science and Society*, 22, pp. 194.

③ 保罗·斯威齐：《资本主义发展论》，商务印书馆 1997 年版，第 255、307 页。

④ 必须注意，他们认为在资本主义生产过程中的劳动并不都是生产劳动，因为许多劳动在合理的经济程序下都不是必要的，因而是浪费的。

⑤ Paul A. Baran, 1957. The Political Economy of Growth, London, pp. 32 – 33. 保罗·巴兰、保罗·斯威齐：《垄断资本》，商务印书馆 1977 年版，第 134 页。

迅速发展的现实呢？对上述学者观点的分析归根结底，涉及到如何理解马克思对生产劳动和非生产劳动的划分及其方法。

二、马克思的生产劳动理论

马克思认为最抽象、最简单的范畴，尽管由于其抽象而适用于一切时代，但就这个抽象的规定性本身来说，同样是历史关系的产物，而且只有对于这些关系并在这些关系之内才具有充分的意义。因此生产劳动这个经济范畴同样是一个历史的具体的经济范畴，它不外是对劳动能力在特定的社会生产过程中所具有的整个关系或方式的简称，为了表现"那种作为整个资本主义生产方式以及资本本身的基础的劳动的形式规定性"①，必须区分资本主义生产方式下的生产劳动和一般意义上的生产劳动。

（一）　一般意义上的生产劳动

从一般意义上的生产劳动来看，通过劳动过程生产使用价值是人类存在的必要条件，"每个商品的使用价值都包含着一定的有目的的生产劳动，或有用劳动……因此，劳动作为使用价值的创造者，作为有用劳动，是不以一切社会形式为转移的人类生存条件"。② 这种必要条件不仅对商品生产而且对资本主义生产都是适用的，"为了把自己的劳动表现在商品中……虽然使用价值或财物的生产是为了资本家，并且是在资本家的监督下进行，但这并不改变这种生产的一般性质"。③ 从单纯劳动过程的角度来分析，凡是生产使用价值的有用劳动，都是生产劳动，"如果整个过程从其结果的角度，从产品的角度加以考察，那么劳动资料和劳动对象表现为生产资料，劳动本身则表现为生产劳动"。这是"从物质生产性质本身得出的关于生产劳动的最初的定义"。④

随着社会分工的发展，生产过程与劳动过程开始出现了分离，从总体劳

---

① 马克思：《剩余价值理论》第 1 册，人民出版社 1975 年版，第 426 页。
② 马克思：《资本论》第 1 卷，人民出版社 1972 年版，第 55～56 页。
③ 马克思：《资本论》第 1 卷，人民出版社 1972 年版，第 201 页。
④ 马克思：《资本论》第 1 卷，人民出版社 1972 年版，第 205 页。

动过程来看，在没有其他劳动者的协作下，单个劳动者生产具有完整的使用价值的产品已越来越不可能，因此"上面从物质生产性质本身得出的关于生产劳动的最初定义，对于作为总体来看的总体工人始终是正确的，但对于总体中的每一个单个成员来看，就不再适用了①"。但是作为总体来看的总体工人的生产劳动仍然是生产使用价值的有用劳动。

（二）资本主义生产方式下的生产劳动

马克思认为，从简单劳动过程的观点得出的生产劳动的定义对于资本主义生产过程是绝对不够的。在资本主义生产方式下，生产劳动是能生产剩余价值的劳动。"只有为资本家生产剩余价值或者为资本的自行增殖服务的工人，才是生产工人……生产工人的概念决不只包含活动和效果之间的关系，工人和劳动产品之间的关系，而且还包含一种特殊社会的、历史地产生的生产关系。这种生产关系把工人变成资本增殖的直接手段"。② 最初的生产劳动的定义（即生产使用价值的有用劳动）仅仅是第二种定义的必要条件而不是充分条件。"用来生产商品的劳动必须是有用劳动，必须生产某种使用价值……只有表现为商品也就是表现为使用价值的劳动，才是同资本相交换的劳动。但是不是劳动的这种具体性质，不是劳动的使用价值本身……构成劳动对资本的特殊的使用价值……劳动对资本的使用价值，是由这种劳动作为创造交换价值的因素的性质决定的……在于劳动代表着一个比劳动价格即劳动能力的价值所包含的抽象劳动量大的抽象劳动量"。③

生产劳动是和资本交换生产剩余价值的劳动，那么非生产劳动就是和收入相交换的劳动。"什么是非生产劳动……那就是不同资本交换而直接同收入即工资或利润交换的劳动（当然也包括同那些靠资本家的利润存在的不同项目，如利息和地租交换的劳动）"。④ 马克思强调指出，生产劳动和非生产劳动的区分，同劳动的物质规定性从而劳动产品的物质规定性（即特殊的使用

---

① ② 马克思：《资本论》第 1 卷，人民出版社 1972 年版，第 556 页。
③ 马克思：《剩余价值理论》第 1 册，人民出版社 1975 年版，第 431 页。
④ 马克思：《剩余价值理论》第 1 册，人民出版社 1975 年版，第 148 页。

价值）本身毫无关系，生产劳动在资本主义生产体系下，是把客观劳动条件转化为资本，把客观劳动条件的所有者转化为资本家的劳动，即把自己的产品作为资本生产出来的劳动；是表现劳动能力在资本主义生产过程中所具有的关系和方式的一个范畴①，是资本主义存在的必要条件。因此"同一种劳动可以是生产劳动，也可以是非生产劳动"。② 关键在于用来交换的劳动是否改变了交换双方现有的经济关系。

在特殊的资本主义生产方式中，随着劳动分工的发展，许多工人共同生产同一个商品，工人的劳动同生产对象之间存在的关系，自然也是各种各样的。但是这些或那些工人都属于生产劳动者的范围，因为他们集体生产一个使用价值，并且他们中的每一个都是同资本交换的雇佣劳动者。"但是，所有这些劳动者的总体进行生产的结果……表现为商品或一个物质产品……这些人中的每一个人对资本的关系是雇佣劳动者的关系，是在这个特定意义上的生产工人的关系"。③ 但是如何确定劳动同生产对象直接的关系或总体劳动者的范围呢？马克思指出："自然，所有以这种方式或那种方式参加商品生产的人，从真正的工人到（有别于资本家的）经理、工程师都属于生产劳动者的范围④。"

作为第四个物质生产领域的运输业，由于物品的使用价值只有在物品的消费中实现，物品的消费使物品的位置变化成为必要，因此使运输业的追加生产过程成为必要。商品的位置改变使其使用价值发生了变化，商品的交换价值增加，增加的数量等于使商品的使用价值发生这种变化所需要的劳动量，尽管具体劳动在商品的使用价值上没有留下一点痕迹，但这个劳动已经实现在这个物质产品的交换价值中。"在这里，生产劳动对资本家的关系，也就是说，雇佣工人对资本家的关系，同其他物质生产领域是完全一样的"。⑤

在《资本论》第二卷和第三卷中，马克思对流通领域和监督劳动进行了

---

① 马克思：《剩余价值理论》第 1 册，人民出版社 1975 年版，第 426 页。
② 马克思：《剩余价值理论》第 1 册，人民出版社 1975 年版，第 432 页。
③ 马克思：《剩余价值理论》第 1 册，人民出版社 1975 年版，第 444 页。
④ 马克思：《剩余价值理论》第 1 册，人民出版社 1975 年版，第 147 页。
⑤ 马克思：《剩余价值理论》第 1 册，人民出版社 1975 年版，第 444～445 页。

分析。"商品经营资本——撇开各种可能与此有关的职能，如保管、运送、运输、分类、散装等，只说它的真正的为卖而买的职能"。① 商人资本就只是在流通领域从事买卖行为的职能资本。"流通过程是总再生产过程的一个阶段。但在流通过程中，不生产任何价值，因而也不生产任何使用价值。在这个过程中，只是同一价值量发生了形式变化。……这种形态变化本身同价值创造或价值变化毫无关系"。② 随着资本主义商品经济的发展，商品资本开始独立化为雇佣工人的商业资本，也不会改变这里的分析。尽管受雇于流通领域内的工人和生产领域内的工人都受资本的剥削，但是他们不是生产劳动者。因此从资本主义生产方式来看的生产劳动从和资本相交换的劳动缩小为和生产资本相交换的劳动；非生产劳动从和收入相交换的劳动扩大到包括和流通领域的资本相交换的劳动。在这里需要注意的是，马克思认为区分流通领域中生产过程继续的标准是：劳动是一般生产所必须的活动还是由于商品生产形式包括资本主义商品生产形式所特有的活动。如果是前者，其劳动是生产劳动，如果是后者，则是非生产劳动③。运用同样的原则，马克思对监督劳动和政府的活动进行了分析，对于监督劳动，"一方面，凡是有许多人进行协作的劳动，过程的联系和统一都必然要表现在一个指挥意志上……这是一种生产劳动，是每一种结合的生产方式中必须进行的劳动④。对于政府的活动，"一部分管理劳动只是由资本和劳动之间的敌对性，由资本主义生产的对抗性引起的，它完全和流通过程引起的 9/10 的'劳动'一样，属于资本主义生产上的非生产费用"。⑤

（三）其他生产方式下的生产劳动

尽管资本主义生产方式在资本主义社会占支配地位，但是还没有使社会中的一切生产方式从属于它。如不雇佣工人的农民和手工业者的劳动，马克

---

① 马克思：《资本论》第 3 卷，人民出版社 1972 年版，第 314 页。
② 马克思：《资本论》第 3 卷，人民出版社 1972 年版，第 311 页。
③ 参见马克思在《资本论》第 2 卷第 6 章对保管费用和第 3 卷第 20 章对商品资本的分析。
④ 马克思：《资本论》第 3 卷，人民出版社 1972 年版，第 431 页。
⑤ 马克思：《剩余价值理论》第 3 册，人民出版社 1975 年版，第 561 页。

思认为农民和手工业者是商品生产者，他们的劳动并不适用于生产劳动和非生产劳动的区分，因此农民和手工业者既不属于生产劳动者的范畴，也不属于非生产劳动者的范畴，他们是自己的生产不从属于资本主义生产方式的商品生产者①。在资本主义生产方式占统治地位的情况下，农民与手工业者尽管不从属于资本主义生产方式，但在概念上却从属于资本主义生产方式，这是这类劳动也被大众视为生产劳动的根本原因②。

从马克思对一般劳动过程和资本主义生产过程、流通过程以及非资本主义生产方式中劳动的分析来看，在资本主义生产关系下，生产劳动是指和生产资本相交换并能生产剩余价值的有用劳动（有用劳动指生产使用价值），包括从物质生产总过程来看的所有雇佣劳动；非生产劳动是指不能生产剩余价值的劳动，即使这种劳动能生产使用价值，它实际上包括两个方面，一是由于它在资本主义生产方式以外进行而是非生产的，另一方面是虽然在资本从属范围内，但由于被用于实现剩余价值等非生产职能上而是非生产的。下面我们用表 1 来表示马克思对资本主义生产劳动和非生产劳动的区分。

必须再次指出的是，资本主义社会中独立的手工业者和农民等不从属于资本主义生产方式的劳动不属于马克思分析的范围。

表 1　　　　　　　　资本主义生产方式下的生产劳动和非生产劳动

	生产使用价值的劳动	不生产使用价值的劳动
生产剩余价值的劳动	生产劳动（包括工业、农业、流通和服务业等资本主义生产范围内的劳动）	
不生产剩余价值的劳动	非生产劳动（国家公务员、政府雇员如教师、医生等资本主义生产总过程之外的劳动）	非生产劳动（纯粹流通领域如销售、广告工人、不必要的监督人员等资本主义生产范围内的劳动）

---

① 马克思：《剩余价值理论》第 1 册，人民出版社 1975 年版，第 439 页。
② 《马克思恩格斯全集》第 49 卷，人民出版社 1982 年版，第 104 页。

三、区分生产劳动的经济学意义和现代社会经济条件下的生产劳动问题

（一）马克思区分生产劳动的经济学意义

马克思从简单劳动过程和资本主义生产方式的角度对生产劳动和非生产劳动的分析表明，对于所讨论的劳动过程的性质及其对人或对整个社会的有用性马克思并没有做出判断①，而只是分析了劳动在资本主义生产方式中的作用，实质上是分析资本主义生产关系及其演进。从资本主义的观点来看，劳动的社会形式从独立的劳动的形式和非生产劳动变为资本的生产性劳动，就是从独立的商品生产者变为受资本雇佣的劳动者，从简单商品生产变为资本主义商品生产②。

区分生产劳动和非生产劳动是为了表明社会形式怎样支配和改变实际事物和过程，资本家为了价值增殖用货币交换劳动的过程中，产生了一种新的社会关系，独立的劳动形式和非生产劳动转化成为资本家生产剩余价值的生产劳动，就是资本主义生产关系的产生和发展过程。在资本主义制度下，社会劳动的一切生产力都表现为资本的生产力，社会发展的各种劳动形式都表现为资本的发展形式，"劳动的社会生产力的发展和这个发展的条件就表现为资本的行为"。③ 资本的生产性和先进性在于它以更加有利于生产的方式实行强迫进行超过直接需要的劳动，从动态的角度来看，资本主义生产的发展在于它不断将剩余价值转化为新的资本，而剩余价值和生产劳动相交换是这种转换的必要条件之一，因此，"生产劳动和非生产劳动的差别对积累是重要的"④。

---

① E. K. Hunt 认为在马克思的著作中存在从社会有用性来区分生产劳动和非生产劳动的地方。但他所引用的论述实际上是马克思阐述为什么士兵和簿计在资本主义条件下必不可少的原因。E. K. Hunt，1979. The Categories of Productive and Unproductive Labor in Marxist Economic Theory. *Science and Society*，43，pp. 311.

② 哈里·布雷弗曼：《劳动与垄断资本》，商务印书馆 1978 年版，第 367 页。

③ 马克思：《剩余价值理论》第 1 册，人民出版社 1975 年版，第 421 页。

④ 《马克思恩格斯全集》第 49 卷，人民出版社 1982 年版，第 110 页。

在古典经济学者和马克思从事著述的时代，资本主义生产方式还没有扩展到社会的一切部门，绝大部分劳动（按照是否和资本相交换并生产剩余价值的标准）主要存在于资本的活动范围之外，对资本增殖都不直接发生作用，从资本家的观点来看它们都是浪费的，因而古典学者如亚当·斯密主张把它减少到最低程度。但是马克思的分析表明，从物质生产过程来看，进入资本积累过程并为这一过程所必需的劳动并不都是生产劳动，对资本家来说，生产商品价值的目的是为了获得剩余价值，为了实现商品中包含的剩余价值，要求商品变为货币形式，因此用于销售来实现商品价值的商业劳动以及为占用在生产中的部分剩余价值的信贷、投机资本所雇佣的劳动，尽管是资本主义生产方式所必需的，但其本身却是非生产性的。商业和金融领域雇佣工人的劳动没有创造价值的效果并非由于其劳动的确定形式，而是由于其功能只是有助于在市场上实现价值，有助于互相竞争的资本争夺价值，有助于投机、信贷等形式的资本参与剩余价值的再分配。除了不能实现价值增殖以外，在一切方面和生产劳动都是相同的，因此在观念上对从事这些行业的资本家来说，都是生产劳动。但是从资本主义剩余价值的生产来看，生产劳动和非生产劳动的划分还是必要的[1]。

（二）现代资本主义的变化和生产劳动问题

第二次世界大战后，伴随着新技术革命的发展，资本主义生产方式不断深化和扩展。一方面，新技术革命使电子信息机器逐步代替人操作的机器，生产社会化程度加深引起劳动过程协作和分工进一步发展，企业内部直接生产的产品和工序的分工、为生产服务的职能分工、体力和脑力分工扩展到企业外部，资本主义生产过程和劳动过程出现了进一步的分离，总体劳动过程

---

[1]　尽管西方主流经济学学者故意淡化生产劳动与非生产劳动的区分，但是在研究具体问题尤其是生产体制时却无意识地强调了这种区分，如在近年来比较美国体制、美国福特制以及日本弹性专精的生产体制的相对生产率时，西方学者认为其各自效率的提高实际上来源于对各种生产体制中非生产劳动的最小化来降低成本。国内近年来翻译的这方面著作如《大规模定制》（约瑟夫·派恩著，中国人民大学出版社2001年版）、《利益相关者公司》（大卫·威勒等著，经济管理出版社2001年版），等等。

相应进一步扩大；另一方面，生产过程中新技术的广泛应用导致劳动生产率的提高，出现了劳动者向非物质生产领域和新兴产业转移的两种趋势，大部分服务性劳动也由原来的个体劳动方式转变为社会劳动方式，由个人经营转变为资本主义经营，即从非生产劳动转变为生产劳动，各种劳动形式包括家务劳动在内的服务劳动都已经处在资本的支配之下，资本和劳动交换的范围几乎囊括了社会经济生活的所有部门。劳动生产率的提高极大地扩大了资本主义的生产能力，商品价值的实现在资本主义社会成为比创造新价值更为迫切的问题，导致处于流通领域的资本急剧膨胀，专用于信贷、投机等方面的资本也显著增多，在流通领域从事实现和在各资本之间分配剩余价值的雇佣劳动者越来越多。同时资本主义生产关系也进行了新的调整，私人垄断资本主义向国家垄断资本主义过渡，庞大的国家支出也吸收了大量的雇佣劳动者。

西方马克思主义学者正是在上述变化的基础上来分析现代资本主义劳动的生产性和非生产性的，曼德尔的划分标准继承了马克思分析的传统，他对第三产业的分析对我们如何看待第三产业问题有很大的启发性。斯威齐、巴兰、布莱克、吉尔曼和莫瑞斯等人对生产劳动和非生产劳动的区分着眼于他们设定的研究目的：资本主义剩余的分配和积累，显然已经背离了马克思把生产劳动和剩余价值结合分析的方法，但是斯威齐和巴兰对国家资本支出和垄断资本主义条件下生产过程和流通过程却是按照马克思的方法来进行分析的，对我们有很强的借鉴意义。

当代资本主义的现实表明，尽管由于新技术革命的影响，资本主义经济结构发生了很大的变化，但是马克思的生产劳动和非生产劳动的区分对于考察资本和劳动的交换关系、考察资本主义积累还是适用的，只不过必须适应历史条件的变化，扩大总体雇佣劳动者的范围，将按资本主义方式经营的非物质生产部门以及资本主义国家的资本性支出雇佣的劳动包含进去，但纯粹由于商品生产和垄断资本主义生产形式所产生的如商业金融部门、国家的非资本性支出和生产过程中超过社会生产必要限度的活动仍然属于非生产劳动。

（三）社会主义市场经济条件下的生产劳动问题

就我国来说，第三产业的发展是在探索市场取向的经济体制改革目标的过程中，为促进国民经济发展的理性设计中逐步发展和壮大的。第三产业的发展并非是反映资本主义生产方式的扩展，而是反映了随市场在社会中的扩展以及生产分工、经济社会化的过程。从第三产业部门来看，其中很大一部分如交通运输业、仓储及邮电通讯业、科研业、综合技术服务业、地质勘察业和水利管理业都是为物质生产服务的，实质上是物质生产过程的延伸，其出现是由于物质生产过程内分工的发展，使得完成这些功能的生产环节分化成独立的职业以致企业；同时由于市场的发展逐渐改变了家庭作为一种社会生活、生产和消费机构的职能，出现的为生活服务和满足人的精神需要的服务业也是为提高物质部门和上述为生产服务的部门的效率的，显然不再是古典学者和马克思那个时代仅仅是为某些特定阶层服务的奢侈性享受。一些新的服务如建筑师、工程师、律师、医生和会计审计师等独立的自由职业者，本身也是过去物质生产部门的一部分独立化的产物，我国第三产业部门的发展本身就预示着我国物质生产的发展。

国内学者正是在我国经济结构发生了以上变化的情况下来讨论上述问题的，显然所有的标准都将生产劳动的区分和剩余价值的生产分割开来。按照第一、二种标准，实际上几乎不存在或很少存在非生产劳动了，从而没有必要划分劳动的生产性了；就第三种标准来说，商品生产并不意味着价值增殖，生产商品的劳动并不都具有生产性，另外纳入劳动力商品生产再生产的劳动易为"各种冒充生产劳动的谬论敞开大门"[1]；第四种标准实际上没有具体阐明什么是生产劳动、什么是非生产劳动，但指出了分析劳动生产性的正确方向；第五种标准以社会需要性来划分，社会需要性实际上可以任意解释，因而实际上并没有划分出劳动的属性。

生产劳动的划分是服从于各自的研究目的的，古典学者对生产劳动划分的目的是探讨国家致富的原因；马克思对生产劳动划分的目的是分析与资本相交换的劳动是如何生产剩余价值的和对资本积累的影响因素[2]，由此来揭示

---

[1]　马克思：《剩余价值理论》第 1 册，人民出版社 1975 年版，第 164 页。

[2]　P. Meiksins, 1981. Productive and Unproductive Labor and Marx's Theory of Class. *Review of Radical Political Economy*, 13, pp. 39.

资本主义生产关系的产生、发展过程的；现代西方马克思主义学者对生产劳动划分的目的是为了研究现代资本主义剩余的分配和积累。由此可见我国对生产劳动的区分也必须确立自己的研究目的：即研究劳动能力在社会主义市场经济关系下的作用，研究劳动能力在社会主义市场经济条件下的配置对资本积累从而对我国经济发展的影响。社会主义市场经济条件下的生产劳动，是指劳动能力在以公有制为主体的多元化所有制结构的生产过程中所具有的关系和方式的简称。

从我国目前以公有制为主体、多种所有制的并存和共同发展的所有制格局，以及市场化过程还处于发展中，一些物质生产部门和非物质生产部门还不完全按照商品生产来组织等现实来看，试图在一个统一的标准上来划分生产劳动和非生产劳动实质上是一种形而上学，没有什么意义。因而对生产劳动的定义必须结合不同所有制情况来分析，就市场经济条件下公有制生产方式来看，生产劳动是指通过市场与公有制的生产资料相结合生产社会剩余的劳动；就私有制生产方式来说，生产劳动是指与私有资本相交换生产剩余价值的劳动。这两类生产劳动的区别在于通过市场与不同性质的生产资料的交换的劳动使交换双方改变的经济关系之间的差异。从社会主义市场经济条件下的生产力发展来看，这两类生产劳动在全社会总劳动能力中的分布及其相互关系对于我国市场经济条件下的资本积累都起着决定性的影响，其不同比例表明我国生产剩余的生产潜力和社会主义市场经济条件下所产生的潜在剩余与实现为货币的剩余价值量之间的矛盾程度。当然生产劳动的划分是与劳动的具体特性和特定的劳动产品没有什么关系的，对劳动能力的区分也不包括那些非商品化的劳动和不从属于社会化生产的生产方式下的商品化劳动的。

（原文发表于《经济评论》2003 年第 2 期）

马克思"抽象劳动"概念探析

任洲鸿[*]

众所周知，劳动二重性理论是马克思实现对资产阶级政治经济学批判并使之发生革命变革的关键，也是理解整个马克思主义政治经济学的"枢纽"。但一直以来，对抽象劳动概念的曲解或质疑就没有停止过。之所以如此，或许与马克思本人对抽象劳动的解释有着直接关系。比如，马克思认为，抽象劳动是用"人的脑、肌肉、神经、手等等"[①] 的生理耗费来衡量的，这种生理耗费显然与具体劳动很难加以区分。同时，马克思又认为："在商品体的价值对象性中连一个自然物质原子也没有"[②]。这些看似"自相矛盾"的说法，恰恰为曲解或质疑劳动价值论的学者们提供了"口实"。可见，厘清马克思对抽象劳动概念的相关论述并阐明其经济学本质，既是深化认识社会主义市场经济条件下的劳动与劳动价值论的时代要求，也为澄清学术界对价值本质理解上的分歧提供一个新的理论视角。

一、马克思"抽象劳动"概念的文本考察

马克思在继承古典政治经济学对商品、价值研究成果的基础上，克服了斯密、李嘉图等人只是简单地把价值归结为劳动，把价值量归结为劳动量，而没有研究价值"实体"本身或价值的"质"的方面的缺陷，第一次批判地证明了生产商品的劳动具有具体劳动和抽象劳动的二重性质，揭示了商品生产与交换的本质，创立了剩余价值学说，科学论证了资本主义生产方式的历史性和暂时性，从而实现了整个政治经济学的理论革命。正如马克思所说，

---

[*] 任洲鸿，曲阜师范大学。

① 马克思：《资本论》第 1 卷，人民出版社 1975 年版，第 57 页。

② 马克思：《资本论》第 1 卷，人民出版社 1975 年版，第 61 页。

劳动二重性学说是理解整个政治经济学的枢纽，"这是对事实的全部理解的基础"，是"我的书最好的地方"①。因此，抽象劳动概念在整个马克思主义经济学中占有至关重要的地位。

根据马克思在《资本论》中的经典表述，抽象劳动是指撇开了劳动的各种具体形式的、无差别的一般人类劳动，它是人类劳动力的耗费，是人的脑、肌肉、神经、手等等在生产商品过程中的耗费。商品的价值就是抽象劳动的单纯凝结或物化，"是人类劳动本身，是一般人类劳动的耗费"②。同时，马克思又总结道："一切劳动，从一方面看，是人类劳动力在生理学意义上的耗费；作为相同的或抽象的人类劳动，它形成商品价值。一切劳动，从另一方面看，是人类劳动力在特殊的有一定目的的形式上的耗费；作为具体的有用劳动，它生产使用价值"③。客观地讲，马克思的这种表述本身是容易使人误读的，他在这里的初衷是要说明商品的价值与使用价值，但商品生产本身具有历史暂时性，因此，生产商品的劳动的性质即劳动二重性也必然具有历史暂时性。然而，使用价值作为产品或商品的自然存在，适用于人类社会的任何社会经济形态，而价值作为商品的社会存在，却仅仅适用于商品经济社会。马克思在这里将两种具有不同性质的概念在同一经济形态中和同一语境下直接对应表述，容易使人误以为价值概念始终与使用价值概念相伴随，也适用于人类社会各种社会经济形态。这样，作为价值实体的抽象劳动也就成了适用一切社会经济形态的永恒概念，似乎只要是人类的劳动就属于抽象劳动的范畴。

事实上，马克思在《1857－1858年经济学手稿》中最初从研究商品及其"二重存在"出发而探讨和表述劳动二重性学说的时候，对抽象劳动概念的适用范围就没有明确地界定。马克思认为，随着社会分工与商品交换日益发达，各种具体劳动日益发展而形成一个十分发达的社会总体劳动，从而形成经济条件日趋成熟时，"'劳动'、'劳动一般'、直截了当的劳动这个范畴的抽象，

① 《马克思恩格斯全集》第31卷，人民出版社1972年版，第331页。
② 马克思：《资本论》第1卷，人民出版社1975年版，第57页。
③ 马克思：《资本论》第1卷，人民出版社1975年版，第60页。

这个现代经济学的起点，才成为实际真实的东西。所以，这个被现代经济学提到首位的、表现出一种古老而适用于一切社会形式的关系的最简单的抽象，只有作为最现代的社会的范畴，才在这种抽象中表现为实际真实的东西"①。在这里，马克思明确将"劳动一般"即抽象劳动指认为"一种古老而适用于一切社会形式的关系的最简单的抽象"，并没有将它从作为价值实体的意义上明确界定在商品经济的历史阶段范围内。

如果再向前追溯，青年马克思在《1844年经济学——哲学手稿》中，就已经从黑格尔对市民社会劳动分工关系下劳动性质的考察中获得了关于抽象劳动概念的理论启示。黑格尔将资本主义社会，即他所说的市民社会视为一个"需要的体系"，而"劳动是通过各色各样的过程，加工于自然界所直接提供的物资，合乎这些殊多的目的"②。然而，需要的特异化决定了满足需要的劳动的细致化分工，使劳动变得简单而抽象了。黑格尔深刻地指出，恰恰是这种抽象的劳动"使人们之间在满足其他需要上的依赖性和相互关系得以完成，并使之成为一种完全的必然性"③。在此基础上，马克思在阐述异化劳动概念时指出："首先应当避免重新把'社会'当作抽象的东西同个人对立起来。个人是社会存在物。……人的个人生活和类生活并不是各不相同的，尽管个人生活的存在方式必然是类生活的较为特殊的或者较为普遍的方式，而类生活必然是较为特殊的或者较为普遍的个人生活"④。事实上，马克思在这里所探讨的个人生活与类生活之间的辩证关系，就是探讨在劳动分工条件下私人劳动与社会劳动之间的矛盾关系。或许可以说，马克思在创立唯物史观之前，就已经在批判分析黑格尔的市民社会概念的基础上产生了生产商品的劳动二重性思想的最初萌芽，尽管此时的马克思尚未接受古典政治经济学中的劳动价值论。

可见，无论是马克思所说的作为抽象劳动的"劳动一般"，还是个人与社

---

① 《马克思恩格斯全集》第46卷上册，人民出版社1979年版，第42页。
② 黑格尔：《法哲学原理》，商务印书馆1982年版，第209页。
③ 黑格尔：《法哲学原理》，商务印书馆1982年版，第210页。
④ 《马克思恩格斯全集》第42卷，人民出版社1979年版，第122~123页。

会个人生活与类生活，都为人类社会的各个历史发展阶段所共有。或许正是由于马克思对抽象劳动概念的适用范围没有予以明确地界定，才使人们误以为抽象劳动是贯穿整个人类社会始终的一般经济范畴。比如有学者认为："在马克思看来……劳动的二重性却是商品二重性的基础，是一切社会中都存在的，是人类劳动的一个基本特点"①。再比如在《〈资本论〉辞典》中，"抽象劳动"词条的解释是："抽象劳动就其作为抽象的简单的范畴来说，表现为一种古老而适用于一切社会形式的关系的最简单的抽象。因为一切时代的具体劳动都是劳动力的支出，具有共同性，具体劳动越发展，劳动的抽象性质也越发展"②。显然，这些观点都认为抽象劳动是人类劳动本身的特征，它存在于人类社会的一切阶段，从而将抽象劳动概念永恒化了。

　　如果抽象劳动是一个适用于一切社会形态的范畴，那么作为抽象劳动凝结所形成的价值，也就伴随着人类社会全过程，从而商品生产与商品交换也就不再是历史范畴而成为"永恒"范畴。这样的结论显然不符合马克思对资产阶级政治经济学批判的理论立场，也不符合马克思所创立的历史唯物主义的基本原理，实际上也就取消了马克思经济学说的所有革命意义，从而使劳动二重性理论陷入自相矛盾的理论困境。因为按照马克思对未来社会的生产方式的设想，它是以"共同生产"为基础的产品经济社会，"共同生产，作为生产的基础的共同性是前提。单个人的劳动一开始就成为社会劳动。因此，不管他所创造的或协助创造的产品的特殊物质形式如何，他用自己的劳动所购买的不是一定的特殊产品，而是共同生产中的一定份额。因此，他不需要去交换特殊产品。他的产品不是交换价值③"。正所谓"皮之不存，毛将焉附"。既然商品生产与交换的经济条件已经不复存在，那么作为价值实体的抽象劳动也就必然会退出历史舞台，它绝不是"适用于一切社会形式的关系的最简单的抽象"。

---

① 王晓升：《具体劳动、抽象劳动和物化》，载于《求是学刊》2004 年第 9 期。
② 宋涛：《〈资本论〉辞典》，山东人民出版社 1988 年版，第 33～34 页。
③ 《马克思恩格斯全集》第 46 卷，人民出版社 1979 年版，第 1119 页。

二、恩格斯对"价值"概念的理解与两种不同意义的抽象劳动的区分

恩格斯在《反杜林论》中集中表述了自己对抽象劳动概念的理解，他指出："经济学所知道的唯一的价值就是商品的价值。……私人劳动，只有在它是社会必要劳动的时候，才包含着一般人类劳动"①。在恩格斯看来，只有在商品生产与交换过程中，人类劳动才具有具体劳动与抽象劳动的二重性质。也就是说，如果是自给自足的自然经济，由于它不存在着私人劳动与社会劳动之间的矛盾及其解决的问题，私人劳动也就"不包含"一般人类劳动，从而"不包含"价值实体，劳动产品也就不表现为商品。也正是从这个意义上，恩格斯强调说："商品生产决不是社会生产的唯一形式"②。"直接的社会生产以及直接的分配排除一切商品交换，因而也排除产品向商品的转化（至少在公社内部）和随之而来的产品向价值的转化③"。同样，恩格斯认为："社会一旦占有生产资料并且以直接社会化的形式把它们应用于生产，每一个人的劳动，无论其特殊的有用性质是如何的不同，从一开始就直接成为社会劳动"④。这样，一件产品中所包含的社会劳动量，可以不必首先采用迂回的途径，而仅仅凭借"日常的经验"就直接显示出来。整个社会生产完全可以按照计划进行，并且人们可以简单而轻易地做到这一切，而不需要著名的"价值"插手其间。因此，既然唯物史观承认商品经济的历史暂时性，那么在人类社会中的非商品经济条件下，人类劳动所生产的产品就没有转化为商品，它们只有使用价值而没有价值。尽管它也是作为人类的劳动，同样需要脑力与体力等生理学意义上人类劳动的支出，但这些劳动仅仅是作为生产各种使用价值的具体劳动，而不是经济学意义上的抽象劳动，不是价值实体。

那么，我们如何理解作为价值实体的抽象劳动的历史暂时性呢？或者说，如何才能准确把握抽象劳动概念的历史暂时性并使之在表述上加以清晰化呢？对此，我们在经典作家对抽象劳动概念表述的基础上引入生理学意义上的抽

---

① 《马克思恩格斯全集》第 3 卷，人民出版社 1995 年版，第 657～658 页。
② 《马克思恩格斯全集》第 3 卷，人民出版社 1995 年版，第 659 页。
③④ 《马克思恩格斯全集》第 3 卷，人民出版社 1995 年版，第 660 页。

象劳动和经济学意义上的抽象劳动两个概念。

对于生产产品或商品的劳动，一方面，如果具体来看，它表现为不同的单个劳动者在具体劳动过程中对他（她）的脑、肌肉、神经、手等等的使用与耗费，这种具体劳动对应单个产品或商品的具体自然存在，并决定着这种产品或商品的具体的使用价值的"质"的规定性，及其与其他产品或商品之间的相互差异性。准确来讲，这才是马克思所说的具体劳动；另一方面，如果抽象来看，它又表现为在各种不同的具体劳动过程中所必然消耗的人类的、无差别的体力与脑力，这种纯粹的人类生理学意义上的耗费就形成了生理学意义上的抽象劳动，适用于人类社会各种经济形态，具有永恒的自然必然性。因此，所谓生理学意义上的抽象劳动就是生产"一般的使用价值"的劳动（所谓"一般的使用价值"是指对千差万别的商品不同的质的使用价值的一种抽象，即一切商品的使用价值的"总汇"。因为："在货币中，商品虽然也是使用价值，然而它作为交换价值的存在表现为它的实在性，因为使用价值作为一般的使用价值，只是观念的。""货币按其概念来说，是全部使用价值的总汇"①），它与生产具体的产品或商品的使用价值的具体劳动相对应，形成另外一种意义上的"劳动二重性"。这种含义的"劳动二重性"的理论意义在于，它既适用于商品经济社会，也适用于非商品经济社会。

所谓"经济学意义上的抽象劳动则是指凝结或物化为价值的人类劳动，它作为形成价值实体的劳动是"相同的人类劳动，是同一的人类劳动力的耗费。体现在商品世界全部价值中的社会的全部劳动力，在这里是当作一个同一的人类劳动力，虽然它是由无数单个劳动力构成的。每一个这种单个劳动力，同另一个劳动力一样，都是同一的人类劳动力，只要它具有社会平均劳动力的性质，起着这种社会平均劳动力的作用，从而在商品的生产上只使用平均必要劳动时间或社会必要劳动时间"②。因此，作为价值本质规定的抽象劳动，是通过自发的社会过程即市场竞争机制，由社会必要劳动时间来计量，

---

① 《马克思恩格斯全集》第 46 卷下册，人民出版社 1980 年版，第 481、501 页。
② 马克思：《资本论》第 1 卷，人民出版社 1975 年版，第 52 页。

并最终表现为市场价格的社会平均劳动，它是一个"类"的概念，因为"物化为价值的劳动，是社会平均性质的劳动，也就是平均劳动力的表现"①。经济学意义上的抽象劳动对应着商品的"纯经济存在"，并决定着商品价值的"质"的规定性及其同一性，只存在于商品生产与交换的经济关系中，具有历史暂时性。

在人类社会形成与发展的历史进程中，作为具有永恒的自然必然性的生理学意义上的抽象劳动只有在商品经济条件下才表现为经济学意义上的抽象劳动即价值，或者说，经济学意义上的抽象劳动是生理学意义上的抽象劳动在商品经济条件下必然获得的社会形式规定性。马克思所说的抽象劳动，实质上指的是经济学意义上的抽象劳动，但是他并没有明确地将生理学意义上的抽象劳动与经济学意义上的抽象劳动区别开来，这是导致人们对抽象劳动概念产生误读并以此质疑或批评劳动价值论的根本原因之一，甚至恩格斯在展望未来社会的生产活动也认为："在决定生产问题时，上述的对效用和劳动支出的衡量，正是政治经济学的价值概念在共产主义社会中所能余留的全部东西"②。严格来说，在马克思主义经济学理论视域内谈论共产主义社会中的价值概念，显然否认了商品经济的历史性质。因此，恩格斯这里所说的"价值"，就不应该再理解为作为经济学意义上的抽象劳动凝结的商品的价值了，而应该理解为生产各种使用价值或效用所必须消耗的无差别的人类体力与脑力等生理学意义上的抽象劳动的耗费。

三、从"商品二重性"向"产品二重性"的历史演进假说

未来社会中产品生产又是由什么决定的呢？其生产产品的劳动又具有什么本质特征呢？我们可以确定的是，无论未来社会生产产品的具体生产方式如何，它绝不会是一种以直接使用价值为取向的社会生产体系。因为任何直接以使用价值的生产为取向的社会生产体系对于社会生产力的容纳能力都是

---

① 马克思：《资本论》第 1 卷，人民出版社 1975 年版，第 359 页。
② 《马克思恩格斯全集》第 3 卷，人民出版社 1995 年版，第 661 页。

相当有限的。人类社会历史的发展表明，以直接的使用价值为目的，从而处处使生产从属于消费的前资本主义生产方式，必然要被以追求剩余价值的资本主义生产方式所代替，并且实现了人类社会生产力的空前发展。

马克思曾指出："即使交换价值消灭了，劳动时间也始终是财富的创造实体和生产财富所需要的费用的尺度"①。可见，生理学意义上的抽象劳动的计量问题依然通过劳动时间才能实现。然而，由于整个社会生产是按照计划进行的，私人劳动直接等同于社会劳动，因此，这里的劳动时间决不会再是社会必要劳动时间，而是一种由自由联合起来的生产者在能够"靠消耗最小的力量，在最无愧于和最适合于他们的人类本性的条件下来进行这种物质变换②"的基础上，建立起来的由"社会计划"决定的劳动时间，但"就在这种情况下，社会也必须知道，每一种消费品的生产需要多少劳动。它必须按照生产资料来安排生产计划，这里特别是劳动力也要考虑在内。各种消费品的效用（它们被相互衡量并和制造它们所必需的劳动量相比较）最后决定这一计划③"。如果将"每一种消费品"抽象为一般的使用价值，那么为生产这种一般的使用价值所必须衡量与比较的劳动量就是生理学意义上的抽象劳动量，它决定着消费品即产品的一般使用价值。因此，未来社会中生产产品的劳动也具有"二重性"，即具体劳动与生理学意义上的抽象劳动；这也就决定了未来社会中的劳动产品同样具有二重性，即具体的使用价值与一般的使用价值（见图1）。以具体劳动与生理学意义上的抽象劳动为本质特征的、生产出满足人类需要的产品的"劳动二重性"，是对资本主义生产方式下生产商品的劳动二重性的历史扬弃，它是以继承资本主义生产方式在完成其历史使命过程中所创造的人类优秀文明成果为基础的一种全新生产方式，而由自由联合起来的生产者个人的全面发展所必然产生的社会需求，则为以一般的使用价值为基础的产品生产提供了无限广阔的空间。

---

① 《马克思恩格斯全集》第 26 卷第 3 册，人民出版社 1974 年版，第 282 页。
② 马克思：《资本论》第 3 卷，人民出版社 1975 年版，第 927 页。
③ 《马克思恩格斯全集》第 3 卷，人民出版社 1995 年版，第 660 页。

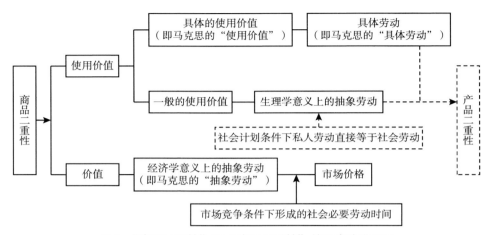

图1 "商品二重性"向"产品二重性"的历史演进图示

注：非加粗虚线表示有待于未来社会具体生产实践的检验。

当然，尽管这种对未来社会产品经济中的劳动二重性与产品二重性的解析是在唯物史观视域下，并通过马克思劳动价值论的理论逻辑推演而来的，但它还仅仅停留在理论假说的层面上，有待于未来社会的具体生产实践来检验。

四、总结说明

马克思曾说："即使我的书中根本没有论'价值'的一章，我对现实关系所作的分析仍然会包含有对实在的价值关系的论证和说明。"① 可见，抽象劳动作为价值实体，是对商品生产与交换过程所形成的人与人之间现实经济关系的一种科学抽象。但商品生产与交换是人类社会发展到一定阶段的产物，具有历史暂时性。因此，经济学意义上的抽象劳动只能是一个历史的概念。生理学意义上的抽象劳动作为生产产品使用价值的各种具体劳动在生理学上的抽象，反映人与自然之间的物质变换关系，具有永恒的自然必然性。如果

---

① 《马克思恩格斯全集》第4卷，人民出版社1995年版，第580页。

经济学意义上的抽象劳动仅仅理解为"一个生理学上的真理①"，必然会使劳动二重性理论陷入自相矛盾的理论困境，并为诸如"泛价值论②"等各种非劳动价值论提供"理论依据"。因此，在坚持马克思的科学抽象法与劳动价值论基本原理的基础上，正确区分两种不同类型的人类抽象劳动，即生理学意义上的抽象劳动与经济学意义上的抽象劳动，或许才是摆脱劳动二重性理论"自相矛盾"的积极理论尝试。在经济全球化与社会主义市场经济的时代背景下提出的从"商品二重性"向"产品二重性"的历史演进图，无疑有助于我们深化对唯物史观视域下的中国特色社会主义乃至人类社会发展规律的理解。

（原文发表于《当代经济研究》2009 年第 8 期）

---

① 马克思没有明确区分抽象劳动的生理学意义与经济学意义，认为"每一种这样的机能不管内容和形式如何，实质上都是人的脑、神经、肌肉、感官等等的耗费。这是一个生理学上的真理。"（马克思：《资本论》第 1 卷，人民出版社 1975 年版，第 88 页。）或许正是基于这种认识，直接导致马克思在探讨劳动力商品价值时认为："我们记得，劳动力的日价值是根据劳动力的正常的平均持续时间或工人的正常的寿命来计算的，并且是根据从生命物质到运动的相应的、正常的、适合人体性质的转化来计算的。"（马克思：《资本论》第 1 卷，人民出版社 1975 年版，第 575 页。）同时，马克思显然是以赞许的口吻引用了格罗夫《论物理力的相互关系》中的一段话："人在 24 小时内所耗费的劳动量，可以从研究人体内部的化学变化来大致确定，因为物质的转化形式能表明动力已经消耗的情况。"（马克思：《资本论》第 1 卷，人民出版社 1975 年版，第 575 页。）显然，这种通过物理、化学途径来计量劳动量的思路无助于对价值概念的理解，恩格斯就曾对那种将经济学范畴进行所谓"唯能论"解释提出尖锐批评，他指出："有些人看来甚至不反对把热力学范畴的功也搬回到经济学中去——就象某些达尔文主义者对生存斗争那样，但是结果无非是一场胡闹而已。让他们把随便某种熟练劳动转换成公斤米，并试试以此规定工资吧！"（《马克思恩格斯全集》第 20 卷，人民出版社 1971 年版，第 655 页。）

② 刘有源教授将对凝结或物化为价值的抽象劳动完全局限于生理学意义上的抽象劳动，进而提出所谓"泛价值论"。（刘有源：《论机器、土地为什么创造价值暨泛价值论》，载于《经济评论》2004 年第 5 期；《"泛价值论"何错之有》，载于《经济评论》2005 年第 5 期。）

"价值总量之谜"试解

陈永志　杨继国[*]

一、导论

"价值总量之谜"由著名经济学家谷书堂教授提出。他认为，国民生产总值这一概念表示的既是社会一年生产出来的财富总和，也应该是价值量的总和。根据马克思劳动价值论原理，单位商品的价值量与劳动生产率成反比，价值总量与劳动生产率无关；在劳动时间不变的前提下，价值总量总是一个定量。然而，在现实生活中，按不变价格计算的国民生产总值总是不断增加，且大大超过劳动力的增长率，似乎它与劳动生产率成正比。这样，它却变成了一年社会生产财富的总和，而非价值量的总和。用不变价格计算的社会财富不断增加，说明不变价格计算的是使用价值表示的社会财富量，而非价值量。但教科书和经济学词典却把国民生产总值或国民收入定义为一年新增价值总量或纯价值总量。这个界定与实际情况不符。因为它把劳动生产率视为增长的主要因素，可见这一定义的矛盾。[①]

所谓价值总量之"谜"就是根据这一"矛盾"提出的。谷书堂教授对劳动生产率与价值量关系的认识有一个转变过程，即"思路上出现过反复"。先是认为劳动生产率与价值量"成正比"[②]，现在又认为价值量与劳动生产率"成反比"更符合实际，更有说服力；但似乎逻辑上有欠缺，这种思路没有解

---

　　[*]　陈永志，厦门大学经济学系；杨继国，厦门大学经济学系。
　　[①]　谷书堂：《求解价值总量之"谜"两条思路的比较》，载于《南开学报》2002年第1期。
　　[②]　谷书堂、柳欣：《新劳动价值论一元论——与苏星同志商榷》，载于《中国社会科学》1993年第6期。

释价值总量①。因此，在"成正比"（即把使用价值量与价值量统一起来）的思路上进行了新的解释。在假定即使是劳动生产率提高也不会影响价值量向反方向变化的条件下是怎样的一个结论，想了三条途径：一是准确把握创造价值劳动的范围，即把第三产业的某些劳动也当成创造价值的劳动；二是分清创造价值劳动的不同层次，即包括生产过程中的管理劳动、科技劳动和生产过程之外的智力劳动等复杂劳动创造价值的问题；三是把科技工作者在创造剩余价值的剩余劳动作为解谜的焦点。但他又认为这个思路没有给人一个清晰的答案②。

显然，这一"谜团"包含三个相互关联的难题：（1）国民生产总值衡量的是价值总量还是社会财富总量？（2）价值量与劳动生产率是成正比还是成反比关系？（3）价值总量是否存在？

这一"谜团"在经济学理论界有一定代表性，确实是尚未得到充分的、逻辑上能自圆其说的解释的难题。解开这一谜团对正确理解和对待马克思经济学，对深化劳动价值论有十分重要的意义。实际上，经济学界对马克思经济学的一些基本原理认识的分歧无不与此有关。比如，除了教科书上的"劳动价值论"外，仅"新"的价值理论就出现了诸如"要素价值论"、"新劳动价值论"、"社会劳动价值论"、"广义价值论"、"复合价值论"、"第三产业劳动价值论"、"劳动与效用共创价值论"、"生产力价值论"、"资源贡献价值论"等10余种。这些"新"价值理论，无论是"一元论"还是"多元论"，实际上归结为物化劳动或生产资料和科学技术是否创造价值或科学劳动是否创造价值，都试图解释劳动生产率与价值量成正比的事实，即将劳动生产率提高归结为生产要素质量的提高，而认为这些生产要素质量的提高会增加价值量或价值总量。由于价值总量之"谜"没得到谜底，传统"劳动价值论"受到质疑和挑战的同时，这些"新价值论"自然也没有说服力。

二、"正比说"与"反比说"

价值总量之谜根源于商品价值量与劳动生产率的矛盾。倘若能充分说明

---

①②　谷书堂：《求解价值总量之"谜"两条思路的比较》，载于《南开学报》2002 年第 1 期。

了这二者之间的关系，"谜"也就不难破解了。问题在于目前理论界关于价值量与劳动生产率关系问题讨论分歧较大，形成两种对立的观点：第一，劳动生产率与单位商品价值量成反比，简称"反比说"；第二，劳动生产率与商品价值量成正比，简称"正比说"。这两类观点分别把国民生产总值看成是"价值总量"、"使用价值总量"或"价格总量"，或者认为"价值总量不存在"等来解释国民生产总值随劳动生产率增长的现象。

1. "反比说"对劳动生产率与国民生产总值关系的解说

单位商品价值量与劳动生产率成反比是马克思经济学的基本原理。但这一原理与劳动时间不变条件下不变价格计算的国民生产总值不断增长"矛盾"。坚持"反比说"的学者对这一"矛盾"作出了解释，代表性的观点有两种：

第一，不变价格计算的国民生产总值是物量指标，即使用价值量[①]。由于使用价值量与劳动生产率成正比，因而国民生产总值随劳动生产率提高而增长的现象。

第二，国民生产总值是价格指标，非价值指标[②]。在供求均衡前提下价格与价值一致的趋势不等于价格运动与价值运动一致，这取决于货币价值的变动趋势；尤其用纸币表现的商品价格不会随商品价值的下降而下降。因此，随着劳动生产率的提高，在单位商品价值量下降，总价值量不变的条件下，用货币单位表示的国民生产总值会不断增长。

"反比说"在解释单位商品价值量时无疑是正确的，符合马克思经济学的原意。由于价值用社会必要劳动时间计量，而社会必要劳动时间是个别劳动时间的平均数，个别劳动时间总量与社会必要劳动时间总量相等，所以，无论劳动生产率如何变化，同量时间创造的价值量总是相同的；换言之，在劳动时间不变的前提下，价值总量不会有任何增长。可是，正如谷教授所言，

①　李石泉：《究竟怎样维护劳动价值一元论》，载于《社会科学》1995年第7期；苏星：《再谈劳动价值论一元论》，载于《经济纵横》1995年第7期。

②　卫兴华：《论深化劳动和劳动价值论的有关问题》，载于《深化劳动和劳动价值理论的认识》，经济科学出版社2001年版，第136页。

如果把国民生产总值当成价值总量，"反比说"不能，或者说没有解释国民生产总值大大快于劳动力的增长的实际。于是只能将其解释为非价值总量。比如说，认为价值属于生产关系范畴，只在相互比较中才有意义；价值总量已不属于生产关系范畴，可以不予考虑①。这种观点实际上认为价值总量不存在，国民生产总值是否与劳动生产率成正比，就与价值量是否与劳动生产率成正比无关。至于把国民生产总值解释为"价格"指标，虽然能解释现价计算的国民生产总值与劳动生产率可能同方向变化的事实，但却不能解释不变价格计算的国民生产总值也随劳动生产率增长而增长的现象。

因为坚持"反比说"的科学性就否定价值总量的存在，从逻辑上是讲不通的。我们知道，度量单位商品价值量的社会必要劳动时间量是总劳动时间量的平均值，换言之，价值个量是在一定范围的价值总量中确定的；如果价值总量不存在，何来社会必要劳动时间范畴一说？或者即使价值总量存在，但不去抑或不能解释它与劳动生产率的关系，更进一步说，不知道它是什么东西，这样的"价值理论"是科学的理论吗？

2. "正比说"对劳动生产率与国民生产总值关系的解说

"正比说"认为国民生产总值衡量的是价值总量。由于劳动生产率与价值量成正比，因而国民生产总值随劳动生产率提高而增长就是顺理成章的事了。不过在解释为什么劳动生产率与价值量成正比变化的理由时有各种不同的说法：

第一，物化劳动参与价值创造论。由于生产资料等物化劳动的功能与效率越来越高，直接体现为价值创造中社会劳动生产率的提高，因而价值量与劳动生产率成正比，以此解释国民生产总值随劳动生产率提高而增长的事实。这是一切持"物化劳动创造价值论"、"生产要素创造价值论"等"多元价值论"者的共同逻辑。

第二，创造价值的劳动外延扩展论。此论坚持只有活劳动创造价值，认为在新技术条件下创造价值的劳动已大大地扩展，不但包括物质生产领域的

①　谷书堂：《求解价值总量之"谜"两条思路的比较》，载于《南开学报》2002 年第 1 期。

劳动，还包括非物质生产领域的某些劳动，尤其是科技等领域的智力劳动和第三产业的某些劳动，都创造价值。因此，劳动生产率提高不构成商品价值量成比例下降的必然性，商品价值量只是与社会劳动生产率成反比变动，但物质生产部门物质产品价值及价格下降的同时，非物质生产部门提供的劳务产品价值量在社会产品价值总额中所占比重却不断增加，以不变价格计算的国民生产总值按一定比例增长，是对增加了的社会总价值的反映①。

第三，创造价值的劳动内涵深化论。随劳动生产率提高，劳动质量不断提高，创造价值的劳动正由简单劳动为主转向以智力劳动、知识劳动、管理劳动为主的复杂劳动。而复杂劳动比简单劳动在同样时间内创造更多价值。所以，国民生产总值表示的价值总量就会不断增长。

"正比说"似乎解释了价值总量的问题。但是，它却不能解释单位商品价值量与劳动生产率反向变化的事实。尤其高科技产品的，即使不考虑货币价值贬值的因素，其价格也会随劳动生产率提高而下降这是明显的事实。"要素价值论"或"物化劳动价值论"不仅违背了劳动价值一元论，而且也不能解释这一事实。创造价值劳动的"外延扩大"和"内涵深化"说，虽然坚持了劳动价值一元论，却存在逻辑上的问题。

众所周知，国民生产总值范畴本身包含了物质生产领域和非物质生产领域的全部活劳动，无论"外延"怎样扩展，也绝不可能超出这个范围。这里姑且不讨论什么样的劳动创造价值的问题，假设所有的活劳动都是创造价值的劳动，即"外延"扩展到极点，也只能证明价值总量的增长率等于劳动力数量的增长率，而不能说明以国民生产总值计算的价值总量增长率远远大于劳动力增长率的现象。劳动内涵的深化表明社会劳动生产率提高，生产某种单位产品的社会必要劳动时间是总个别劳动时间一个新的"平均数"；既然是平均数，在总个别劳动时间不变条件下，社会必要劳动总量即总价值量等于个别劳动时间总量已经逻辑地"内涵"于前提之中，怎么会有总价值量的增长呢？

---

① 党建德：《劳动生产率的提高与价格水平变动》，载于《汉中师范学院学报》2000年第2期。

钱伯海教授试图用所谓的"两种价值"——时间价值和实物价值——的理论来破解价值总量之"谜"。时间价值即以社会必要劳动时间计量的价值，实物价值即使用价值。他认为，时间价值是理论价值，与劳动生产率成反比；实物价值与劳动生产率成正比，但二者是相等的，即时间价值＝实物价值。将二者沟通起来的是货币，两种价值都以货币计量。由于必要产品不断拓展，劳动力价格——工资报酬与劳动生产率同步增长，消除了单位产品价值与劳动生产率成反比的巨大差异。所以，国民生产总值（钱教授用的是 NDP，即国民生产净值）既表示实物价值又表示时间价值。这样，它与劳动生产率既成正比，又成反比，且二者相等①。

钱教授的"解谜"给认识这一问题提供了新的思路。但仍然有些问题需要讨论。劳动生产率与使用价值总量成正比，与价值个量成反比；使用价值与价值是不可分割的"统一体"，是马克思劳动价值论的命题。如果将使用价值替换为"实物价值"，认为实物价值等于时间价值（即价值），逻辑上是难以理解的。使用价值与价值是内容与形式的关系，二者自然是统一的、不可分割的。硬将二者并列，且在量上找相等关系恐怕逻辑上说不过去。钱教授自己意识到这点，所以用"货币"将二者"沟通"，即借助于"价格"。这样，价格就不只是"价值"的货币形式，还是使用价值的货币形式。既然是同一个"价格量"衡量"两种价值"，为何它们与同一个"劳动生产率"一个"成正比"，另一个却"成反比"呢？

三、价值总量之"谜"的症结剖析

综上所述，无论是按照传统教科书对劳动价值论的表述，还是按照所谓发展了的各种"新价值论"，都不能有效地解开"价值总量之谜"，我们似乎已经进入一个两难的"悖论"之中。

其实，科学的、符合马克思经济学本来意义的劳动价值论不存在所谓

---

① 钱伯海：《论两种价值及其深远影响——兼论苏谷之争及"价值总量"的"谜团"》，全国高校社会主义经济理论与实践研讨会第 16 次会议论文。

"价值总量之谜"。依据马克思的劳动价值论完全可以解释劳动生产率与单位产品价值量"成反比",与国民生产总值"成正比"的所谓矛盾。问题出在我们对不变价格计算的国民生产总值范畴内涵认识不清,尤其是对马克思劳动价值论的理解不够全面、系统和辩证。

1. 国民生产总值范畴中的一些影响因素

第一,折旧形式的物化劳动的影响。不变价格计算的国民生产总值是否表示价值总量不能简单地肯定与否定,其间存在比较复杂的关系,需先理清。国民生产总值是由价值个量加总而来的,虽然其表现形式是价格总量,但劳动价值论原理告诉我们,价值与价格总量是相等的。不过,国民生产总值指标统计的除了传统理论认为的劳动产品价值外,还包括劳务的"价值"。但无论怎样,国民生产总值统计的都是劳动总量,包括物化劳动和活劳动。这里不讨论第三产业等劳动是否创造价值的问题,因为它不影响讨论价值总量与劳动生产率的关系。我们姑且假定全部活劳动都是创造价值的劳动,新创造的价值总量也不会与劳动生产率成正比。

这是指活劳动而言。可是,国民生产总值中除了活劳动而外,还包括以折旧方式加入的"物化劳动"部分。由于市场经济总是不断扩大的再生产,物化劳动是通过历年的剩余价值积累转投资而来的;因此,国民生产总值是一个随劳动生产率提高进而资本有机构成提高而不断增长的量,即其中的物化劳动转移的价值部分与劳动生产率同方向增长。可见,在新价值量不变或者说投入的活劳动量不变的前提下,国民生产总值仍然可以增长;这与货币因素、使用价值因素都无关。

问题并未得到完全解决,因为物化劳动的增长不能解释国民生产总值增长的全部。如果我们用剔除了物化劳动因素的"国民收入"范畴统计:这才是真正不随社会劳动生产率变化而变化的价值总量,仍然会出现劳动投入总量不变前提下价值总量会增长的情况,仍然出现两个劳动生产率不同的国家。比如中国和美国,投入同样的劳动时间,而创造了不同的国民收入。"价值总量"依然是一个"谜"!

第二,不变价格的影响。不变价格计算的国民收入(国民生产总值同),

指通过价格指数按某一时间点的价格水平折算的"总量"。价格指数又是选取一定量商品种类以某一时期作基期计算的 T 期的加权变动幅度。这个变动幅度，在不考虑社会劳动生产率的条件下，取决于货币供应量的变动。在劳动生产率提高的条件下，生产某使用价值的社会必要劳动时间发生变化，单位商品价值量降低；在其它条件不变时，价格指数会降低。因此，不变价格计算的国民收入产生两方面的影响：一是消除因货币因素导致的货币价值变动因素，二是消除因劳动生产率提高导致的商品价值变动。第一个影响把价格量还原为价值量，正是计算真实的价值总量增长所要求的；而第二个影响则把价格，进而单位商品价值量与劳动生产率反向的变动，还原为使用价值量与劳动生产率正向的变动。由于不同性质使用价值量的"非加总性"和不同时期同一商品"质量"的"非同一性"，不变价格对国民收入的第二个影响虽然使劳动生产率与国民收入同方向变动，但不能认为不变价格计算的国民收入（或国民生产总值）就是使用价值总量而不是价值总量。但这一影响却是国民收入与劳动生产率一同增长的影响因素之一。

2. 对劳动价值论认识上的误区

价值总量之"谜"中除了国民生产总值范畴的两个影响因素外，关键是我们对劳动价值论中"价值"范畴的狭隘与静态的理解。例如，在讨论价值总量时，把单位商品价值量限定在"同部门"竞争形成的社会必要劳动时间量这个范围之内，即马克思在《资本论》第一卷第一章所阐述的内容。以致于有的学者得出马克思劳动价值论只适合于简单商品经济，甚至只适合于"物物交换"的结论。又如，在研究一国的价值总量时，有的学者虽然认识到价值经过了"生产价格"的转形，但并不把生产价格作为"价值"看待，认为马克思没有与生产价格相对应的价值范畴，而把实际价值（实物价值，即使用价值）当成是与生产价格对应的价值范畴。这里显然把生产价格当成"价格"，许多西方马克思经济学家或西方经济学家在批评马克思的"转形"理论时正是持这种观点。

对劳动价值论的这种狭隘理解是引起纷争的主要原因。但就研究价值总量而言，如果不存在国与国之间的比较，倒不会有大的问题；因为即使不把生产价格当价值看待，只要承认生产价格总量等于价值总量，一国一定时期的价值总量与生产价格总量总是相同的。但是，一旦越出国界，比较不同国家的价值总量时，所谓"价值总量之'谜'"就出现了。

四、"谜团"的试解

如上所述，"价值总量之谜"的症结涉及国民生产总值概念和劳动价值论理解两个方面。后者是"谜团"的主要症结。因此，解"谜"需要对马克思劳动价值论重新认识。

我们认为，马克思的价值范畴是一个分层次辩证发展的体系。

纵观《资本论》就会发现，价值范畴有一个由抽象到具体发展的一个体系：价值—生产价格—国际价值。因此，"价值"范畴就有了广义和狭义之分。狭义的价值指价值的抽象层次，即通常理解的"同部门"竞争形成的"价值"；广义的价值范畴是指从"价值"到"生产价格"到"国际价值"形成的分层次的体系①。

马克思在《资本论》中对价值范畴的研究，就是按"抽象—具体"的原则来考察不同层次价值实体的具体规定性的。比如，《资本论》第一卷开篇就研究"价值一般"，同时也是"价值具体"的第一个层次；第三卷研究的"生产价格"是"价值具体"的另一个层次；马克思还提出了"国际价值"范畴，实际上是"价值具体"的最后层次。从"价值一般"出发，到国际价值，价值实体从抽象到具体的发展才算完成，价值范畴的所有规定性和内外部联系及其矛盾运动的总体才算充分显露。只是限于《资本论》的研究目的，和马克思经济理论整体研究和写作计划的未完成原因，最后一层次未得以系统阐述②。

如果价值范畴是一个分层次的体系的观点成立的话，则逻辑地推导出个别价值与价值的辩证转化的原理：即价值范畴从"个别"转化为"一般"，又从"一般"向"个别"的转化。价值由个别劳动时间即个别价值通过平均

①② 杨继国：《价值运行论纲》，厦门大学博士学位论文，2000 年。

而来。价值的形成过程就是个别价值转化为价值的过程，但这不是价值形成的全部。当第一个层次的价值（即部门内部竞争形成的价值）形成后，原来的"价值"范畴由"一般"转化为"个别"，生产价格范畴变为"一般"，成为此时的"价值"；当交换和竞争的范围扩展到国际，由于国家间劳动生产率的差异，交换按"国际价值"进行，原来在一国内形成的价值（生产价格）变成"国别价值"；在世界市场上，国别价值不再是"一般"范畴的"价值"，它转变为"个别价值"，而"国际价值"变为"一般"的价值范畴。因此，不能把价值范畴看成是一个僵化的、一成不变的东西；它是随交换和市场的发展而不断发展的。当我们在讨论"价值"时，首先要弄清楚是哪一个层次的"价值"。所谓价值总量之"谜"，是在没能考虑上述的国民生产总值范畴的影响因素前提下，乃将属于"个别价值"范畴的"国别价值"当成"一般"范畴的价值而产生的"迷惑"。

现在我们来试解"谜团"，即回答"导论"中提出的三个问题。根据上述的"价值层次体系"理论，回答应该分两种情况进行：一是没有世界市场的"封闭经济"，二是有世界市场的"开放经济"。由于世界市场受发展程度、经济体制和地域交通及信息差别的影响，各国政府对国际自由贸易加以种种限制，国际垄断集团也影响国际自由市场价格的形成，"国际价值"的形成和发展实际上还没有完成。但是，只要有国际交换存在，价值范畴的"国际价值"层次就会发生作用。"国际价值"范畴发展完成与否只对一国价值总量的影响大小有关，而不改变其影响的实质。因此，为简便计，我们假设世界市场也与国内市场一样是一个信息完全、自由竞争的市场。

先回答问题三：无论是"封闭经济"还是"开放经济"，价值总量是肯定存在的，因为价值个量是在总量中通过平均数求得的。这不用多解释。

再回答问题一：国民生产总值衡量的是一个国家内一年的劳动总量，包括转移的物化劳动量和活劳动量；其中，活劳动又包括传统理论中的创造价值的活劳动和不创造价值而参与国民收入分配的活劳动量。此处不讨论什么劳动创造价值问题，假设全部活劳动都是创造价值的劳动，因为这不影响我们讨论价值总量之"谜"的问题。因此，国民生产总值衡量的应该是价值总量。

但在"封闭经济"条件下，排除货币因素引起的价格变动和其中的物化劳动因素，不变价格计算的国民生产总值作纵向比较时对实际价值总量进行了"修正"。在活劳动投入总量不变前提下，不变价格"修正"了因劳动生产率变化导致社会必要劳动时间量变化而引起的单位商品价值量与劳动生产率成反比变化、而国民收入计量的价值总量保持不变的规律，使"国民收入"随劳动生产率同方向变化，大致反映了社会财富量的增长情况。

可见，国民生产总值（或国民收入）反映的是价值总量，而不变价格对这个价值总量进行了"修正"，使其能反映使用价值量的增长情况；但不能说它度量的就是使用价值总量。

在"开放经济"条件下情况则完全不同。此时衡量单位商品价值量的标准发生了变化，不再是一国内的"社会必要劳动时间"，而变成了"世界必要劳动时间"。马克思以棉花为例说，"棉花的价值尺度不是由英国的劳动小时，而是由世界市场上的平均必要劳动时间来决定"[①]。即价值的计量单位转化为世界劳动的平均单位，价值转化为"国际价值"。在世界市场上，"国家不同，劳动的中等强度也就不同；有的国家高些，有的国家低些。于是各国的平均数形成一个阶梯，它的计量单位是世界劳动的平均数"[②]。从而，国内原先的社会必要劳动时间转化为个别劳动时间，国别"价值"转化为个别价值。

因为价值转化为国际价值，横向比较，则国际货币单位折算的国民生产总值衡量的就不是国内的总劳动时间量，这个劳动时间量成了该国的个别劳动时间量，而是按世界必要劳动时间衡量的该国的"社会必要劳动时间"总量。如果该国的劳动生产率高于世界平均水平，则该国的国民生产总值大于其国别（个别）价值总量；反之亦同。

如果作纵向比较，折算为世界货币单位表示的"不变价格"计算，则影响与上同，不赘述。

最后回答问题二：劳动生产率与"个别价值"成正比，与"价值个量"

---

①② 《马克思恩格斯全集》第23卷，人民出版社1972年版，第614页。

（劳动时间总量计算的单位商品的平均值）成反比，与价值总量无关，即无论劳动生产率如何改变，始终是同量劳动时间创造同量的价值总量，这一经济规律并未改变。

当指的是第一层次的"价值"范畴，即同部门内竞争时，个别价值指个别企业生产某种使用价值所耗费的个别劳动时间；部门单位产品的价值量与劳动生产率成反比，部门总价值量＝个别劳动时间总量＝单位商品价值量与部门商品总量的乘积，部门价值总量与劳动生产率变化无关。

当指的是第二层次的"价值"范畴生产价格时，部门"价值"转化为"个别价值"，它与部门劳动生产率成正比，与社会劳动生产率成反比。劳动生产率高的部门，因其资本有机构成高（避开自然原因造成的资本有机构成差别不谈，即使如此，部门内的劳动生产率高的企业资本有机构成在部门内仍然较高），其单位时间内创造的"生产价格"比劳动生产率低的部门多，即生产价格高于其"价值"，反之亦同。但生产价格总量等于"价值"总量，因而价值总量（无论用生产价格计算还是用"价值"计算）与劳动生产率无关。

当指的是第三层次的"价值"范畴"国际价值"时，生产价格总量为"个别价值"，因"国际价值"衡量的国民生产总值成为"价值个量"。由于"生产效率较高的劳动在世界市场上也被算作强度较大的劳动"，所以"不同国家在同一劳动时间内所生产的同种商品的不同量，有不同的国际价值"，"强度较大的国民劳动比强度较小的国民劳动，会在同一时间内生产更多的价值"[①]。因此，国民价值与国内的劳动生产率成正比，国际价值与世界劳动生产率成反比。在劳动时间不变的前提下，无论是用各国各部门的"价值"还是用各国的"生产价格"，抑或是用国际价值计算，世界各国创造的价值总量与劳动生产率无关。

至此，我们似可回答为什么美国从 1820 年到 1994 年就业人口增长了约

---

① 《马克思恩格斯全集》第 23 卷，人民出版社 1972 年版，第 614 页。

20.7 倍，不变价格计算的 GDP 却增长了约 274.8 倍[①]。

　　除了 GDP 中物化劳动增长的因素和不变价格的影响而外，美国的劳动生产率大大高于世界平均劳动生产率；因为按国际价值计算的美国价值总量与其国内劳动生产率成正比，美国"在同一时间内生产更多的价值"，所以其 GDP 增长率大大超过其劳动就业人口增长率，这与劳动价值论并不矛盾。

五、简短的结论

　　综上可见，当我们知道了价值范畴是一个辩证发展的体系时，所谓价值总量之"谜"就不复存在了。或者说，价值总量之"谜"的谜底就在马克思劳动价值论原理之中。事实再次证明，马克思经济学的生命力和劳动价值论的科学性。我们需要的是对劳动价值论完整而准确地理解和把握。当然，与马克思主义其它所有理论一样，劳动价值论与时俱进是其理论品质，发展是其活的灵魂。但其发展的正确方向应该是按照科学的方法论把抽象的价值范畴具体化，寻找在新的历史条件下价值创造及实现的新形式。

（原文发表于《经济学家》2003 年第 6 期）

---

　　① 　谷书堂：《求解价值总量之"谜"两条思路的比较》，载于《南开学报》2002 年第 1 期。

第三编　方　法　论

掌握《资本论》方法，正确理解劳动价值论

李建平[*]

深化对劳动和劳动价值论的研究和认识，应该做好两个方面的工作。一个方面是要象邓小平在讲到研究毛泽东思想时所多次强调的那样。要"完整地准确地理解"，不能断章取义，更不能随意曲解；另一个方面则要结合新的实际，对劳动价值论加以发展。在这两个方面工作中，前一方面工作是前提，前提没有搞好，不仅会损害马克思主义"政治经济学的整个基础"[①]，而且也使后一方面工作失去了依据和方向。笔者认为，在近年来出版的关于马克思劳动价值论的论著中，有一些与"完整地准确地理解"尚有很大的距离。下面对一些观点试作粗浅分析。有一本著名大学出版社出版的著作在批评劳动价值论的偏颇时，认为马克思未能正确理解价值和价格这两个范畴在历史上和理论上的关系。按照作者的观点，在商品经济和市场经济条件下，价格始终是一个本质的事实和唯一的存在，而价值不过是价格中的一种形式，即长期价格水准；只有从价格的存在和变动去探求和说明价值，而不是相反；价格决定比价值决定层次更高，更带普遍性，价值决定原理理应从属于价格的决定法则。笔者认为，从中可以看出，作者在对《资本论》方法的理解上存在三个偏差：

一是不了解现象与本质的辩证关系。唯物辩证法认为，世界上任何一个事物，都具有本质和现象两个方面，事物的本质是由它本身所固有的特殊矛盾所决定的，而现象则是事物的外部联系和表面特征，是事物的外在表现。

---

[*] 李建平，福建师范大学。

[①] 《马克思恩格斯全集》第 26 卷第 2 册，人民出版社 1974 年版，第 264 页；《马克思恩格斯全集》第 26 卷第 3 册，人民出版社 1973 年版，第 119 页；《马克思恩格斯全集》第 2 册，人民出版社 1974 年版，第 164 页。

尽管事物的本质隐藏于事物的内部，是看不见摸不着的东西，只有靠理性思维才能把握，但却是客观存在的东西。马克思明确指出，价值是价格的本质，价格是价值的货币表现。他说："价格是物化在商品内的劳动的货币名称"①。由于"物的名称对物的本性来说完全是外在的。即使我知道一个人的名字叫雅各，我对他还是一点不了解。同样，在镑、塔勒、法郎、杜卡特等货币名称上，价值关系的任何痕迹都消失了。"② 尽管在价格表面上找不到价值关系的任何痕迹，但是科学研究的任务，就在于透过纷繁复杂的表面现象，揭示其内在本质。马克思说过："如果事物的表现形式和事物的本质会直接合而为一，一切科学就都成为多余的了。"③ 如果把价格作为本质的事实和唯一的存在，那么：第一，不懂得本质这一概念的含义，价格作为一种看得见摸得着的外在形态，只能是现象，不可能是本质；第二，把价值合并到价格，这一唯一的存在也就从根本上取消了价值这一本质，这不仅是对劳动价值论进行釜底抽薪，也违背了唯物辩证法的基本常识；第三，经济科学研究的任务就成为多余的了。

二是不了解研究方法和叙述方法的关系。在《资本论》中，马克思虽然先论述价值，以后才论述价格，但这并不表明，马克思在研究价值前，没有进行过价格研究。恰恰相反，马克思在写作《资本论》之前和过程中，收集了大量有关货币和商品价格的历史和现实的材料，作了深入的研究，"从表象中的具体达到越来越稀薄的抽象，直到我达到一些最简单的规定，于是行程又得从那里回过头来"。从抽象的简单的价值规定，再逐步达到价格这一"具有许多规定和关系的丰富的总体"④。前一行程属于研究过程，后一行程属于叙述过程，它们所采用的方法是有区别的。马克思说："在形式上，叙述方法与研究方法不同。研究必须充分地占有材料，分析它的各种发展形式，探寻这些形式的内在联系。只有这项工作完成以后，现实的运动才能适当地叙述

①② 《马克思恩格斯全集》第 23 卷，人民出版社 1972 年版，第 119、119、23 ~ 24、81、97、55、8 页。

③ 《马克思恩格斯全集》第 25 卷，人民出版社 1974 年版，第 923、197 ~ 198 页。

④ 《马克思恩格斯全集》第 46 卷上册，人民出版社 1979 年版，第 38、38、43、44、38、38、45、38 页。

出来。这点一旦做到，材料的生命一旦观念地反映出来，呈现在我们面前的就好象是一个先验的结构了。"① 上述观点作者指责马克思没有从价格的存在和变动去探求和说明价值，说明他对马克思在"价格的存在和变动"方面作过的大量研究视而不见，并且把《资本论》研究方法和叙述方法混为一谈了。

三是不了解抽象上升到具体的辩证方法。马克思在《〈政治经济学批判〉导言》第三节"政治经济学方法"中明确指出，作为构建政治经济学理论体系的方法，"抽象的规定在思维行程中导致具体的再现"、"显然是科学上正确的方法"②。商品及其价值作为《资本论》的逻辑起点，是一个很抽象的范畴，但"正是由于它们的抽象而适用于一切时代"③，即不仅适用于前资本主义社会的简单商品生产，而且也适用于资本主义社会的发达商品生产，因此具有很大的普遍性。马克思在《资本论》第三卷中提到的生产价格，是一个较价值具体得多的经济范畴，它的适用性和普遍性比起价值就窄多了，只能在资本主义商品生产发展到一定的阶段才出现。因此，马克思指出："商品按照它们的价值或接近于它们的价值进行的交换，比那种按照它们的生产价格进行的交换，所要求的发展阶段要低得多。而按照它们的生产价格进行的交换，则需要资本主义的发展达到一定的高度。"④ 如果不了解由抽象上升到具体的方法，就会得出价格到处都存在，与人们的生产和生活关系很密切，因而比起价值更具有普遍性和决定性的肤浅结论。

在前面提到的那本著作中，作者认为马克思的劳动价值论之所以存在"局限性"，就是因为它的"适用范围仅限于实物交换的场合"。笔者认为，该作者之所以作此断言，是因为他不了解马克思在《资本论》第一卷开篇分析商品时所应用的逻辑与历史相一致的辩证方法所造成的。

逻辑与历史相一致是马克思取之于黑格尔又加以批判改造，并应用于《资本论》的一种辩证方法。1859 年当马克思的《政治经济学批判》第一分册（马克思称该书是《资本论》第一卷的初篇）出版后，恩格斯写了一篇著

①②③ 《马克思恩格斯全集》第 46 卷上册，人民出版社 1979 年版，第 38、38、43、44、38、38、45、38 页。

④ 《马克思恩格斯全集》第 25 卷，人民出版社 1974 年版，第 923、197～198 页。

名的书评。在书评中，恩格斯针对马克思"从商品开始"的分析，写道："历史从哪里开始，思想进程也应当从哪里开始……我们采用这种方法，是从历史上和实际上摆在我们面前的、最初的和最简单的经济关系出发，因而在这里是从我们所遇到的最初的经济关系出发。我们就来分析这种关系。……因为我们这里考察的不是只在我们头脑中发生的抽象的思想过程，而是在某个时期确实发生过或者还在发生的现实过程，因此这些矛盾也是在实际中发展着的，并且可能已经得到了解决。"① 恩格斯的这段话包含两层意思：第一层意思是，作为《资本论》逻辑分析起点的商品是同商品生产历史的起点相一致的；后者决定前者，前者是后者的理论抽象。这样就同黑格尔的历史无非是绝对的规定和理念的实现的唯心主义观点彻底区别开来了；第二层意思是，作为《资本论》逻辑分析起点的商品，不仅同人类社会商品生产的历史起点相一致，而且还同资本主义社会商品生产的历史起点相一致。恩格斯所说的"从历史上……最初的和最简单的关系出发以及在某个时候确实发生过"的过程，指的就是人类社会商品生产史；而"从实际上摆在我们面前的、最初的和最简单的关系出发"以及"还在发生的现实过程"，指的就是资本主义商品生产史。

正因为作为《资本论》逻辑起点的商品同两种商品生产的历史起点相一致，所以在《资本论》第一卷的开篇中，就同时存在有关两种商品生产的论述。关于人类商品生产的历史起点，马克思在第一章谈到商品的最简单价值形式时指出："很明显，这种形式实际上只是在最初交换阶段，也就是劳动产品通过偶然的、间或的交换而转化为商品的阶段才出现。"② 在第二章"交换过程"中，又进一步指出，商品交换关系在原始共同体的成员之间并不存在，"商品交换是在共同体的尽头，在它仍与别的共同体或其成员接触的地方开始的。但是，物一旦对外成为商品，由于反作用，它们在共同体内部也成为商品。"③ 关于资本主义社会商品生产的历史起点，马克思的论述就更多了。

----

① 《马克思恩格斯全集》第 2 卷，人民出版社 1957 年版，第 122～123 页。

②③ 《马克思恩格斯全集》第 23 卷，人民出版社 1972 年版，第 119、119、23～24、81、97、55、8 页。

《资本论》第一卷第一章第一节第一段就是："资本主义生产方式占统治地位的社会的财富，表现为'庞大的商品堆积'，单个的商品表现为这种财富的元素形式。因此，我们的研究就从分析商品开始。"① 马克思曾明确指出："我们现在从作为资本主义生产的基础和前提的商品——产品的这个特殊的社会形式出发。"② "货币和商品是我们考察资产阶级经济时必须作为出发点的前提。对资本的进一步考察将表明，事实上只有在资本主义生产的表面上，商品才表现为财富的元素形式。"③ 限于篇幅，这里就不一一列举了。

作为《资本论》逻辑起点的商品与两种商品生产的历史起点相一致，会不会自相矛盾呢？不会的。因为其中后一个一致是主要的、基本的。虽然在开篇中马克思暂时舍象去资本的关系，从商品的纯粹形态上来考察，但这不意味着它不是资本主义的商品。马克思说："在研究经济范畴的发展时……应当时刻把握住：无论在现实中或在头脑中，主体——这里是现代资产阶级社会——都是既定的；因而范畴表现为这个一定社会即这个主体的存在形式、存在规定、常常只是个别的侧面。"④ 《资本论》开篇的商品也就是资产阶级社会这个主体的"存在形式、存在规定"和"个别的侧面"，这是我们"应当时刻把握住"的。但是，资本主义商品生产的产生和发展也以浓缩的形式再现了人类社会商品生产的产生和发展，正如现代社会个人意识的产生和发展是人类意识的产生和发展的缩影一样。因此，作为《资本论》逻辑起点的商品在与资本主义商品生产的历史起点相一致的同时，自然也与人类社会商品生产历史的起点相一致了。认为劳动价值论适用范围仅限于实物交换场合的作者，只看到《资本论》开篇有一些关于人类社会商品生产历史起点的论述，未能把握马克思所应用的科学方法，就轻率地作出了不符合《资本

---

① 《马克思恩格斯全集》第 23 卷，人民出版社 1972 年版，第 119、119、23～24、81、97、55、8 页。

② 《马克思恩格斯全集》第 26 卷第 2 册，人民出版社 1974 年版，第 264 页；《马克思恩格斯全集》第 26 卷第 3 册，人民出版社 1973 年版，第 119 页；《马克思恩格斯全集》第 2 册，人民出版社 1974 年版，第 164 页。

③ 《马克思恩格斯全集》第 47 卷，人民出版社 1979 年版，第 72 页。

④ 《马克思恩格斯全集》第 46 卷上册，人民出版社 1979 年版，第 38、38、43、4438、38、45、38 页。

论》原意的结论。这进一步说明，在理解马克思的劳动价值论时，掌握《资本论》所应用的辩证方法，是多么重要。正如列宁所指出的："不钻研和不理解黑格尔的全部逻辑学，就不能完全理解马克思的《资本论》，特别是它的第 1 章。"①

有一种流行的观点认为，马克思的劳动价值论主要体现在《资本论》第一卷第一章中。上面提到的那本书的作者，也认为马克思对其劳动价值论的最完整最系统的论述是在《资本论》第一卷第一篇第一章作出的，为此他将劳动价值论的内容概括为三点，即商品二重性学说、劳动二重性学说、价值形式学说。笔者认为，对劳动价值论的这种界定，显得太简单、太片面了些，这里也涉及对《资本论》在阐述劳动价值论时所应用方法的理解问题。依笔者拙见，马克思的"最完整最系统的"劳动价值理论应该包含以下三个方面或三个层次的内容：一是马克思对资产阶级古典政治经济学劳动价值理论的肯定、继承和批判、改造。以亚当·斯密和大卫·李嘉图为代表的资产阶级古典政治经济学"奠定了劳动价值论的基础"②，并以此为武器阐明了资本主义社会的一些重大经济问题，但由于时代和阶级的局限，他们不能"从这个基础出发……去揭示这个基础本身的发展"③，最终导致理论体系的破产。马克思在从事政治经济学的研究中，非常重视采用批判的方法，摒弃前人研究成果中的非科学成份，吸取其中的合理内核，并结合新的实际，发展和超越前人的理论。这种批判的方法，在哲学上称之为"扬弃"。马克思认为，在黑格尔哲学中，"把否定和保存即肯定结合起来的扬弃起着一种独特的作用。"④同样我们也可以说，在马克思经济学著作中，"批判"起着一种独特的作用。马克思 1857～1858 年创作的经济学手稿（后人称为《资本论》第一稿），名称就是政治经济学批判。1867 年正式出版经济学巨著第一卷时虽然改用《资

① 《列宁全集》第 38 卷，人民出版社 1986 年版，第 191 页。

② 《列宁全集》第 2 卷，人民出版社 1984 年版，第 443 页。

③ 《马克思恩格斯全集》第 26 卷第 2 册，人民出版社 1974 年版，第 264 页；《马克思恩格斯全集》第 26 卷第 3 册，人民出版社 1973 年版，第 119 页；《马克思恩格斯全集》第 2 册，人民出版社 1974 年版，第 164 页。

④ 《马克思恩格斯全集》第 42 卷，人民出版社 1979 年版，第 172 页。

本论》这一书名，但副标题仍然是"政治经济学批判"。这说明，马克思包括劳动价值论在内的许多重大经济理论，都是在批判资产阶级古典政治经济学的过程中创立起来的，不了解这一点，就无从区分马克思的劳动价值论和资产阶级古典政治经济学劳动价值论的联系和区别，就不能真正了解马克思创立科学的劳动价值论的伟大意义。以生产商品的劳动二重性为例，马克思指出："古典政治经济学在任何地方也没有明确地和十分有意识地把体现为价值的劳动同体现为产品使用价值的劳动区分开。当然，古典政治经济学事实上是这样区分的，因为它有时从量的方面，有时从质的方面来考察劳动。但是，它从来没有意识到，劳动的纯粹的量的差别是以它们的质的统一或等同为前提的，因而是以它们化为抽象人类劳动为前提的。"① "商品中包含的劳动的这种二重性，是首先由我批判地证明了的。"②马克思对资产阶级古典政治经济学劳动价值论所作的"批判地证明"，应理所当然地成为马克思劳动价值论的重要组成部分。

二是关于劳动价值论最简单、最抽象、最一般的规定。马克思在《资本论》中是采用由抽象上升到具体的叙述方法，因此，在《资本论》第一卷的开篇所论述的劳动价值论都是一些"最简单的规定"、"稀薄的抽象"和"最一般的形式"③，正因为简单，所以它所研究的"劳动产品的商品形式，或商品的价值形式"，对资本主义社会来说，"就是经济的细胞形式"④。"最简单的经济范畴，如交换价值"，就是"作为一个既定的、具体的、生动的整体的抽象的单方面的关系而存在。"⑤正因为它抽象，所以马克思的论证附有若干假设和前提，一些比较复杂的因素如市场竞争、供求关系等都被暂时舍象掉了，仅仅从它的"纯粹形态"方面进行考察。正因为它一般，因此似乎可以"适用于一切时代"。但是，这种一般不是普通的一般，而是如同黑格尔所说的"本质的一般"，它是反映资本主义生产关系本质，即"资本处于支配地位

---

①②④ 《马克思恩格斯全集》第 23 卷，人民出版社 1972 年版，第 119、119、23～24、81、97、55、8 页。

③⑤ 《马克思恩格斯全集》第 46 卷上册，人民出版社 1979 年版，第 38、38、43、44、38、38、45、38 页。

的社会形式"① 的一般。有的论者把《资本论》开篇的商品交换理解为原始社会末期的实物交换或者前资本主义社会的简单商品交换，就是因为不了解它实际上已是成熟的资本主义商品经济的"本质的一般"。

三是劳动价值论的进一步具体化。这里所说的具体，是"一个具有许多规定和关系的丰富的总体"，"是多样性的统一"②。也就是说，随着马克思在《资本论》中论述的一步步深入，劳动价值论也愈益由抽象上升为具体，由简单的一般的规定转化为完整的系统的理论体系。这里举一个例子。建国以来经济学界曾多次讨论"两种含义的社会必要劳动时间"的关系：所谓"第一种含义"的社会必要劳动时间，是指单个商品生产上所耗费的社会必要劳动时间，是马克思在《资本论》第一卷第一章中提出的；所谓"第二种含义"的社会必要劳动时间，是指生产某种符合社会需要的商品总量所耗费的社会必要劳动时间，是马克思在《资本论》第三卷第六篇中提出的。有的论者不了解《资本论》所应用的由抽象上升到具体的辩证方法，把这"两种含义的社会必要劳动时间"生硬地对立起来，从而得出马克思劳动价值论缺乏一贯性和彻底性的错误结论。有的文章这样写道：马克思"在建立劳动价值论时，坚决地排斥'需求决定价值'的观点，而当需要将'需求'引入理论来解释'社会生产的比例关系'问题的时候，他实际上已在通过'第二种含义的社会必要劳动'的概念，又回到'需求也决定价值'（而不是决定价格）"，由此造成了马克思理论体系内部"一个严重的逻辑上的矛盾。"③ 笔者认为，只要了解马克思所应用的方法，这里存在的所谓"困惑"就可以得到澄清，所谓"严重的逻辑上的矛盾"也就不复存在。其实，所谓"第一种含义"的社会必要劳动时间属于劳动价值论第二层次的内容，它确实是把供求关系暂时舍象掉了，但是这并不影响其结论的正确性，就象伽利略在研究自由落体定律时暂时不考虑空气的阻力并不影响其结论的正确性一样。而"第二种含义"的社会必要劳动时间属于劳动价值论第三层次的内容，劳动价值论在由抽象

①② 《马克思恩格斯全集》第 46 卷上册，人民出版社 1979 年版，第 38、38、43、44、38、38、45、38 页。

③ 见樊纲：《苏联模式批判》，载于《经济研究》1995 年第 10 期。

上升到具体的过程中，马克思逐步引入原先被舍象掉的"许多规定和关系"，包括市场竞争、供求关系等，使得由劳动价值论决定的各种经济关系、经济变化与人们每天耳闻目睹的经济现象大体相符合。上述"两种含义的社会必要劳动时间"是后人概括出来的，马克思本人并没有明确提出过。因此，依据从抽象上升到具体的行程，社会必要劳动时间并不一定局限于"两种含义"，还可以有更多种含义。例如，最近有一篇论文，按照马克思的方法，把社会必要劳动时间分为四种：第一种为生产同种商品的同行所要求的社会必要劳动时间；第二种为从社会效益上要求一种行业所耗费的劳动时间，必须符合由社会总劳动分配给该行业的社会必要劳动时间；第三种是从产业结构动态平衡角度要求各行业耗费的社会必要劳动时间，必须是耗费在社会需求总量上的社会必要劳动时间；第四种是"世界市场"要求的世界（人类）社会必要劳动时间。[①] 这一看法是很有见地的。它给我们的启发是，不仅社会必要劳动时间可以由抽象到具体逐步展开，劳动价值论的其他方面的抽象规定，如作为逻辑起点的商品、商品的二因素、劳动二重性、价值形式、商品拜物教等也都有一个逐步展开的过程，伴随这一过程，其所包含的内容也不断丰富和趋于具体。

上述劳动价值论三个方面或三个层次的内容是相对独立、有所区别但又相互联系、相互渗透的一个有机整体，第一方面或第一层次的内容是劳动价值论的来源和前提，第二方面或第二层次的内容是劳动价值论的核心和基础，第三方面或第三层次的内容则是劳动价值论的展开和具体化。按照这种理解，劳动价值论的内容就不能仅仅局限在《资本论》第一卷第一章或第一篇中，应该包括《资本论》全四卷和马克思的一系列经济学手稿。只有掌握了马克思的整个政治经济学理论体系，才能真正了解劳动价值论。

（原文发表于《当代经济研究》2002 年第 1 期）

---

① 参见胡培兆：《马克思的劳动价值理论今解》，载于《经济学动态》2001 年第 7 期。

马克思劳动价值论的方法论

朱炳元 *

随着我国市场经济体制的不断完善和发展，人们对劳动价值论的关注和兴趣不断增加。但是，应当怎样以科学的态度、正确的方法来对待和评价劳动价值论，从而深化对劳动价值论的理解，仍然是一个具有重要理论意义和实践意义的研究课题。理论界对劳动价值论的种种误读，同对马克思劳动价值论的方法的忽视或者说不理解有关。马克思自己也说过："人们对《资本论》引用的方法理解得很差"①。正因为如此，所以马克思在《资本论》第1卷的序言和跋中，反复强调了《资本论》的方法以及掌握这一方法对理解《资本论》的重要意义。可以这样认为，不理解马克思劳动价值论的方法，就不可能理解劳动价值论的深刻内涵。

一、科学的抽象方法

马克思把《资本论》的方法区分为叙述方法和研究方法。他说："从形式上看，叙述方法必须与研究方法不同。研究必须充分地占有材料，分析它的各种发展形式，探寻这些形式的内在联系。只有这项工作完成以后，现实的运动才能适当地叙述出来。"② 又说："分析经济形式，既不能用显微镜，也不能用化学试剂。二者都必须用抽象力来代替。"③ 因此，研究方法实质上就是抽象的方法。所谓抽象的方法，就是指在实践的基础上，利用分析等等的手段，通过逻辑思维的生动机构和复杂机制，把认识对象中的非本质、非主

---

* 朱炳元，苏州大学马克思主义研究院。

① 《资本论》第1卷，人民出版社1975年版，第19页。
② 《资本论》第1卷，人民出版社1975年版，第23页。
③ 《资本论》第1卷，人民出版社1975年版，第8页。

流的因素撇开，从中分解出一般的、本质的、必然的因素，并以概念、范畴等思维方式把这些抽象出来的成果表达出来，从而实现从感性认识到理性认识的转化，使人们能深刻而确切地把握事物的本质。从这个意义上说，抽象的过程是思维向深处运动的过程，这是单靠对对象的感性认识所不能达到的。马克思的劳动价值论，正是运用了科学的抽象法，以资本主义生产方式的各个经济领域和各个经济对象为目标，充分占有丰富的具体材料，从事极其严密的科学分析，进行了去粗取精、去伪存真、由此及彼、由表及里的科学方法，抽象出高度概括的价值等一系列范畴，从而为解剖资本主义这一复杂的有机体打下了坚实的基础。

认识马克思的研究方法，对于深化对劳动价值论的理解，具有十分重要的意义。列宁说过："物质的抽象，自然规律的抽象，价值的抽象以及其他等等，一句话，一切科学的（正确的、郑重的、非瞎说的）的抽象，都更深刻、更正确、更完全地反映着自然。"① 因为人们认识事物的目的是把握客观事物的规律性，了解这一过程和那一过程的内部联系，而要做到这一点，只有经过科学的抽象。而劳动产品表现为价值，正是商品经济社会最本质、最核心的规定。只有抓住了这个最本质的规定，才能说明商品经济社会、特别是它的典型形式的资本主义社会的种种矛盾，揭示资本主义社会产生、发展和灭亡的规律。劳动价值论代表了马克思在自由资本主义时期科学抽象的最高成果，它不仅能说明马克思时期的资本主义社会，而且在当今世界，也仍然具有生命力。只要世界上仍然存在商品生产和市场经济，劳动价值论就不会退出历史舞台。

经济范畴是生产关系的理论体现。既然商品价值是商品经济社会最本质的属性，那么，它同现实生活中的各种经济现象必然存在着差别。如果跳过了必要的中介，直接用价值概念去解释现实的经济现象，那么势必会像李嘉图一样犯"强制的抽象"的错误。马克思指出："实际的日常交换关系和价值量是不能等同的。……当庸俗经济学家不去揭示事物的内部联系却傲慢地断

---

① 《列宁全集》第 55 卷，人民出版社 1990 年版，第 142 页。

言事物从现象上看不是这样的时候，他们自以为是做出了伟大的发现。实际上，他们夸耀的是他们紧紧抓住了现象，并且把它当作最终的东西。这样，科学究竟有什么用处呢？"① 因为劳动价值论的抽象规定无法直接说明当今社会的现实经济现象，就断言劳动价值论已经"过时"，这种用一般性规定代替具体事物的形而上学方法论，显然是错误的。马克思在批判这种用一般代替特殊的形而上学观点时指出过："如果有一位矿物学家，他的全部学问仅限于说一切矿物实际上都是'矿物'，那么，这位矿物学家不过是他自己想象中的矿物学家而已。这位思辨的矿物学家看到任何一种矿物都说，这是'矿物'，而他的学问就是天下有多少矿物就说多少遍'矿物'这个词。"② 这种把本质等于现象、把一般等于特殊的认识论，不仅歪曲和取消了认识过程的一系列必要环节，而且从根本上颠倒了思维与存在的关系。

二、从抽象上升到具体的叙述方法

如前所述，即使人们已经从纷繁复杂的经济现象中抽象出了经济关系的本质规定，仍然不能说已经完成了对经济关系的认识过程。科学的政治经济学的任务，不仅要通过科学的抽象发现经济过程的本质，而且还要说明本质和现象之间的联系。这就需要开始进行抽象上升到具体的过程。从具体到抽象的过渡只是完成了从抽象上升到具体的先决条件。由于事物的现象形态总是比事物的抽象形态丰富多彩、还由于从本质的抽象规定上升到复杂的具体形态需要经过许多中介环节，所以，从抽象上升到具体是一个比具体上升到抽象更为复杂的过程。由抽象上升到具体的方法也是马克思主义政治经济学的科学的叙述方法。因此，政治经济学的研究，是从具体的事物和现象出发，以具体的概念为论述的终点和归宿。这样，整个过程就分为两个阶段：一是从具体到抽象；二是从抽象到具体。马克思对从抽象到具体的"具体"作出了明确的规定："具体总体作为思想总体，作为思想具体，事实上是思维的、

① 《马克思恩格斯选集》第4卷，人民出版社1972年版，第369页。
② 《马克思恩格斯全集》第2卷，人民出版社1960年版，第72页。

理解的产物；但是决不是处于直观和表象之外或驾于其上而思维着的、自我产生着的概念的产物，而是把直观和表象加工成概念这一过程的产物。"① 也就是说，人们所理解的具体存在着两个方面的含义：一是思维中的"具体"；二是客观世界中的"具体"。不论思维中对具体的概念规定得如何充实和丰富，也不能代替客观世界上的具体事物。人们思维中的具体只是对客观世界具体事物的认识，决不是客观世界具体事物的形成和发展。思维"只是用来掌握具体并把它当作一个精神上的具体再现出来的方式。但决不是具体本身的产生过程。"② 黑格尔的从抽象上升到具体的概念运动，有一个根本的错误，就是只承认思维中的具体，不承认客观世界中的具体，把思维看成是客观世界的决定者。"因此，黑格尔陷入幻觉，把实在理解为自我综合、自我深化和自我运动的思维结果。"③

在政治经济学研究的最初阶段，重商主义者和古典学派的创始人威廉·配第等，他们对政治经济学的研究从生动的整体，如人口、民族、国家等等开始，这样尽管有其局限性，但也有它的历史价值。他们从分析中找出了有决定意义的抽象的一般关系，如分工、货币、价值等等。确定了这些抽象的规定，才有可能按照抽象上升到具体的概念运动顺序，安排政治经济学的叙述体系。古典学派的杰出代表亚当·斯密和大卫·李嘉图，已经尝试用抽象上升到具体的概念运动来建立自己的政治经济学体系，但是他们忽视了概念运动的密切的内在联系，让抽象的概念跳过必要的中介，直接达到最具体的规定。他们用抽象出的价值概念，直接推论工资、利润、地租等具体概念，没有看到它们之间还存在着大量的中介环节，从而导致了理论体系的矛盾和混乱，最后致使李嘉图学派破产。马克思从最简单、最基本的商品生产和交换出发，揭示出价值等抽象程度很高的一系列反映社会经济关系的最本质的规定和范畴。这些最本质的规定，经从抽象上升到具体的思维进程，把"抽象的规定在思维进程中导致具体的再现"。④ 他的政治经济学理论体系，就是

① 《马克思恩格斯全集》第46卷上册，人民出版社1979年版，第39页。
②③④ 《马克思恩格斯全集》第46卷上册，人民出版社1979年版，第38页。

根据抽象上升到具体的逻辑进程来构建的:"应当这样来分篇:(1)一般的抽象的规定,因此它们或多或少属于一切社会形式……(2)形成资产阶级社会内部结构并且成为基本阶级的依据的范畴,资本、雇佣劳动、土地所有制。它们的相互关系:城市和乡村,三大社会阶级;它们之间的交换:流通,信用事业(私人信用)。(3)资产阶级社会在国家形式上的概括。就它本身来考察。'非生产'阶级,税、国债、公共信用、人口、殖民地、向外国移民。(4)生产的国际关系,国际分工、国际交换、输出和输入、汇率。(5)世界市场和危机。"① 尽管在后来具体写作时有一些变化,但仍然保持了从抽象上升到具体的逻辑结构。

马克思在《资本论》中使劳动价值论由最抽象的理论层次逐步走向比较具体的思维层次,初步实现了理论和实践的结合,使这一理论经受了商品经济发展的检验,能科学地说明商品经济在自由资本主义发展阶段实践中的问题。整部《资本论》都是劳动价值论不断地从抽象上升到具体的过程,也是劳动价值论不断深化、外化的逻辑全面展开过程。它不仅解决了古典学派想解决而无法解决的理论难题,而且也深刻地批判了庸俗经济学只忠于假象的错误,使这一理论能科学地说明商品经济在资本主义阶段发展过程中的问题。由于不可抗拒的自然规律的作用,马克思并没有完成思维的全盘具体化,这一思维进程在生产价格层次以及初步接触到国际价值层次就中止了。这就需要我们结合新的实际,继续推动抽象上升到具体的思维进程。

正确理解马克思劳动价值论的抽象上升到具体的方法,对于我们今天科学地看待劳动价值论,也有重要的现实意义。一种思想理论的核心观念往往是它的时代精神的凝结,因此任何理论都具有历史性,要跟着时代的步伐一起前进,不然,就会成为僵化的教条。马克思劳动价值论也是如此。劳动价值论是马克思根据当时的资本主义发展状况、特别是以英国资本主义的发展状况为素材作出的理论概括。今天的世界与马克思创立劳动价值论时相比,已经发生了翻天覆地的变化。马克思揭示的反映当时商品经济关系的一些抽

---

① 《马克思恩格斯全集》第46卷上册,人民出版社1979年版,第46页。

象"规定"与"范畴",已经很难说明当今世界更加丰富多彩的"具体"了。但这一责任不应该由马克思来承担,更不能说劳动价值论已经"过时",恰恰说明后人不能躺在前人的现成结论中无所作为,而是要跟上时代的步伐,继续推进抽象上升到具体的思维进程。邓小平说得好:"绝不能要求马克思为解决他去世之后上百年、几百年所产生的问题提供现成的答案。列宁同样也不能承担为他去世以后五十年、一百年所产生的问题提供现成答案的任务。真正的马克思主义列宁主义者必须根据现在的情况,认识、继承和发展马克思列宁主义。"①

三、逻辑方法与历史方法的统一

所谓逻辑方法,就是指分析、综合、判断、推理以及归纳和演绎等一系列思维方法。从具体上升到抽象,以及从抽象上升到具体,是逻辑方法的具体运用和典型形式。历史方法,就是遵循历史发展的进程来探求事物发展规律的一种方法,一般历史著作,包括综合史和专门史,运用的就是这种历史方法。

马克思主义政治经济学和劳动价值论运用从抽象上升到具体的方法来叙述资本主义生产方式的各种经济范畴和经济问题,在逻辑进程上,遵循从简单到复杂、从低级到高级来展开。这与商品经济的历史进程大体上是一致的。因此,思维的逻辑进程不外是对客观历史事物的概括反映。从这个意义上说,逻辑的方法与历史的方法是统一的。以劳动价值论的理论体系来看,作为逻辑起点的商品范畴,它所反映的还不是资本主义商品,而是简单商品。资本主义商品生产是从简单商品生产发展而来的,简单商品生产是资本主义商品生产的历史前提。因此,以简单商品作为劳动价值论的逻辑起点,反映了劳动价值论的逻辑概念运动符合资本主义发展的客观的历史进程。再从劳动价值论的整个理论体系来看,它首先分析商品,进而分析货币,然后分析资本和剩余价值,再分析资本积累和流通,最后分析利润、利息、地租等这些剩余价

---

① 《邓小平文选》第 3 卷,人民出版社 1993 年版,第 291 页。

值的表现形式。这个逻辑分析的顺序与历史的发展进程大体上也是一致的。

但是，所谓历史方法和逻辑方法的统一，绝不是说逻辑思维的进程和历史发展的过程必须完全相一致，人们的思维只是自然历史的简单"复写"。逻辑方法和历史方法毕竟是两种不同的方法。恩格斯指出："历史常常是跳跃式地和曲折地前进的，如果必须处处跟随着它，那就势必不仅会注意许多无关紧要的材料，而且也会常常打断思想进程。"① 在历史发展过程中，常常会出现大量偶然的、具体的、千变万化的因素，如果逻辑思维完全追随历史事件，势必会干扰和打乱正常的思维进程，使人们的认识陷入经验主义、实证主义、现象主义的泥坑。只有运用科学的抽象方法，抓住客观事物历史发展中的主要的、本质的和必然的因素，排除一切历史发展过程中的非本质、非主流因素，才能真正认识历史发展的客观规律性，逻辑才能以科学的形式反映历史。因此，作为人类认识对象的历史发展过程是逻辑思维过程的基础；人们逻辑思维的发展则是现实历史发展客观规律的反映。以现实的历史发展过程为基础的逻辑方法与历史方法的统一，是劳动价值论唯物主义性质的具体体现。

历史是逻辑的原因，逻辑是历史的结果，即现实关系在人脑中的反映。人类在社会实践中不断地创造自己的历史，历史也在人类的社会实践中不断地向前发展。要保持逻辑与历史的统一，逻辑必须随历史的发展而不断地深化和发展。从这个意义上说，劳动价值论又是开放和发展的理论体系，具有自我完善、自我发展的内在功能。我们并不否认马克思劳动价值论中某个观点、某个结论可能陈旧过时，但是，整个劳动价值论的理论体系在其发展过程中可以纠正它、改造它，并且，随着历史实践的发展不断地产生出新的理论生长点。比如说，马克思由于所处时代消费结构和产业结构的制约，认为只有物质生产领域的人类劳动才是创造价值的劳动，所有非物质生产领域的劳动，都是被看作不创造价值的非生产劳动。然而这显然不符合当今世界第三产业突飞猛进的客观现实。如果仍按原来的标准划分生产劳动和非生产劳动，那么，我国 1999 年有 17035.8 亿元的服务业产值说不清来源，有 18987

---

① 《马克思恩格斯选集》第 2 卷，人民出版社 1972 年版，第 122 页。

万人的服务业劳动大军就成为不创造价值的非生产劳动者，显然这是荒谬的。劳动价值论的个别结论不符合当今世界的现实，并不证明劳动价值论的过时，只是说明即使是像劳动价值论这样的伟大理论，同样也需要有后人在继承的基础上，不断地进行创新和发展。

　　马克思在批判地继承古典经济学理论成果的基础上，创立了科学的劳动价值论，从而完成了对资本主义解剖的任务。从这个意义上说，科学的劳动价值论体系在马克思时期就完成了。当然，不是在《资本论》第 1 卷第 1 篇，而是整个《资本论》全书及其他的经济学手稿。随着劳动价值论的完成，整个马克思主义政治经济学的大厦也就建立起来了。当然，这种完成只具相对意义。对于尚未终结的客观历史进程来说，对于商品经济关系从而资本主义生产关系的不断发展和变化所带来的大量新情况、新问题来说，这一理论又需要不断深化和发展。商品经济的发展是一个漫长的历史过程，所以，作为商品经济理论反映的劳动价值论的发展，并不以《资本论》的理论高度为限，它内在地包含着进一步发展的逻辑。马克思在晚年的著作中，已经发现并初步研究了这种发展变化。马克思逝世后，恩格斯在《资本论》第 3 卷末作了个增补，以大量的经济史料，具体说明了商品经济的历史进程以及在这个进程中价值规律的支配作用。并且在"交易所"这个标题下，论述了生产高度社会化以后资本的社会化问题，以及竞争为垄断所代替、自由竞争的资本主义向垄断资本主义过渡中价值规律的"转型"问题，进一步丰富了马克思的劳动价值理论。到了帝国主义阶段，列宁以马克思主义政治经济学为武器，概括了帝国主义的基本经济特征，提出了"垄断价格"、"垄断利润"这些劳动价值论和剩余价值论在垄断时期的实现形式，把劳动价值论推到了一个崭新的阶段。当代资本主义，与马克思和列宁时代又有很大的不同。而且，商品经济不仅资本主义存在，社会主义也存在。这就产生了许多原有理论看来是不可思议的现象和难题。比如说，资本范畴和剥削现象为什么在社会主义时期仍然存在？社会主义的按劳分配原则为什么在实践中成了按劳分配与按生产要素分配的结合？如何做到既要坚持公有制主体地位不动摇、又要建立和健全现代产权制度？既然经济全球化是资本主义基本矛盾作用的结果，本质上是资本主义生产方式的全球化，为什么社会主义国家也要积极地参与全球化？这些新问题的出现，并不意味着劳动价值论已经过时，相反，它预示着劳动价值论在新时期的发展和创新。劳动价值论作为开放的体系，必须随着商品经济发展的步伐而不断得到推进。只有这样，才能保持历史和逻辑的统一，从而发挥它指导实践的功能。

四、辩证法

马克思明确告诉人们，他研究政治经济学的方法是辩证法。马克思主义政治经济学之所以达到如此之高的水准，前提就是马克思掌握了辩证法这一科学的研究方法。正是由于使用了辩证法，才使《资本论》成为一个"艺术的整体"。因此，理解了辩证法，才能真正理解劳动价值论的真谛。恩格斯对马克思把辩证法应用于政治经济学的研究给予了高度的评价，把它称之为"是一个其意义不亚于唯物主义基本观点的成果"。①

黑格尔是德国古典哲学的主要代表，他第一个全面地、系统地阐述了辩证法的一般形式。马克思发现了黑格尔神秘辩证法外壳中的合理内核，把黑格尔倒立着的辩证法颠倒过来，并且把它应用于政治经济学的研究。劳动价值论的理论体系，就是马克思应用辩证法的杰作。

辩证法就是在矛盾和运动中把握事物的本质和发展规律。事物矛盾的运动，不仅推动了事物由低级向高级的发展，而且也包含了任何事物必然会走向灭亡的结论。因此，辩证法就是在对任何事物的肯定中同时也包含了对这一事物的否定，这是辩证法的核心和本质。马克思对商品经济内在矛盾的分析，正是这种辩证法的出色运用。在商品经济社会，商品的价值是由劳动创造的，价值量是由生产这一商品的劳动量来决定的，价值规律是商品经济的基本规律，正是这一规律推动了商品经济社会生产力的发展。但是随着劳动生产率的提高，同一劳动时间内生产的使用价值数量的增加，使单位产品中所包含的劳动量却不断减少，这样，价值规律在肯定自己的同时又在不断地

---

① 《马克思恩格斯选集》第 2 卷，人民出版社 1972 年版，第 122 页。

否定自己。当包含在单位产品中的劳动量低得微不足道从而无法计量的时候，价值规律也就会退出历史舞台。"一旦直接形式的劳动不再是财富的巨大源泉，劳动时间就不再是，而且必然不再是财富的尺度，因为交换价值也不再是使用价值的尺度。群众的剩余劳动不再是发展一般财富的条件，同样，少数人的非劳动不再是发展人类头脑的一般能力的条件。于是，以交换价值为基础的生产便会崩溃，直接的物质生产过程本身也就摆脱了贫困和对抗性的形式。"①

商品经济内在的使用价值和价值、具体劳动和抽象劳动、私人劳动和社会劳动的矛盾，包含了资本主义社会基本矛盾的萌芽。资本主义生产的社会化和生产资料私人占有之间的矛盾，是商品使用价值和价值、具体劳动和抽象劳动、私人劳动和社会劳动矛盾发展的必然反映。正是这一矛盾的运动，推动了资本主义社会的发展，同时也注定了这一社会走向灭亡的必然性。因此，辩证法的运用，不仅适合于研究一个特定的对象，而且还可以透视过去和展望未来。马克思说："我们的方法表明必然包含着历史考察之点，也就是说，表明仅仅作为生产过程的历史形式的资产阶级经济，包含着超越自己的、对早先的历史生产方式加以说明之点。……另一方面，这种正确的考察同样会得出预示着生产关系的现代形式被扬弃之点，从而预示着未来的先兆，变易的运动。一方面，如果资产阶级前的阶段表现为仅仅是历史的，即已经被扬弃的前提，那么，现代的生产条件就表现为正在扬弃自身，从而正在为新社会制度创造历史前提的生产条件。""这种"扬弃"和"预示"，既揭示了资本主义的本质以及它的运行规律，又揭示了未来社会的一些主要规定，还意味着，这种研究作为建立一个特定的理论体系来说，尽管已经完成，但是还应该得到进一步的发展。这种辩证的方法，正好说明劳动价值论的科学性、历史性和开放性。

五、掌握马克思劳动价值论方法论的意义

掌握马克思劳动价值论的方法论，对于理解马克思劳动价值论本身，以

---

① 《马克思恩格斯全集》第46卷上册，人民出版社1979年版，第218页。

及结合变化了的情况与时俱进地推进这一理论的创新和发展，具有极其重要的意义。当前我国理论界出现的认为劳动价值论只适用于简单商品经济条件下的物物交换而不适用于货币产生以后，特别是现代市场经济条件下的商品交换的"劳动价值学说新探"；认为物化劳动和活劳动共同创造价值的"社会劳动价值论"；否认不变资本和可变资本的区别，认为所有资本都创造价值的"劳动价值整合论"；等等，都是在"深化"和"发展"马克思劳动价值论的旗号下出现的。还有，"效用价值论"、"生产要素价值论"等早已被马克思批判过的不去揭示经济关系的本质，只对经济现象加以描述的理论观点大有取代劳动价值论的势头。理论界对劳动价值论的种种误读，同对马克思劳动价值论的方法的忽视或者说是不理解有关。下面，我们列举一些有关对劳动价值论误读的有关，并且从方法论上对它们进行一些分析：

一是关于劳动价值论是否"过时"的问题。有的学者认为，马克思的劳动价值论和剩余价值论已经过时，应该用新的理论取而代之。他们认为，马克思劳动价值论是革命的理论，是推翻旧世界的理论，再用这一理论解释现阶段的种种新情况和新问题，就勉为其难了。比如，无法解释生产力发展过程中非劳动生产要素对整个社会发展的贡献，无法解释现阶段为什么必须大力发展非公有制经济和存在的剥削现象。认为如果继续坚持劳动价值论，就会成为进一步解放思想和深化改革的"理论瓶颈"。这明显是不理解马克思独特的方法论带来的问题。马克思分析商品和价值运用的是从简单到复杂、从抽象到具体的方法，正如前面所说，这一方法体现了逻辑和历史的统一。马克思的价值理论，是随着他的经济理论体系的展开而不断深化和拓展的。《资本论》第 1 卷第 1 篇第 1 章中所阐述的商品价值的理论，是最一般、最抽象、最简单的规定，它适用于一切商品生产方式。随着抽象上升到具体的逻辑展开，那些被暂时撇开和抽象掉的因素，在后面的分析中被逐步加了进来。它可以说明马克思时代资本主义和市场经济中存在的情况和问题。当然，随着时代的发展，必须继续推进从抽象上升到具体的理论进程。但是，劳动价值论所揭示的基本理论和基本观点，仍然是我们分析今天现代市场经济的出发点和基石。只要世界上仍然存在商品生产和市场经济，劳动价值论丧失生命力的物质条件就远远没有成熟。这里的关键是使劳动价值论的基本理论跟上时代的步伐，推进劳动价值论的与时俱进。

二是关于价值的源泉问题。有的学者重新定义了价值的概念，认为价值既非人和人之间的关系，也非物和物之间的关系，而是商品的效用和人的需求之间的"人和物"之间的关系，进而提出商品的属性只有一个，即使用价值，价值概念对分析现代市场经济完全没有意义。有的学者认为，在现代生产中，技术因素的贡献率越来越大，活劳动的贡献越来越小，先进技术作为复杂劳动的积累和物化，在生产中代替和节约了活劳动，因此，科学技术不仅能把自身的价值生产出来，而且能够创造价值，甚至能够创造出比活劳动更多的价值，认为活劳动是价值的惟一源泉的观点是错误的。众所周知，马克思用科学的抽象法，从商品的交换价值属性中抽象出价值，从价值中抽象出人与人之间的关系，从而揭示了商品世界的本质和关系。既然价值的本质是人与人之间的关系，那么毫无疑问，只有人的劳动才是价值的惟一源泉。认为非劳动生产要素也创造价值，不仅不是对劳动价值论认识的深化，而是对劳动价值论认识的退化，退回到马克思以前。马克思在批判把社会主义描写为主要在分配问题上兜圈子的拉萨尔主义时说："既然真实的关系早已弄清楚了，为什么又要开倒车呢？"① 这话也同样适用于对劳动价值论的否定观点。在科学抽象的视野中，价值的创造、价值的源泉不同于使用价值的创造和源泉，不能简单地根据各种要素在使用价值生产中所起的作用来推断它们是否创造价值。生产使用价值的要素不能成为创造价值的因素，价值作为人与人之间的关系不能由物来创造，而只能由人来创造。这就是科学的抽象，反映了理论上的根本性和彻底性。

三是关于价值的分配问题。党的十五大和十六大都提出要坚持以按劳分配为主体、多种分配方式并存的制度，把按劳分配与按生产要素分配结合起来，允许和鼓励资本、技术等生产要素按贡献参与收入分配。有的学者认为，劳动价值论是按劳分配的理论依据，要素价值论是按生产要素分配的理论依

---

① 《马克思恩格斯选集》第 3 卷，人民出版社 1972 年版，第 13 页。

据。只有认定物化劳动也创造价值，才能理直气壮地实行按生产要素分配。这种观点既缺乏辩证法，又缺乏历史感，而是倒退到了"斯密教条"和萨伊的"三位一体"公式那里去了。马克思在创立政治经济学理论体系的时候，对斯密理论中的缺陷，如把商品的价值构成只解释为三种收入而丢掉了生产资料价值的转移和补偿，以及在价值源泉问题上一会儿讲劳动、一会儿讲三种收入的摇摆不定做了深刻的评判，在人类历史上首次创立了科学的劳动价值论，指出劳动是价值的惟一源泉，利润、利息、地租等都是在对工人阶级创造的剩余价值进行分割后的转化形态。

按照马克思的方法论，价值的源泉、价值的创造并不决定价值的分配。马克思在以劳动价值论为基础分析资本主义生产方式时，并没有否定利息、地租等存在的必要性，相反认为在资本主义生产方式基础上资本家获得利润、地主获得地租、工人获得工资是惟一可行的分配方式。在分析社会主义时期的个人消费品分配时，马克思也没有因为"价值是劳动者创造的"而主张把由劳动者创造的全部价值都分配给劳动者，相反却尖锐地评判了拉萨尔"不折不扣的劳动所得"的说法，提出在分配个人消费品前必须作出各项必要的扣除。因此，不能把按生产要素分配与劳动价值论对立起来。

所谓按生产要素分配，它的前提条件是生产要素分属于不同的所有者。生产要素所有者为生产过程提供了生产要素，就要求从生产成果中分得与自己所提供的生产要素相应的一部分。他之所以提出这样的要求，是因为他具有对自己所提供的那部分生产要素的所有权。在经济生活中，生产要素所有权的实际意义就是凭借这种所有权来参与分配，从而获得自己的利益。所以，所谓"按生产要素分配"，从实质上说，是"按生产要素所有权分配"，即按土地所有权、资本所有权、劳动力所有权、经营所有权、技术所有权等进行分配。马克思在把使用价值生产和价值创造严格区分开来的过程中，阐述了所有权对分配的意义，从而也深刻地阐明了按生产要素分配的理论依据。（1）生产力要素是人类劳动过程的共性，而生产要素的所有制关系却是历史的和暂时的。正是所有制关系的历史性和暂时性决定了分配关系的历史性和暂时性。生产要素是否参与分配，如何参与分配，最终是由生产要素在不同历史阶段的不同所有制关系决定的。（2）商品的价值是由劳动者创造的，人类的劳动是商品价值的惟一源泉，但是这还不能说明这一价值的归属问题。价值的分配是由生产要素的所有制关系来决定的，只有所有制关系才能决定人们在生产过程中的地位，从而决定人们在分配过程中的地位。价值创造的源泉和价值分配的依据是两个完全不同的范畴，把这两者混同起来，正是资产阶级经济学家攻击马克思主义、论证资本主义合理性的最重要理论武器。由此看来，掌握马克思劳动价值论的方法论，对于理解马克思主义经济学的真谛，具有何等重要的意义！

（原文发表于《毛泽东邓小平理论研究》2005 年第 11 期）

马克思劳动价值论的逻辑整体性

张雷声*

马克思主义整体性内含着方法整体性、逻辑整体性和历史整体性，方法整体性支撑逻辑整体性，这二者同时又支撑着历史整体性。马克思主义的宏观架构需要从整体的视野去把握，马克思主义的具体理论也同样需要从整体的角度来理解和把握。劳动价值论作为马克思主义经济学的理论基石，要整体地把握马克思主义经济学的宏观架构，就必须立足方法整体性理解和把握劳动价值论的逻辑整体性，从而进一步去把握其历史整体性。本文着重研究马克思劳动价值论的逻辑整体性对发展劳动价值论的意义[①]。把握马克思劳动价值论的逻辑整体性，关系到如何在澄清历史上和理论界对马克思劳动价值论的误读、误解甚至是曲解的基础上，正确理解和发展劳动价值论。

一、以逻辑整体性的视野把握马克思的劳动价值论

在理论界，人们一谈到马克思劳动价值论，就会很自然地认为劳动价值论主要讲的是劳动创造商品价值的问题，这无疑是正确的。从逻辑整体性角度来思考劳动价值论，我们看到，马克思不仅在《资本论》第一卷充分阐述了劳动创造价值的问题，而且在《资本论》第三卷，马克思也对价值的内在转化形式进行了详尽的探讨；即使在《资本论》第一卷，马克思对劳动创造价值问题的分析也不是仅限于第一篇，在对资本主义生产过程的分析中，马克思还从资本主义现实角度分析了劳动创造价值问题。可以认为，劳动价值论包括劳动创造价值和价值转化为生产价格的内容。马克思对劳动价值论的

---

* 张雷声，中国人民大学马克思主义学院。

① 关于马克思劳动价值论的历史整体性问题，可参见张雷声：《马克思劳动价值论研究的历史整体性》，载于《河海大学学报（哲学社会科学版）》2015 年第 1 期。

分析闪烁着逻辑整体性的光芒。

马克思认为，劳动创造价值的前提，首先是价值内含在商品中，成为商品的不可缺少的因素，其次是价值内含在商品经济中，是商品的社会属性，成为商品经济的规定。而更重要的是第三，即价值的实体就是抽象的人类的一般劳动。因为撇开商品体的使用价值属性，"剩下的只是同一的幽灵般的对象性，只是无差别的人类劳动的单纯凝结，即不管以哪种形式进行的人类劳动力耗费的单纯凝结。这些物现在只是表示，在它们的生产上耗费了人类劳动力，积累了人类劳动。"① 马克思对劳动二重性问题的分析，解决了只有抽象劳动才创造价值的问题。可见，劳动创造价值说明了在商品经济条件下抽象劳动创造价值的事实，从而为我们在社会主义商品经济条件下发展劳动价值论提供了基础理论的依据。

当然，马克思关于劳动创造价值的分析并不只是停留在价值实体层面，而是扩展到了价值量的层面，以及价值的外在转化层面。对于劳动创造价值中劳动时间与商品价值量的关系，马克思明确指出："商品的价值量与实现在商品中的劳动的量成正比地变动，与这一劳动的生产力成反比地变动。"② 马克思关于商品价值量决定的论述，从价值实体与价值量的关系上说明了劳动创造价值。在商品经济发展的现实中，货币的出现必然使价值发生转化，当货币表现价值时就是价格，价格成为价值的外在转化形式，"商品价格只有在货币价值不变、商品价值提高时，或在商品价值不变、货币价值降低时，才会普遍提高。反之，商品价格只有在货币价值不变、商品价值降低时，或在商品价值不变、货币价值提高时，才会普遍降低。"③ 马克思对市场供求、价值、价格之间关系的分析，展现了劳动价值论的现实意义，说明了劳动价值论的生命价值所在。

在《资本论》第一卷，马克思并不是只在一般意义上分析劳动价值论，而是通过资本主义经济发展的现实进一步分析了创造价值的劳动的总体化问

---

① 《马克思恩格斯文集》第 5 卷，人民出版社 2009 年版，第 51 页。
② 《马克思恩格斯文集》第 5 卷，人民出版社 2009 年版，第 53～54 页。
③ 《马克思恩格斯文集》第 5 卷，人民出版社 2009 年版，第 119 页。

题。当资本主义生产在科学技术和分工协作的发展中，在结合劳动的促进下得到不断拓展时，劳动过程会被分解，组合劳动者的群体出现了，在同一生产过程中，有的是技术人员，有的是监工，有的是直接体力劳动者或十分简单的粗工。分解了的劳动过程构成一个总体，组合劳动者的群体则为总体工人。"总体工人的各个成员较直接地或较间接地作用于劳动对象。"总体工人的出现，使原先单一的直接劳动者的划分变得复杂，使生产的产品"从个体生产者的直接产品转化为社会产品，转化为总体工人即结合劳动人员的共同产品。"① 总体工人的出现，意味着创造商品价值的抽象劳动的主体不再是单个人，而是一个总体，也就是说，服务于同一生产过程的人的劳动都创造价值。马克思对创造价值的劳动的总体化问题的分析，深刻说明了创造商品价值的劳动作为"总体劳动"，随着生产力水平的提高，其范围是在不断延伸和扩大的。这也为我们在信息化、全球化、市场化高度发展的条件下发展劳动价值论提供了理论依据。

马克思对劳动价值论分析的逻辑整体性，并不是局限于《资本论》第一卷，在《资本论》第三卷，马克思通过考察资本有机构成的变化、供求关系的变化，以及资本流向的变化，分析了价值到生产价格的内在转化，以价值在资本主义商品经济中的转形发展了劳动创造价值的观点。生产过程的结果即商品的价值可以分成三个量："一个量只代表生产资料中包含的劳动，或不变资本部分。另一个量只代表生产过程中加进的必要劳动，或可变资本部分。最后一个量的产品只代表同一过程中加进的剩余劳动，或剩余价值。"② 当不变资本和可变资本之和转变为成本价格，剩余价值转化为利润、利润转化为平均利润之后，商品价值就转化为生产价格了。商品价值转化为生产价格，意味着商品经济发展到资本主义阶段，商品按照价值的交换转化为按照生产价格的交换，而生产价格更接近于资本主义的经济现实。"商品生产价格的一切变动最终都可以归结为价值的变动"，③ 生产价格是价值的内在转化形式。

---

① 《马克思恩格斯文集》第 5 卷，人民出版社 2009 年版，第 582 页。
② 《马克思恩格斯文集》第 5 卷，人民出版社 2009 年版，第 257 页。
③ 《马克思恩格斯文集》第 7 卷，人民出版社 2009 年版，第 228 页。

生产价格形成以后，商品市场价格借以波动的中心，就由市场价值转化为市场生产价格，"日常的市场价格就是围绕着这个中心来变动，并且在一定时期内朝这个中心来拉平的。"① 在生产价格的规定性中，市场价格是市场生产价格的表现形式，市场生产价格则是市场价格的本质规定。价值到生产价格的内在转化并不否定价值规律，关键就在于价值的变动支配着生产价格的变动，作为生产价格组成内容的平均利润又是由总的剩余劳动量来调节的。

价值到生产价格的内在转化之所以是劳动价值论逻辑整体的内容，原因就在于，"商品按照它们的价值或接近于它们的价值进行的交换，比那种按照它们的生产价格进行的交换，所要求的发展阶段要低得多。按照它们的生产价格进行的交换，则需要资本主义的发展达到一定的高度。"② 当商品经济发展到资本主义商品经济的高度时，情况发生了变化，例如，商业自由化了、劳动力发生了自由流动、信用制度发展了等等，商品按照价值进行交换不再能适应这种变化的情况。所以，马克思强调："把商品价值看做不仅在理论上，而且在历史上先于生产价格，是完全恰当的。这适用于生产资料归劳动者所有的那种状态，无论在古代世界还是近代世界，都可以在自耕农和手工业者那里看到。"③ 历史事实证明，商品按照价值进行交换还是按照生产价格进行交换，是和商品经济发展的程度相联系的。

从逻辑整体性角度来思考劳动价值论，劳动价值论显然包括了劳动创造价值和价值转化为生产价格的内容，从劳动创造价值到价值转化为生产价格，反映的是劳动价值论由价值的简单规定进一步上升为价值的复杂规定的逻辑发展过程，只有把劳动创造价值与价值转化为生产价格结合起来，才能真正地理解和把握劳动价值论。不仅如此，这一从抽象上升到具体的逻辑发展过程，还不断地丰富和伸展着劳动价值论的基本规定，使劳动价值论随着社会生产力的发展和科学技术的日新月异变化，随着经济全球化的发展和数字化新媒体的推广而不断得到发展。在马克思主义经济学说史上，在 19 世纪 80

---

① 《马克思恩格斯文集》第 7 卷，人民出版社 2009 年版，第 200 页。
② 《马克思恩格斯文集》第 7 卷，人民出版社 2009 年版，第 197 页。
③ 《马克思恩格斯文集》第 7 卷，人民出版社 2009 年版，第 198 页。

年代关于劳动价值论的论战中，奥地利资产阶级学者庞巴维克对劳动价值论展开的所谓《资本论》中存在"两个劳动价值论"、二者是"相互矛盾的"等等攻击，撇开其阶级立场不谈，正在于不懂得从抽象到具体的逻辑思路，不懂得劳动价值论的逻辑整体规定。换言之，以逻辑整体性的视野理解和把握马克思的劳动价值论，是解决误读、误解甚至曲解劳动价值论，运用马克思主义立场、观点、方法发展劳动价值论的研究路径。

二、总体方法与马克思劳动价值论的逻辑整体性

马克思对政治经济学方法的创新奠定了劳动价值论逻辑整体性研究的基础。理论界对马克思劳动价值论的误读、误解甚至是曲解，在很大程度上源自不理解马克思主义经济学方法的创新。因此，可以认为，把握马克思对政治经济学方法的创新，是理解马克思劳动价值论逻辑整体性及其意义，以及发展劳动价值论的前提。

在《政治经济学批判（1857－1858 年手稿）》中，马克思阐述了政治经济学研究的总体方法。总体方法是分析"具体总体"和"思想总体"、抽象和具体、历史和逻辑之间关系，展现思维过程的逻辑和辩证法的方法。马克思从"生产是总体"出发，把总体分解为"具体总体"和"思想总体"，从"思想总体"对"具体总体"的结构和过程的再现中，说明了构成"思想总体"的基本要素即范畴不仅具有二重性和完备性，而且在抽象和具体、历史和逻辑的关系中具有转换的有序性和开放性。总体方法的运用反映了政治经济学理论通过再现"具体总体"的"思想总体"，是一个具有丰富复杂规定和关系的逻辑体系总体。马克思运用总体方法对劳动价值论进行了研究，既展现了理论分析的逻辑性，也从中证明了这一方法的科学性。

首先，总体由"具体总体"和"思想总体"构成，"思想总体"可以再现"具体总体"的结构和过程，马克思对劳动价值论的分析正是由简单商品经济进入资本主义商品经济，由范畴的抽象规定上升为范畴的具体规定，以"思想总体"反映"具体总体"。"具体总体"和"思想总体"的关系，表现为"思想总体"是把"具体总体""当做一个精神上的具体再现出来"，是思

维着的头脑"用它专有的方式掌握世界",它既不是"具体总体"本身,也不是"处于直观和表象之外或驾于其上而思维着的、自我产生着的概念的产物"。① 马克思运用总体方法以对资本主义商品经济现实这个"整体的一个混沌的表象"的分析为基础,从价值范畴的转化上再现了现实的资本主义经济运动,范畴的转化表现了现实的生产行为,范畴的转化也反映了资本主义商品经济这个总体内部的辩证的运动过程。劳动创造价值,揭示了价值的实质,反映了价值的抽象规定;价值转化为生产价格,揭示了等量资本获取等量利润的事实,反映了价值的具体规定。从价值到生产价格,意味着从价值的抽象规定到价值的具体规定,尽管在价值范畴规定性的分析程度上,以及内在结构方面有所不同,但都是对"具体总体"的概括和加工,这个抽象思维的进程是符合商品经济发展的历史过程的,是符合资本主义商品经济发展现实的。不仅如此,也只有从劳动创造价值的抽象规定出发,才有可能揭示出价值转化为生产价格的具体规定,才有可能为平均利润的分配奠定理论基础。可见,只有把握劳动价值论的逻辑整体性,才有可能把握价值创造从抽象到具体的规定,从而从根本上搞清楚资产阶级古典经济学家李嘉图在劳动价值论研究上的失误,斧正当前理论界关于马克思劳动价值论"太抽象了"的看法。

其次,范畴是问题分析的基本要素,处于总体结构中的范畴既具有二重性也具有完备性。对于劳动价值论中劳动、商品、价值、货币等范畴,马克思不仅分析其二重性,也分析其完备性,并以范畴的完备性对范畴二重性中的社会规定性方面做出进一步界定。在总体方法中,范畴的二重性表现为自然的和社会的二重规定,自然规定性是社会规定性的物质内容,社会规定性则是范畴的内在的质的规定性。范畴的社会规定性同样也表现为一般意义上的社会规定性与特殊意义上外在化的社会规定性这二重性,这种二重性是通过范畴在历史发展进程中的完备性得到确定的,从而才有着范畴的内在规定性在抽象基础上向具体转化的辩证过程。例如,劳动价值论中的劳动范畴,

---

① 《马克思恩格斯文集》第8卷,人民出版社2009年版,第25页。

它的二重性表现为具体劳动和抽象劳动二重规定，具体劳动"作为有用劳动，是不以一切社会形式为转移的人类生存条件，是人和自然之间的物质变换即人类生活得以实现的永恒的自然必然性"，① 抽象劳动则是人类劳动的质，创造商品价值的劳动是抽象劳动。抽象劳动作为劳动范畴的社会规定性，随着商品经济发达程度的提高而不断发生着由一般意义的社会规定性向特殊意义的社会规定性的转化。劳动并不是资本主义社会特有的，劳动的一般意义上的社会规定性说明了劳动范畴在漫长的历史进程中就有过不同程度的发展，"劳动一般"包含着极为丰富的内容，如有目的的活动或劳动本身、劳动对象、劳动资料，而"最一般的抽象总只是产生在最丰富的具体发展的场合"，"表现出一种古老而适用于一切社会形式的关系的最简单的抽象"。② 劳动是历史的产物，劳动范畴具有历史发展的印记。在劳动一般中，"劳动资料和劳动对象二者表现为生产资料，劳动本身则表现为生产劳动"；③ 但是，进入资本主义生产过程以后，劳动一般必然要发生向特殊意义的社会规定性的转化，如马克思所说："这个从简单劳动过程的观点得出的生产劳动的定义，对于资本主义生产过程是绝对不够的。"④ 总体工人、总体劳动正是劳动范畴在资本主义生产过程中特殊意义的社会规定性的表现。因此，我们看到，马克思运用总体方法对劳动范畴二重性和完备性的分析，不仅有助于我们把握劳动价值论的逻辑整体性，而且更重要的是，有助于我们遵循这一分析思路进一步深入研究创造商品价值的"劳动"在新的时代条件下的发展了的内涵。

再次，范畴的辩证转化是一个有序和开放的结构，必须据此来理解和把握劳动价值论分析中的一些理论问题。范畴辩证转化的有序性不仅仅是一个根据范畴在既定总体结构中的地位和作用，或者根据在历史发展过程中出现的先后排列次序的问题，它还通过范畴辩证转化的不同层次，如不同范畴之间的辩证转化、同一范畴不同规定性之间的辩证转化表现出来。范畴辩证转

① 《马克思恩格斯文集》第 5 卷，人民出版社 2009 年版，第 56 页。
② 《马克思恩格斯文集》第 8 卷，人民出版社 2009 年版，第 28 页。
③ 《马克思恩格斯文集》第 8 卷，人民出版社 2009 年版，第 211 页。
④ 《马克思恩格斯文集》第 5 卷，人民出版社 2009 年版，第 581 页。

化的有序性在强化理论分析的逻辑性和科学性的同时，证实了理论的发展性、开放性。从不同范畴之间的辩证转化来说，在劳动价值论的创立中，马克思以商品为逻辑起点，分析了商品二因素向劳动二重性的转化，以价值形式的发展分析了商品向货币的转化，以抽象劳动创造商品价值为基础，分析了劳动一般向劳动特殊的转化，以商品价值的构成为前提，分析了商品价值向生产价格的转化，等等，在对这些不同范畴的辩证转化分析中，构建起了劳动价值论的逻辑整体。总体方法是对劳动价值论各范畴在历史上逐次完备、在资本主义生产方式中发生变形的逻辑过程的考察，因而是全面准确理解和发展劳动价值论逻辑整体的重要方法。从同一范畴不同规定性之间的辩证转化来说，劳动价值论中的社会必要劳动时间范畴经历的正是其内在规定性的变化。马克思在分析劳动创造价值和价值转化为生产价格的过程中，在不同语境之下都提到了社会必要劳动时间决定商品价值的问题。在简单商品经济条件下，决定商品价值的社会必要劳动时间，"是在现有的社会正常的生产条件下，在社会平均的劳动熟练程度和劳动强度下制造某种使用价值所需要的劳动时间"，① 而当商品经济发展到资本主义高度时，价值转化为生产价格以后，社会必要劳动时间范畴必然会在简单商品经济抽象规定的基础上根据供求变化等因素而发生新的延展，即价值是"由当时社会平均生产条件下生产市场上这种商品的社会必需总量所必要的劳动时间决定"，② 也就是说，市场价格开始在价值决定上起调节作用了。运用总体方法来分析问题，我们就会认识到社会必要劳动时间的两种不同的表述，不过是同一范畴在逻辑发展过程中内在规定性发生的延展而已，在资本主义商品经济条件下，决定商品价值的社会必要劳动时间，显然其内在规定性要比简单商品经济中复杂得多，具体得多。理论界一直存在的关于"两种含义的社会必要劳动时间"的争论，通过总体方法的解释是可以讲清楚的。劳动价值论的逻辑发展过程，科学地证明了劳动价值论的发展性，为我们在新的时代条件下发展劳动价值论提供了

---

① 《马克思恩格斯文集》第 5 卷，人民出版社 2009 年版，第 52 页。
② 《马克思恩格斯文集》第 7 卷，人民出版社 2009 年版，第 722 页。

严整的逻辑思路。

三、劳动价值论的逻辑整体性与马克思主义经济学的发展

自马克思恩格斯创立马克思主义经济学以后，在历经一个多世纪的时代发展变化中，遭受西方学者批判和攻击最多的理论就是劳动价值论，因为他们很清楚劳动价值论在马克思主义经济学中具有基石般的理论地位，要推翻马克思主义经济学体系势必要推翻劳动价值论，因为他们很清楚，如果要同意劳动价值论，"那就必然要承认马克思以铁的逻辑所做出的差不多全部结论。"由此可见，发展马克思主义经济学，首要的任务就是发展劳动价值论，就是在把握劳动价值论的逻辑整体性基础上发展劳动价值论。

马克思从劳动创造价值到价值转化为生产价格的逻辑整体分析，是一个从抽象到具体、简单到复杂的辩证转化过程，为我们在马克思主义经济学视阈中发展劳动价值论提供了科学的逻辑思路。20 世纪初，卢森堡、考茨基对修正主义者伯恩施坦修正马克思劳动价值论的批判，希法亭对资产阶级学者庞巴维克攻击马克思劳动价值论的反击，都为我们深刻理解马克思劳动价值论的现代意义提供了重要启示。列宁站在时代发展的前沿，遵循马克思劳动价值论逻辑整体性的思路，探索了资本主义商品经济发展到垄断阶段劳动价值论的新发展问题，为我们站在时代发展的高度发展劳动价值论提供了重要的理论指引。

列宁对资本主义商品经济发展到垄断阶段劳动价值论的新发展问题的探索，同他对帝国主义问题的研究紧密联系。列宁在分析垄断是"'资本主义发展的最新阶段'的最新成就"基础上，[①] 遵循着马克思分析劳动价值论所运用的由简单到复杂、由抽象到具体的方法，透过资本主义商品经济发展的新现象，紧扣垄断这一实质，沿着马克思从劳动创造价值到价值转化为生产价格的逻辑整体思路，创新了劳动价值论，发展了马克思主义经济学。列宁认为，垄断是从资本主义发展到很高阶段的生产集中生长起来的，垄断也是从

---

① 《列宁选集》第 2 卷，人民出版社 2012 年版，第 597 页。

殖民政策生长起来的，"垄断既然已经形成，而且操纵着几十亿资本，它就绝对不可避免地要渗透到社会生活的各个方面去，"① 它使资本主义的一切矛盾尖锐化，使极少数最富强的国家剥削日益增多的弱小国家。垄断虽然代替了自由的趋向，但是，它仍然"处在资本主义、商品生产和竞争的一般环境里，同这种一般环境始终有无法解决的矛盾"②。这就说明资本主义虽然发生了垄断这一新的变化，但是，垄断的性质依然是资本主义商品经济，依据马克思劳动价值论的逻辑整体思路分析垄断具有重要的意义。因此，列宁强调，由于垄断是从资本主义生长起来的，资本追逐利润的本性决定其必然通过形成垄断价格获取高额垄断利润；由于垄断是从殖民政策生长起来的，资本扩张的本性决定其必然通过占有殖民地获取高额垄断利润。在垄断资本主义条件下，"垄断决不能完全地、长久地排除世界市场上的竞争"，③ 而用改良技术的办法则可以降低生产费用并提高利润。可见，列宁的分析基本说明了在资本主义垄断中，商品的生产价格已进一步转化为垄断价格，垄断价格是商品的成本价格与垄断利润之和，它是垄断资本凭借其垄断地位在生产价格以上出售商品的价格。列宁在劳动创造价值的基础上，将自由竞争资本主义制度下商品价值转化为生产价格，进一步发展为垄断资本主义制度下商品生产价格转化为垄断价格。垄断价格成为劳动创造价值在垄断资本主义制度下的一种具体的逻辑展开形式。

毋庸置疑，列宁关于垄断资本主义条件下垄断价格的分析，是依据时代变化和现实发展要求遵循马克思劳动价值论的逻辑整体性思路做出的发展。在这一分析中，列宁关于垄断导致世界上极少数最富强的国家剥削日益增多的弱小国家的格局，以及垄断资本通过占有殖民地获取高额垄断利润的分析，首先引起了一些国外马克思主义者如法籍学者阿吉里·伊曼纽尔的关注，并借此将马克思的劳动价值论拓展到国际范围。伊曼纽尔沿着马克思所开创的劳动价值论逻辑整体的思路，在研究当代发达国家与发展中国家之间贸易关

---

① 《列宁选集》第 2 卷，人民出版社 2012 年版，第 623 页。
②③ 《列宁选集》第 2 卷，人民出版社 2012 年版，第 660 页。

系中发展了劳动价值论。他认为，当代发达国家与发展中国家之间的贸易是通过两种不平等交换形式实现的，一种是"广义的不平等交换"，即"仅仅是在工资相等而资本有机构成不相等时由价值转化为生产价格引起的"不平等交换，一种是"狭义的不平等交换"，即"工资和有机构成都不相等"时由价值转化为生产价格引起的不平等交换。① 显然，伊曼纽尔是把马克思在劳动创造价值基础上所论述的价值转化为生产价格，由一国范围运用到世界范围，从国际生产价格的形成中说明了发达国家在国际贸易中获得的超额利润，不仅是由本国雇佣工人的劳动创造的，而且也是发展中国家雇佣工人的劳动创造的。由于现实中存在着发达国家的剩余价值率低于发展中国家、资本有机构成高于发展中国家的事实，所以伊曼纽尔强调，发达国家与发展中国家在贸易上的"狭义的不平等交换"，才真正反映劳动价值论的实质。伊曼纽尔把马克思劳动价值论拓展到世界范围内的研究，虽然处于 20 世纪下半期，并且分析也很不成熟，但是，却开阔了我们发展劳动价值论和马克思主义经济学的理论视野。

人类进入 21 世纪以后，经济全球化的迅猛发展对各民族国家的经济发展产生了极为深刻的影响，当每一个国家都卷入经济全球化以后，发达国家与发展中国家、社会主义国家与资本主义国家之间的交往关系就变得日益复杂。在这样复杂的世界经济环境下，如何在劳动创造价值的基础上研究国际价值向国际生产价格的转化，从而发展、创新劳动价值论，是马克思主义经济学的重要任务。

经济全球化是一把"双刃剑"，它在使人类的相互依存关系达到最大化，使各国利益相互交织，彼此间利害与共、休戚相关的程度不断加深的同时，也使人类的发展面临着共同的严重问题，出现了"逆全球化"的乱象。从当前世界经济发展情况来看，无论是发达国家与发展中国家之间的交往，还是社会主义国家与资本主义国家之间的交往，世界经济低迷，贸易保护主义抬头。经济全球化的发展加剧了生产要素的跨国流动，生产的跨国外包发展和

① 伊曼纽尔：《不平等交换》，中国对外经济贸易出版社 1988 年版，第 176 页。

全球供应链的延长，从产业转移到贸易转移，一些发达国家把资本密集型产业和服务转移到劳动力成本低的国家，获取出口竞争优势，而一些劳动力成本低的国家则通过加工贸易的方式把制造出来的产品又返销到发达国家，发达国家又由净出口国转变为了净进口国。各国之间贸易差额和巨大息差的存在，又会导致资本的大规模跨国流动、贸易保护主义盛行。此外，全球金融市场的不稳定、世界两极分化的存在、大量移民带来的就业问题和融入异国文化问题等等，都成为经济全球化进程中"逆全球化"的乱象。这些乱象虽然不可能影响劳动价值论的运用，劳动价值论的一般规定如价值创造、价值决定、价值规律、价值转化等，在与世界经济现实的结合中必然发生作用，但是，劳动价值论的社会规定即发生作用的范围远比一国内部的情况要复杂得多、具体得多，这就需要在进一步研究世界范围的资本积累、全球市场经济的发展、世界资本主义的发展、两种制度合作下的并存，以及全球基本矛盾带来的难以解决的全球问题等视阈的基础上发展劳动价值论。显而易见，面对经济全球化发展的各种现实问题，研究国际价值及其转化问题，就成为发展劳动价值论的重要问题。不可否认，马克思关于劳动价值论逻辑整体性的思路为我们在经济全球化的复杂条件下发展劳动价值论提供了研究的思维行程。

（原文发表于《教学与研究》2018 年第 4 期）

方法论视野下马克思劳动价值论新解读

钟春洋*

马克思经济学是一个开放的理论体系，20 世纪 70 年代以来，国内外学者在劳动价值论的创新与发展过程中进行了大量探索。伴随着劳动价值论论争的深入，方法论问题已成为不可回避的问题。就国内讨论来看，众多学者见仁见智，论争中提出了各自的见解和观点，都认为自己是在坚持和发展马克思主义。那么马克思劳动价值论怎样才能获得现时代的发展？具体思路是什么？创新发展劳动价值论的方法论是什么？仅仅就是辩证法吗？面临这些问题，在新的历史条件下如何处理好坚持与发展的关系，如何结合新情况和新问题来创新与发展劳动价值论，依然是理论界艰巨的任务。

一、国内外研究现状述评

马克思的劳动价值论创建一个多世纪以来，西方学者围绕劳动价值论进行了三次大论战：19 世纪末 20 世纪初恩格斯与洛里亚、桑巴特、施米特，希法亭与庞巴维克、伯恩斯坦等人，就价值与生产价格、价值创造的源泉等问题展开了激烈争论；20 世纪 30 ~ 50 年代英国老左派多布和米克就米尔达尔、琼·罗宾逊等人反劳动价值论的观点进行了系统深入的批判并围绕鲍特基维茨联立方程组展开的关于"转形理论"的争论；20 世纪 70 ~ 80 年代，英国马克思主义经济学家德赛和美国经济学家赛克与萨缪尔森、斯蒂德曼就剥削问题、转形问题以及价值决定等问题展开的争论。① 在论战过程中，就方法问题而言，多布正确描述了马克思理论分析的逻辑过程；斯威齐认为劳动价值

* 钟春洋，中共宁波市委党校。
① 陈永志等：《劳动价值论的创新与发展研究》，福建人民出版社 2010 年版，第 31 ~ 42 页。

论直接来源于马克思的经济学方法，是马克思经济学方法的科学体现；另外还有斯拉法分析方法和新李嘉图主义经济学方法等等。总的来说，西方学者对马克思劳动价值论的争论，是沿着《资本论》一、三卷是否"矛盾"——"转形问题"能否求解——劳动价值论是否"必要"这种由表及里的思路进行的，争论的实质关系到是否要坚持马克思的劳动价值论。① 西方马克思主义经济学家的数理分析方法在马克思经济理论研究上表现突出。这表明对马克思理论研究走上了精确化、严密化和科学化的道路。

在国内，关于马克思劳动价值论的讨论历经了五次高潮②：20 世纪 50 年代三大改造引发了社会主义制度下商品市场与价值规律的热潮，孙冶方发表的《把计划和统计放在价值规律基础之上》，有力地推动和深化了对劳动价值论的认识。60 年代、80 年代关于生产劳动与非生产部门的划分，于光远与孙冶方为代表的宽派与狭派之争，深化与发展了马克思生产劳动与非生产劳动理论。90 年代初期的"苏、谷"之争引发的全国性劳动价值论大讨论，其争论焦点在于劳动价值一元论或多元论。而世纪之交中共中央提出"深化劳动和劳动价值理论的认识"而形成的新一轮全国大讨论，包括社会主义经济实践中价值形成的源泉和"转形理论"问题探讨。越来越多的学者认为，在新经济条件下，创造价值的劳动的外延应当拓宽，不仅物质生产劳动创造价值、精神生产劳动也创造价值，服务劳动、科技劳动、管理劳动都是创造价值的生产劳动。在劳动价值论创新与发展的具体方法方面，吴易风（1994）、林岗（2005）、程恩富（2002，2005）、孟捷（2003）、张忠任（2004）、冯金华（2006）等对劳动价值理论模型进行了专题研究，主要建立了劳动价值论的初步模型，并在此基础上对生产函数问题进行了定量研究，探讨了劳动生产率与商品价值之间的新变动关系，货币公式以及价格变动模型等。丁堡骏（1995）在研究转形问题时，在投入以生产价格计量后从正面对马克思的生产

---

① 王璐：《西方学者关于马克思劳动价值论百年论争研究综述》，载于《财经科学》2004 年第 3 期，第 103～107 页。

② 王璐：《西方学者关于马克思劳动价值论百年论争研究综述》，载于《财经科学》2004 年第 3 期，第 42～48 页。

价格理论进行了数学化处理。白暴力（1999）引入平分余量概念对价值转形从不同视角进行了数学处理，并得出了与丁堡骏等人不同的结论。在讨论中，也有一些专家学者提出了要素价值论、效用价值论、均衡价值论以及供求决定论等等，但他们都不同程度地偏离了马克思劳动价值论一元论。

综合起来看，20 世纪 70 年代以来，国内外学者主要表现为两种倾向：一是强调创新和发展，却在方法论上偏离了劳动价值一元论；二是强调坚持而没能有效地进行创新与发展。[①] 主要有这样几种观点：（1）不变论。学者认为只有从事物质产品生产的劳动才是生产劳动，生产领域的劳动才创造价值，非物质生产领域的劳动虽然重要，但并不创造价值。西方学者如希法亭、多布、米克、斯威齐、曼德尔和德赛等一些马克思主义学者，在坚持劳动价值论的前提下，他们也承认马克思转形的不完整性，认为采用斯拉法的"标准商品"（即各部门有机构成相等或单一产品模型），使用劳动时间计量的价值总量和剩余价值总量将不随利润率变动，从而达到两个总量相等。[②]（2）修补论。坚持一元论方法者认为要保持原有的逻辑体系，把那些不符合时代要求的内容加以修正，保持其理论体系的基本内核，对现实的问题做出新的解释，从而加以继承和发展。如陈征（2001）等一些学者从当代生产的现实，强调脑力劳动的重要，扩大生产性劳动的范围，坚持只有活劳动才是价值的唯一源泉。还有如温特尼茨、米克、塞顿、梅和森岛通夫等人。总的来说，他们对劳动价值论是一定程度的认可而非全盘否定，同时希望依照博特基维茨方程的数学解加以补充。不过，这些解都是通过求解联立方程组获得的静态数学解，虽然能在各自"不变性"假定下保证逻辑一致性，但却是一种建立在特殊假定条件下的修正。[③]（3）放弃论。经济史学家吴承明先生认为在马克思理论体系中，资源配置归结为劳动时间的节约和它在不同部门的比例分配。他认为，虽然价值确定难以计算，但在简单商品生产的情况下，人们

---

① 钟春洋：《在方法论上坚持劳动价值一元论》，载于《经济学家》2007 年第 5 期，第 5 ~ 10 页。

②③ 王璐：《西方学者关于马克思劳动价值论百年论争研究综述》，载于《财经科学》2004 年第 3 期，第 103 ~ 107 页。

凭经验是可以理解社会必要劳动决定商品价值。可是一旦进入复杂的社会经济形态，劳动价值论就难以解释市场的运行。① 不论是庞巴维克还是萨缪尔森，或者斯蒂德曼、霍奇森，他们都认为马克思在转形问题上的分析不能成立。由此得出的结论是，马克思的劳动价值论完全没有必要，应该彻底抛弃。（4）多元论。坚持多元论方法者有的对原有理论体系的逻辑前提加以变更，形成能解释新时代内容的理论；有的对其理论体系中的某个部分加以说明，指出其不符合时代要求的内容，从而否定这个理论体系，以新的理论取而代之。如有学者认为把劳动价值论的研究范围，延伸到非物质生产领域，延伸到各种服务劳动中去；还有学者认为凡是创造出价值，合乎社会生产目的，不靠国家预算拨款，靠自己赢利取得收入的，为社会创造的具有国民经济统计意义的社会有效劳动，一律是生产性劳动。胡义成（1995）认为马克思的价值论是劳动价值论和效用价值论的"二元互补"。（5）综合论。有学者主张物化劳动创造价值是不正确的，片面强调活劳动是创造价值的唯一源泉也是不全面的；提出联合劳动创造价值，即要把商品的使用价值和价值、具体劳动和抽象劳动、实物生产劳动和服务生产劳动、活劳动和物化劳动辩证统一在一起，才能创造和实现使用价值和价值。钱津认为讨论价值问题，需要回到劳动，从"劳动的整体性"出发，劳动整体是"劳动的主体与劳动客体的统一"，在他看来，"任何地点、任何时间、任何条件下存在的劳动都必定是劳动主体与劳动客体合为整体的统一"，从而提出了劳动整体创造价值。这些观点虽然各有所据，但各唱各调，莫衷一是，所以，新时期应结合新形势，从方法论上对马克思劳动价值论进行新的解读。

二、哲学方法视野下马克思的劳动价值论

（一）唯物辩证法是劳动价值论创新与发展的基本方法

在马克思之前，有两种对待矛盾的态度：一种是歪曲、排斥、否定和调

---

① 吴承明：《中国的现代化：市场与社会》，生活·读书·新知三联书店2001年版，第24页。

和矛盾的方法；另一种是唯心的、神秘的、而又辩证的矛盾方法。前者是资产阶级政治经济学的方法，后者是黑格尔的方法。马克思的劳动价值论的方法，是唯物而又辩证的矛盾方法，它是对前两种方法批判和继承的结果。

古典经济学家斯密和李嘉图，虽然已经感觉到了或发现了许多矛盾，但总的说来他们是用调和的方法来代替对这些矛盾的具体考察。庸俗经济学家们采用的是一种更彻底的形而上学方法，如萨伊满足于对资本主义现象的了解，把现象当成终极的东西，不去揭示隐藏在事物背后的矛盾；巴师夏"企图调和不可调和的东西"，而把资本主义看成长久、美妙的东西；穆勒更是否定资本主义生产所固有的内在矛盾，"在经济关系——因而表示经济关系的范畴——包含着对立的地方，在它是矛盾，也就是矛盾统一的地方，他就强调对立的统一因素，而否定对立。他把对立的统一变成了这些对立的直接等同"。① 显然，上述种种调和、否认矛盾的形而上学方法，决不能揭示资本主义的秘密，只不过是适应了资产阶级维护资本主义制度的需要，适应了把资本主义生产方式看作是社会生产的永恒的自然形式的这种企图。我们知道，古典政治经济学是马克思的政治经济学的理论来源。但是，如果从方法的角度来看，则马克思政治经济学的来源，主要是德国古典哲学。因为以方法而论，古典经济学家的水平都远在黑格尔之下。而马克思在研究政治经济学之先，已经通过对德国古典哲学的批判、继承，初步确立了他的唯物的辩证的方法。

在《资本论》中，马克思对唯物辩证法的基本原理和主要规律进行了论证和阐发，同时把辩证法作为科学方法运用来研究劳动价值论。马克思自己说过，《资本论》是他"把辩证方法应用于政治经济学的第一次尝试"。② 但在这一层次上，我们所指的主要是由自然、社会和人类思维中普遍存在的那些规律直接而来的方法。至于辩证方法在某些领域、某些学科上的特殊运用，或者在第二、三层方法中的应用，只要与世界观不是同一级位的，就不属于

---

① 《马克思恩格斯全集》第 26 卷，人民出版社 1973 年版，第 91 页。
② 《马克思恩格斯全集》第 31 卷，人民出版社 1972 年版，第 385 页。

这一层次。遗憾的是，一直到今天，在我们所见到的文献中，也还有学者把价值仅仅规定为一种量。他们反对把价值理解为一种质，把价值和价值量完全混为一谈。如西方主流经济学家萨缪尔森认为，生产商品的劳动具有差异性，不能把它们看做是同质的劳动，也不能确切地计算"社会必要劳动时间"，并根据社会必要劳动时间来确定商品的价值量。① 这种失误，可以看成是方法论上的迷误。

（二）历史唯物主义是劳动价值论创新与发展的基本前提

在谈到第一层次的方法时，不能忘了历史唯物论的方法。恩格斯指出，唯物史观不仅是世界观，而且是方法论。列宁在谈到《资本论》方法时，也首先提到"依据唯物主义历史观"。这是《资本论》方法中第一层次即哲学方法的重要组成部分。马克思在写作《资本论》的初期，即在《〈政治经济学批判〉序言》中，就对历史唯物主义的基本原理作过经典性的阐述。列宁认为，这种天才思想"在那时暂时还只是一个假设"。② 但是，"自从《资本论》问世以来，唯物主义历史观已经不是假设而是科学地证明了的原理"。③这里揭示了一个非常重要的特点：在《资本论》创作的早期，历史唯物主义是作为一种科学假说，是与假说方法结合在一起被应用于《资本论》研究的。这里不但说明了这一方法在研究初期的特点，而且证明了在社会科学中假说这种科学方法的适用性。但在已经最后完成的《资本论》中，唯物史观再也不是以科学假说的形态出现了，它是作为已被证明了的科学原理以及科学方法而存在的。马克思在《资本论》第一版序言中说："我的观点是：社会经济形态的发展是一种自然历史过程。"④ 这句话集中地反映了马克思关于社会历史发展规律客观性的理论，反映了马克思历史观唯物而又辩证的性质。这就是马克思和恩格斯所说的："这种考察方法不是没有前提的。它从现实的前提

---

① 杨玉生、杨戈：《价值、资本、增长——兼评西方国家劳动价值论研究》，中国经济出版社2006 年版，第 55 页。
② 《列宁全集》第 1 卷，人民出版社 1984 年版，第 119 页。
③ 《列宁全集》第 1 卷，人民出版社 1984 年版，第 122 页。
④ 《马克思恩格斯全集》第 23 卷，人民出版社 1972 年版，第 12 页。

出发，它一刻也离不开这种前提……只要描绘出这个能动的生活过程，历史就不再像那些本身还是抽象的经验论者所认为的那样，是一些僵死的事实的汇集，也不再像唯物主义所认为的那样，是想象的主体的想象活动"。①

古典经济学家最突出的错误是他们的整个世界观是非历史的。马克思在《资本论》第一卷的一个注中，专门重复了他在《哲学的贫困》中的一段话："经济学家们在论断中采用的方式是非常奇怪的。他们认为只有两种制度：一种是人为的，一种是天然的。封建制度是人为的，资产阶级制度是天然的。……于是，以前是有历史的，现在再也没有历史了"。② 这种非历史的观点，使他们把资本主义关系总体的永恒存在作为逻辑前提。从这种错误的世界观出发，他们把资本主义看成永恒的王国，在科学思维道路上只能半途而废。这是古典经济学研究方法的致命伤，他们往往采取强制的形式的抽象，跳过必要的逻辑中介，把现象混同于规律，陷入困境。正如马克思指出的："甚至古典经济学的最优秀的代表……也还或多或少地被束缚在他们曾批判地予以揭穿的假象世界里，因而，都或多或少地陷入不彻底性、半途而废和没有解决的矛盾中"③。所以，马克思除了吸取他们在政治经济学理论上的合理成果，并推向前进之外，对他们的研究方法则没有更多的肯定。

三、劳动价值论创新与发展的逻辑方法

逻辑层次的方法是思维方法，更为重要的逻辑方法是辩证逻辑的方法。关于辩证逻辑的对象和性质，学术界尚有争议。我们这里取的一种见解认为辩证逻辑是一门思维科学。在这种立场上把抽象上升到具体等方法理所当然地列入方法体系的第二层次。实际上，即便按照另外一些观点，辩证逻辑的这些方法，与世界观也不是同一级位的，与本体论意义的方法相比也是低一个层次的。当然这些方法是必须在第一层次方法指导下发挥作用的，是与辩证法紧密结合的，是第一层次的辩证方法在第二层次的逻辑思维方法中的应

① 《马克思恩格斯选集》第1卷，人民出版社1995年版，第73页。
② 《马克思恩格斯全集》第23卷，人民出版社1972年版，第98页。
③ 《马克思恩格斯全集》第25卷，人民出版社1974年版，第939页。

用和体现。

（一）抽象上升到具体

有一种观点把具体与抽象的关系等同于感性与理性的关系。然而，如果带着这种观点来理解马克思的劳动价值论，就会遇到一系列困难。英国经济学家乔弗·霍奇森认为劳动并不是价值的唯一来源，各种生产要素都是价值的来源，不能把价值仅仅归结于劳动。特别是在自动化部门，劳动的作用是极其有限的，只起到极其次要的作用，不能根据劳动来确定商品价值。[①] 马克思在阐述他的劳动价值学说时，提出了劳动的二重性——具体劳动和抽象劳动的概念。在这里，"抽象"一词，既不是指进行抽象的理论家本人的工作，更不是指劳动反映在理论家头脑中的抽象思想，而是指创造价值者的劳动的客观形式。在马克思的著作中，还有一些用语与此类似的，例如，"抽象的财富"、"抽象的个人"、"资产阶级生产方式的抽象形式"，"已经给定的具体生动整体的抽象的、片面的关系"，等等。在这些用语中，"抽象的"都不是指思想、理性的存在，相反，倒是指思想反映的某种对象。

马克思关于具体的定义："具体之所以具体，因为它是许多规定的综合，因而是多样性的统一"。这里有二层意思：其一，具体包括种种因素，"许多规定"，"多样性"；其二，具体是一个整体，是"综合"、"统一"的。二者缺一不可。没有多样性，就没有具体，光有多样性而不统一也不成其为具体。从辩证逻辑的观点看，具体是多样性的统一，而抽象则是这种统一的外在独立而内在不独立的因素。[②] 因此，具体既可用于实物及系统的规定，也可用于概念及其系统的规定。马克思说，具体"在思维中"表现为结果，"虽然它是现实中的起点"。[③] 这里非常明确，具体既可以是思维的规定，也可以是现实的规定。马克思说："从抽象上升到具体的方法，只是思维用来把握具体并把

---

① 杨玉生、杨戈：《价值、资本、增长——兼评西方国家劳动价值论研究》，中国经济出版社2006年版，第314页。

② 苏联哲学研究所：《〈资本论〉的哲学与现时代》，吉林人民出版社1983年版，第203页。

③ 《马克思恩格斯全集》第46卷上册，人民出版社1979年版，第38页。

它当作一个精神上的具体再现出来的方式"。① 这种最抽象最本质的"规定"必须经历从抽象上升到具体的思维行程或演绎过程——用叙述的方法，理论与实际即"现实的具体"相结合的方法，逻辑地再现"现实的具体"的理论体系的构筑过程——从而达到"思维中的具体"。所以，创新与发展劳动价值论时应进一步加入科学技术、管理、服务、使用价值、世界市场等现实因素，从而通过"思维的具体"逻辑地复制"现实中的具体"。

（二）逻辑与历史相统一

一提到历史有人就只想到时间序列，殊不知它也必须包括空间层次。如马克思所说："单凭运动，顺序和时间的逻辑公式怎能向我们说明一切关系在其中同时存在而又互相依存的社会机体呢"！② 与此相反，现代结构主义者却把系统在某一横断面的结构绝对化、静止化，他们只强调同时性，忽视以致否认贯时性。例如法国的阿尔都塞写的《读资本论》。国内也有学者认为《资本论》的逻辑是"切断历史洪流"，只反映资本主义经济运动的一个断面。一些学者认为，随着商品生产和交换范围的日益扩大，传统劳动价值论对现实经济运行的解释力不断下降，无法说明日益复杂的交换过程。而没看到传统马克思主义和当代马克思主义二者之间既有一脉相承的联系，又有各具特色的区分。这些否认贯时性，只承认同时性的观点，实际上取消了逻辑与历史的关系问题。另有一种片面观点，传统马克思经济学由于其形成的历史条件和马克思特有的研究目的，没有成体系的"市场分析"理论及简明工具。这使马克思经济学的现代应用受到局限。部分研究者甚至断言劳动价值论只适合"物物交换"的经济，③ 根本就不能用其分析市场经济。只看到了系统前进的更替性。把《资本论》中所提到的一切范畴，都只看作是成熟的资本主义系统属性，与它之前的系统或比它更高的系统毫无关系。这样，《资本论》中的范畴所反映的对象几乎没有历史发展，即使有，也只在一个横断面上的

---

① 《马克思恩格斯全集》第 46 卷上册，人民出版社 1979 年版，第 38 页。
② 《马克思恩格斯全集》第 4 卷，人民出版社 1958 年版，第 145 页。
③ 晏智杰：《重温马克思的劳动价值论》，载于《经济学动态》2001 年第 3 期。

运动。逻辑与历史的复杂关系就被强制成一种简单的、局部的，单面的关系。西方一些学者认为马克思转形问题的分析不能成立，其劳动价值论完全没有必要，应该彻底抛弃。实际上，马克思转形过程所要证明的，并不是价值和生产价格之间的数量比例关系，如像新古典学者所理解的那样只是集中在相对价格上，这显然不是问题所在；相反，作为马克思转形问题的基本命题、即总价值等于总生产价格和总剩余价值等于总利润，是一种由社会关系决定的总量问题，转形过程所要表明的也正是一种解决总量问题的方法，它必须放在历史和逻辑相统一的过程中考察。《资本论》的对象系统，既有同时性，又有贯时性，既有并存性，又有继起性，它是过程与结构的对立统一。恩格斯就曾说过，马克思的《资本论》"所涉及的，不仅仅是纯粹的逻辑过程，而且是历史过程和对这个过程加以说明的思想反映，是对这个过程的内部联系的逻辑研究"。① 系统的当前结构，是系统过去历史发展的结果，又是它未来发展的起点。

（三）关于劳动价值论逻辑起点的问题

对逻辑起点的两种误解。误解之一是把逻辑起点的最简单理解为简单明白，容易为人理解，最容易确定。误解之二是以为作为起点的科学范畴，在历史上，无论是系统认识史还是个人认识史，都是最早得到的。实际情况则往往相反。萨缪尔森把马克思的价值分析或劳动价值论看做一个"不必要的弯路"，认为劳动价值论仅适用于"早期原始状态"，即物物交换的简单经济，在商品经济高度发展的现代资本主义经济中劳动价值的分析已经不适用了。因为，这时土地和资本都将参与收入分配，价值和价格不成比例。② 列宁指出，《资本论》从资产阶级社会的最简单、最基本、最普遍的商品交换出发，从中揭示这个社会的一切矛盾或一切矛盾的胚芽。逻辑起点有三个特性或要求：（1）它必须是对象系统最一般、最抽象的要素；（2）必须是对象系统的

---

① 《马克思恩格斯全集》第25卷，人民出版社1974年版，第1013页。

② 杨玉生、杨戈：《价值、资本、增长——兼评西方国家劳动价值论研究》，中国经济出版社2006年版，第55～313页。

历史起点；（3）必须是包含对象系统一切矛盾的"胚芽"。

爱因斯坦曾说过："我们所谓的简单性，并不是指学生在精通这种体系时产生的困难最小，而是指这体系所包含的彼此独立的假设或公理最少"。① 与此相似我们这里的最简单，也不是指逻辑起点的范畴，理解起来最不困难，而应当从它是对象系统的最抽象要素来理解，应当从相对于具体的多样性规定来说最少规定性来理解。对于商品及其价值的分析，马克思自己也说："第一章，特别是分析商品的部分，是最难理解的"。② 他认为，对此，除了事先提醒读者"万事开头难"，没有别的办法。可见，把逻辑起点理解为最简单易懂，最容易确定和在认识史上最先完成，都是一种误解。应该大力进行劳动价值理论和现实（包括新条件、新变化、新问题、新现象、新矛盾、新因素）相结合的新探索，从而深化和发展劳动价值论，而不是因此而抛弃和否定劳动价值论。

四、技术性方法在劳动价值论创新与发展的应用

（一）数学方法

这是伴随着数学的发展而广泛运用于各门科学的一种普遍的科学方法。但在马克思的时代，数学主要是在力学、物理学中运用，在化学中的运用只是最简单的一次方程式，在生物学中的应用等于零。而马克思精通数学。他深刻地理解了数学方法作为辩证思维的辅助工具、作为科学研究方法的巨大意义。例如，对劳动力的价格量和剩余价值量的互相关联的变化，剩余价值量和剩余价值率的增长的各种互相关系，利润率与剩余价值率的各种函数关系等等，马克思都作了详尽的、具体的分析。认为传统马克思经济学注重定性分析，而缺乏一个像现代西方"主流经济学"那样具体研究资源配置规律和运行机制的体系，③ 是有失偏颇的。

---

① 《爱因斯坦文集》第 1 卷，商务印书馆 1976 年版，第 299 页。
② 《马克思恩格斯全集》第 23 卷，人民出版社 1972 年版，第 7~8 页。
③ 杨继国：《从"两种社会必要劳动时间"推导的供求曲线模型》，载于《学海》2009 年第 1 期，第 84~89 页。

如对数学中的平均方法运用。马克思指出，在资本主义生产方式下，"规则只能作为没有规则性的盲目起作用的平均数规律来为自己开辟道路"。① 举例来说，价值规律的基本规定是一个商品的价值量是由社会必要劳动时间决定。社会必要劳动时间是指社会平均条件下的必要劳动时间，因而又可以叫做社会平均劳动时间。价值规律在流通过程中要求等价交换从而要求价格与价值相符，表现为价格以价值为中心的运动，由于价格又以平均价格为中心波动，所以又表现为平均价格与价值相符。正如马克思所说："等价物的交换只存在于平均数中"。② 因此，揭示和理解价值规律必须运用平均方法。而在一般利润率的形成上，马克思不仅考虑到不同生产部门利润率的差别，"求出它们的简单平均数"，③ 而且还考虑到"不同利润率在平均数形成上所占的比重"。④ 因此，一般利润率所表现的平均利润率是利润率的数学期望（均值）。平均分析从许多经济主体的总体行为出发，从变化的现象中寻找不变的本质。如果我们在事先通过"平均法"确定了"长期趋势"后，运用边际分析来研究个别经济主体的理性选择行为，研究"规律"的运行机制和过程；它可以成为平均分析法的补充，从而成为马克思主义经济学方法体系的组成部分。

马克思不象资产阶级经济学家那样，脱离科学具体对象炫耀数学工具，他始终是以研究对象的性质为转移，始终是以精确和简洁地表述经济规律为目的。马克思精通当时微积分的成就并且在数学思想上高于他那个时代的许多数学家，但他在《资本论》中并没有为炫耀自己而滥用微积分或其他高等数学工具。他曾经想依靠统计资料不规则的曲线升降，用数学方式从中找出危机的规律来。但在穆尔的建议下终于放弃了。⑤ 因而，无论采取什么样的数量分析方法，却总不能改变马克思劳动价值论在本质上是资本主义社会经济关系的科学概括的事实。森岛通夫和凯特弗里斯以为他们发现不同于马克思的计算方法就可以不要马克思的劳动价值论了，这种看法未免失于偏颇。

① 杨继国：《从"两种社会必要劳动时间"推导的供求曲线模型》，载于《学海》2009 年第 1 期，第 84～89 页。

② 《马克思恩格斯全集》第 19 卷，人民出版社 1963 年版，第 21 页。

③④ 《马克思恩格斯全集》第 25 卷，人民出版社 1974 年版，第 182 页。

⑤ 《〈资本论〉研究资料和动态》第四集，江苏人民出版社 1983 年版，第 236 页。

（二）科学抽象方法

科学抽象方法是在自然科学中广泛运用的一种方法。数学中的点、线、面，物理学中的质点、刚体、理想气体、绝对黑体，化学中的理想溶液等等，都是借助于一定的抽象而形成的理想模型。通过抽象化客体的研究，简化过程和要素，抓住本质，揭示规律，是很有功效的方法论手段。为了揭示资本主义经济的规律，马克思选择了英国这个资本主义最发达的国家为范例。但即便是英国，也不是纯粹资本主义的理想王国，也还有非资本主义经济成分，非用科学抽象法不能揭示其规律。但是，在劳动价值论中，马克思设定了"理想模型"。例如，马克思在第一卷中提出了两个重要假定。其一是商品按照它的价值买卖或顺利地实现价值；其二是所实现的商品价值中的剩余价值，都由一种资本家即产业资本家所占有。这两个假定是提出一种假说吗？显然不是。是一种假言推理吗？是又不仅仅是。这是马克思运用科学抽象法，建立"理想模型"的假定。实际上，商品并不一定按价值出售，剩余价值也不仅由产业资本家独占。马克思在设定的理想条件下，揭示了剩余价值的本质和来源。在第三卷中，马克思加进了前面撇开的条件，研究商品价格围绕价值的波动，以及各类资本家对剩余价值的分割，等等，使理想情况下的规律转化为与"现实一致"的规律。美国经济学家默里·沃尔弗森指出，马克思虽然在《资本论》第 1 卷开始就强调，一物只有有用才有价值，没有用的东西，便没有价值，生产这种没有用的东西的劳动是无效劳动，因而也不创造价值。这似乎承认了需求在价值决定中的作用。然而，马克思在实际进行价值分析时，又排除了需求的作用，只考虑了供给方面的作用。必须用供给和需求统一的分析来代替马克思的只强调供给方面的价值决定的分析。这里显然没理解马克思的劳动价值论方法。

五、结论

哲学方法、逻辑方法和技术方法三个层次方面是前者统帅后者，第二层次的部分方法和第三层次的方法隶属第一层次的方法。在研究或确立劳动价值论创新与发展的方法论的过程中，还应当注意以下共识性问题：（1）方法体系的开放性。随着人们认识的不断深化和方法的不断创新，劳动价值论创新与发展的研究方法自然也会不断得到更新。与此同时，由于作为劳动价值论创新与发展面对的经济现实十分复杂，必须要采取多种不同的方法进行研究，因而劳动价值论的研究方法必然要体现出一种多元化的趋势，即劳动价值论创新与发展的方法体系，应当具有开放性。（2）研究方法的综合性。尽管研究方法可以是多元化的，但从现代经济的发展需要和劳动价值论自身的创新来说，要强调对具体问题的分析，而且还要强调方法的综合性、系统化，使方法得到整合，使具有综合性的方法能够得到应用。（3）研究方法的协调性。事物之间是普遍联系的，在劳动价值论创新与发展过程中，对于研究各类不同经济现实的方法，应注意其协调性，从而更好地发现现象与现象、方法与方法之间的内在联系，探索相关领域的一般规律，以更好地创新与发展劳动价值理论。

（原文发表于《当代经济研究》2011 年第 12 期）

第四编　理　论　争　论

劳动价值论一元论

苏　星[*]

本文通过对资产阶级古典政治经济学价值论的评析，阐述了马克思科学的劳动价值论的形成、发展过程和贡献，并以此为基础，对理论界出现的非劳动生产要素决定价值的多元论观点，提出了商榷性意见。作者指出，一方面由于价值在商品经济中隐藏很深，另一方面由于新技术革命使现代商品经济的社会条件发生了重大变化，出现上述多元论观点是有其客观原因的。但马克思的劳动价值论仍然是正确的，我们应从中汲取理论力量，以推动我国社会主义商品经济的发展。

劳动价值论，是商品经济的理论。我们要大力发展有计划的商品经济，需要从中汲取理论力量。现在，我国经济学界对劳动价值论还有许多不同的理解。本文打算就这一理论的形成和发展过程作一些探索，并此为基础，对某些值得商榷的观点提出自己的看法，求教于同行们。

一、劳动价值论是资产阶级古典经济学派的伟大发现

17 世纪中叶到 19 世纪初，资本主义在英国，随后在法国，从封建社会内部迅速成长起来，并发展成为统治的生产方式。资产阶级作为新兴的社会力量登上了历史舞台。为了探索资本主义生产关系的内部联系，研究财富生产和分配的规律，论证资本主义生产优越于封建主义生产，资产阶级古典经济学在英国、法国产生和发展起来了。

英国古典政治经济学的奠基人是威廉·配第（1623～1687 年）。他的最重要的贡献是最先提出了劳动价值论的一些基本观点。配第认为，价值（他

---

*　苏星，中共中央党校。

称自然价格）是由生产商品时所耗费的劳动时间决定的，劳动是价值的源泉。他曾举银和谷物能等价交换为例，明确指出，"劳动种类的差别在这里是毫无意义的———一切只取决于劳动时间。"① 但是，他当时还分不清价值和交换价值的区别，实际上是用生产银的劳动来决定价值。其实，白银只是谷物的交换价值，即谷物价值的表现形式。由于配第没有把价值从交换价值中抽象出来，也就弄不清创造价值的是什么样的劳动。因此，他认为，并不是一切劳动都能生产交换价值，只有开采金银的劳动才能直接生产交换价值。配第研究经济理论摆脱了重商主义的影响，从流通领域转向生产领域，为经济学开辟了走向科学之路，但在劳动的看法上，还没有完全摆脱重商主义。

法国古典政治经济学的创始人是比埃尔·布阿吉尔贝尔（1646～1714年）。他是重农学派的先驱。他和重商主义相对立，认为流通领域并不创造财富，只有农业生产才是财富的源泉。他的主要贡献是在法国最先提出了劳动价值论的一些基本观点，在分析农产品价格和生产费用时，实际上已把商品的交换价值归于劳动时间。但他又把货币和商品对立起来，认为货币会破坏等价交换和"真正价值"的实现，因而主张取消货币。继布阿吉尔贝尔之后，弗朗斯瓦·魁奈（1694～1774年）成为法国重农学派的创始人和领袖。他把关于剩余价值来源的研究从流通领域转到直接生产领域，为分析资本主义生产奠定了基础；通过《经济表》对社会资本的再生产和流通进行了具有独创性的分析，马克思称赞《经济表》是资产阶级政治经济学至今所提出的一切思想中最有天才的思想。但是，对于商品价值的理解，却比配第和布阿吉尔贝尔都后退了。魁奈和重农学派的其他人，都不理解劳动价值论，而是把价值当作使用价值，因此，便跳过价值去研究剩余价值，认为只有农业劳动才是唯一的生产劳动，能够生产剩余产品（他们叫"纯产品"），并且把剩余产品看作是自然的恩赐。

在配第身后，英国的经济思想基本上是沿着配第所开辟的路线发展的。18世纪50～70年代，古典政治经济学的杰出代表和理论体系的建立者是亚

---

① 《马克思恩格斯全集》第26卷第1册，人民出版社1972年版，第382页。

当·斯密（1723～1790年）成为经济学界的泰斗。他虽然受过重农学派魁奈和杜尔阁的思想影响，但在价值理论方面，却摆脱了重农学派的局限性，继承和发展了配第的研究成果。他在著名的《国民财富的性质和原因的研究》一书中，考察了分工、交换和货币以后，从商品的价格中抽象出交换价值，并提出什么是交换价值的真实尺度的问题。他的回答是："劳动是衡量一切商品交换价值的真实尺度。"[①] 在这里，他所说的劳动，与配第和重农学派所说的劳动已经不同了，"他抛开了创造财富的活动的一切规定性，——干脆就是劳动，既不是工业劳动、又不是商业劳动、也不是农业劳动，而既是这种劳动，又是那种劳动。"[②] 即劳动一般。亚当·斯密正确地指出，商品价值是由生产商品的一般劳动决定的，劳动是价值的源泉和尺度。

但是，亚当·斯密并没有把劳动价值论贯彻到底。他在承认劳动创造价值的同时，又认为商品所能购买和支配的劳动也能决定价值。其实，劳动是一种过程，是根本无法购买的。他所说的劳动，实际上指的是劳动力。他曾直截了当地说，一个人的贫和富，就"要看他能够支配多少劳动，换言之，要看他能够购买多少劳动"[③]。这不明明是指的劳动力吗？亚当·斯密还认为，劳动生产者自己生产的商品，是他的劳动的"自然工资"。因此，劳动生产者用自己的商品去交换商品，同他用自己的劳动去交换商品是一回事，同他用自己的商品去交换别人的劳动也是一回事。在这里，斯密不仅把生产中消耗的劳动和交换中购买到的劳动混为一谈，而且把简单商品生产和资本主义商品生产同等看待了。诚然，如果是简单商品生产，劳动者用自己的商品去交换别人的商品，同他用自己的商品去交换别人的劳动，价值量大体上还是可以相等的。但"即使在这种情况下，一种商品可以买到的劳动，也不能当作与商品中所包含的劳动有同样意义的尺度，其中的一个只不过是另一个的指数。"[④] 何况斯密所面对的是资本主义社会。资本家购买的是工人的劳动力，他们支付给工人的劳动力的价值和工人在劳动过程中所创造的价值是两

[①][③]　亚当·斯密：《国民财富的性质和原因的研究》上卷，商务印书馆1974年版，第26页。
[②]　《马克思恩格斯全集》第12卷，人民出版社1962年版，第754页。
[④]　《马克思恩格斯全集》第26卷第1册，人民出版社1972年版，第50页。

个不同的量，后者大于前者。由于这种矛盾斯密不得解决，就使他离开了原来的科学立场，认为在"进步社会"工资也可以决定价值。沿着这条路往下滑，就离劳动价值论越来越远。他断言，劳动决定价值只适用于资本积累和土地私有制还没有产生的"社会原始状态"，即只适用于劳动者和他的劳动条件还没有相分离的简单商品经济，而在资本积累和土地私有制已经产生的资本主义社会里，商品价值则由工资、利润和地租这三种收入构成。他说："工资、利润和地租，是一切收入和一切可交换价值的三个根本源泉"①。斯密的这种错误观点，后来被庸俗经济学所利用，便成为生产费用决定价值论。

马克思曾公正地评价了斯密的这一错误，他说："斯密的功绩在于，他强调指出了下面这一点（而这一点也把他弄糊涂了）：随着资本积累和土地所有权的产生，因而随着同劳动本身相对立的劳动条件的独立化，发生了一个转变，价值规律似乎变成了（从结果来看，也确实变成了）它的对立面。如果说，亚当·斯密的理论的长处在于，他感觉到并强调了这个矛盾，那末，他的理论的短处在于，这个矛盾甚至在他考察一般规律如何运用于简单商品交换的时候也把他弄糊涂了：他不懂得，这个矛盾之所以产生，是由于劳动能力本身成了商品，作为这种特殊商品，它的使用价值本身（因而同它的交换价值毫无关系）是一种创造交换价值的能力。"②

大卫·李嘉图（1772~1823年）继承斯密的事业，成为英国古典政治经济学的完成者。他批评了斯密的二元价值论，最先提出了商品的价值是由生产商品所耗费的必要劳动时间决定的正确观点，坚持和发展了劳动价值论。

李嘉图继承了斯密对商品使用价值和交换价值的区分，同时纠正了斯密断言没有效用的商品也有交换价值的错误观点。他在《政治经济学及赋税原理》一书中坚持只有劳动决定价值，明确指出："效用对于交换价值说来虽是绝对不可缺少的，但却不能成为交换价值的尺度。"③ 他认为，使用价值是交换价值的物质前提。

---

① 亚当·斯密：《国民财富的性质和原因的研究》上卷，商务印书馆2002年版，第47页。
② 《马克思恩格斯全集》第26卷第1册，人民出版社1972年版，第67页。
③ 李嘉图：《政治经济学及赋税原理》，商务印书馆1962年版，第7页。

　　李嘉图不赞成斯密的购买到的劳动也决定价值的观点，认为商品的价值只能由耗费掉的劳动决定，价值量的大小同这种劳动量成正比。李嘉图对斯密的批评，是对科学的政治经济学的重要贡献。它从根本上否定了收入或生产费用决定价值的观点。恩格斯说："在亚当·斯密那里，工资决定商品价值的意见还常常和劳动时间决定价值的意见混在一起，自李嘉图以来，前一种意见就被逐出科学的经济学之外了，今天，它仅仅还流行于庸俗经济学中。"①

　　李嘉图还正确地看到，资本积累和土地私有制的出现，或者说，全部产品除了支付工资还要支付利润和地租，并不影响价值决定于生产商品所必需的劳动量这一规定的正确性。他论证这一观点的理由是："即使是在亚当·斯密所说的那种早期状态中，虽然资本可能是由猎人自己制定和积累的，但他总是要有一些资本才能捕获鸟兽。没有某种武器，就不能捕猎海狸和野鹿。所以这类野物的价值不仅要由捕猎所需的时间和劳动决定，而且也要由制备那些协助猎人进行捕猎工作的资本（武器）所需的时间和劳动决定"②。在这里，李嘉图已经感觉到新价值的创造和旧价值的转移之间的区别，指出商品价值不仅包括直接消耗的劳动，而且包括生产生产资料时所必需的劳动。这是他对价值理论的一个新贡献。但是，他在举例时把原始社会猎人手中的工具看成是资本，则完全错了。由于他混淆了前资本主义社会和资本主义社会、简单商品生产和资本主义商品生产的区别，也就不理解价值到生产价格的转化，不理解价值规律在简单商品生产和资本主义商品生产中具有不同的表现形式。这使他的价值学说遇到了两大难题：第一，资本和劳动的交换怎样同价值规律相符合？第二，平均利润率的存在怎样同价值规律相符合？这两个难题终于导致了李嘉图学派的解体，使古典政治经济学走入了绝境。

二、马克思完成了科学的劳动价值论

　　马克思批判地继承了古典经济学的科学成果，并以其伟大发现为基础，

---

① 《马克思恩格斯全集》第20卷，人民出版社1971年版，第209～210页。
② 《李嘉图著作和通讯集》第1卷，商务印书馆1997年版，第17～18页。

全面论证和发展了劳动价值理论。可以这样说，是马克思最终完成了科学的劳动价值论。

马克思对劳动价值论有哪些新贡献呢？

第一，马克思创立了劳动二重性的理论。资产阶级古典学派虽然已经认识到商品的二重性，但谁也不懂得劳动的二重性，弄不清究竟是什么劳动创造价值，所以他们的劳动价值论是不彻底的。马克思说："经济学家们毫无例外地都忽略了这样一个简单的事实：既然商品有二重性——使用价值和交换价值，那末，体现在商品中的劳动也必然具有二重性，而象斯密、李嘉图等人那样只是单纯地分析劳动，就必然处处都碰到不能解释的现象。实际上，这就是批判地理解问题的全部秘密。"① 劳动二重性的理论，解决了一直困惑古典学派的一系列问题：不是具体劳动，而是抽象劳动才形成价值；具体劳动转移生产资料的价值，抽象劳动形成新的价值，并且两者是同时进行的；具体劳动的生产率提高，会引起单位商品价值的降低，反之则相反，等等。前文曾说到，李嘉图已经感觉到新价值创造和旧价值转移之间的区别，但由于他不懂得劳动二重性，所以在解释这个问题时便陷于混乱。至于劳动生产率和价值量的关系，古典经济学的创始人配第早就发现了。他从手工业的观点看待社会分工，把社会分工看成是用同量劳动生产更多的产品从而使商品便宜的手段，因此也就是增加利润的手段。实际上他已经知道，商品本身的价值量同生产该商品的劳动生产率成反比。但由于他也不懂劳动二重性，又没有摆脱重商主义的影响，根本不可能从理论上说清两者的内在联系。因此，马克思认为，劳动二重性的发现，是"理解政治经济学的枢纽"②。

第二，马克思以劳动二重性的原理为依据，科学地阐明了商品生产的基本规律——价值规律。价值作为抽象劳动的凝结，在质上是等一的，只有量的差别。商品的价值量怎样计量呢？要根据价值的实体——劳动量来计量，而劳动量的自然尺度是时间。由于生产条件、劳动熟练程度和劳动强度不同，

---

① 《马克思恩格斯全集》第 32 卷，人民出版社 1974 年版，第 11~12 页。
② 《马克思恩格斯全集》第 23 卷，人民出版社 1972 年版，第 55 页。

不同的劳动者生产同一商品所耗费的时间会相差很大，计量价值的劳动时间，就不能是个别劳动时间，而只能使用平均必要劳动时间或社会必要劳动时间。"社会要劳动量，或生产使用价值的社会必要劳动时间，决定该使用价值的价值量。"① 这就是价值规律的基本含义。李嘉图也很重视研究价值量，他甚至已经意识到，决定价值量的是社会必要劳动量，而不是生产商品实际耗费的劳动量。但他不理解什么是社会必要劳动量，认为这个劳动量是在最不利的条件下进行生产的人所消耗的劳动量。他说："一切商品，不论是工业制造品、矿产品还是土地产品，规定其交换价值的永远不是在极为有利、并为具有特种生产设施的人所独有的条件下进行生产时已感够用的较小量劳动，而是不享有这种便利的人进行生产时所必须投入的较大量劳动；也就是由那些继续在最不利的条件下进行生产的人所必须投入的较大量劳动。这里所说的最不利条件，是指所需的产量使人们不得不在其下进行生产的最不利条件。"② 马克思指出，这种看法是混淆了农业生产和工业生产的区别。对农业生产部门来说，由于存在着土地的有限性和经营垄断，一般是由最不利的生产条件决定产品的价格。工业产品则不然，它的价值量一般是由中等生产条件下的社会必要劳动量决定的。在这里，马克思批判了李嘉图的错误，并对决定商品价值量的规律作了科学说明。

第三，马克思把价值和交换价值作了科学的区分，揭开了货币产生的秘密。无论亚当·斯密或李嘉图都没有把价值从交换价值里抽象出来，仍然在交换价值形式上探讨价值，因而他们也就忽视了对表现价值的社会形式的研究。马克思指出："古典经济学的根本缺点之一，就是它始终不能从商品的分析，而特别是商品价值的分析中，发现那种正是使价值成为交换价值的价值形式。恰恰是古典政治经济学最优秀的代表人物，象亚·斯密和李嘉图，把价值形式看成一种完全无关紧要的东西或在商品本性之外存在的东西。"为什么会这样呢？马克思认为，"这不仅仅因为价值量的分析把他们的注意力完全

---

① 《马克思恩格斯全集》第 23 卷，人民出版社 1972 年版，第 52 页。
② 李嘉图：《政治经济学及赋税原理》，商务印书馆 1962 年版，第 60 页。

吸引住了。还有更深刻的原因。劳动产品的价值形式是资产阶级生产方式的最抽象的、但也是最一般的形式，这就使资产阶级生产方式成为一种特殊的社会生产类型，因而同时具有历史的特征。因此，如果把资产阶级生产方式误认为是社会生产的永恒的自然形式，那就必然会忽略价值形式的特殊性，从而忽略商品形式及其进一步发展——货币形式、资本形式等等的特殊性。因此，我们发现，在那些完全同意用劳动时间来计算价值量的经济学家中间，对于货币即一般等价物的完成形态的看法是极为混乱和矛盾的。"①

马克思通过对于价值形式的发展过程的论述，揭示了货币的起源和本质，这是资产阶级经济学从来没有也不打算作的事。马克思在写给恩格斯的关于《资本论》的通信中谈到价值形式的阐述时说："这部分对全书来说是太有决定意义了。经济学家先生们一向都忽视了这样一件极其简单的事实：20 码麻布 =1 件上衣这一形式，只是 20 码麻布 =2 英镑这一形式未经发展的基础，所以，最简单的商品形式——在这种形式中，商品的价值还没有表现为对其他一切商品的关系，而只是表现为和它自己的天然形式不相同的东西——就包含着货币形式的全部秘密。"②

第四，阐明了价值规律在简单商品生产和资本主义商品生产条件下的不同表现形式，把价值和生产价格严格区别开来。而这是资产阶级古典学派始终没有解开的难题。李嘉图就一直把价值和生产价格混在一起，"他的很大过错在于他企图利用那些恰恰是同他的价值理论显然最矛盾的经济事实来证明他的价值理论的正确性。"③ 结果，便陷入无法摆脱的困境之中。

马克思认为，只有在简单商品生产条件下，商品是按照它的价值或者接近于价值进行交换的。在资本主义条件下，价值便转化为生产价格。这是因为，如果按照商品的价值进行交换，在有机构成不同的条件下，不同部门的资本就会得到数量不等的剩余价值，利润率也不一样。在这种情况下，不同部门的资本家就会展开激烈的竞争，资本会从利润率低的部门抽走，投入利

---

① 《马克思恩格斯全集》第 23 卷，人民出版社 1972 年版，第 98 页。
② 《马克思恩格斯全集》第 31 卷，人民出版社 1972 年版，第 311 页。
③ 《马克思恩格斯全集》第 34 卷，人民出版社 1972 年版，第 66 页。

润率较高的部门。"通过这种不断的流出和流入，总之，通过资本在不同部门之间根据利润率升降进行的分配，供求之间就会形成这样一种比例，以致不同的生产部门都有相同的平均利润，因而价值也就转化为生产价格。"①

价值转化为生产价格，是通过部门之间的竞争，对剩余价值的重新分配，使等量资本获得相等的利润率。它并不违背价值规律。根据是：第一，价值规律支配着价格的运动，生产上所需要的劳动时间的增加或减少，会使生产价格降低或提高；第二，决定生产价格的平均利润，必定总是同一定资本作为社会总资本的一个相应部分得到的剩余价值接近相等。所以，马克思说："既然商品的总价值调节总剩余价值，而总剩余价值又调节平均利润从而一般利润率的水平，——这是一般规律，也就是支配各种变动的规律，——那末，价值规律就调节生产价格。"② 这样，就把价值和生产价格的内在联系和区别说得清清楚楚了，证明生产价格的理论基础依然是劳动价值论。

马克思的价值理论，是劳动创造价值的一元论。它是几千年来人类探索、认识商品经济理论的结晶，是我们当前研究价格问题、进行价格改革的理论基石。当今世界，还没有任何一种理论能够像它那样反映商品经济的本质和规律性，更不要说取代它的科学地位了。

三、只有第一种涵义的社会必要劳动时间决定价值

商品的价值量决定于社会必要劳动时间，在马克思主义经济学者之间仿佛是没有争议的。但对怎样理解社会必要劳动时间，一直存在着不同看法。早在本世纪20年代初，苏联经济学界就曾经就这个问题进行过讨论。当时有人主张，价值量不仅同劳动耗费相联系，而且同社会需要量有联系。在我国，1949年初也出现过类似的观点。50年代中期，我国经济学界对这个问题展开了一场广泛的讨论。一直到今天，看法也不完全一致。

中共中央十一届三中全会后，结合价格改革的讨论，经济学界主张两种

① 《马克思恩格斯全集》第25卷，人民出版社1974年版，第218~219页。
② 《马克思恩格斯全集》第25卷，人民出版社1974年版，第201页。

涵义的社会必要劳动时间共同决定价值的人比过去多了。有些学者主张，应当"恢复马克思在论述另一种涵义的社会必要劳动时间时关于供求关系（我们体会指长期和稳定的供求关系）制约价值的形成和决定，而不只是制约价值的实现的重要观点。"① 我认为，这样理解另一种涵义的社会必要劳动时间，是不符合马克思原意的。

马克思是在什么情况下提出另一种涵义的社会必要劳动时间的呢？是在分析农业的剩余劳动是社会分工的前提的时候。他说："如果这种分工是按比例进行的，那末，不同类产品就按照它们的价值（后来发展为按照它们的生产价格）出售，或按照这样一种价格出售，这种价格是由一般规律决定的这些价值或生产价格的变形。事实上价值规律所影响的不是个别商品或物品，而总是各个特殊的因分工而互相独立的社会生产领域的总产品；因此，不仅在每个商品上只使用必要的劳动时间，而且在社会总劳动时间中，也只把必要的比例量使用在不同类的商品上。这是因为条件仍然是使用价值。但是，如果说个别商品的使用价值取决于该商品是否满足一种需要，那末，社会产品总量的使用价值就取决于这个总量是否适合于社会对每种特殊产品的特定数量的需要，从而劳动是否根据这种特定数量的社会需要按比例地分配在不同的生产领域。（我们在论述资本在不同的生产领域的分配时，必须考虑到这一点）在这里，社会需要，即社会规模的使用价值，对社会总劳动时间分别用在各个特殊生产领域的份额来说，是有决定意义的。但这不过是已经在单个商品上表现出来的同一规律，也就是：商品的使用价值，是它的交换价值的前提，从而也是它的价值的前提。这一点，只有在这种比例的破坏使商品的价值，从而使其中包含的剩余价值不能实现的时候，才会影响到必要劳动和剩余劳动之比。例如，棉织品按比例来说生产过多了，虽然在这个棉织品总产品中只体现了一定条件下为生产这个总产品所必要的劳动时间。但是，总的来说，这个特殊部门消耗的社会劳动已经过多；就是说，产品的一部分已经没有用处。因此，只有当全部产品是按必要的比例进行生产时，它们才

① 张卓元主编：《中国价格模式转换的理论与实践》，中国社会科学出版社1990年版，第28页。

能卖出去。社会劳动时间可分别用在各个特殊生产领域的份额的这个数量界限，不过是整个价值规律进一步发展的表现，虽然必要劳动时间在这里包含着另一种意义。为了满足社会需要，只有这样多的劳动时间才是必要的。在这里界限是通过使用价值表现出来的。社会在一定生产条件下，只能把它的总劳动时间中这样多的劳动时间用在这样一种产品上。"①

恕我用了过长的引文。我这样作的原因是：（1）避免断章取义；（2）这段引文已经把另一种意义上的社会必要劳动时间说得非常清楚，只要认真读一读它，有些争论就可迎刃而解了。

从这一段引文里，我们看到：

第一，马克思所说的另一种意义上的必要劳动时间，是指按比例分别用于各个特殊生产领域满足社会需要所必要的劳动时间。按比例，总是指使用价值的比例，它表明，社会在一定生产条件下，只能把它的总劳动时间中这样多的时间用在这样一种产品上，或者说，只有这样多的劳动时间是必要的。按比例分配社会劳动的必要性，存在于一切社会形态，"而在社会劳动的联系体现为个人劳动产品的私人交换的社会制度下，这种劳动按比例分配所借以实现的形式，正是这些产品的交换价值。"②

第二，在商品经济条件下，使用价值是交换价值的物质承担者。使用价值和价值的矛盾，在市场上表现为价值与价格的背离。如果社会劳动分配是按比例进行的，不同类产品会按照它们的价值出售（价值转化为生产价格以后按生产价格出售），就是说，价格和价值是一致的。如果社会劳动的分配不按比例，例如，某种产品生产过多了，有一部分产品就会卖不出去，或者只能按照低于价值的价格出售。在这种情况下，这种产品的价值就不能完全实现。因此我赞成这样的看法："马克思所说的另一种意义上的社会必要劳动时间，只是与价值的实现有关，而与价值决定无关。"③

第三，按照价值规律的要求，如果某种商品的价值不能完全实现，即价

---

① 《马克思恩格斯全集》第 25 卷，人民出版社 1974 年版，第 716~717 页。
② 《马克思恩格斯全集》第 32 卷，人民出版社 1974 年版，第 541 页。
③ 卫兴华：《政治经济学研究》（二），陕西人民出版社 1987 年版，第 160 页。

格低于价值，生产这种商品的生产部门的资本就会向外转移，转向价格高于价值的部门。资本转移的结果，这种商品减少，价格会随之上升，从而使部门之间的比例逐步协调起来。这也就是我们通常说的价值规律对生产的调节作用。所以，马克思说：社会劳动时间可分别用在各个特殊生产领域的份额的这个数量界限，不过是整个价值规律进一步发展的表现。

有人以马克思在《资本论》第三卷第十章所讲的三种生产条件（中等的、较坏的、较好的）都可决定市场价值作为依据，来证明第二种含义的社会必要劳动时间也决定价值。我认为，根据也不充分。马克思已经说得很明白："市场价值，一方面，应看作是一个部门所生产的商品的平均价值，另一方面，又应看作是在这个部门的平均条件下生产的、构成该部门的产品很大数量的那种商品的个别价值。"① 就是说，在一般情况下，一个部门的平均生产条件下生产的、构成该部门很大数量的那种商品的个别价值，就成为市场价值。在确定了这一点以后，马克思才说："只有在特殊的组合下，那些在最坏条件下或在最好条件下生产的商品才会调节市场价值。"② 所谓特殊组合，无非指两种情况，一种是，较坏条件或较好条件所生产的商品"构成该部门很大数量"，在这种情况下，较坏或较好的生产条件便成为社会正常生产条件，这仍然属于原有含义的社会必要劳动时间决定价值；另一种是，由于土地有限，在资本主义经营垄断的条件下，农产品或矿产品的生产价格可能由劣等土地所生产的产品的个别价值来决定。在这种情况下，会在一个或长或短的期间内引起价值本身的提高，马克思称之为"虚假的社会价值"。但由此并不能得出两种社会必要劳动时间决定价值的结论。相反地，这个问题只有在价值规律的基础上才能得到科学说明。

主张两种社会必要劳动时间决定价值，理论上很容易走到否定劳动价值论的境地。正如有的学者所分析的那样："如果第二种含义的社会必要劳动也决定商品价值，那么它就应该是价值的最终决定者。假定生产 A 商品耗费的第一种意义的社会必要劳动时间为 n 小时，而第二种社会必要劳动时间实际

①② 《马克思恩格斯全集》第 25 卷，人民出版社 1974 年版，第 199 页。

上只有 n－x 小时，这时 A 商品的价值就不是 n 小时，而是 n－x 小时，x 小时的劳动不能形成价值。可是这样一来，就无异说，一切商品的价值最终是由第二种含义的社会必要劳动决定的。"这种"以第二种含义的社会必要劳动来决定价值，实际上就是以市场价格来说明价值决定。"① 国外有的学者也提出过类似的看法。有一位学者就曾指出："社会必要劳动时间在第一种意义上确定整个价值和商品的单位社会价值，并且通过后者得到商品的调节价格。在第二种意义上社会必要劳动时间在另一方面又确定调节价格和市场价格之间的关系。如果想确切理解社会劳动时间是怎样支配和调节交换过程的，必须牢记这两层意思。后面我们会看到由于没有把社会必要劳动时间的这两个真实的方面区分开来，从而没有识别出马克思本人在这两方面所做的区分，使某些马克思主义者感到如此困惑以致于他们到头来把价值数量大小的概念（区别于价格）也一块丢掉了。"② 这位学者所说的"后面"，是指西方新李嘉图主义者，侧重从商品需求方面解释价值的决定，而导致对劳动价值论的否定。

在我国，有的学者已经从第二种涵义的社会必要劳动时间决定价值出发，得出了否定劳动价值论的结论。例如有篇文章这样写道："第二次含义的社会必要劳动时间，指在社会平均生产条件下生产市场上某种商品的社会必需总量所必要的劳动时间。既然这时的社会必要劳动时间是由一定生产条件下市场需求总量定义的，那么人们不难看出，这样确定的社会必要劳动时间事实上已经不再是一个自我决定的原生变量，而是变成了一个有待估定的中间变量，它明显地完全取决于市场的需求水平，和相关生产要素的稀缺程度。当市场上的需求水平一定，相关生产要素稀缺程度的强弱，或当相应生产要素的稀缺程度一定，市场上需求水平的高低，均与第二层含义的社会必要劳动时间的长短，呈现出同方向的变动。因此，唯一由第二层含义的社会必要劳动时间所决定的价值，实际上已经完全丧失了同劳动的任何实质性的联系。"

---

① 胡培兆：《价值规律新论》，经济科学出版社 1989 年版，第 36、37 页。
② 伊恩·斯蒂德曼、保罗·斯威齐：《价值问题的论战》，商务印书馆 2016 年版，第 282 页。

因此，他主张："人们或许应当毫不犹豫地走向一种没有价值的价格理论。"①可见，不坚持第一种涵义的社会必要劳动时间决定价值，就难免步入理论误区。

四、非劳动生产要素不能决定价值

认为非劳动生产要素（资本、土地）也创造价值，是法国经济学家让·巴蒂斯特·萨伊（1767～1832 年）提出的一种价值理论。它在资产阶级经济学里，有广泛的影响。

萨伊认为，"所谓生产，不是创造物质，而是创造效用。"并且说："创造具有任何效用的物品，就等于创造财富。这是因为物品的效用就是物品价值的基础，而物品的价值就是财富所由构成的。"② 因此，效用决定价值。

萨伊既然把价值看成是效用决定的，效用的创造不仅有劳动，还有资本和土地，于是，便得出如下结论：商品的价值是由劳动、资本和土地这三个生产要素"协同创造"的。接着，他又根据自己的三要素论提出一个分配公式：

"不论借出的是劳动力、资本或土地，由于它们协同创造价值，因此它们的使用是有价值的，而且通常得有报酬。

"对借用劳动力所付的代价叫做工资。

"对借用资本所付的代价叫做利息。

"对借用土地所付的代价叫做地租。"③

萨伊认为，这三个要素创造价值，也就创造了收入。这三种收入相当于三个要素在创造效用时各自耗费的代价，从而构成效用的生产费用。这样，萨伊就从效用决定价值，转到了生产费用决定价值。但在这里他遇到了一个矛盾：如果商品的价值是由工资、利息和地租决定的，那末三种收入又是由什么决定的呢？为了摆脱困境，萨伊又求助于供求论。在他看来，工资、利

---

① 见《价格理论与实践》1989 年第 3 期。
② 萨伊：《政治经济学概论》，商务印书馆 1998 年版，第 59 页。
③ 萨伊：《政治经济学概论》，商务印书馆 1998 年版，第 77 页。

息和地租构成商品的价值，同时也包括在商品的价格中，而市场的供求关系则会使价格与这种效用的生产费用相一致。

萨伊混淆了价值与使用价值的区别，把价值与价格混为一谈。因此，他一会儿说效用决定价值，一会儿说生产费用决定价值，一会儿又求助于供求关系。正如马克思所说："在这些好汉们那里，'生产费用'一词是毫无意义的。我们从萨伊那里看到这种情况。在他那里，商品的价值决定于生产费用——资本、土地、劳动，而这些费用又决定于供求。这就是说，根本不存在什么价值规定。"①

萨伊的生产费用决定价值观点，几乎被所有的庸俗经济学者以不同的方式继承下来了。这些人，一般不直接否定劳动创造价值。但有的说是生产劳动和非生产劳动共同创造价值；有的认为生产资料也创造价值。这样，实际上也就否定了劳动创造价值。也有人肯定劳动价值论的历史作用，但认为现在过时了。美国当代资产阶级经济学家萨缪尔逊就持有这种看法。他认为，在土地私有权和资本积累尚未发生以前是劳动价值论的黄金时代。"在那个时候，劳动是考虑的唯一因素，土地可以为一切人所自由使用，而资本的使用尚未开始。在这个简单而漫长的黎明时期，决定价格和分配的是什么？答案：不折不扣的劳动价值论。"② 而在土地私有权和资本积累发生以后，劳动价值论就该放弃了。萨缪尔逊还认为，他的这个看法，不仅对资本主义制度适用，对社会主义制度也适用。他说："无论在有计划的社会主义制度下还是在依靠市场起作用的资本主义制度下，都不能单独地按照商品所需要的劳动量来决定商品的价格，而不考虑爱好和需求的型式以及它们对稀缺的非劳动的生产要素的影响。"③

萨缪尔逊的价值理论，对我国经济学界也产生了影响。例如，有些学者提出，要对劳动价值论再认识，主张活劳动和物化劳动都创造价值，甚至认为劳动、资本、土地共同创造价值。谷书堂同志主编的《社会主义经济学通

---

① 《马克思恩格斯全集》第26卷第1册，人民出版社1972年版，第142页。
②③ 萨缪尔逊：《经济学》下册，商务印书馆1981年版，第125、13页。

论》（以下简称《通论》）一书就出现了这种观点。该书在论述社会财富的生产和分配时，提出要对价值决定于劳动时间这一规定再认识。怎样再认识呢？书中写道：

（一）"价值决定于社会必要劳动时间这一规定，本身就已经确定了非劳动生产要素在价值决定过程中所起的作用。这里，问题的关键在于，马克思所说的劳动生产力具有多种形态：由劳动的自然条件即土地的优劣所决定的生产力，马克思称之为劳动的自然生产力；由劳动的社会条件即协作和科学技术的应用所决定的生产力，马克思称之为劳动的社会生产力。根据马克思的观点，同样可以把由生产资料的规模和效能即资本所决定的生产力称为劳动的资本生产力，把由劳动的自身条件即劳动的熟练程度、复杂程度和强度决定的生产力，称为劳动自身的生产力，以区别于一般意义上的劳动生产力。所以，只要明确了决定价值的社会必要劳动时间的具体规定，而价值量又只是社会财富的计量单位或符号，说社会必要劳动创造价值与说劳动自身的生产力与劳动的资本生产力以及劳动的土地生产力共同创造价值，都是符合劳动价值论的。"①

（二）"在社会主义商品经济中，物质生产领域和非物质生产领域的劳动都创造社会财富，都形成价值。非物质生产领域劳动者的收入，是通过交换而取得的自身劳动所创造的价值的补偿，而不是来自于物质生产领域劳动者所创造的剩余价值的再分配。"②

（三）"由于劳动、资本、土地等要素在价值形成中都发挥着各自作用，所以，社会主义的工资、利息和地租，不过是根据劳动、资本、土地等生产要素所作的贡献而给予这些要素所有者的报酬。社会主义的分配原则，就是在社会必要劳动所创造的价值基础上，按各种生产要素在价值形成中所作的贡献进行分配，或简称按贡献分配。按贡献分配是社会主义社会融各种分配形式为一体的统一的分配原则。"③

---

① 谷书堂主编：《社会主义经济学通论》，上海人民出版社1989年版，第110页。

②③ 谷书堂主编：《社会主义经济学通论》，上海人民出版社1989年版，第111、112、108页。

我一向认为，我的老朋友谷书堂同志是一位忠诚于马克思主义的经济学家。但对他主编的《通论》一书中对劳动价值论所作的再认识，我实在是无法同意的。

首先，该书为价值作了一个错误的规定。书中说："古典经济学的价值论未能对各种收入的数量作出严格的规定，是与在价值决定中很难恰当地说明土地、资本等非劳动的生产要素所起的作用有关。""如果这里我们把价值只是作为社会财富的一个计量符号，当我们谈到价值时，即是指一定量的社会财富，那么，问题就可能容易解决一些。"① 这个规定，显然混淆了使用价值和价值的区别，把使用价值当作价值了。

按照马克思的观点，财富是指使用价值。"不论财富的社会形式如何，使用价值总是构成财富的物质内容。"② 创造财富的，不只是劳动，还有自然界。正是在这个意义上，马克思赞成配第的说法：劳动是财富之父，土地是财富之母。使用价值是具体劳动创造的，劳动生产力是指具体劳动的生产力。它是由多种情况决定的，其中包括：工人的平均熟练程度，科学的发展水平和它在工艺上应用的程度，生产过程的社会结合，生产资料的规模和效能，以及自然条件。它只体现具体劳动在一定时间内的效率。"生产力的变化本身丝毫也不会影响表现为价值的劳动。"③《通论》既然混淆了使用价值和价值的区别，自然也就混淆了具体劳动和抽象劳动的区别，认为决定价值的不是抽象劳动，而是具体劳动，是生产力。生产力又包括劳动自身生产力、资本生产力、土地生产力，于是，便得出如下结论：劳动、资本、土地共同创造价值。这样，就离开劳动价值论相当远了。

其次，《通论》取消了生产劳动和非生产劳动的界限，认为物质生产领域和非物质生产领域都创造价值，也是不符合劳动价值论的。马克思认为，价值"是耗费在商品生产上的社会劳动的物化形式"④。只有物质生产部门的劳动，才是生产劳动，才创造价值。这个观点并未过时。当然，生产劳动概念

① 谷书堂主编：《社会主义经济学通论》，上海人民出版社1989年版，第111、112、108页。
② 《马克思恩格斯全集》第23卷，人民出版社1972年版，第48页。
③④ 《马克思恩格斯全集》第23卷，人民出版社1972年版，第59、585页。

本身并不是固定不变的。马克思早已指出，"随着劳动过程本身的协作性质的发展，生产劳动和它的承担者即生产工人的概念也就必然扩大。为了从事生产劳动，现在不一定要亲自动手；只要成为总体工人的一个器官，完成他所属的某一职能就够了。上面从物质生产性质本身中得出的关于生产劳动的最初的定义，对于作为整体来看的总体工人始终是正确的。但是，对于总体工人中的每一单个成员来说，就不再适用了。"①

　　最后，《通论》把社会主义的工资、利息和地租，说成是根据劳动、资本、土地等生产要素在价值形成中所作的贡献而给予的相应报酬，并把它确立为社会主义的分配原则也是值得商榷的。这样的分配公式，就是对资本主义来说，也不符合实际，何况我们所探讨的是社会主义分配原则。该书完全不顾生产资料所有制的不同，主张按各种生产要素在价值形成中所作的贡献进行分配，而且实行融各种分配形式为一体的统一分配原则。这就是说，不管是社会主义所有制经济还是非社会主义所有制经济，都按这个原则进行分配。这样，就容易得出如下两种结果：一是否定了在公有制经济内部实行按劳分配原则。因为按照这个原则，劳动者"除了自己的劳动，谁都不能提供其他任何东西，另一方面，除了个人的消费资料，没有任何东西可以成为个人的财产。"② 二是混淆了社会主义经济中的分配原则同非社会主义经济分配原则的本质区别。须知在非社会主义经济中是不实行按劳分配的。

　　上述问题引起人们这样一种思考，这就是，为什么一个时期以来，生产要素决定价值的观点，为许多人所接受？我想，有两方面的原因。一方面，价值是社会劳动的一种形式，它是在生产者背后由社会过程决定的。在价值表现为价格，特别是表现为生产价格以后，概念和现实生活的距离越来越大。利润是总资本观念上的产物。平均利润率是按资本平均的，在这里，很难直接看到价值的作用。由于"后一种价值隐藏得很深，以致我们的经济学家能够满不在乎的否认它的存在。"③ 另一方面，新的技术革命的兴起，自动化和

---

① 《马克思恩格斯全集》第 23 卷，人民出版社 1972 年版，第 556 页。
② 《马克思恩格斯全集》第 19 卷，人民出版社 1963 年版，第 21 页。
③ 《马克思恩格斯全集》第 39 卷，人民出版社 1974 年版，第 406 页。

机器人的广泛使用，使生产资料的价值在产品价值中的比重增大，也为生产要素决定价值提供了新的根据。但是，自动化也好，机器人也好，仍然都是生产资料。按照劳动价值论，它们只是转移价值，并不能创造价值，而且，生产资料的价值归根到底还是劳动创造的。

马克思的价值理论是发展的。对于价值规律，尤其是对在社会主义制度下价值规律的实现形式，我们还缺乏深入的研究。这方面，需要大胆探索，也需要平等的、友好的展开争论。恩格斯在讲到价值和生产价格的关系时曾经说："对这个过程作出真正历史的解释，当然要求认真地研究课题，而为此花费的全部心血将换来丰硕的成果；这样的解释也将是对《资本论》的宝贵补充。"① 对此，我愿和同行们共勉。

（原文发表于《中国社会科学》1992 年第 6 期）

---

① 《马克思恩格斯全集》第 39 卷，人民出版社 1974 年版，第 406 页。

新劳动价值论一元论

——与苏星同志商榷

谷书堂　柳　欣[*]

本文认为，今天所面临的社会主义现实生活与马克思所描述的社会主义原则并不相同，传统的劳动价值一元论已不能解释现实生活中的价值决定，需要在原劳动价值一元论基础上扩大劳动的外延，加入资本、土地等非劳动生产要素以及技术变动下的利益关系，以便对价值决定做出合乎现实的说明。文章根据逻辑一致性标准和逻辑批判方法，对这一命题作了分析与阐述。文章还依照对劳动价值论的新解释，对市场经济中的收入分配及各种收入的来源作出了简要说明。

苏星同志在《劳动价值论一元论》一文中[①]，针对非劳动生产要素决定价值的多元论观点，尖锐地提出：多元论观点与马克思的劳动价值论一致吗？从马克思的劳动价值论的逻辑中能够推导出用以解释现实的多元论观点吗？苏星同志据此在文章里对《社会主义经济学通论》一书中的观点提出了商榷意见[②]。我们认为，苏星同志所提出的问题是极为重要的，因为现在已经不能再回避这一重要问题了。我们非常赞同苏星同志以严格的逻辑论证提出和讨论这一问题的方式，我们很愿意与苏星同志进行这种同志式的讨论，以便有助于我国理论经济学的发展。

一、理论与现实——多元论与一元论

任何一种经济理论都是由于能够解释现实经济生活而获得存在的价值，

---

* 谷书堂，南开大学；柳欣，南开大学。
① 苏星：《劳动价值论一元论》，载于《中国社会科学》1992 年第 6 期。
② 谷书堂主编：《社会主义经济学通论》，上海人民出版社 1989 年版。

否则将使理论失去光彩和存在的意义。但理论又不是简单地描述现实，而是由一种前提假设和演绎推理构成的逻辑体系，从而能为人们提供某些确定的经济生活的知识，即在其假设的条件下必然得到其逻辑推论的结果。那末，应如何用某种理论所提供的确定的知识去研究现实问题呢？当我们面对的新问题与原有理论的假设和结论不相符合时，又应如何对待已有的理论或知识呢？这里有两种方法，为了讨论的需要，先分别把这两种方法简称为"多元论方法"和"一元论方法"。

多元论方法是在原有理论的基础上直接加入新的接近现实的因素，以便使理论能够更贴近现实和解释现实。可以把斯密对价值决定的推论作为例子来加以说明。斯密认为，在资本积累和土地私有权产生之前，商品的价值是由耗费在商品生产上的劳动时间决定的，而一旦出现了资本积累和土地私有权，则商品的价值就不再由劳动时间单独决定了，而是由"支配的劳动"或由工资、利润和地租共同构成的了。

对于斯密价值论的这种推论姑且称之为多元论方法，但可以从以下两个方面提出问题。其一是，这种"支配的劳动"还是不是"劳动价值论"呢？其二，这种多元论的推论方法是否能够保持逻辑上的一致性，因而对马克思劳动价值论的多元论解释能否在逻辑上成立。以上两方面的问题是密切联系在一起的。

在讨论对马克思劳动价值论的多元论解释的上述两个问题之前，有必要先对这种多元论解释产生的背景加以说明。这种多元论的解释来自如下一点，由于今天所面临的社会主义经济生活与马克思当时所描述的社会主义原则并不完全相同，我们今天所遇到的和需要解释的问题与马克思当时所要回答的问题也不完全相同。比如，目前我国商业、金融和服务业等第三产业部门在国民经济中的作用变得越来越重要了，能否把这些部门的劳动完全排除在价值的创造之外呢？又如科学技术作为第一生产力却又不是直接体现在生产过程之中，是否就不创造价值了呢？再如在分配领域，资产、土地以及商誉等非劳动因素参与了收入分配是目前我国经济生活中大量存在的事实，对此又应如何在理论上作出解释呢？这些问题，都是现代马克思主义经济学应该做出解释而不能回避的问题。

多元论者解释这些问题的方法是，在马克思的逻辑体系中加进某些新的因素，比如"非生产性劳动"和非劳动生产要素，这样就既可以从马克思的理论出发，又能对现实问题作出似乎更有说服力的解释。采用这种方法的一个突出例子，是斯大林在《苏联社会主义经济问题》一书中对社会主义商品生产和价值规律的解释，其推论的逻辑是，由于在现实中存在着集体所有制而不是单一的公有制，马克思的按比例分配劳动（以及后人所推论的按劳分配）需要借助于某种价值的形式来实现，但这种价值形式与马克思对商品经济中价值规律的逻辑推论又不相同。可以这样说，我国理论界运用马克思主义经济学对现实问题的解释所采用的大多是这样一种方法。随着我国的改革开放和向社会主义市场经济的过渡，新的现象和问题更加层出不穷，因而用这种方法对问题作出的解释在程度上也在不断提高，以至发展到今天迫使我们已经不能再采取回避问题的态度了，而必须认真和深入地加以讨论。

如何来评价这种多元论方法呢？先来分析一下前面提出的第一个问题，即该解释还能否算是马克思的劳动价值论。苏星同志的文章正是从这一角度提出问题的。当这种解释用加进非劳动生产要素（资本与土地）来说明价值决定和收入分配时，似乎已经难以和马克思批判过的、或与马克思经济学直接对立的萨伊的三位一体公式和边际生产力论划清界线了。苏星同志在文章中系统地阐述了马克思的劳动价值论与萨伊三位一体公式的对立，由此他提出多元论方法对马克思劳动价值论的解释是错误的，从而必须坚持一元论方法对劳动价值论的解释。苏星同志从这一角度所提出的问题是非常重要的，但问题是仅仅对多元论的解释提出了这样的批评，却并没有回答一些急待解决的问题。

正如前面所指出的，对马克思经济学的多元论解释是有其历史根源和现实基础的，一些由多种因素决定价值的观点只不过是传统解释方法的延续。或者更进一步讲，如果当初马克思在阐述劳动价值论时没有对萨伊的三位一体公式进行过批判或目前并不存在与马克思经济学相对立的西方新古典理论，那末，是不是目前的多元论解释就是可以接受的呢？

更重要的问题还在于实践经验。如前所述，自斯大林以来对马克思经济学的这种解释方法是随着社会主义经济体制的改革而逐步扩展的，这种多元论的解释似乎比传统解释更适应于现实经验和说明实际问题，或者说它更能适应客观需要。如果回顾一下近年来国内经济学界对商品生产、按劳分配和市场经济等问题的讨论，几乎可以说现在许多已被人们认可的观点，在开始时都曾被认为与马克思主义经济学不相容而受到过批评，但是随着改革的发展，它们却逐渐被人们认为与马克思的基本观点是相一致的了，而且写入了社会主义经济学教科书。依此可以推断，那些采用多元论方法对我国社会主义市场经济的解释是否也会逐渐被人们所认可呢？这种可能性并非完全不存在。

采用苏星同志的一元论方法的一个突出问题是，当完全按照马克思的假设和逻辑推论引出已有的结论时，这个结论又如何解释我国已经发生了巨大变化的现实呢？因为我国的现实条件与马克思的假设是不完全相同的。苏星同志的文章在对多元论解释提出批评的同时，可惜没有能够提出采用一元论方法如何能正确地说明我们面临的现实问题的例证。由此可能甚至必然会导致以下这样一种局面，即我们似乎只能在坚持马克思的原理（往往是一些词句）或正确解释现实问题之间二者择其一。然而，目前存在的多元论方法为了说明现实所做的马克思主义经济学的解释，与苏星同志提出的一元论方法却恰恰是有密切联系的，或者说传统的一元论方法与多元论方法恰恰是相辅相成的。许多同志所做的多元论解释其目的或者说其本意，正是企图在坚持"一元论方法"的基础上来解释我国现实问题的。

综上所述，苏星同志的文章和以往的一些理论争论都会遇到一个评判标准问题，显然我们并不能以某种理论是不是马克思说过的来判定它是否属于马克思主义经济学，那么究竟应如何评判一种理论是否属于马克思主义经济学或马克思的劳动价值论呢？或者说我们又应如何评判某种理论是正确的呢？

正是基于这一点，我们提出判断理论的另一条标准，即看它在逻辑上能否站得住。这种逻辑上的一致性是决定一种理论能否成立的前提或必要条件。因为一种带有逻辑矛盾的理论可以解释一切经验事实，即可以把截然相反的两种事实同时从一种假设中推论出来，从而对经验的说明也恰恰是无效的，采用这样一条标准便可以明确地对某种理论加以否定。一旦我们能够对某种理论提出否定，也就可以去寻找更好的理论取代已被否定的理论，因而这种逻辑一致性同时也可以构成肯定某种理论的标准。一种理论是由前提假设和演绎推理来表明事物之间的因果关系的，一旦确定了所要研究的问题，将只能找到一种逻辑一致性的理论来表示这种因果关系。如果这一条能够成立的话，我们便可以通过逻辑一致性标准来讨论问题了。

在采用逻辑一致性标准讨论多元论与一元论的争论之前，我们先以对"按劳分配"问题的讨论为例对上述方法作进一步说明。要想说明按劳分配，首先需要对劳动这个概念给予明确的定义，否则将很难讨论下去。在以往讨论这一问题时，人们经常为定义按劳分配的"劳"究竟是指活劳动还是物化劳动或劳动成果所困扰。如果是劳动成果，那么作为劳动条件的生产资料是否应当加入或如何加入劳动成果的计算，当劳动成果采用价格（价值）形式计算，则国家对价格的控制以及市场竞争的条件和法律制度等经济体制的因素都会对劳动的定义产生某些影响。也就是说，无论如何定义劳动这一概念，其外延都将是无限的，因为所有的事物都是相互联系的。因此，需要有一个能够限定其外延的明确概念，以作为逻辑推理的基础或前提假设，唯此才能表明特定的因果关系。

马克思关于社会主义按劳分配的推论是在劳动价值论和剩余价值论基础上推演出来的，这种劳动是抽象掉了具体形式的劳动之后的劳动时间。在一个以公有制为基础的社会主义计划经济中，商品经济已不复存在，因而完全按照劳动时间进行分配。无庸讳言，马克思当时提出的按劳分配理论与当前的现实社会是有距离的。那么，应否加进多种所有制成分并存等现实因素来重新解释按劳分配呢？回顾一下对按劳分配问题的讨论便不难发现，一旦加进了多种所有制并存、资本和土地等生产资料的作用、企业的自主权和商品交换等因素，这种新的按劳分配理论便是可以解释一切的，或者说改革以来所有各种分配形态都可以从马克思的按劳分配理论中推论出来。这种在原有理论中加入新的假设与扩展原有概念的外延的做法是相同的，比如前面所说的把按劳分配的"劳"重新定义为劳动成果，这种扩展按劳分配外延的做法可以适应所有变化了的条件，从而可以解释所有的经验问题。改革以来对按劳分配的讨论正是沿着这条思路进行的，许多人对商品生产、价值规律和市场经济等理论和现实问题的解释也多是如此。理论总是跟在实践后面进行解释。这种方法正是自斯大林以来人们主要采用的用马克思主义经济学来解释现实的方法，也即是这里所要讨论的多元论方法。

当一种理论能够解释所有的经验事实，其至是两种截然相反的事实（比如黑与白）的时候，这种理论的有效性就大大值得怀疑了。苏星同志正是针对多元论者对马克思劳动价值论的解释已经混同于马克思直接批判过的"三位一体公式"而提出问题的。然而，苏星同志对多元论解释的批评却带有这样一个弱点，即简单地用肯定一种理论的逻辑正确性去否定另一种理论，这是缺乏说服力的，因为这会带来这样的问题，即马克思所推论的逻辑是正确的，但他的假设和结论并不适合于今天的现实问题，而加入新的假设自然会推出不同的结论来。这种批评方法至多只能说明多元论的解释不是马克思主义的，而不能证明其理论是错误的。因此，要否定多元论方法的解释还必须直接找出其理论在逻辑上的错误，只有指出一种理论在逻辑推论中是错误的，才能彻底否定那种理论。现在就以逻辑一致性为标准来讨论对马克思劳动价值论的解释。

马克思的劳动价值论是通过抽象掉使用价值而对劳动的概念加以定义的，其目的在于表明，当用劳动时间计算的劳动力价值低于劳动者付出的全部劳动时间，资本家通过雇佣劳动而获得按劳动时间计算的剩余价值，这里并不涉及使用价值的创造或劳动生产率的变动。如果从马克思的劳动价值论出发作多元论的解释，首先就要扩大劳动这一概念的外延，比如资本和土地对劳动生产率的作用。由此则会导致如下两方面的问题，其一是，这种新的解释能够按照马克思的逻辑进行推论吗？比如在马克思那里，全部劳动时间如果是 8 小时，必要劳动时间（劳动力价值）是 4 小时，则剩余价值便等于 4 小时（$8-4=4$），多元论的解释是否能做这种数理逻辑的演算呢？其二是，由于多元论的解释扩展了劳动这一概念的外延，其加进的因素必然会与劳动这一概念相关，由此则会导致难以对劳动这个概念给出明确的定义，因为加入的各种因素，如创造使用价值的生产条件（资本和土地）都会形成决定劳动生产率变动的因素，从而又会与其对劳动的定义形成循环推论，即这种多元论解释不可能给资本和土地等其他因素以明确的定义，除非像新古典的边际生产力论那样预先假设存在劳动、资本和土地三种并列的生产要素才能避免循环推论。上述推论表明，不可能在马克思的劳动价值论中直接加入其他因素而又同时保持其理论的逻辑一致性。

基于上述对多元论解释提出的批评同时也是针对传统一元论的，因为传统的一元论方法与多元论方法在性质上是相同的，二者共同构成了对马克思经济学研究方法的歧误，从实质上看它也是充满教条主义色彩的。这里说的教条主义的含义即是认为一种理论是能够解释一切的。遗憾的是，这种色彩很容易把马克思经济学变为一种类似于宗教的意识形态而远离了科学。

由上述分析可以推导出，一旦扩展原有理论的假设或扩展其概念的外延，必然会形成对原有理论的否定。但是这样一来就会引出一个尖锐的问题，即从马克思的理论出发来解释现实问题，是不是意味着要对马克思当时所推论的逻辑乃至结论加以否定？答案是肯定的。因为一旦扩展了原有理论的假设或其概念的外延，原有的理论将只是作为新理论的一个特例而存在，用来解释更大范围的问题时原有理论显然不如新理论更有效，同时也只有从逻辑上否定旧的理论才能肯定和发展新的理论。

然而，这种否定并不意味着对马克思主义经济学的否定。第一，从上述新旧两种理论的发展关系中，可以把这种否定称之为对马克思理论的发展。第二，对马克思的某些理论逻辑推论的否定并不意味着对马克思主义的"精髓"的否定，相反的却恰恰是继承和发扬了这种精髓。比如马克思的劳动价值论和剩余价值论把人们之间的利益冲突作为现实经济生活中的一个重要因素而区别于边际生产力论，而新的理论或解释同样把这一点作为自身观点的重要因素或中心时，当然还可以称作是马克思主义经济学。第三，也是最重要的一点，马克思的《资本论》只是用对资本主义经济关系的分析来证明他的更一般的理论，即生产力与生产关系相互作用的历史唯物主义原理，如果我们对马克思的一些理论观点的否定只是扩展了马克思历史唯物主义的解释范围，那么这种否定或新观点毫无疑义应当称之为马克思主义经济学。如能按照上述标准来衡量一种理论是否属于马克思主义经济学，则显然可以使我们避免对马克思主义经济学的教条主义态度，而是实实在在地把它作为一种科学来对待，唯此才是真正地采用马克思主义经济学思想进行理论研究和分析现实问题的态度。这种方法坚持从实际出发，通过"否定的逻辑"使理论得到发展，而不是固守已有的某些结论。

这样，在采用马克思主义经济学来研究理论和解释我国的现实问题时，便可得到一种不同于多元论和传统的一元论的另一种方法，我们把这种方法暂称之为新一元论方法。现在就采用这种方法来讨论马克思的劳动价值论，以求得在马克思主义经济学和解释现实问题之间架起一座桥梁，这座桥梁的关键点就在于用来解释现实的理论在逻辑上的一致性。

二、另一种（或者说新的）劳动价值论一元论

讨论商品经济和社会主义市场经济中的价值决定和收入分配问题的重要一环，是要说明各个生产者之间劳动生产率的差别所导致的利益冲突。而要说明各个生产者劳动生产率的差别，又必须说明使用价值的生产和生产的技术条件，以表示总产出和劳动生产率与劳动之间的关系。因而，不能脱离使用价值来讨论价值决定和收入分配。由于使用价值生产的技术条件涉及非劳动生产要素（资本和土地），因而，如何说明非劳动生产要素对价值的作用，则是一个应该回答的问题。

能不能像萨缪尔森那样把劳动价值论作为单一生产要素模型，而把边际生产力论作为多种生产要素模型来讨论上述关系呢？我们并不否认边际生产力论本身逻辑推论的一致性，但这种理论在解释现实时能否保持逻辑一致性呢？在现实中，资本并不是从天上掉下来的，而是由劳动生产的，资本（生产资料）的使用必然会涉及技术变动，因而不可能像边际生产力论那样在假设技术条件不变的情况下讨论资本的边际生产力。更重要的是，如马克思的理论所表明的，在资本主义经济和市场经济中，资本不仅是劳动生产的，而

且是雇佣劳动生产的，即资本品的生产不是由付出的劳动而是由劳动力的价值计算其成本的，因而不只是由技术关系决定的。上述两点决定了边际生产力论不可能用以解释现实而又不带有逻辑上的矛盾①。

分析这一问题的另一种方法是通过扩展劳动这一概念的外延而把资本等部分非劳动生产要素引入劳动（劳动生产率）的概念中来②。前面讨论的多元论的解释可以归入这种方法。但正如前面所表明的，一旦扩展了劳动这一概念的外延，就不能再采用马克思的概念和逻辑来推论了，否则，就不能再保持推论的逻辑一致性。当然也不能采用边际生产力论中多种生产要素的假设，因为这会导致多元论的解释而与马克思的推论在逻辑上产生矛盾。因此，一旦扩展了劳动这一概念的外延，使劳动价值论能够解释更广阔范围的问题，就必须重新提出明确的概念和建立新的逻辑分析体系。这里之所以把扩展劳动这一概念外延的方法称之为"新的劳动价值论一元论"，并不只是由于这种新的理论是从劳动这一因素出发的，而且它还包含着马克思劳动价值论的推论，比如马克思劳动价值论和剩余价值论所表明的人们之间的利益对立将构成新理论中的一个重要因素，而马克思的劳动价值论只是新理论的一个特例③。更重要的是，一旦扩展了原有理论假设的外延，将会使原有理论的逻辑推论产生矛盾，由于新理论扩展了原有概念的外延超出了原有理论中概念的定义所限定的范围，因而其所推论的因果关系将成为循环推论的逻辑悖论。人们正是通过发现和解决原有理论的逻辑悖论使知识逐渐积累和增长起来。现在我们就采用这种方法来分析马克思的劳动价值论。

首先，要把使用价值的生产或劳动生产率加进来，把劳动定义为由其生产的一定量的使用价值所体现的或支出的劳动量＝劳动时间×劳动生产率。这种劳动的重新定义所要表明的重要一点是各个生产者之间的劳动差别和劳动生产率的变动，而单纯用劳动时间来定义劳动是表示不出上述关系的。用

---

① 参见谷书堂主编：《社会主义经济学通论》，上海人民出版社1989年版，第16章。

② 正确地讲应当是把技术关系或技术变动引进马克思劳动价值论的分析。

③ 如果在新理论中抽象掉技术关系或技术变动的假设即可还原为马克思的劳动价值论，而边际生产力论和一些多元论的解释与马克思的劳动价值论之间并不具有这种关系，其结论与马克思的结论是截然对立的。

这种新的定义能不能找出原有定义推论中的逻辑矛盾呢?

在《资本论》中,马克思为了分析的需要,首先抽象掉了使用价值和劳动生产率的变动,先来讨论价值决定问题,即马克思的"社会必要劳动时间"所表示的平均的劳动强度和生产条件,当抽象掉了各个生产者之间的劳动差别,商品的价值将与劳动生产率成反比。马克思采用这种抽象分析的目的在于,通过引入劳动力商品来说明资本家的剩余价值来自于对工人的剩余劳动所创造价值的无偿占有。与简单商品生产不同,由此所导致的资本主义经济中的利益冲突会决定商品的相对价格(价值到生产价格的转型)和资源配置(马克思的社会再生产与利润率下降和危机理论),即从资本主义经济关系的性质出发来说明技术关系与利益关系的相互作用,或资本主义经济中的利益冲突对生产力发展的阻碍,这与新古典理论仅仅从技术关系上来描述市场机制的运行是完全不同的。

当我们在马克思的"社会必要劳动时间"中加入使用价值的生产以表明各个生产者之间的劳动生产率差别,如果更进一步在上述基础上再引入技术进步,"价值与劳动生产率成反比"这一结论就很难成立了,商品的价值和收入分配已经不只是取决于劳动时间,而且也是取决于各个生产者之间劳动生产率的差别,由此可以推论出价值与劳动生产率的正比关系。为了便于讨论,先引证《社会主义经济学通论》一书中对这一问题的逻辑推论。

假定只存在两类生产者甲与乙,生产同一种产品——粮食。假定是在以手工生产为基础的小商品生产社会,没有技术变动,两类生产者的体力劳动技艺是存在差别的,即劳动生产率不同。甲生产者每单位时间(比如一年)生产 2 单位粮食,乙生产者每单位时间生产 4 单位粮食。在这种条件下,无论市场价格定在哪一点,乙生产者的收入都会比甲生产者高 1 倍。市场竞争或交换价值总是承认人们之间的劳动差别或以劳动差别为基础的。根据前面的假定,在这一时期没有技术发展,因此,即使能够有较多剩余产品的乙生产者,也不可能把剩余用于积累,因为在技术条件不变时,把剩余用于积累并不能提高劳动生产率和为积累者带来更多的收入。

现在修改一下前面技术不变的假定。由于技术进步,使剩余的积累能够用于制造一种机器，这种机器能够生产更多的产品。比如，投入一年的劳动可生产 1 台机器，一个劳动者每年使用这台机器可以使生产粮食的劳动生产率提高，比如原来他每年只生产 2 单位粮食，现在由于使用这台机器每年可生产 4 单位粮食（不考虑机器的折旧）。这种关系使资本积累成为可能。

现在，假定甲生产者仍然使用原来的生产方法，每年生产 2 单位粮食，乙生产者使用机器每年生产 4 单位粮食，按照市场交换的规律，乙生产者的收入比甲生产者高 1 倍。这种收入差别已经不再是由劳动差别带来的了，而是由于积累转化为生产资料从而提高了劳动生产率的结果。在这种条件下，如果乙不再自己劳动，而是雇佣甲生产者使用他的机器每年生产 4 单位粮食，并把其中的一部分，比如 2 单位粮食作为工资付给甲，这样，乙将获得 2 单位利润，资本主义生产关系于是产生了。资本主义生产关系产生于技术进步条件下的资本积累和由于这种资本积累所带来的各个生产者之间的劳动生产率的差别①。

上述对"价值与劳动生产率成正比"的推论，实际上可以从对劳动或价值的扩展的定义中得出，即"劳动 = 劳动时间 × 劳动生产率"，由此显然可以推论出"价值与劳动生产率成反比"不能成立的结论。但更重要的是，通过扩展"劳动"这一概念的外延而引入了新的因素，即技术变动和对新技术的垄断。这一点改变了原有的以个人劳动为基础的人们之间的劳动差别的竞争，而变为以新技术的占有为基础的垄断竞争。如果抽象掉技术变动和体现技术变动的资本积累，就可以回到原有的理论或逻辑推论上去，而新的理论却是在原有的以个人劳动私有制基础上加入技术变动推论出来的，因而能够解释更大范围的经验事实并保持其逻辑推论的一致性，这是由于加入了新的因素作为演绎推理的前提假设或扩展了原有理论概念的外延。按照演绎逻辑的规则，只有从前提假设中推论出来的结论才能保证其必然是真实的。正因如此，才使我们能够根据所要研究的经验事实和按照逻辑一致性标准来判断理论和发展原有的理论。比如我们所要研究的经济运动中的一个重要因素是技术变

---

① 谷书堂主编：《社会主义经济学通论》，上海人民出版社 1989 年版，第 362~363 页。

动，因而就不应该把技术变动排除在理论的前提假设之外来解释现实，由此可见，也使我们应该通过在原有理论中加入这种新的因素来否定原有理论的逻辑推论。只有"否定的逻辑"才能评判两种不同的理论，才能使理论得到发展。

以上采用新的一元论方法讨论了马克思的劳动价值论，这种研究方法无疑是要寻找原有理论的逻辑悖论和在逻辑上对它加以否定。但是，上述推论不仅不意味着对马克思主义经济学的否定，而且还应属于对马克思主义经济学的科学解释。就前面所提出的判断一种理论是否属于马克思主义经济学的三条标准而论，上述论述显然符合前两条标准，即对原有理论的批判继承关系。这里所要加强说明的是第三条标准，即通过扩展劳动的外延和加入技术变动而表明的技术关系（技术变动）与利益关系（垄断竞争）的相互作用，正是马克思所论述的历史唯物主义基本原理，也是马克思在《资本论》中作为主题而阐述的。众所周知，马克思的《资本论》是他所创立的历史唯物主义方法的具体应用。而马克思的历史唯物主义正是要阐明生产力与生产关系的矛盾运动，即技术变动与人们之间利益关系的动态相互作用。因此，不应对马克思的劳动价值论和剩余价值论作出完全抽象掉技术关系或技术变动的解释。在《资本论》中，马克思采用了特有的方法，首先抽象掉技术关系来阐明资本主义经济中的利益冲突，然后再加入动态的技术变动来表明技术关系与利益关系的相互作用。在对"相对剩余价值的生产"的论述中，马克思引入了技术变动来讨论超额剩余价值的产生，论述了技术变动条件下的垄断竞争过程，在这一部分中，当引入了技术变动和垄断竞争后，马克思曾多次指出价值与劳动生产率之间的正比关系[1]，并强调指出"相对剩余价值的生产"与"绝对剩余价值生产"的统一。

由上述分析可见，对马克思的劳动价值论和经济学的重新解释，只是把马克思在分析了资本主义利益关系之后再加入技术变动的分析，改为直接把技术变动作为前提假设来讨论技术关系与利益关系的相互作用。这种解释是

---

① 参见《马克思恩格斯全集》第 23 卷，人民出版社 1972 年版，第 352、354 页。

与新古典的边际生产力论完全不同的，因为它包含和运用了马克思主义经济学的最基本原理，即人们之间的利益冲突和技术变动，所要分析的是技术变动条件下的人们之间的利益冲突或生产力与生产关系的相互作用。边际生产力论不仅完全抽象掉人们之间的利益矛盾，而且完全抛开技术变动来讨论生产的技术关系。因此，前述对马克思劳动价值论的逻辑否定并不构成对马克思主义经济学的否定，而是对马克思主义经济学的一种新的解释[①]。

三、关于社会主义市场经济中的收入分配问题

以上对劳动价值论的新一元论解释所强调的是技术变动条件下人们之间的利益关系，这一点也正是我们对社会主义市场经济进行分析的出发点。就收入分配问题来讲，并不是先给定总产出然后再讨论收入分配问题，而是如何通过调节人们之间的利益冲突来促进技术进步和总产出的增长。人们之间的利益对立与协调是与技术进步或总产出的增长联系在一起的，因此，决定收入分配的关键是总产出的增长，而现有的价值理论、分配理论的一个重大缺陷就在于他们把总产出或技术条件作为给定的，由此导致了技术关系与收入分配关系或生产与分配的分离。

新古典边际生产力论在讨论相对价格决定时完全抛开了人们之间的利益冲突或收入分配，而仅仅讨论生产的技术关系，这一点曾为许多人所指出，但新古典理论也曾假设厂商的利润最大化和竞争，这种比较接近于现实的关于利益关系的假设为什么不能进入相对价格的决定和由此引出的收入分配理论呢？问题的关键就在于新古典理论预先假设了资源和技术是给定的，从而总产出也是给定的，正是这一点使其关于厂商利润最大化和竞争的假设完全失去了意义，从而被排除在相对价格与收入分配的决定之外，技术关系与利益关系被完全分离开了。一旦在新古典理论中加入技术变动，其完全竞争的

---

① 按照前面对方法论的说明，如果先抽象掉技术变动来讨论利益关系，然后再加入技术变动以说明二者的相互作用，在说明现实问题时就会导致逻辑不一致，只有把技术变动直接作为逻辑分析体系的前提假设才能保持逻辑的一致性。这种方法有助于解决马克思讨论技术关系与利益关系相互作用的转型问题和利润下降规律的逻辑争论。

假设就不再成立了，利润率（相对价格）也不再是由资本的边际生产力所决定的了，因为按照新古典理论关于厂商用一笔货币资本在市场购买劳动和生产资料而获取利润的假设，资本家所占有的生产资料将构成对技术的垄断，而资本（生产资料）又是由"雇佣劳动"所生产的，即资本的价值已经不再取决于它的生产力，而取决于资本家购买"劳动力"来生产资本（生产资料）的成本和生产资料的生产使劳动生产率提高而给资本家带来的利润的差额，当工资率等于劳动生产率时，资本（生产资料）的价值将为零而不再被生产和使用①。收入分配将决定资本的价值量，这使以给定资本的数量和价值为前提的边际生产力分配论的逻辑不复存在。理论总是应该解释现实的，现实的资本主义市场经济的本质特征并不是给定的蛋糕如何分配，而是把人类本能的生存竞争转变为劳动生产率的竞争以使蛋糕做的更大，这个过程充满着人们利益的对立与冲突。新古典理论在其前提假设下不可能在解释这种现实时又不出现逻辑上的矛盾②。

马克思尖锐地指出了资本主义经济中的利益冲突，但马克思说明这种利益冲突的目的却在于表明它会阻碍生产力的发展，而不是以给定总产出（或总劳动时间）来说明工资与利润的对立，否则，就会与马克思和恩格斯在《共产党宣言》中所指出的资本主义创造了前所未有的生产力的论述相矛盾。但目前一些对马克思的价值理论、分配理论的解释却完全抛开了技术变动，实际上是在给定总产出（抽象的劳动时间）的假设下来讨论这一问题的，由此便导致了生产力与生产关系的割裂。正是由于对马克思主义经济学的这种错误解释，使我们在马克思主义经济学和我国经济体制改革的现实问题之间难以找到共同点或结合点。

按照前面对劳动价值论的重新解释，可以对资本主义市场经济的分配关系作如下极为简单的说明：资本家按照现行的劳动生产率所决定的工资率（和利率）购买劳动力（和生产资料），然后通过对（体现在生产资料中的）

---

① 参见《马克思恩格斯全集》第 23 卷，人民出版社 1972 年版，第 428 页。
② 参见谷书堂主编：《社会主义经济学通论》，上海人民出版社 1989 年版，第 16、17 章。

新技术的垄断使劳动生产率提高和使总产出增长，由此得到增加了的"剩余价值"。这里与传统解释的不同点就在于劳动生产率和总产出发生了变动以及存在着对新技术的垄断。但这一过程绝不是和谐的，而是一种垄断竞争过程，正如马克思在"相对剩余价值的生产"中所描述的垄断竞争过程。那样，剩余价值是工人的劳动创造的，对新技术和生产资料的垄断及其采用并不能自行创造剩余价值，资本家之间为争夺劳动带来的剩余价值的竞争必然会使工资率提高，由此导致"资本的精神磨损"或资本价值的毁灭，从而形成工资与利润的尖锐对立，正是这种人们的利益冲突导致了资本主义经济不能实现社会再生产的平衡和资源的有效配置。

以上对价值理论、分配理论的分析可以说正是我们在《社会主义经济学通论》一书中所力图表明的。如在该书"前言"中所表述的基本方法，是把垄断竞争动态非均衡分析作为马克思历史唯物主义方法的具体体现并解释我国的现实问题。该书针对我国目前遇到的收入分配问题所提出的"按贡献分配"也是力图体现这种分析方法的一个尝试。一些同志曾对"按贡献分配"这一提法提出异议，在这里我们对此作些解释。我们采用这一提法的目的是试图找出既区别于传统的对"按劳分配"的解释，又不同于"边际生产力论"的第三种解释。如前面所分析的，采用传统的"按劳分配"来解释现实中的利息和地租收入会带有逻辑上的矛盾，书中对这种逻辑矛盾作了较详细的分析，同时也明确地指出了边际生产力论的错误[①]。鉴于上述两种理论的缺陷，寻找第三种解释应当说是完全必要的，尽管这并不是轻而易举的。按照前面我们对市场经济中收入分配问题的基本看法，可以认为"按贡献分配"这一提法是与之相吻合的，即可以把分配问题的重心转移到技术进步和总产出的增长上来，并在此基础上对各种收入的来源给予说明。

以上所作的说明和解释决非是要回避批评，我们并不否认《社会主义经济学通论》一书中可能存在的逻辑上和分析上的某些不一致，尤其对于这样一个极为复杂的深层问题，更需要进行深入细致的讨论。正是在这一点上，

---

① 参见谷书堂主编：《社会主义经济学通论》，上海人民出版社 1989 年版，第 5、16 章。

我们感谢苏星同志所提出的问题和他的真诚批评，同时在这里我们也要进一步明确地提出问题和说明我们的观点，以求教于苏星同志和经济学界同仁，其目的在于期望对这一问题能够引起更深入、更有意义的讨论。

（原文发表于《中国社会科学》1993 年第 6 期）

也谈劳动价值论一元论

——简评苏、谷之争及其他

何炼成 *

本文针对苏星同志《劳动价值论一元论》与谷书堂、柳欣两同志《新劳动价值论一元论》之间的争论，认为各有偏颇之处。苏文否认两种含义的社会必要劳动时间共同参与价值决定、只有物质生产部门的劳动才创造价值的观点是不符合实际的；谷、柳文提出的"价值与劳动生产率成正比"以及非劳动生产要素也创造价值的观点是不能成立的。文章最后还对有人主张"改造劳动价值论"的错误观点，进行了评析和批驳。

1993 年初，我读了苏星同志《劳动价值论一元论》一文①，今年初又读了谷书堂、柳欣两同志《新劳动价值论一元论》一文②。前文强调要坚持马克思的劳动价值论一元论，批评了我国理论界近几年来出现的非劳动生产要素也决定价值的多元论观点；后文则认为传统的劳动价值一元论已不能解释现实生活中的价值决定，需要在其基础上扩大劳动的外延，加入资本、土地等非劳动生产要素以及技术变动下的利益关系，从而提出了新劳动价值论一元论。两文都强调要坚持劳动价值论一元论，但问题在于如何坚持？怎样才算坚持？我认为两文都有偏颇之处，下面谈谈我的看法。

一、第二种含义的社会必要劳动时间也参与价值决定

这是一个争论了几十年的老问题，至今意见仍很分歧，并无定论，当然可以继续争论下去。现在的问题是：苏星同志的文章把这个问题与是否坚持

---

* 何炼成，西北大学经济管理学院。

① 苏星：《劳动价值论一元论》，载于《中国社会科学》1992 年第 6 期。

② 谷书堂、柳欣：《新劳动价值论一元论》，载于《中国社会科学》1993 年第 6 期。

劳动价值论一元论联系起来了，认为主张两种社会必要劳动时间决定价值，理论上很容易走到否定劳动价值论的境地。事实真的是如此吗？我看不见得。

因为我是主张两种含义的社会必要劳动时间共同决定价值的，我就没有走到否定劳动价值论的境地，而是更全面地理解马克思的劳动价值论。我认为，马克思所说的第二种含义的社会必要劳动时间参与价值决定，完全符合劳动价值论一元论的观点。为什么这样说呢？

首先，从第二种含义的社会必要劳动时间的内容来说，可以从质和量两个方面来考察：从质的方面看，是指适合于社会对各种生产物在数量上确定了的需要，按比例地分配于不同的各生产部门的劳动，它反映了不同部门的生产者之间如何分割社会劳动的关系；从量的方面看，它取决于社会对某一种生产物在数量上确定了的需要，只要一个部门在生产某种产品时所耗费的劳动时间，与社会按需要成比例地分配于该部门的劳动总量相符，那么它所耗费的劳动时间，便是第二种含义的社会必要劳动时间。这样的劳动时间参与价值决定，怎么会否定劳动价值论一元论呢？

其次，从苏星同志文章中所引《资本论》第三卷中的那一大段话[①]来说，我认为得不出"马克思所说的另一种意义上的社会必要劳动时间，只是与价值的实现有关而与价值决定无关"的结论，而是恰好说明第二种含义的社会必要劳动时间，既与价值的实现有关，也与价值的决定有关。因为马克思这里所说的"需要"，不是指"个别商品或物品"，而是指"各个特殊的因分工而互相独立的社会生产领域的总产品"[②]；以此类推，也不是指个别时间或地点对某种商品的需要，而是指一个较长时间和全社会范围内的需要。这样，就将第二种含义的社会必要劳动时间参与价值决定的观点，同资产阶级庸俗经济学的供求决定价值论区分开来了，从而坚持了劳动价值论一元论。

如果说，苏星同志认为马克思的那段话还不足以证明我的理解的话。我可以再引马克思的两段话。

---

① 参见《中国社会科学》1992 年第 6 期，第 8 页。
② 《马克思恩格斯全集》第 25 卷，人民出版社 1974 年版，第 716～717 页。

一段是在苏星同志文章中引文后面不远，马克思对价值决定作了一个全面的说明："价值不是由某个生产者个人生产一定量商品或某个商品所必要的劳动时间决定，而是由社会必要的劳动时间，由当时社会平均生产条件下生产市场上这种商品的社会必需总量所必要的劳动时间决定。"①

另一段是在《剩余价值理论》第一册上，马克思说："如果某个部门花费的社会劳动时间量过大，那末，就只能按照应该花费的社会劳动时间量来支付等价。因此，在这种情况下，总产品——即总产品的价值——就不等于它本身所包含的劳动时间，而等于这个领域的总产品同其他领域的产品保持应有的比例时按比例应当花费的劳动时间。"②

我认为，马克思这两段话说得再明确不过了，第二种含义的社会必要劳动时间参与总产品价值的决定，而绝不能作出对其否定的结论。

下面，我试举例加以说明两种含义的社会必要劳动时间共同决定价值的问题。

假定某种商品的供给量是 6000 件。其中在优等条件下生产的 1000 件，共花费 8000 小时；在中等条件下生产的 4000 件，共花费 40000 小时；在劣等条件下生产的 1000 件，共花费 12000 小时。如果从第一种含义的社会必要劳动时间对价值决定的关系来考察，则单位商品的社会必要劳动时间 $=（8000+40000+12000）\div 6000=10$。也就是说，在这种商品的供给量和社会正常需要量一致的情况下，该种商品的单位价值量就等于 10。但是，如果社会正常需要量只是 5500 件，也就是说，该种商品的供给量超过社会上正常需要量 500 件，那么用在这 500 件上的劳动就不会为社会所承认，因而不能形成为社会价值；在这种情况下，当然是在劣等条件下生产的商品中有 500 件不能参与社会价值的决定，于是该种商品的单位价值量就不再是等于 10，而是 $=（8000+40000+500\times 12）\div 5500=9.818$。反之，在社会正常需要量超过供给量的情况下，商品的社会价值就会由劣等条件下生产的商品所花费的劳动时间来决

---

① 《马克思恩格斯全集》第 25 卷，人民出版社 1974 年版，第 722 页。
② 《马克思恩格斯全集》第 26 卷第 1 册，人民出版社 1972 年版，第 235 页。

定；这样，全部该类商品社会价值的总和就要大于个别价值的总和，从而在该部门内构成一部分"虚假的社会价值"。

以上就是我对第二种含义的社会必要劳动时间也参与价值决定的理解，我认为这种理解是符合马克思的原意的，因而是符合劳动价值论一元论的。苏星同志文章中所批评的谷书堂、张卓元等主张两种含义的社会必要劳动共同决定价值的观点，我认为是不足以服人的。因为他们的论证虽然可能有不尽合理之处，但是认为他们否定了劳动价值论一元论则是言过其实了。至于苏星文章中所说："有的学者已经从第二种含义的社会必要劳动时间决定价值出发，得出了否定劳动价值论的结论。"这是指《价格理论与实践》1989 年第 3 期所载李琪的《价值理论和没有价值的价格理论》一文中的观点。其实，该文并不是从第二种含义的社会必要劳动时间决定价值出发，而是从否定劳动创造价值的观点出发，来论证所谓"没有价值的价格理论"，从而得出"各种生产要素共同创造了财富"，资本家的"资产收益是对资产在财富创造过程中所做贡献的如实度量"，根本不是剥削。对此，我在《简评所谓"没有价值的价格理论"》一文中①谈了我的观点，这里就不须赘述了。

二、简评新劳动价值论一元论

谷书堂、柳欣两同志在与苏星同志商榷的文章中，提出了所谓"新的"劳动价值论一元论。"新"在何处呢？就是扩展劳动这一概念的外延，把使用价值的生产或劳动生产率加进来，把劳动定义为由其生产的一定量的使用价值所体现的或支出的劳动量＝劳动时间×劳动生产率，从而推论出"价值与劳动生产率成正比"、否定"价值与劳动生产率成反比"的结论②。

关于商品的价值量与劳动生产率的关系问题，我认为马克思已经科学的说明了，过去在马克思主义经济学界也未发生过什么争论。当然现在提出问题来也是可以的，但是不能"推论"出与基本原理完全相反的结论。

---

① 拙文载《价格理论与实践》1989 年第 11 期。
② 参见《中国社会科学》1993 年第 6 期谷文。

　　众所周知，马克思认为："商品的价值与生产这些商品所耗费的劳动时间成正比，而与所耗费的劳动的生产力成反比。"这是商品价值决定"一般的规律"①。因为其中的劳动生产力（率）是指具体劳动创造使用价值的能力，这种能力主要取决于劳动者的素质与技能，以及劳动的自然条件与劳动的社会力量。但是从抽象劳动来考察，则商品的价值量是由社会必要劳动时间决定的，而单位商品中所耗费的社会必要劳动时间是与劳动生产率成反比例变化的。马克思举例说：如果一个纺纱工人运用现代生产资料在一个工作日内能比他从前运用手纺车在同一时间内把多几千倍的棉花纺成纱，那么，每一磅棉花所吸收的纺纱工人的劳动，就显然只有以前的几千分之一，因而在纺纱过程中所加于每一磅棉花上的价值也显然只有从前的几千分之一，于是棉纱的价值也要相应地减少②。以上道理，对于马克思主义经济学家来说都是很熟悉的，也是不会否定的。

　　现在的问题是如何理解谷书堂、柳欣文章中提出的"劳动 = 劳动时间 × 劳动生产率"这一公式。按照马克思的商品价值理论，如果这个"劳动"是指劳动产品，即使用价值的数量，那么它与劳动生产率的高低成正比例是显然的，这点我想不会有任何争议；如果是指劳动产品的价值，那么问题就比较复杂了，它可以作如下两种理解：一种是指劳动产品的个别价值，一种是指劳动产品的社会价值。根据马克思的劳动价值学说，按照谷书堂、柳欣的文中所举例子③，在技术不变的情况下，在一年中甲生产 2 单位粮食，乙生产 4 单位粮食。则甲生产 1 单位粮食的个别价值为半年，乙生产 1 单位粮食的个别价值为一季，这说明劳动产品的个别价值与劳动生产率成反比例；再就劳动产品的社会价值来说，农产品的社会价值一般是由个别价值最大的单位决定的，即由甲生产者生产的单位粮食个别价值决定的，于是劳动生产率较高的乙生产的单位粮食的个别价值就低于社会价值，在市场上按社会价值出卖就可以获得一部分超额利润，形成"虚假的社会价值"，这说明劳动生产率与

①　《马克思恩格斯全集》第 2 卷，人民出版社 1957 年版，第 176 页。
②　参见《马克思恩格斯选集》第 2 卷，人民出版社 1957 年版，第 174～176 页。
③　参见《中国社会科学》1993 年第 6 期，第 90 页。

社会价值也是成反比例。至于谷书堂、柳欣文中所说的由于技术进步、使剩余的积累能够用于制造劳动生产率更高的机器，从而促使以雇佣劳动为基础的资本主义生产关系的产生，这当然是历史事实，但也不能由此得出"价值与劳动生产率成正比"的结论，其理由与上面的分析基本相同，这里就不重复了。

三、非劳动生产要素创造价值吗？

这是我国经济学界近几年来争论的热点问题。苏星文章以价值学说史的发展为例，坚决否认了资产阶级庸俗经济学家萨伊的资本、土地、劳动共同创造价值论，强调只有活劳动才能创造价值，物化劳动只是转移价值，土地等自然资源并不参与价值的创造，也不存在价值的转移（因其中并未凝结一般人类劳动）。我认为，苏星这一观点是完全正确的，而认为非劳动生产要素也创造价值的观点是错误的。

但是，苏星的文章在批评这种观点时，其理论根据之一是："只有物质生产部门的劳动，才是生产劳动，才创造价值。"[1] 这显然是一种传统的观点，不符合社会生产发展的客观实际。早在 60 年代初期，我就提出有两种含义的生产劳动，一种是指能生产某种物质产品的劳动，即物质生产劳动；一种是指能满足人们的物质和文化需要的劳动。后者除物质生产劳动外，还应包括生产劳务（或服务）与精神产品的劳动[2]。但是，当时我对生产劳务（或服务）与精神产品的劳动是否创造价值尚持否定意见；到 80 年代以来通过经济学界的再次讨论，特别是第三产业理论的引进及其实践的发展，使我逐步改变了以上的观点，肯定了生产劳务和精神产品的劳动也同样创造价值，而且由于这种劳动多为复杂劳动与脑力劳动，因此在同样时间创造的价值要大于物质生产劳动所创造的价值。

但是，对生产劳务（或服务）与精神产品的劳动如何创造价值的问题，

---

①　参见《中国社会科学》1992 年第 6 期，第 15～16 页。

②　参见《经济研究》1963 年第 2 期拙文。

学术界存在着不同的解释。谷书堂同志认为："物质生产领域和非物质生产领域的劳动都创造社会财富，都形成价值。"① 但是非物质生产领域的劳动如何创造价值呢？它同物质生产领域的劳动创造价值有何区别呢？谷书堂对此语焉不详，谷书堂、柳欣两同志在《新劳动价值论一元论》一文中，则用"目前我国商业、金融和服务业等第三产业部门在国民经济中的作用变得越来越重要"② 来解释。但重要性并不一定就创造价值。例如党政部门的劳动虽然非常重要但并不能创造价值就是明证。

对这一问题的理论说明，我认为中青年学者李江帆同志的意见是值得重视的。他在《中国社会科学》1984 年第 3 期发表的《服务消费品的使用价值与价值》一文中，根据马克思将使用价值分为实物的与非实物的两种形式的原理，分析了作为服务消费品的使用价值的特点，指出它的非实物性、不能贮存性以及生产、交换与消费的同时性，等等。这也就决定了服务消费品价值的形成与物质产品价值的形成具有不同的特点：一是它并不物化在一个物质产品中；二是它的生产、交换与消费是同时进行的过程；三是它具有流动性与凝结性相结合的特点；四是它有时可分为前期和后期两个阶段，前期阶段随着最终产品的复杂程度而延长，因而这一阶段创造的价值也就增大，例如科教文卫等部门的劳动及其创造的价值过程就是如此。过去由于人们对以上特点不了解，因而误认为生产劳务（或服务）以及精神产品的劳动不创造价值，在这些部门中工作的劳动者是靠国民收入的再分配来养活的，即靠物质生产部门来养活的，从而得出在科教文卫部门工作的知识分子是靠工人农民来养活的悖论，这是我们过去把知识分子看成是非劳动者阶级的理论依据。现在应当正本清源，坚决纠正这一悖论。

四、按贡献分配与按劳分配

苏星的文章最后批评了谷书堂在其主编的《社会主义经济学通论》中把

---

① 参见谷书堂主编：《社会主义经济学通论》，上海人民出版社 1989 年版，第 111 页。
② 参见《中国社会科学》1993 年第 6 期，第 84 页。

社会主义制度下的工资、利息和利润，说成是根据劳动、资本、土地等生产要素在价值形成中所作的贡献而给予的相应报酬，并把它确立为社会主义分配原则的观点，认为这是不符合实际的，是混淆了社会主义分配原则与非社会主义分配原则的本质区别①。谷书堂、柳欣的文章则反驳说，这是把垄断竞争动态非均衡分析作为马克思历史唯物主义方法的具体体现并解释我国的分配问题。提出"按贡献分配"的目的是试图找出既区别于传统的对"按劳分配"的解释，又不同于"边际生产力论"的第三种解释②。

　　我认为，苏星同志的批评是正确的，谷书堂、柳欣两同志的反驳则是言不及义，"王顾左右而言它"。其实，按贡献分配还是按劳分配之争，实质上仍然是劳动价值一元论与多元论之争。这一争论，已经进行了一百多年，我国近十年来只不过是在新的条件下再现这一争论而已；所不同的只是：在资本主义条件下的争论焦点是资本与土地所得是否剥削的问题，而在社会主义条件下的争论焦点则是资本与土地所得是否合理合法的问题。因此，把我国学术界有人用"共创论"来说明"并分论"的观点，说成是否认剥削并为之辩护，这是不符合实际的；当然，把按贡献分配说成是按劳分配也是错误的。

　　众所周知，马克思当年提出按劳分配的原则，是以生产力的一定发展为前提（即生产力有较高程度的发展但还达不到按需分配的水平），以生产资料的社会主义公有制为基础（即全社会共同占有生产资料，消灭了生产资料占有的不平等），其目的是为了消灭剥削与发展生产力。至于如何具体贯彻按劳分配原则，是按什么"劳"进行分配，马克思当时没有也不可能提出一个现成的模式，只能靠我们在实践中去摸索、去发展。因此，按劳动者的能力分配，按劳动的时间分配，按劳动的效果分配，都应当属于按劳分配的形式。谷书堂、柳欣的文章所提的"按贡献分配"也可以归入按劳动的效果分配之列；但是由于"贡献"是一个抽象的概念，可以有多种解释，如按劳动的贡献分配当然是属于按劳分配，按资本或土地的贡献分配就很难说是按劳分配

①　参见《中国社会科学》1992 年第 6 期，第 12 页。
②　参见《中国社会科学》1993 年第 6 期，第 92～94 页。

了，如果硬要把它们说成是按劳分配，就必然要得出资本或土地本身也创造新价值的结论。这也正是苏、谷之争的根本分歧所在。谷书堂、柳欣两位同志的文章把它说成是要"把分配问题的重心转移到技术进步和总产出的增长上来"，这是有意回避这一根本分歧。

五、评所谓"改造劳动价值论"

如果说，苏、谷之争还是属于马克思劳动价值论者内部之争的话，那么有人声言要"改造劳动价值论"则另当别论了。最近发表在《当代经济科学》1994年第1期的一篇长文，副标题就是《试论中国经济学必须改造劳动价值论》。为什么要改造以及如何改造呢？现将该文的几条"理由"评析如后：

一曰："在经典马克思主义中，商品的使用价值基本不是政治经济学研究的对象，当然也不是劳动价值论研究的对象。"这是"问题的全部关键"①。

不错，作为自然属性的使用价值，不是马克思主义政治经济学研究的对象，同时也不是资产阶级政治经济学研究的对象，这是政治经济学这门学科的对象决定了的；但是马克思丝毫没有忽视作为商品的使用价值，即社会的使用价值，强调指出如果不是社会上需要的使用价值，这样的产品就不成其为商品，因此马克思在《资本论》第三卷中提出了第二种含义的社会必要劳动时间的概念，强调社会使用价值对价值的实现和决定的重大意义，这是学过政治经济学的人都应当了解的。

二曰："马克思的价值规律是一个关于生产关系的规律，而不是一个关于如何合适配置资源以求取人类最大福利的规律。"②

不错，价值规律是一个关于生产关系的规律（不管是马克思的还是资产阶级学者的），但是"如何合适配置资源以求取人类最大福利的规律"就不是关于生产关系的规律而仅仅是生产力的规律吗？对这个问题，我国老一辈经济学家孙冶方早在50年代后期就已经说得很清楚了，请参阅《经济研究》

---

①② 参见《当代经济科学》1994年第1期，第4页。

1959 年第 9 期《论价值》一文。

三曰："只用'社会必要劳动时间'标示使用价值，完全不管物的具体自然属性对人的效用，至少也就不符合《资本论》本身的逻辑，为什么不应改进呢?"①

这里第一句话就不确切，因为"社会必要劳动时间"是商品社会价值的标示，而不是什么使用价值的标示；因此第二句话也就顺理成章，商品的社会价值当然可以不管物的具体自然属性对人的效用，这也正是《资本论》本身的逻辑，即对科学的抽象法的具体运用。

四曰："我们不能把一切关于人的需求评价与人的心理活动规律性有关的研究一概视为主观唯心主义。这种偏执，是以人的心理活动等于完全随意的幻思为前提的，它根本无视人的心理活动在总体上是一个有规律进程的科学结论，当然不足为凭。"②

这种意见当然是对的，但是批评的是谁呢? 是指马克思的劳动价值论吗? 显然是牛头不对马嘴。马克思主义只是认为，用人们的主观效用来判定商品的社会价值是"不足为凭"的，因为人们对同一商品的效用各不相同，同样一个面包，对酒醉饭饱的富人主观效用很小，而对饥饿的穷人则主观效用很大，然则这个面包的价值究竟如何决定呢?!

五曰："《资本论》本身在使用价值与价值之间关系的问题上存在的自相矛盾，其实反映着经典马克思主义劳动价值论及价值规律理论的一个最根本的缺陷。"③

这里所谓的《资本论》在使用价值与价值关系问题的自相矛盾，实质上是指《资本论》第一卷与第三卷之间的"矛盾"，这个"矛盾"从资产阶级庸俗经济学家庞巴维克提出来已争论了整整一百年，至今众说纷纭，莫衷一是。但是如果正确理解马克思的劳动价值论，特别是其中关于两种含义的社会必要劳动时间与价值决定和实现关系的理论，就根本不存在什么矛盾，而

---

①②　参见《当代经济科学》1994 年第 1 期，第 6 页。

③　参见《当代经济科学》1994 年第 1 期，第 7 页。

是完全一致的。对这个问题，我在《论价值决定》一文中已作过论证（参见《人文杂志》1979 年第 2 期）。

六曰："可以把马克思关于价格只由价值支配，因而，价格只与社会必要劳动时间有关的思想，再加以扩展。其中包括，可以汲取当代均衡理论的种种界说，把价格不仅看成由社会必要劳动时间决定，而且看成由稀缺性及人们的主观评价等因素通过市场机制而决定的均衡化货币表现。"[1]

对这段话，如果从价格决定来说我是完全同意的，如果从价值决定来说我是不能同意的，因为价值决定只是社会必要劳动时间的凝结，所谓稀缺性以及人们的主观评价等因素只能影响价格，但不能决定价值。因此，如果按照这种思路来"改造"劳动价值论，这不是什么发展，而是倒退，不是坚持，而是否定劳动价值论。

（原文发表于《中国社会科学》1994 年第 4 期）

---

[1]　参见《当代经济科学》1994 年第 1 期，第 12 页。

马克思经济学假设的哲学方法论辨析

——以两个"社会必要劳动时间"的关系问题为例

王峰明 *

同西方主流经济学一样，马克思的经济学在理论论证过程中也存在着各种前提性假设。但马克思经济学的前提性假设究竟具有怎样的性质？如何看待它与西方主流经济学假设之间的本质区别？这尚是一个有待深入探讨的问题。马克思在阐述政治经济学的方法时指出，人的思维"用它所专有的方式掌握世界，而这种方式是不同于对于世界的艺术精神的、宗教精神的、实践精神的掌握的。"① 人类认识世界的这种"专有的方式"就是"从抽象上升到具体的方法"，它是"思维用来掌握具体、把它当作一个精神上的具体再现出来的方式。"② 本文立足于马克思确认并阐明的"从抽象上升到具体"的哲学方法论，以半个多世纪以来梦魇般纠缠着国内学术界的两个"社会必要劳动时间"关系问题作为案例（这完全是为了避免流于抽象和浮泛的议论），对马克思《资本论》中辩证逻辑③的假设问题做出分析，供学界同仁参考。

一、问题的提出

国内自 20 世纪 50 年代末以来，围绕两个"社会必要劳动时间"关系问

---

* 王峰明，清华大学马克思主义学院。

① 《马克思恩格斯全集》第 30 卷，人民出版社 1995 年版，第 43 页。

② 《马克思恩格斯全集》第 30 卷，人民出版社 1995 年版，第 42 页。

③ 为说明马克思经济学的前提性假设，本文沿用了马克思在阐述贯穿于《资本论》中的辩证逻辑时所运用的一些基本概念，如"研究方法""叙述方法"等。辩证逻辑把理性思维过程的概念运动以及概念对现实世界矛盾的反映作为主要研究对象。作为一门正在发展和有待完善的科学，它在诸多方面还很不成熟，对其中的许多争论学术界至今尚无定论。就一般的思维过程而言，在微观上，分析与综合、归纳与演绎、具体与抽象是对立统一的关系，无论从个别上升到一般还是从抽象上升到具体，都离不开这些普通的逻辑思维方法。

题的学术讨论时断时续，始终难有定论。所谓两个"社会必要劳动时间"，指
的是马克思在《资本论》第一卷和第三卷中就决定商品价值的"社会必要劳
动时间"分别做出的两种不同规定。前者即："在现有的社会正常的生产条件
下，在社会平均的劳动熟练程度和劳动强度下制造某种使用价值所需要的劳
动时间"（以下简称"时间Ⅰ"）。① 马克思关于后者的论述如下："事实上价
值规律所影响的不是个别商品或物品，而总是各个特殊的因分工而互相独立的
社会生产领域的总产品；因此，不仅在每个商品上只使用必要的劳动时间，而
且在社会总劳动时间中，也只把必要的比例量使用在不同类的商品上。……如
果说个别商品的使用价值取决于该商品是否满足一种需要，那么，社会产品
量的使用价值就取决于这个量是否符合社会对每种特殊产品的量上一定的需
要，从而劳动是否根据这种量上一定的社会需要按比例地分配在不同的生产
领域。……在这里，社会需要，即社会规模的使用价值，对于社会总劳动时
间分别用在各个特殊生产领域的份额来说，是有决定意义的。但这不过是已
经在单个商品上表现出来的同一规律，也就是：商品的使用价值是商品的交
换价值的前提，从而也是商品的价值的前提。……可见，只有当全部产品是
按必要的比例生产时，它们才能卖出去。社会劳动时间可分别用在各个特殊
生产领域的份额的这个数量界限，不过是价值规律本身进一步展开的表现，
虽然必要劳动时间在这里包含着另一种意义。为了满足社会需要，只有如许
多的劳动时间才是必要的。在这里界限是由于使用价值才产生的。社会在既
定生产条件下，只能把它的总劳动时间中如许多的劳动时间用在这样一种产
品上。"（以下简称"时间Ⅱ"）② 马克思把"时间Ⅱ"视为"价值规律本身
进一步展开的表现"，相对于社会必要劳动时间未展开的形式，"包含着另一
种意义"。其实质是指在社会总产品的再生产过程中，只有把社会总劳动时间
根据社会购买力的市场需要按比例地分配在不同的生产领域的各类商品生产
中，全部商品才能卖出去，按必要的比例量这样分配的社会总劳动时间，才

① 马克思：《资本论》第1卷，人民出版社2004年版，第52页。
② 马克思：《资本论》第3卷，人民出版社2004年版，第716~717页。

是社会必要劳动时间。

如何解释"时间Ⅰ"与"时间Ⅱ"的含义及其相互关系，长期以来学术界见仁见智，观点纷呈，先后出现了"一致说"、"引申说"、"同一说"、"矛盾说"、"否定说"、"修正说"等。[①] 进入 21 世纪以来，除"一致说"这一主流观点得到坚持以外，又出现了"发展说"、"动态决定说"等新的诠释，[②] 以及对所谓的"价值决定悖论"的新解析。[③] 解决难题的钥匙在于弄懂马克思"从抽象上升到具体"的哲学方法。在这个思维行程中，马克思先是对一些最简单的经济范畴提出了各种严格的前提性假设，随着经济范畴逻辑演进过程的展开，逐渐放松这些假设的刚性，直至剔除最初的假设；于是，这些初始的简单范畴越来越具体化和复杂化，并衍生出新的范畴；唯其如此，才能在认识的多样性规定辩证统一的基础上，日益丰富地逼近对混沌总体表象的理性再现。

二、思维抽象、假设与"社会必要劳动时间Ⅰ"

关于思维抽象问题，涉及从个别上升到一般的研究过程。马克思在为《政治经济学批判》所写的导言中有如下阐述和启示。如果从作为"感性具体"的"实在和具体"着手，"那么，这就是关于整体的一个混沌的表象，并且通过更切近的规定我就会在分析中达到越来越简单的概念；从表象中的

---

① 这些观点的具体内容，请参阅卫兴华：《价值决定和两种含义的社会必要劳动时间》，载于《经济研究》1984 年第 1 期；何炼成：《论价值决定》，载于《人文杂志》1979 年第 2 期；胡寄窗：《社会必要劳动时间不存在两种含义》，载于《经济研究》1990 年第 3 期；宋则行：《对"两种含义的社会必要劳动时间"的再认识》，载于《当代经济研究》1996 年第 5 期；樊纲：《"苏联范式"批判》，载于《经济研究》1995 年第 10 期；晏智杰：《价格决定与劳动价值论》，载于《学术月刊》1995 年第 8 期；姜启渭：《创造价值的社会必要劳动的两重含义的存在性》，载于《当代经济研究》1997 年第 2 期。

② 这些观点的具体内容，请参阅陈振羽：《第二种意义社会必要劳动价值论辨析》，载于《江汉论坛》2000 年第 3 期；林岗：《关于社会必要劳动时间以及劳动生产率与价值量关系问题的探讨》，载于《教学与研究》2005 年第 7 期；胡均、张广兴：《深入理解马克思的价值决定论》，载于《经济学动态》2004 年第 8 期；孟捷：《劳动价值论与资本主义再生产中的不确定性》，载于《中国社会科学》2004 年第 3 期。

③ 参见崔战利：《解析马克思的"价值决定悖论"——论劳动价值论与物质技术生产力统一的逻辑耦合点》，载于《中国社会科学内刊》2008 年第 1 期。

具体达到越来越稀薄的抽象，直到我达到一些最简单的规定。"① 此时达到的思维抽象有着与"感性具体"不同的特点。第一，它"是把直观和表象加工成概念"，而且是最为"简单的概念"。第二，这些概念中包含了"最简单的规定"。第三，它是一种"越来越稀薄"的"抽象"，"只能作为一个具体的、生动的既定整体的抽象的单方面的关系而存在"，② 因而不断远离事物的表象，或者说，同事物呈现于外的性征越来越不直接相吻合。第四，它在如下意义上是"分析"的结果，即它是将事物分解开来进行剖析后获得的思维成果。第五，存在着各种各样的抽象，与"错误的抽象"③ 具有本质区别的科学的抽象，要求"研究必须充分地占有材料，分析它的各种发展形式，探寻这些形式的内在联系"，④ 由此形成的范畴才能抓住事物的根本。《资本论》中辩证逻辑思维抽象的一个范例，是马克思对劳动范畴一般本质的抽象和概括——"劳动首先是人和自然之间的过程，是人以自身的活动来中介、调整和控制人和自然之间的物质变换的过程。"它是"撇开每一种特定的社会的形式"或者说"撇开它的各种历史形式"来考察的结果；"因此，我们不必来叙述一个劳动者与其他劳动者的关系。一边是人及其劳动，另一边是自然及其物质，这就够了。"⑤ 这些"撇开"或"不说"，实际上就是所谓的前提性"假设"。

马克思在《资本论》第一卷第一篇中关于价值规定的概括，也是这样一种思维抽象。他明确指出："如果我们说商品作为价值只是人类劳动的凝结，那么，我们的分析就是把商品化为价值抽象"，"劳动产品的价值形式是资产阶级生产方式的最抽象的、但也是最一般的形式"。⑥ 价值是包含了最简单的

---

① 《马克思恩格斯全集》第 30 卷，人民出版社 1995 年版，第 41 页。
② 以上引语均见《马克思恩格斯全集》第 30 卷，人民出版社 1995 年版，第 42 页。
③ 马克思：《资本论》第 3 卷，人民出版社 2004 年版，第 964 页。
④ 马克思：《资本论》第 1 卷，人民出版社 2004 年版，第 21 页。
⑤ 以上引语见马克思：《资本论》第 1 卷，人民出版社 2004 年版，第 207～208、207、581、215 页。
⑥ 马克思：《资本论》第 1 卷，人民出版社 2004 年版，第 64、99 页。早在《资本论第一手稿》中，马克思就表达过同样的思想。例如，他说："价值表现为一种抽象……在分析展开的过程中不仅会显示出像资本这样的属于一定历史时代的形式所具有的历史性质？而且还会显示出像价值这样的表现为纯粹的抽象的规定。"参见《马克思恩格斯全集》第 31 卷，人民出版社 1998 年版，第 180 页。

规定——人类劳动的凝结或对象化的人类劳动——的简单概念，这些规定在现实中是当事人所意识不到的，"只有通过辛勤的理论研究才能从日常实践中把它们抽象出来，也就是说，它们是按自然规律的方式起作用"。① 与此相联系，把"时间Ⅰ"定格为一种思维抽象，学术界似乎没有太大的争议。② 诚如马克思所言："分析经济形式，既不能用显微镜，也不能用化学试剂。二者都必须用抽象力来代替。"③ 亚当·斯密和大卫·李嘉图由于"抽象力"不够，结果都止步于对经济形式认识的特定层面，没能达到对商品价值本质规定的揭示和把握。④ 在对"时间Ⅰ"规定的理解上，学术界对马克思的下面这段话有争议——"只是社会必要劳动量，或生产使用价值的社会必要劳动时间，决定该使用价值的价值量。在这里，单个商品是当作该种商品的平均样品"。⑤ 一些学者认为，"时间Ⅰ"是"按单个（单位）商品计算的社会必要劳动时间"，而不是"按商品总量计算的社会必要劳动时间"。⑥ 其实，马克思的"时间Ⅰ"既不是在具体分析某种商品总体的价值决定，也不是在具体分析单个商品的价值决定，而是在表达和说明作为思维抽象的商品及其价值决定问题，是在说明商品价值决定的本质规定和科学内涵。⑦ 什么是商品的"样品"？样品就是一个代表，能够显示它所属的那一类商品的一般性征，能够窥一斑而见全貌。显然，这与其说是在具体确定和计算决定单个或单位商品价值的"社会必要劳动时间"，毋宁说是在抽象地概括和说明什么是一般意义上的"社会必要劳动时间"。至于在现实的商品生产中，究竟什么样的个别

---

　① 恩格斯：《资本论》第三册增补，马克思：《资本论》第3卷，人民出版社2004年版，第1018页。

　② 例如，前引何炼成和陈振羽的文章就明确地将"时间Ⅰ"指认为一种"抽象"。

　③ 马克思：《资本论》第1卷，人民出版社2004年版，第8页。

　④ 参阅王峰明、牛变秀：《哲学方法论视阈中马克思的劳动价值论》，载于《哲学研究》2004年第2期。

　⑤ 马克思：《资本论》第1卷，人民出版社2004年版，第52页。

　⑥ 参阅宋则行：《对"两种含义的社会必要劳动时间"的再认识》，载于《当代经济研究》1996年第5期。

　⑦ 在《资本论第二手稿》中，马克思就明确地把"商品价值由生产商品的社会必要劳动时间决定"？指认为一种本质性认识层面的"规律"，参见《马克思恩格斯全集》第32卷，人民出版社1998年版，第508页。

劳动时间所创造的个别价值，才是具有代表性的劳动时间，这里还没有必要涉及。

"时间 I"作为一种思维抽象，作为对商品价值决定的内在本质的说明，自然也离不开前提性假设，这就是供求一致的假设。即把与市场竞争联系在一起的供求关系变化，包括一种商品供求量的非均衡以及由某种商品交换连结的社会供给与社会需求在全社会供求再生产中所占的比重等，统统排除在商品价值决定的最简单规定之外。关于"时间 I"的规定中供求一致假设的存在，学术界有共识；① 马克思自己也有明确的说明。他说："在本书第一册，我们把资本主义生产过程，既作为孤立过程，又作为再生产过程来分析，我们分析了剩余价值的生产和资本本身的生产。资本在流通领域所经历的形式变换和物质变换被假定（unterstellt）为前提，而没有进一步加以论述。我们假定（unterstellt），一方面，资本家按照产品的价值出售产品；另一方面，他在流通领域找到使过程重新开始或连续进行所必需的各种物质生产资料。我们在那里需要考察的流通领域中的惟一行为，是作为资本主义生产的基本条件的劳动力的买和卖。"② 而且，在马克思看来，"连根本不懂什么是价值的庸俗经济学，每当它想依照自己的方式来纯粹地观察现象的时候，也假定（unterstellt）供求是一致的，就是说，假定（unterstellt）供求的影响是完全不存在的。"③

换言之，把思维抽象作为叙述的起点和论说的前提确立下来，是以种种

① 异议的地方在于：为什么说供求关系和需求因素在商品的"价值决定"中不是"本质"的关系和因素？如有的观点指出，既然说"商品"是"用来交换的劳动产品"，不为人所"需要"因而交换不出去的劳动产品，就不是商品，因而也就不具有价值；那么，"需要"就是构成商品之为商品的本质规定从而也就构成价值决定的一个"内在"要素。问题是，这种观点恰恰忽视了马克思所强调的"社会需要即社会规模的使用价值"，参见马克思：《资本论》第3卷，人民出版社2004年版，第716页。商品固然包含着"价值"和"使用价值"两种因素，但与人的"需要"构成内在关联的是"使用价值"，而绝不是"价值"。

② 马克思：《资本论》第2卷，人民出版社2004年版，第391页。这里和下面括弧中的德文均为笔者所加，详见 Karl Marx – Friedrich Engels – Werke，Band24，Das Kapital，Bd. II，Berlin/DDR：Dietz Verlag，1963，S. 352 – 353.

③ 马克思：《资本论》第1卷，人民出版社2004年版，第148页。括弧中的德文详见 Karl Marx – Friedrich Engels – Werke，Band23，Das Kapital，Bd. I，Berlin/DDR：Dietz Verlag，1968，S. 173.

假设条件的设置为前提的，由此就形成了马克思经济学的思维抽象与前提性假设之间的内在关联。马克思在分析资本主义简单再生产时所讲的一段话，就明确地道出了思维抽象与其前提性假设之间的这种内在关联。他说："既然一方面，在资本主义基础上，没有任何积累或规模扩大的再生产，是一种奇怪的假定（Annahme），另一方面，生产条件在不同的年份不是绝对不变的［而假定（Vorausgesetzt）它们是不变的］，那么，规模不变的简单再生产就只是表现为一个抽象（Abstraktion）。"① 感性具体只是一些无概念、无规定的"杂多"（借用康德的一个术语），思维抽象才把事物"规整"（借用康德的另一个术语）在一起，使之获得"规定"并结晶为概念。作为研究过程之结果的思维抽象，现在成了从抽象上升到具体的叙述过程的起点和前提。因为，要从思维抽象出发解释和说明感性具体，即从本质和规律出发解释和说明现象，就必须对这个作为思维抽象的本质和规律先行地做出表达和交代，结果它"好像是一个先验的结构"。② "时间Ⅰ"就是这样一种表达和交代，就是这样一个似乎"先验"的结构和规定。

三、思维具体与作为"时间Ⅰ"向"时间Ⅱ"转化中介的市场价值

前面援引的《资本论》第三卷第三十七章中关于第二种含义的"社会必要劳动时间"（"时间Ⅱ"）的论述，其实是马克思在同卷第十章中就提出的观点，而且以他关于市场价值范畴的论证为前提和基础。马克思写道："假定这个量（指"所生产的商品的量"——引者注）就是通常的供给量，并且我们撇开所生产的商品的一部分会暂时退出市场的可能性不说。如果对这个总量的需求仍旧是通常的需求，这个商品就会按照它的市场价值出售……这个商品量不仅满足了一种需要，而且满足了社会范围内的需要。"③ 这里出现了一个区别于"价值（Wert）"范畴，在《资本论》第一卷和第二卷中都从未

---

① 马克思：《资本论》第 2 卷，人民出版社 2004 年版，第 438 页。括弧中的德文详见 Karl Marx – Friedrich Engels – Werke, Band24, Das Kapital, Bd. II, S. 393 –394。

② 马克思：《资本论》第 1 卷，人民出版社 2004 年版，第 22 页。

③ 马克思：《资本论》第 3 卷，人民出版社 2004 年版，第 206 页。

露过面的新范畴——"市场价值（Marktwerte）"，使我们不得不面对和思考由之而来的一系列问题。什么是市场价值？它为什么在《资本论》第三卷中才姗姗来迟？如何理解市场价值与"时间Ⅰ"和"时间Ⅱ"之间的学理关系？

　　马克思是从两个方面阐释市场价值范畴之涵义的，他自己在行文中明确地用黑体标出了"第一"和"第二"这两个方面的内容①。前者论述供求一致条件下不同个别价值的平均化形成市场价值；后者则论述供求不一致条件下，个别价值无须经由平均化而直接决定市场价值。先考察马克思所论述的关于市场价值规定"第一"方面的内容。上面我们援引的马克思关于市场价值的论述清楚地表明，这里马克思论说的是供求一致条件下商品市场价值的决定问题。就此而言，"市场价值"与"时间Ⅰ"所规定的"价值"在前提性假设上并没有本质性区别；需要注意的是，马克思阐述的市场价值规定三种情况中表现为二者差异的特征。

　　第一种情况："现在假定这些商品的很大数量是在大致相同的正常社会条件下生产出来的，因而社会价值同时就是这个很大数量的商品由以构成的各个商品的个别价值。这时，如果这些商品中有一个较小的部分的生产条件低于这些条件，而另一个较小的部分的生产条件高于这些条件，因此一部分的个别价值大于大部分商品的中等价值，另一部分的个别价值小于这种中等价值，如果这两端互相拉平，从而使属于这两端的商品的平均价值同属于中间的大量商品的价值相等，那么，市场价值就会由中等条件下生产的商品的价值来决定。"

　　第二种情况："相反，假定投到市场上的该商品的总量仍旧不变，然而在较坏条件下生产的商品的价值，不能由于较好条件下生产的商品的价值而拉平，以致在较坏条件下生产的那部分商品，无论同中间的商品相比，还是同另一端的商品相比，都构成一个相当大的量，那么，市场价值或社会价值就由在较坏条件下生产的大量商品来调节。"

　　第三种情况："最后，假定在高于中等条件下生产的商品量，大大超过在

---

　　① 马克思：《资本论》第3卷，人民出版社2004年版，第201、206页。

较坏条件下生产的商品量，甚至同中等条件下生产的商品量相比也构成一个相当大的量；那么，市场价值就由在最好条件下生产的那部分商品来调节。"①

有种观点认为，马克思在此分析的实际上就是"时间Ⅰ"意义上的价值决定问题。差别只在于：哪一种商品是"很大数量"的商品这个因素，也就是将不同生产条件下生产的使用价值量的"权重"因素考虑进来了。因为马克思这样界定市场价值的概念："市场价值，一方面，应看作一个部门所生产的商品的平均价值，另一方面，又应看作是在这个部门的平均条件下生产的并构成该部门的产品很大数量的那种商品的个别价值。"② 按照这种观点，市场价值是马克思对"时间Ⅰ"意义上的价值决定的一种"补充"或"修正"；以至认为，在马克思那里，"时间Ⅰ"意义上的价值决定本身就是一种"加权平均"，而不是"简单平均"。③ 遗憾的是，这种判断明显地缺乏文献学的支持。因为马克思在世时，无论是 1872 年出版的《资本论》第一卷德文第二版，还是他亲自修订的《资本论》第一卷的法文版，都没有把使用价值量的权重因素纳入到"时间Ⅰ"意义上的价值决定中来。换言之，在"时间Ⅰ"意义上的价值决定中，不仅包含了供求一致的假设条件，而且包含了使用价值量的权重不起作用的假设条件。

其实，市场价值决定中的所谓使用价值量的权重问题，是与三个新变量的同时出现密切相关的。与"时间Ⅰ"的原生关系"价值"相比，这里均衡供求关系的主体，不再是作为商品"样品"的单位使用价值量，而是供求平衡条件下单个部门的使用价值总量，这是其一。关于"现有的社会正常的生产条件"和"平均劳动"的初始规定，现在也具体化为该部门企业劳动生产率状况的"上、中、下"三类条件，它们之间存在着竞争关系，它们各自生产的使用价值量占该部门商品总量的不同比重就是"权重"，这是其二。相应地，关于价值量的一般规定也具体地分解为这三类生产条件下形成的个别价

---

① 以上引语均见马克思：《资本论》第 3 卷，人民出版社 2004 年版，第 203～204 页。
② 马克思：《资本论》第 3 卷，人民出版社 2004 年版，第 199 页。
③ 参见林岗：《关于社会必要劳动时间以及劳动生产率与价值量关系问题的探讨》，载于《教学与研究》2005 年第 7 期。

值量之和，单位商品的市场价值是它们的加权平均值，这是其三。① 马克思对市场价值涵义的这些阐释，诚如他自己明确指出的，是"抽象地叙述的市场价值的确定，在需求恰好大到足以按这样确定的价值吸收掉全部商品的前提下，在实际市场上是通过买者之间的竞争来实现的。在这里，我们就谈到另外一点了。"②

　　这另外的一点是指什么呢？这就是马克思关于市场价值规定"第二"方面的内容。马克思继续写道："与此相反，如果这个量（指供给量——引者注）小于或大于对它的需求，市场价格就会偏离市场价值。第一种偏离就是：如果这个量过小，市场价值就总是由最坏条件下生产的商品来调节，如果这个量过大，市场价值就总是由最好条件下生产的商品来调节，因而市场价值就由两端中的一端来决定，尽管单纯就不同条件下生产的各个量的比例来看，必然会得到另外的结果。"③ 这个"另外的结果"指的是上述供求平衡条件下市场价值中所谓的使用价值量权重的规定。但是，与马克思上述关于市场价值"第一"方面内容的规定相比，这里非常明显的变化是，在部门商品生产的供给大于需求的情况下，即使最好条件下生产的商品量的权重不构成该部门商品总量的多数，市场价值也"总是由最好条件下生产的商品来调节"；反之亦然。现在，市场价值中使用价值量权重的规定竟完全"失灵"了。令人惊讶的是，长期以来传统的国内外马克思主义政治经济学解说《资本论》的各种范本，都避开我们在上面引证的马克思关于市场价值规定"另外一点"、"必然会得到另外的结果"的原话及其上下文的相关内容，而把马克思所说的市场价值规定"第二"方面的内容简单地直接并入其"第一"方面内容的使用价值权重作用，认为生产条件好的或坏的那类企业的个别价值之所以能决定市场价值，是因为通过市场供求与价格变化，在重新达到平衡时，这类企

---

　　① 参见崔战利：《解析马克思的"价值决定悖论"——论劳动价值论与物质技术生产力统一的逻辑耦合点》，载于《中国社会科学内刊》2008 年第 1 期。

　　②③ 马克思：《资本论》第 3 卷，人民出版社 2004 年版，第 206 页。

业生产的使用价值已构成了部门产量的多数。① 其实，马克思的原意是揭示：在部门商品市场供求不一致条件下，各自处于生产条件两端的个别价值量直接决定市场价值，从而成为价格波动的中心。不理解马克思关于市场价值的第二方面规定，就无法真正把握马克思的资本主义地租理论。在资本主义工业化进程的相当时期中，农产品价格呈上涨趋势，价格波动的中心是劣等地的个别价值量，而劣等地的产量往往不占农产品总量的多数。②

至此，作为中介环节，市场价值范畴规定的多重性问题就突现在我们面前了。马克思非常明确地指出："供求以价值转化为市场价值为前提"，③ 从而将市场价值定位为从"时间Ⅰ"向"时间Ⅱ"转化的最必要的中介环节。因为市场价值的"第一"规定内容在继续保持供求一致的假设条件下，把"时间Ⅰ"中三个"最简单的规定"各自转化为"多种规定"。即它把作为商品"样品"的单位使用价值量转化为单个部门的使用价值总量；把"现有的社会正常的生产条件"和"平均劳动"具体化为部门劳动生产率状况的上、中、下三类条件；把价值量具体化为这三类生产条件所创造的个别价值量的总和或加权平均。然后，市场价值的"第二"规定内容则"撤去"部门商品供求一致的假设，研究在单个部门商品供求不一致条件下，个别价值对市场价值的决定作用。在这个基础上，"时间Ⅰ"向"时间Ⅱ"的转化才有可能得以完成。因此，市场价值与价值相比，它与现实经济运动的距离较小，抽象的程度较低，"舍象"的东西较少。在马克思看来，从简单概念到具体概

---

① 例如，这一误漏至少可追溯到苏联著名马克思主义经济学家卢森贝的《〈资本论〉注释》第3卷，李延栋译，三联书店1963年版，第96～97页，随后，出现在许涤新主编的《政治经济学辞典》上册，人民出版社1980年版，第524页，陈征的《〈资本论〉解说》第4册，福建人民出版社1981年版，第149～150、154～155页，张薰华的《〈资本论〉提要》第3册，上海人民出版社1982年版，第70～71页，直至2004年出版的方大左著《〈资本论〉引读》第3卷，中央编译出版社，第102～103页。

② 由于农产品的需求长期大于供给，在劣等地的个别价值量直接决定市场价值的情况下，还引出了马克思所说的"虚假的社会价值"问题，参见马克思：《资本论》第3卷，人民出版社2004年版，第744～745页。

③ 马克思：《资本论》第3卷，人民出版社2004年版，第216页。

念、从思维抽象到思维具体，"要以极为复杂的中介过程为前提"。^① 只有借助于中介过程或中介环节，事物的本质和规律才能以现实的形式或方式得到具体的展开和实现，事物的表象或现象才能在本质和规律的基础上得到整体的理解和把握。事物的规定正是因为有这种中介环节的加入才变得复杂和多重，而对事物复杂和多重规定的把握正是事物在整体上得到理解和认知的标志。

在思维具体再现客观世界的程度上，市场价值与"时间Ⅱ"又有差异。市场价值是由部门内的竞争形成的，涉及的仅仅是某个特殊部门商品供求之间的比例关系问题，这是社会必要的总劳动时间在单个部门的分配。只有在这个基础上，才能进一步阐释在社会总供给与社会总需求不一致条件下，"时间Ⅱ"关于社会必要的总劳动时间的规定。马克思指出："关于市场价值所说的，也适用于生产价格，只要把市场价值换成生产价格就行了。"^② 全社会必要的总劳动时间在各部门的分配，实际上是社会总资本（全部预付资本包括不变资本和可变资本）在部门和企业之间的分配问题，不但要求有部门内的竞争，而且必须有部门之间的竞争，后者造成的利润平均化趋势和市场价值向生产价格的转形，都是"从抽象上升到具体"的思维行程中必须解决的问题。部门之间竞争以生产要素在部门之间的流动为条件，无论是作为引起流动的原因还是结果，我们都须面对并分析单个部门商品供求不均衡的现实存在。不理解市场价值，就不能理解一般利润率；不理解一般利润率，就不能理解生产价格；不理解生产价格，就不能理解最初抽象的价值规定和价值规律如何在资本主义条件下成为现实的作用方式和实现形式。"时间Ⅰ"可以"无视"供求关系变化和需求因素变化等这些中介环节对价值决定的作用和影响，通过前提性假设而将之"舍象"或"悬置"（借用哲学"现象学"的一个术语）起来不予考虑；"时间Ⅱ"则必须"剔除"这种前提性假设而把供

---

① 马克思：《资本论》第 3 卷，人民出版社 2004 年版，第 885 页。马克思将缺乏中介过程或中介环节的抽象叫做"强制的抽象法"，并由此出发审视和评价古典经济学的"得"与"失"，参见马克思：《资本论》第 1 卷，人民出版社 2004 年版，第 356 页。

② 马克思：《资本论》第 3 卷，人民出版社 2004 年版，第 200 页。

求关系和需求因素等重新"还原"（借用哲学"现象学"的另一个术语）回来，充分重视和详细考察它们的变化给全社会必要的总劳动时间的决定所带来的影响和结果。

在市场价值多重性规定的基础上，我们对"时间Ⅱ"的理解也包括两个方面的规定内容。第一，在理想的正常生产条件下，当全社会的总供给与总需求一致，且各个部门市场的供求也一致时，各类商品的价格是由各部门中不同生产条件下产出的使用价值量权重最大的那类企业的个别价值量决定的，是部门生产的个别价值总量的加权平均值。但对于资本主义生产方式而言，这种理想条件在现实经济生活中只是偶然的现象。第二，在全社会的总供给与总需求不一致的情况下，价格波动围绕的中心，当供大于求时，是由各部门内处于上等生产条件、平均成本低的那类企业的个别价值调节的，而不管其生产的使用价值量在同类商品中权重的大小；当供小于求时，则由下等生产条件、平均成本高的那类企业的个别价值调节，也与其权重的大小无直接关系。至于在全社会的总供给与总需求不一致的情况下，部门商品市场价格的波动状态，究竟是处于理想条件还是处于供大于求或供小于求的不平衡条件，在中观上都可归结于上述马克思关于市场价值"第一"或"第二"两个方面的情况。对于上述状况更具体的分析，属于马克思未完成的关于竞争理论和价格运动的部分，尚有待于我们进一步研究。但"时间Ⅱ"含义的提出，揭示了商品的物质生产过程中总的物化劳动量以各部门不同生产条件所生产的个别价值量为表现形式，始终是影响或调节整个市场价格波动的中心或基础。这种基础作用在价格的长期波动中以平均化趋势表现自己。

因此，"时间Ⅱ"是比市场价值更具体、更丰富的思维具体，离现实的经济运动更近。因为它解释了市场价格波动的整体表象。由于社会总劳动时间在各个部门之间的分配不合比例，即使单位商品或某类商品的总量是在现有的社会正常的生产条件下耗费了社会必要劳动时间而生产的，但市场上卖不出去的商品，其消耗的劳动时间也不能构成社会必要的总劳动时间的一部分，它们的个别价值不能转化为社会价值。这类商品在市场上代表的社会劳动量就比它们实际包含的社会劳动量小得多。当资本主义陷入生产相对过剩的周期性经济危机时，各个生产部门中首先遭受重大打击的，便是那些在需求大于供给的繁荣时期大量涌现的处于劣等生产条件下的企业。没有上述关于市场价值多重性质的规定，没有这个中介环节，我们就难以在思维具体的整体上，把握因供求之间总的比例关系周期性地遭到严重破坏而导致的这些危机现象，更无法理解在现实生活中，资本主义市场经济只能在供求关系不平衡的周期性震荡中实现供求关系均衡化的趋势。

恩格斯曾这样评价《资本论》第三卷，它"如雷鸣电闪，因为它第一次从总的联系中考察了全部资本主义生产"。① 这个评价与马克思在《资本论》第三卷中的下列论述是一致的："资本主义生产过程，就整体来看，是生产过程和流通过程的统一。至于这个第三册的内容，它不能是对于这个统一的一般的考察。相反地，这一册要揭示和说明资本运动过程作为整体考察时所产生的各种具体形式。"② 这有助于我们理解和把握"时间Ⅰ"与"时间Ⅱ"之间的关系，以及在从前者向后者的辩证思维逻辑转换过程中市场价值的中介作用。

就"时间Ⅰ"、市场价值和"时间Ⅱ"三者之间的总体关系而言，它们无疑都是思维的产物，却又都不是虚无缥缈的东西，而是体现了马克思在分析同一个问题的深化过程中考察层次的转换和角度的改变。作为思维抽象的"时间Ⅰ"，是在整体上把最发达资本主义生产方式的直观和表象层层剥皮，加工成"最稀薄"概念的产物。它是逻辑过程的起点和基础，具有解释学意义上的优先性和第一性。从逻辑进程看，没有"时间Ⅰ"，就无法理解和说明市场价值与"时间Ⅱ"。由于市场价值真实地存在于价值生产过程以及单个部门的价值实现过程中，更由于"时间Ⅱ"真实地存在于整个社会的价值实现过程中，因此，"时间Ⅰ"才作为在不断的不平衡中实现的平均化趋势，真实地经由市场价值和"时间Ⅱ"而再现出来。如此说来，市场价值与"时间Ⅱ"又可视作"时间Ⅰ"不同程度的变形。《资本论》第一卷中的价值和

---

① 《马克思恩格斯〈资本论〉书信集》，人民出版社 1976 年版，第 461 页。
② 马克思：《资本论》第 3 卷，人民出版社 2004 年版，第 29 页。

"时间Ⅰ"是思维抽象层面的一般考察，第三卷中的"时间Ⅱ"是思维具体层面在整体上的具体考察；前者属于简单概念，后者属于具体概念；而市场价值则是二者转换的枢纽。

四、结束语

根据以上立论，我们对学术界关于"社会必要劳动时间"的讨论，有以下简短的总结性看法。持"同一说"的论者，将"时间Ⅰ"与"时间Ⅱ"绝对地等同起来，以一个去置换另一个，忽视了在辩证逻辑的思维过程中它们分别处于不同层次的区别。持"矛盾说"或"否定说"的论者，把"时间Ⅰ"与"时间Ⅱ"绝对地对立起来，以一个去否定另一个，同样无视它们之间存在的一般与个别、抽象与具体的内在关系，并以此编造出《资本论》第一卷与第三卷在体系上"前后矛盾"的说法。介乎二者之间、持"一致说"的论者，将"时间Ⅰ"归结为"价值生产"和"价值决定"问题，将"时间Ⅱ"归结为"价值实现"和"价格波动"问题，对市场价值的多重性规定在二者之间承前启后所起的关键性中介地位和枢纽作用缺乏必要的认识，将市场价值范畴相对独立的相关规定硬"塞入"到"时间Ⅰ"中，[①] 更没有看到供求关系的不一致，不仅会引起市场价格的波动，还会导致市场价值本身边界的改变。持"动态决定说"的论者认为"时间Ⅰ"与"时间Ⅱ"是直接"互相决定"的，也把中介环节的某些相对独立的规定划归至"时间Ⅰ"的名下；而且因在"不一致"或"彼此矛盾"的意义上解读价值与市场价值这两个概念之间的关系，最终导致与"否定说"或"矛盾说"殊途同归的结果。最后，持"发展说"、"引申说"和"修正说"的论者，虽然看到了"时间Ⅰ"与"时间Ⅱ"之间的联系和区别，甚至也在抽象的层面看待"时间Ⅰ"，但是当他们得出"时间Ⅱ"比"时间Ⅰ"更为"现实"、更为"根本"或更为"重要"的结论时，表明他们仍然没能在"从抽象上升到具体"的方

---

① 笔者也曾有这种误判，因而一度赞成"一致说"，参阅王峰明、牛变秀：《价值、需求、价格及其"人——哲学"追问》，载于《学术界》2002 年第 6 期。

法论高度来理解和把握二者之间存在的"一般与个别"的本质关系。

其实，价值意义上的"时间Ⅰ"、个别价值意义上的市场价值、全社会必要的总劳动时间意义上的"时间Ⅱ"，不是彼此外在和相互并列的"三个"东西，而是"同一个"东西在思维行程不同层次上的存在，是从简单概念经中介环节向具体概念的升华。对于客观世界不同实体特殊性的区别以及它们之间的相互关系是比较容易把握的；但是要从中识别出同一实体不同侧面的性质之间的非实体性的矛盾关系来，就不那么轻而易举了，因此许多人把这两类不同的关系混为一谈。然而，最困难的则是把握事物中普遍存在的一般与个别、共性与个性之间的关系。共性存在于一切个性之中，这一道理"是关于事物矛盾的问题的精髓，不懂得它，就等于抛弃了辩证法。"[1] 本文论及的思维抽象与思维具体的关系及其案例就属于这样的复杂关系。马克思经济学的前提性假设，是其从抽象上升到具体方法论的内在组成部分。马克思在为《资本论》第二版所写的跋文中曾讲过："人们对《资本论》中应用的方法理解得很差"。[2] 这提示我们要认真研究《资本论》所体现的马克思主义哲学辩证逻辑的思维方法。

马克思所说的研究过程，要求把有关本质的关系和因素从各种非本质的关系和因素中分离出来，乃至将它们从"派生的、转移来的、非原生的生产关系"这些属于"第二级的和第三级的东西"[3] 中识别出来，排除干扰，实现从感性具体向思维抽象的跃迁。然而，这还只是思维"加工厂"的半成品，作为研究过程之结果的思维抽象，现在转而成为叙述过程的起点。在叙述过程中，作为最初起点的最简单的原生关系，实际上就是把上述那些非原生的关系和因素"撇开"，放到一边"不说"。因此，为了"舍象"，必须建立关于"不说"的前提性假设，以便通过科学的抽象，获得关于本质的一些最简单的规定。但是这样的前提性假设自然不是永恒和绝对的，都只是具有暂时的合理性和存在价值。起初"加"了什么样的假设，最后必然要"去"掉什

---

① 《毛泽东选集》第1卷，人民出版社1991年版，第320页。
② 马克思：《资本论》第1卷，人民出版社2004年版，第19页。
③ 《马克思恩格斯全集》第30卷，人民出版社1975年版，第51页。

么样的假设。逐步"去"假设的思维具体变得越来越丰富和厚实，它由许多相互联系的具体概念的总体构成。这样，理性思维的行程就越来越接近表象和实在，事物及其外在表象就不再是一种混沌的整体，而是转化为被理解了的整体，才能解释和说明在各种非本质的关系和因素作用下，本质和规律呈现于外的复杂多样的现象形态。一如马克思所说："具体之所以具体，因为它是许多规定的综合，因而是多样性的统一。因此它在思维中表现为综合的过程，表现为结果，而不是表现为起点，虽然它是现实的起点，因而也是直观和表象的起点。"思维具体"已不是关于整体的一个混沌的表象，而是一个具有许多规定和关系的丰富的总体了。""具体总体作为思想总体、作为思想具体，事实上是思维的、理解的产物"。①

马克思经济学辩证逻辑中的前提性假设，是一把解决本质与现象之间存在的一般与个别这一矛盾的钥匙。其中的任何前提性假设都不是自明或自足的，都必须在历史过程的社会实践基础上接受"理性"的拷问和审判，都需要给以剖析和探究。辩证逻辑思维过程的矛盾运动包含了范畴形式的转化，这是对客观世界矛盾运动阶段性发展的能动反映。普遍联系的矛盾现象构成客观世界混沌的网络，而概念和范畴则是帮助我们认识世界的网上纽结。马克思经济学的前提性假设，贯彻和体现了理论与现实、逻辑与历史矛盾运动的辩证法。任何科学的理论和理论假设，都不能脱离现实，而是必须建立在现实社会矛盾运动的基础之上，否则就不能理解和说明任何现实问题，更不要说预测未来了。在马克思的经济学中，如果说存在着什么"永恒"的前提和基础的话，那就是作为研究对象的现实社会。马克思说："就是在理论方法上，主体，即社会，也必须始终作为前提浮现在表象面前。"② 未经社会实践检验的理论假说不能成为改造现实的标准，不能用这样的理论假说去剪裁、修正现实。不是理论假说决定现实事物的运动，而是现实事物的运动决定理性思维的发展变化。马克思经济学辩证思维的逻辑过程与社会经济发展的历

---

① 《马克思恩格斯全集》第30卷，人民出版社1975年版，第42、41页。
② 《马克思恩格斯全集》第30卷，人民出版社1975年版，第43页。

史过程具有根本上的相关性。历史过程在各种偶然性中展开自身的运动，逻辑过程则是对这种偶然性背后之必然性的反映和把握。建立在物质世界辩证发展与人类实践基础上的辩证法、逻辑学和认识论的统一，揭示了主观辩证法与客观辩证法的相互关系，是马克思主义哲学区别于以往旧哲学的一个显著特征。黑格尔式思维关于概念和范畴自我相关、自我构成、自我展开和自我运动的教旨终究是幻觉。马克思说得好："黑格尔陷入幻觉，把实在理解为自我综合、自我深化和自我运动的思维的结果，其实，从抽象上升到具体的方法，只是思维用来掌握具体、把它当作一个精神上的具体再现出来的方式。但决不是具体本身的产生过程。"① 总之，"掌握了马克思的方法论，无异于掌握了迄今为止仍然是最强有力的先进武器。"②

（原文发表于《中国社会科学》2009 年第 4 期）

---

① 《马克思恩格斯全集》第 30 卷，人民出版社 1975 年版，第 42 页。
② 冯文光："序二：关于阅读《资本论》的方法"，方大左：《〈资本论〉引读》第 1 卷，中央编译出版社 2004 年版，第 7 页。

论社会必要劳动时间的理论定位

——兼与王峰明先生商榷

丁堡骏[*]

王峰明先生在《中国社会科学》2009年第4期发表了《马克思主义经济学假设的哲学方法论辨析——以两个"社会必要劳动时间"的关系为例》一文（为了讨论方便，本文以下简称《辨析》）。文章从哲学方法论角度对市场价值范畴进行定位，将市场价值定位为"从'时间Ⅰ'向'时间Ⅱ'转化的最必要的中介环节"。在此基础上还具体阐述了作为中介环节的市场价值规定的多重性特点。读罢该文，感到这是一篇试图从哲学方法论角度探讨两重含义的社会必要劳动时间问题的颇具学术魅力的好文章，在很多方面很受启发。当然，在欣赏之余我也深感该文还有一些值得进一步探讨和完善的地方。本着"百花齐放、百家争鸣"共同提高的原则，我愿就这些问题谈些个人看法，以就教于王峰明及学术界的同仁。

一、马克思劳动价值论的价值——价格理论的基本逻辑

为了和《辨析》一文进行对比，我们将马克思劳动价值论的价值——价格理论的基本逻辑，表示为如下形式：

（1）W—G：价值（时间Ⅰ）——市场价格（时间Ⅱ）

（2）W—G：市场价值（时间Ⅰ的平均值）——市场价格（时间Ⅱ）

（3）W—G：生产价格（时间Ⅰ的进一步的平均值）——市场价格（时间Ⅱ）

* 丁堡骏，吉林财经大学马克思主义经济学研究中心。

（1）式所揭示的是价值规律一般原理。其核心思想是：价值质的规定性和价值量的规定性以及价值的实现等内容。W—G 表示商品价值的实现。W——表示商品。马克思在这里揭示了处于 W 位置的商品，其价值质的规定性是一般人类劳动的凝结。这个商品价值量的规定性，是凝结在其中的社会必要劳动量，即第一种含义的社会必要劳动时间（简称时间Ⅰ）。处于 G 位置的货币，表示一定量实现了的价值。它当然是一定量的社会必要劳动时间的指数。而且是与时间Ⅰ有区别的被社会所承认的劳动时间。我们认为它就是第二种含义的社会必要劳动时间，或简称时间Ⅱ。马克思在《资本论》第一卷第一篇集中阐述了这一基本思想。恩格斯在《〈资本论〉第三卷增补》进一步补充说明了马克思的这一思想。当然，这个基本思想在《资本论》后续的各篇章的行文中也有所运用和发展。由于这一基本原理的阐发是以高度抽象的简单商品经济为背景的，因此，它是属于十分抽象的原理，因而也就具有最广泛的适用性，它适用于任何商品经济。由此看来，时间Ⅰ是和商品价值质的规定性相匹配的阐述商品价值量的规定性的范畴。既然商品价值质的规定性不需要马克思在《资本论》后续各章节中反复重复论证和咀嚼，那么，商品价值量的规定性也同样不需要马克思在《资本论》后续各章节中反复花样翻新的阐述。因此，后面关于社会必要劳动时间的阐述，一定不是和时间Ⅰ有本质区别的新阐述。

（2）式所揭示的是价值的第一个转化形式。这一理论的核心思想是价值转化为市场价值。马克思在《资本论》第三卷第十章中集中阐述了这一重要思想①。在这里，马克思始终把前面所阐述清楚的 W—G 的基本原理作为既定的前提。马克思集中探讨的问题是，作为 W—G 的起始点 W 所代表的价值怎样转化为市场价值。换句话说，原来在 W—G 交换过程中，作为市场价格波动中心的是价值。现在，马克思论证了价值为什么和怎样平均化为市场价值，并且，这种市场价值取代价值而成为在 W—G 交换过程中，对市场价格起基

---

①　《资本论》第一卷第十章在没有对市场价值范畴进行详细论述的条件下，马克思粗略地运用了这一理论。

础调节作用的因素。在这一研究中，《资本论》第一卷第一篇中已经讲清楚的
W—G 的原理，对马克思来说是既定的前提。马克思探讨的重点是，价值为什
么和如何转化为市场价值的。如果市场价值范畴讲清楚了，那么，这里的
W—G 过程，只需把其中的价值换成市场价值就行了。值得注意的是，由于
《资本论》第一卷当时是以独立著作的形式出版的，因此在《资本论》第一
卷第十章的论述中对后来第三卷的相关内容没能进行衔接和照应。而后来在
《资本论》第三卷出版时，马克思又没有能够亲自进行修改和最终定稿，因
此，《资本论》第三卷的手稿内容也没能和《资本论》第一卷的相关内容进
行协调。但无论如何，《资本论》第一卷第十章在相对剩余价值生产的大背景
下，追求超额剩余价值为动力的资本家，在部门内部竞争中通过使个别价值
（价值）平均化为市场价值和社会价值，达到了生产相对剩余价值的目的。而
《资本论》第三卷第十章，马克思把这部分内容作为研究部门之间竞争价值转
化为生产价格理论的一个重要前提和组成部分而补充进来。由于这些原因，
马克思价值转化为市场价值的思想，在后来的《资本论》学习和研究中都没
能被很好的理解和掌握。

（3）式所揭示的是价值的进一步的转化形式。其核心思想是：价值怎样
平均化为生产价格。这里的平均化既不是简单平均值，也不是加权平均值。
它是由于利润率平均化而形成的平均价值，在数量上它等于既定的成本加平
均利润。马克思在《资本论》第三卷第九章和第十章中集中阐述这一思想，
这是一个全新的重要理论。从第九章开始一直到全书结束，几乎每一个重要
研究领域的突破，都离不开对这一理论的运用。在这里，马克思集中探讨的
问题是，作为 W—G 的交换过程起始点 W 所代表的价值怎样经由市场价值进
一步转化为生产价格。在这一研究中，《资本论》第一卷中所讲清楚的 W—G
的原理，对马克思来说同样是不言自明的。马克思认为，"关于市场价值所说
的，也适用于生产价格，只要把市场价值换成生产价格就行了。"①

---

① 马克思：《资本论》第 3 卷，人民出版社 2004 年版，第 200 页。

二、社会必要劳动时间究竟能有多大的解释范围和解释能力？

《辨析》对马克思价值——价格理论认识的基本逻辑，集中反映在如下的一段论述中，《辨析》一文写道："《资本论》第一卷中的价值和'时间Ⅰ'是思维抽象层面的一般考察，第三卷中的'时间Ⅱ'是思维具体层面在整体上的具体考察；前者属于简单概念，后者属于具体概念；而市场价值则是二者转换的枢纽。"① 我们把这一思想概括为如下的图式：

价值（时间Ⅰ）——市场价值——时间Ⅱ

将这一图式和我们的图式进行对比，有如下两个方面的明显差别：第一，从形式上来看，《辨析》在逻辑上把时间Ⅱ看作是从价值向价格转化的一个中介环节（注意《辨析》作者始终不肯把时间Ⅱ和市场价格相联系），而在我们的图式中，却将市场价格与时间Ⅱ紧密联系在一起，并始终把他们看作是价值表现的终点。第二，从内容上来看，《辨析》在逻辑上把市场价值和时间Ⅱ看作是社会必要劳动时间（时间Ⅰ）决定商品价值的具体化，更准确地说，时间Ⅱ是时间Ⅰ的价值决定条件的具体分解。而我们的图式则把市场价值看作是和生产价格相类似的从价值到价格转化的中间环节。

关于第一方面的差别，我们要强调的是《辨析》并没有把时间Ⅱ放到具体位置上。在马克思那里，由劳动时间决定价值的价值规律是一个高度抽象的一般规律。这个一般规律，随着资本主义经济的各种经济条件的产生和发展，要相应的具体化市场价值规律和生产价格规律。《辨析》混淆不同层次的价值概念，将价值（时间Ⅰ）、市场价值和时间Ⅱ放到一个层面来考察。从这里可以看出作者对市场价值范畴认识的偏差。《辨析》在行文中强调价值和时间Ⅰ属于简单概念，时间Ⅱ属于具体概念，市场价值则是二者转换的枢纽。这是非常正确的，但令人遗憾的是，《辨析》并没有具体论述市场价值为什么和怎样成为从价值到时间Ⅱ转换的枢纽的。事实是，作者一方面直接将时间

① 王峰明：《马克思经济学假设的哲学方法论辨析——以两个"社会必要劳动时间"的关系为例》，载于《中国社会科学》2009 年版，第 61 页。

Ⅱ等同于市场价值；另一方面，作者又软弱无力的宣布时间Ⅱ是比市场价值更具体、更丰富的思维具体，离现实的经济运动更近。《辨析》写道："在市场价值多重性规定的基础上，我们对'时间Ⅱ'的理解也包括两个方面的规定内容。第一，在理想的正常生产条件下，当全社会的总供给与总需求一致，且各个部门市场的供求也一致时，各类商品的价格是……部门生产的个别价值总量的加权平均值……，第二，在全社会的总供给与总需求不一致的情况下，价格波动围绕的中心，当供大于求时，是由各部门内处于上等生产条件、平均成本低的那类企业的个别价值调节的……；当供小于求时，则由下等生产条件、平均成本高的那类企业的个别价值调节。"① 从这里我们看到，《辨析》把时间Ⅱ和市场价值完全等同起来了。既然《辨析》把时间Ⅱ和市场价值完全等同起来，那么《辨析》宣布时间Ⅱ是比市场价值更具体……离现实的经济运动更近，必然是苍白无力的。此外，《辨析》认为时间Ⅱ解释了市场价格波动的整体表象。然而，在具体运用时间Ⅱ解释市场价格波动时，我们发现作者讲的还是"个别价值不能转化为社会价值。"因此，我们认为，《辨析》还是没有能够把时间Ⅱ和市场价值区别开来。如果如《辨析》所认为的那样，市场价值是价值和时间Ⅰ与时间Ⅱ的中介和枢纽。那么，市场价值一定是与时间Ⅱ有区别的。具体说，依照《辨析》的说法，按照抽象——具体原则，应该有如下的逻辑顺序：价值（时间Ⅰ）——市场价值——时间Ⅱ。因此，从抽象程度方面来看，价值（时间Ⅰ）是抽象程度最高的范畴，市场价值的抽象程度次之，时间Ⅱ是抽象程度最低的范畴。反过来，从具体化的程度来看，时间Ⅱ是最具体的范畴，市场价值次之，价值（时间Ⅰ）再次之。从这一认识来看，《辨析》将时间Ⅱ与市场价值等同，或者降低了市场价值范畴的抽象程度，或者提高了时间Ⅱ范畴的抽象程度，或者两者兼而有之。从我们的判断来看，《辨析》提高了时间Ⅱ范畴的抽象程度这一点是肯定的。因此，虽然在口头上宣称市场价值是中间环节，但实际上《辨析》并没有真正

① 王峰明：《马克思经济学假设的哲学方法论辨析——以两个"社会必要劳动时间"的关系为例》，载于《中国社会科学》2009年版，第61页。

把它当作中间环节，而是把它等同于最终环节，即等同于时间Ⅱ。

关于第二方面的差别，我们要强调的是，《辨析》也没有把市场价值范畴和价值范畴区别开来。关于市场价值的确定，《辨析》写道："因为市场价值的'第一'规定内容在继续保持供求一致的假设条件下，把'时间Ⅰ'中三个'最简单的规定'各自转化为'多种规定'。即它把作为商品'样品'的单位使用价值量转化为单个部门的使用价值总量；把'现有的社会正常的生产条件'和'平均劳动'具体化为部门劳动生产率状况的上、中、下三类条件；把价值量具体化为这三类生产条件所创造的个别价值量的总和或加权平均。然后，市场价值的'第二'规定内容则'撤去'部门商品供求一致的假设，研究在单个部门商品供求不一致条件下，个别价值对市场价值的决定作用。在这个基础上，'时间Ⅰ'向'时间Ⅱ'的转化才有可能得以完成。"①从这段文字我们可以清楚地看到，《辨析》把市场价值的确定理解为价值决定过程的具体化。换言之，对《辨析》作者来说，无论是就单个产品，还是就一个部门的产品总量来说，市场价值都要恒等于价值。因此，《资本论》中马克思关于市场价值确定的有关理论描述，都被认为是关于价值的决定或关于社会必要劳动时间的描述。我们认为，与生产价格范畴一样，市场价值是和价值既有区别又有联系的独立范畴，它是价值的转化形式。作为转化形式的市场价值和作为转化形式的生产价格一样，它与价值的关系也是一定层次的现象和本质的关系。在数量关系上，就单个商品来看市场价值和价值一般说来是有差别的，只有在极其偶然的情况下二者才能相等；当然，如果就一个社会的某一生产部门的整体来看，"这个总量的价值＝它的市场价值"②。由此而论，马克思关于市场价值确定的有关论述，也与他关于生产价格确定的有关论述一样，都不能直接理解为关于价值量决定或社会必要劳动时间的规定。然而，长期以来马克思主义经济学者确实在这个问题上出现了混乱。学术界很多人不理解市场价值范畴和价值范畴的区别和联系，把马克思关

---

① 王峰明：《马克思经济学假设的哲学方法论辨析——以两个"社会必要劳动时间"的关系为例》，载于《中国社会科学》2009 年版，第 60 页。

② 马克思：《资本论》第 3 卷，人民出版社 2004 年版，第 203 页。

于市场价值确定的有关论述硬是张冠李戴给了价值决定和社会必要劳动时间。结果就出现了把现象形态和本质形态相混淆、甚至用现象形态否定本质形态的种种错误观点。似乎存在着这样一种根深蒂固观念：市场价值是价值，生产价格是价格。这种错误观念也许是出于如下的误解：因为生产价格称谓中有价格，所以，生产价格是属于货币价格层次的。与此相类似，因为市场价值称谓中有价值，所以，市场价值是与价值没有区别的等同范畴。这就是人们研究价值决定时将社会必要劳动时间和市场价值相联系而不将其与生产价格相联系的原因，也是第二含义社会劳动时间决定价值的理念产生的根源。

按照我们的价值转形的基本逻辑关系，商品价值量的决定是一个很基础、很简单的问题。它是解决资本主义经济的各种复杂的问题的基础。但是，真正解决资本主义经济的各种复杂问题，还必须研究使这一基本规律变形或具体化的各种因素。因此，在马克思那里，研究了机器大工业的资本主义部门内部竞争以及和它相适应的价值转化为市场价值；此后马克思还研究了部门之间的竞争以及和它相适应的市场价值转化为生产价格。而时间Ⅱ则是一个较为具体的概念。就一个部门来说，当商品交换的基础是价值时，它就是实现的价值。当商品交换的基础是市场价值时，它就是实现的市场价值。当商品交换的基础是生产价格时，它就是实现的生产价格。可见，马克思对价值和价值实现问题的分析，是有许多分析的逻辑层次的。只有很好地掌握了这些逻辑关系，才能对复杂的价值现象给予科学的解释。然而，人们由于没有很好地掌握马克思的方法论，却总是混淆不同层次的不同问题。就价值决定问题的讨论来看，社会必要劳动时间这个概念本来是一个很简单的基础性概念。马克思在《资本论》第一卷第一章已经讲得很透彻了，然而，人们觉得不解渴、总觉得这个概念应该能够把市场经济的复杂的价格现象都讲清楚。在他们意识中，社会必要劳动时间决定商品价值这个简单的基本原理，在《资本论》三卷中的各个章节中反复的咀嚼和不断变换方式进行花样翻新的论证。似乎是只要将社会必要劳动时间决定商品价值讲清楚了，那么，马克思主义经济学的一切问题就都迎刃而解了。因此，他们总是不顾篇章结构的差异，到《资本论》第二卷和第三卷中去，去查找有关价值决定的"最新论述"。于是，就有人望文生义地"挖掘"出马克思社会必要劳动时间的第二含义、第三含义，……，等等。由于这种错误认识以片面夸大决定商品价值的社会必要劳动时间的解释范围和作用为突出特征，所以，我们把它称作是社会必要劳动时间崇拜症。社会必要劳动时间崇拜症的主要表现是，不顾经济范畴辩证发展的逻辑，企图不经过转化程序，直接用社会必要劳动时间去解释市场价值或生产价格范畴所要解决的问题。社会必要劳动时间崇拜症的错误产生的方法论根源在于，他们用形而上学的僵化概念界定取代生动活泼的马克思辩证逻辑运动，阉割了马克思《资本论》中各种经济范畴之间的辩证发展关系。因此，我们提出必须对社会必要劳动时间的解释范围和作用进行理论定位。

那么，究竟应该怎样对社会必要劳动时间的解释范围和作用进行理论定位呢？按照唯物辩证法质量互变规律的基本原理，价值量的规定性是以价值质的规定性为前提的，因此，我们认为，社会必要劳动时间的解释范围，必须严格限定在与商品价值质的规定性相匹配的范围之内。前面我们已经谈到了我们的一些同志的社会必要劳动时间崇拜症。其实，社会必要劳动时间崇拜症可以追索到经济思想史上的李嘉图学派。1820 年到 1830 年间，在英国经济学界发生了围绕李嘉图理论所展开的论战。由于在李嘉图的理论中没有科学的平均利润和生产价格学说，李嘉图的信徒们（也包括李嘉图本人）不能运用生产价格这个中间环节，科学地解释陈葡萄酒和新葡萄酒价格差额，因而产生了各种理论混乱。他们在与反对派的论战中为了有力地回答反对派的攻击，只好对他们所信奉的劳动价值论进行"发展"。然而，就在这种通过对劳动范畴的内涵和外延拓宽的所谓"发展"中，使李嘉图劳动价值论的彻底破产。再加上李嘉图学派没有劳动力商品学说，不能科学地解释劳动和资本之间的交换与剩余价值的产生的矛盾，最终导致该学派解体。李嘉图学派在发展劳动价值论上所犯的错误，从思想路径上来看，就是从劳动时间决定价值出发，不经过任何中间环节直接解释复杂的价格现象。这也就是我们前面所概括的社会必要劳动时间崇拜症或者也可以称作价值决定崇拜症。因此，严格限定社会必要劳动时间的解释范围，面对生动具体的价格现象，我们要学会运用辩证法的发展理论探索运用市场价值和生产价格等中间环节进行科学的解释。这是深化对马克思劳动价值论认识的重要方法论基础，也是在新的历史条件下坚持和发展马克思劳动价值论，解决复杂问题的重要原则和发展方向。

（原文发表于《当代经济研究》2010 年第 10 期）

也谈劳动生产率同价值创造的关系

何干强 *

一、研讨本论题必须以价值性质的科学规定为前提

关于同一部门较高劳动生产率在同样时间内能否创造较多的价值这个论题，已经发表了大量的文章，但是至今仍然众说纷纭。由于这个论题牵涉如何认识先进物质生产要素在价值形成中的作用，所以这个问题有其复杂性。有人不能正确理解马克思的有关论述，所以对劳动价值论的科学性表示怀疑；也有人认为劳动价值论在当代过时了，倒向了资产阶级经济学的"要素价值论"。因此，联系当代实际，对这个争议颇大的问题做出科学的回答，就具有重要意义。

笔者以为，这个论题涉及价值性质与价值数量两个方面。遵照唯物史观的辩证方法，确定价值性质，是分析价值量变动的前提。因此，科学地回答本论题，首先必须确定关于价值性质的有关科学规定：

其一，价值的内容是社会实体。马克思指出，"价值对象性纯粹是社会的"①，价值是抽象人类劳动的凝结，是历史的、社会的范畴。研究生产者创造多少价值量，实质上是研究生产者在商品生产的历史条件下，提供了多少能够间接实现的社会劳动量，或者说他在被社会所承认（通过商品交换）的社会性的劳动总量中提供了多少分量。所以，价值问题，本质上是一个人类社会内部的劳动分工以及每种分工、每个劳动者提供社会劳动量的问题，它体现的是物掩盖下的人与人之间的社会关系。生产者创造的价值量不是自然

---

* 何干强，南京财经大学。

① 《马克思恩格斯全集》第 23 卷，人民出版社 1972 年版，第 61 页。

物质范畴，不包含任何物质原子。

其二，比较不同生产者创造多少价值应以社会价值来度量。同一部门包含着许多生产率高低不同的生产同种商品的生产者。研讨具有较高劳动生产率的生产者在同样时间内能否创造较多的价值，需要对生产者之间的劳动内涵进行相互比较。不同生产者创造的单个商品的价值量，不是按其作为个别生产者耗费的自然时间或个别劳动时间来度量的，即不是指他创造的个别价值；而是指他在同样时间按社会必要劳动时间来度量的社会价值。马克思强调，"商品的现实价值不是它的个别价值，而是它的社会价值"①。只有社会价值才是在社会劳动意义上的价值，因而在商品生产社会才有现实性。

其三，比较不同生产者创造多少价值指的是创造的新价值。提出同一部门同样时间内具有较高劳动生产率的生产者能否创造较多的社会价值，显然是指他能否创造出较多的新价值，即创造出多少价值产品（v + m），而不是指创造出多少产品价值（c + v + m），所以，在研究中，可以撇开由生产者的具体有用劳动转移到产品中的生产资料旧价值（c）。

其四，区分社会价值与生产价格。社会价值属于商品生产一般关系范畴，而生产价格属于资本主义商品生产关系范畴。同一部门在同样时间内具有较高劳动生产率的生产者能否创造较多的社会价值，这是属于一般商品生产关系范畴的论题，不牵涉资本商品的生产，所以，回答这个问题，不涉及不同生产者新创造的价值在相互之间因有机构成高低的不同而发生的转移，这种发生在不同生产部门之间的社会价值的转移问题，在资本商品生产关系中才需要关注。

如果本论题的研究者在上述有关价值性质的规定上不能形成共识，那就不可能对本论题的回答形成共识；那要争论的就是上述这些规定是否科学了。如果能在上述规定上形成共识的话，那么需要进一步研究的关键问题就是：为什么同一部门同样时间内劳动生产率较高的生产者能够创造较多的社会价值？换句话说，如何才能科学解释劳动生产率较高的生产者在同样时间内可

---

① 马克思：《资本论》第 1 卷，人民出版社 1975 年版，第 353 页。

以创造多于其个别价值的社会价值，这些较多量的社会价值是否是他自己的劳动创造的？笔者对此的回答是肯定的。下面阐述有关论据，敬请学界同仁不吝指正。

二、用劳动二重性理解同一部门生产率高的劳动

掌握劳动二重性，这是"理解政治经济学的枢纽"①。弄清同一部门同样时间内生产力较高的生产者能否创造较高的社会价值，也必须从劳动二重性的基本原理出发。商品具有社会使用价值和价值两因素；价值是由生产出商品的具有二重性的劳动中的抽象人类劳动或社会劳动创造的，这是唯物史观对经济学价值的基本认识，也是我们回答本论题的基本指导思想。

首先，生产出商品，这是创造价值的前提。"商品的使用价值，是它的交换价值的前提，从而也是它的价值的前提。"② 生产者要创造出价值，首先就必须创造出具有社会有用性的商品。如果生产了废品、次品，那么由于它们不是商品，耗费在其中的劳动就是无用劳动，无用劳动中的人类劳动耗费，就不能创造出社会价值。根本卖不掉的产品，不是商品，显然没有社会价值。

其次，生产商品的二重性的劳动，应当理解为具体有用劳动和抽象劳动。绝不应当把具体劳动中的"有用"这个概念去掉。这是因为，只有具体有用劳动才是生产商品的劳动，从而其中的人类劳动耗费才创造价值，而具体的无用劳动则因生产不出社会需要的商品而不创造价值。须知，《资本论》很少使用具体劳动概念，只是在强调它是抽象劳动的对立面时，才单独使用具体劳动概念；常用的是有用劳动概念，有时也称具体的、有用的劳动。据检索，在《资本论》第一卷中，使用"具体有用劳动"或单独使用"有用劳动"概念的，有26处；而单独使用"具体劳动"的只有7处。在《资本论》第二卷、第三卷和有关手稿中，马克思使用较多的也是"有用劳动"概念。固然，有用劳动属于具体的或特定种类的劳动，但是，具体劳动并不等于有用劳动。

---

① 马克思：《资本论》第1卷，人民出版社1975年版，第55页。
② 马克思：《资本论》第1卷，人民出版社1975年版，第716页。

具体劳动也可能生产部分废品或者不合格产品；同一部门劳动生产率低的劳动与劳动生产率较高的劳动作比较，前者因动作迟钝、生产方法不得要领等原因，事实上包含着无用、无效的劳动耗费。而创造价值的劳动，"只是劳动力被有用地消耗的时间长度"①，有用劳动"总是联系到它的有用效果来考察的"②。有用劳动的反面就是无用劳动。不应当忽视，马克思明确地提出了无用劳动的概念，他指出，"从社会的角度来看，劳动生产率还随同劳动的节约而增长。这种节约不仅包括生产资料的节约，而且还包括一切无用劳动的免除。"③ 这里，"从社会的角度来看"，也可以理解为从生产者相互比较的角度来看。所以，具体劳动包括有用劳动和无用劳动。马克思更多地把劳动二重性表述为具体有用劳动和抽象劳动，极少表述为具体劳动和抽象劳动，这不是偶然的。在我看来，我国经济学界一般把劳动二重性表述为具体劳动和抽象劳动，而忽视有用劳动概念，这可能是受到来自《资本论》国外版本的名目索引（出版编辑者所加）的影响。原东德柏林迪茨出版社 1953 年版第一卷所附的名目索引中，就有"劳动，具体"（Arbeit，konkrete）条目④，在中文版第一卷的名目索引中这译为"具体劳动"⑤。这样一来，就把"具体劳动"当做了一个比"有用劳动"更规范的经济概念，从而使"具体劳动"广泛地使用开来，反而把重要的"有用劳动"束之高阁了。这就对科学地回答本论题带来了极大的障碍。

再次，社会标准的有用劳动是社会价值创造的前提。既然商品的使用价值是它的价值的前提，那么具体劳动中的有用劳动才是它的价值的前提；但是，从创造社会价值的角度来看，作为其前提的具体有用劳动是有一定社会标准的。马克思在阐述社会必要劳动时间的时候强调，"在商品的生产上只使用平均必要劳动时间或社会必要劳动时间。社会必要劳动时间是在现有的社会正常的生产条件下，在社会平均的劳动熟练程度和劳动强度下制造某种使

① 马克思：《资本论》第 1 卷，人民出版社 1975 年版，第 221 页。
② 马克思：《资本论》第 1 卷，人民出版社 1975 年版，第 55 页。
③ 马克思：《资本论》第 1 卷，人民出版社 1975 年版，第 578 页。
④ KarlMarx：《DasKapital》，DietzVer－lagBerlin，1953，第 917 页。
⑤ 马克思：《资本论》第 1 卷，人民出版社 1975 年版，第 970 页。

用价值所需要的劳动时间"①；可见，社会必要劳动时间要以社会标准的有用劳动为依托；也就是说，社会价值的创造以社会标准的有用劳动为前提。社会价值与个别价值的区别就在于，作为它的前提的有用劳动，前者是社会标准，后者是生产者自己的个别标准。

明确了上述概念，我们就可以得出结论，同一部门同样时间内劳动生产率较高的生产者能够创造较多的社会价值，正是因为其有用劳动的质高于社会标准，具体劳动中社会标准的有用劳动成分多，所以，他在同样的自然时间（钟表指示的时间）消耗的劳动量，能折合为更多的社会必要劳动时间，因而能创造较多的社会价值。反之，在同样时间内，劳动生产率低的生产者其具体劳动中社会标准的有用劳动成分少，形成的社会价值就较少。由此也就可以明白，同一部门生产率高的劳动在同样时间内，创造的较多社会价值，其价值实体的来源完全是该生产者自己的劳动，而不是同一部门别的劳动生产率低的生产者转移给他的。价值的转移只能通过商品交换，同一部门同种商品生产者之间不发生商品交换，是不可能发生社会价值的转移的。

三、应当纠正忽视劳动二重性产生的误解

忽视劳动二重性会认为生产者同样时间投入的劳动耗费都创造价值。由于长期以来不少经济学者只讲具体劳动，不讲有用劳动，这就容易形成一种观念，似乎只要投入生产劳动的耗费，都是形成价值的。这样一来，就无法正确回答"同一部门同样时间劳动生产率较高的生产者能否创造较高的社会价值"这个问题了。这就形成一种思维逻辑：既然同样时间投入的劳动耗费都创造价值，那么，结论必然是，生产率较高的劳动虽然可以创造较多的使用价值，但并不等于创造较多的价值；如果其他条件不变，凝结在单位产品中的价值量不是多了，而是少了，因为同样多的价值分配在较多的商品中了；② 还会认为，价值的创造是企业在生产商品时所实际耗费的劳动量，正是

① 马克思：《资本论》第 1 卷，人民出版社 1975 年版，第 52 页。
② 卢希悦：《生产率较高的活劳动不能创造较多的价值》，载于《教学与研究》1982 年第 1 期。

这一劳动量决定了这一商品的价值量，社会必要劳动实际上是把企业已创造出来的价值依生产条件的不同在企业间进行分配。① 其实，这种认为只要投入生产劳动的耗费，都是形成价值的观点，混淆了个别价值和社会价值，把个别价值也当做是商品的现实价值了。由此必然得出，生产率较高的企业所实现的较多的价值，是从落后企业转移过来的。其实，马克思一开始在谈引入社会必要劳动的概念时就已提醒，"可能会有人这样认为，既然商品的价值由生产商品所耗费的劳动量来决定，那末一个人越懒，越不熟练，他的商品就越有价值，因为他制造商品需要花费的时间越多。"② 难道 "同样时间投入的劳动耗费都创造价值" 的观点，与这样的 "认为" 有什么差别吗？

不从劳动二重性出发研究本论题，容易认为马克思关于劳动生产率和商品价值关系的论述存在矛盾。我们知道，马克思起先指出，"不管生产力发生了什么变化，同一劳动在同样的时间内提供的价值量总是相同的。"③ 后来又提出了本论题，"生产力特别高的劳动起了自乘的劳动的作用，或者说，在同样的时间内，它所创造的价值比同种社会平均劳动要多"。④ 既然都是 "在同样的时间内"，前面讲 "提供的价值量总是相同的"，后面则讲 "创造的价值比同种社会平均劳动要多"，初看起来似乎有些矛盾。但是，只要我们从劳动二重性的基本观点来领会，就可以认识到，前一场合，"同一劳动在同样的时间内" 指的是，劳动中包含的抽象劳动在质（脑力体力耗费意义上的社会劳动的密度、强度等）与量（质上已确定的抽象劳动的时间延续）上都已确定不变，尽管这种劳动的有用劳动的质或生产力（在这里的含义等同于劳动生产率）可以发生变化，从而生产出较少或较多的同质使用价值，但是这丝毫也不影响表现为价值的质与量已确定的抽象劳动⑤。这也就是说，由于生产商品的劳动具有二重性，同一劳动过程中，抽象劳动的不变与具体有用劳动的变化是可以并行不悖的。然而涉及本论题的后一句话，却并不是指前一句话

---

① 段进朋：《生产力特别高的劳动能创造更多的价值吗?》，载于《复旦大学学报》1982 年第 4 期。
② 马克思：《资本论》第 1 卷，人民出版社 1975 年版，第 52 页。
③ 马克思：《资本论》第 1 卷，人民出版社 1975 年版，第 60 页。
④ 马克思：《资本论》第 1 卷，人民出版社 1975 年版，第 354 页。
⑤ 请读者注意把抽象劳动的质和量同有用劳动的质和量在含义上区分开来。

意义上的"同一劳动",而是对同一部门中的生产率高低不同生产者的劳动,按社会同一标准,来比较它们之间"在同样的时间内"的抽象劳动量消耗的大小。换句话说,同一部门劳动生产率不同的生产者之间"在同样的时间内"的劳动中包含的社会标准的抽象劳动量是不同的,之所以有这种不同,原因就在于"在同样的时间内",抽象劳动量是以同一社会标准的有用劳动为依托的,生产率高的劳动含有的社会标准的有用劳动程度高,其包含的抽象劳动量就多,从而创造的社会价值就多。可见,前一句话阐释劳动生产力的不同时期的纵向变化,不影响同一劳动包含的抽象劳动量;后一句话阐释的,是同一部门不同生产率劳动的横向比较,从这个角度来看,生产率高的劳动在同样自然时间内,社会标准的有用劳动成分大,内涵的抽象劳动量就多。马克思先后两段话阐释的是不同问题,相互是不存在矛盾的。

正确理解本议题有助于理解价值规律的作用。可能有人会问,马克思说的是"生产力特别高的劳动"创造的价值比同种社会平均劳动要多,按照你这里的说法,似乎同一部门只要劳动生产率(也就是有用劳动的质的标准)高于社会平均标准的生产者,在同样时间都会创造较多的社会价值了。我的确是这样理解的。因为社会标准的有用劳动是社会价值创造的前提这个原理,并不仅仅只对"生产力特别高的劳动"适用,在同一部门是普遍适用的。马克思之所以强调"生产力特别高的劳动",是因为在竞争性商品市场,总是有少数生产者因为首先掌握"生产力特别高的劳动"而突破现有的平均状态,马克思是针对这种突破时的情况来说的。然而在市场竞争优胜劣汰的发展过程中,同一部门不同生产者也可能在一定时期出现劳动生产率呈高低阶梯性的状况,在这种情况下,只要劳动生产率高于社会平均标准的生产者,都会在同样时间内创造较多的社会价值。有的学者提出,同一部门劳动生产率与社会价值的创造成正比,如果他们指的是上述情况,我认为是正确的[①]。这里有必要指出,弄清同一部门劳动生产率较高的生产者在同样时间内能够创造

---

① 孟捷:《技术创新与超额利润的来源——基于劳动价值论的各种解释》,载于《中国社会科学》2005 年第 5 期;马艳、程恩富:《马克思"商品价值量与劳动生产率变化规律"新探》,载于《财经研究》2002 年第 7 期。

较多的社会价值，结合运用"商品的价值量与体现在商品中的劳动的量成正比，与这一劳动的生产力成反比"的原理，① 有助于我们深入理解价值规律的作用。因为价值规律的作用正是在个别价值和社会价值存在差额的情况下表现出来的。由于同一部门劳动生产率较高的生产者在同样时间内能够创造较多的社会价值，或者说，同一部门劳动生产率与社会价值的创造成正比，这就促使该部门越来越多的商品生产者设法提高劳动生产率，使自己在同样时间内创造的商品个别价值折合成比其他生产者更多的社会价值（例如，自己的商品个别价值是 3 小时实际花费劳动时间，按社会标准可折合成 5 小时社会必要劳动时间）；而由于单个商品的社会价值与劳动生产率的提高成反比，所以，当经过一段时间，同一生产部门大多数生产者的劳动生产率都提高了，多数的生产者的商品的个别价值就都降低了，这就引起这一部门单个商品的社会价值降低（例如，同种商品的社会价值从 5 个小时降到了 3 个小时社会必要劳动时间），从而在该部门商品供给总量不变乃至有一定扩大的情况下，该部门的社会价值总量会减少，全社会投在该部门的活劳动总量就可以减少，这样，随着社会生产力的普遍提高，耗费在该部门的社会总劳动时间就得到节约；反之，如果该部门大多数生产者劳动生产率降低，全社会对该部门商品需求量不变，投在该部门的活劳动总量则要增多。正因为如此，价值规律才是调节社会劳动节约与分配的规律②。

四、科学地理解先进客观生产要素对社会价值创造的作用

同一部门先进客观生产要素具有增加吸收社会必要劳动程度的作用。肯定社会标准的有用劳动是形成社会价值的前提。这就带来一个需要研究的问题。既然有用劳动是具体劳动，属于生产力范畴，它在一定劳动时间内按社

---

① 马克思：《资本论》第 1 卷，人民出版社 1975 年版，第 53~54 页。
② 何干强：《遵循唯物史观的方法发展劳动价值论》，载于《无锡商业职业技术学院学报》2005 年第 2 期，该篇文章中说"在一定时期，一个生产部门活劳动生产率提高，创造的社会价值，则全社会投在该部门的活劳动就可以减少"，表述过于简单，而且有"创造的社会价值多"的笔误，应以本文现在的表述为准。

会标准来看的有用程度的高低势必与生产力的各种生产要素联系着。就同一部门生产率高的劳动在同样时间内能创造的较多社会价值来看，无非存在三种基本情况：一是客观生产要素相同，劳动力素质较高，劳动熟练程度较高；二是劳动力素质相同，但是使用的客观生产要素较先进；三是主客观生产要素都先进。关于劳动力素质高、劳动复杂程度熟练程度高，因而创造的社会价值多，这在坚持劳动价值论的学者看来是没有争议的。问题在于，先进的客观生产要素是否影响社会价值的创造，如果影响，这是否意味着，承认先进的客观的生产要素也对创造较多的社会价值作出了贡献？这是否意味着承认"要素价值论"？我认为，提问中使用"贡献"概念，模棱两可，很容易引起"要素创造价值"的误解。从社会标准的有用劳动是社会价值创造的前提这个观点来看，应当肯定地说，同一部门先进客观生产要素对创造更多的社会价值是能够发挥积极作用的；但是，这种作用是一种增加有用劳动程度的作用，从而是一种增加客观生产要素吸收社会必要劳动的作用；但是，这绝不意味着客观生产要素本身能够创造新价值产品，客观生产要素只能在生产中把自己原有的价值转移到商品中去。

科学认识先进客观生产要素对吸收较多社会必要劳动的作用。为什么先进客观生产要素能够增加生产者同样劳动时间内的有用劳动程度，从而使劳动者的社会劳动耗费更有效更多地被凝结、被物化到商品中呢？这是因为：使用优质高效的劳动资料，能减少维修、保养等生产过程中的非生产劳动耗费；选用优质原料，能提高加工的容易程度，降低废品率等等。客观因素有利还包括劳动自然条件占优势。如采掘业中，矿藏丰度大，比起贫瘠的矿区，就可减少排除石头层等从社会角度来看的非生产耗费，从而付出同量的劳动可以有更多的凝结在矿石产品上而不是在石头上。所以，在相同的主观条件下，有利的客观条件能使劳动能力得到更有效的发挥，提高劳动的有用程度①。为了弄清先进的客观生产要素对增加生产中的社会必要劳动耗费量有积

---

① 何干强：《论有用劳动是价值创造的前提》，载于《南京师范大学学报（社会科学版）》1986年第 2 期。

极影响，不妨再举一个简单的例子：同样一个劳动者锯钢管，他用普通的锯条，既容易造成断面不光洁出次品，又会因经常折断需要更换而增加劳动中的无用耗费时间；而优质钢做的锯条，成品率高，可以连续地使用而不折断，显然能增加同样劳动时间在社会标准下的有用劳动耗费；使用优质钢做的锯条，创造新价值的源泉仍然是他自己的劳动，而并不是锯条，但是先进的锯条却使他的劳动更加节约，更加有效。

坚持劳动是价值的唯一源泉与依靠先进客观生产要素发展生产力是完全一致的。现代化生产过程使用信息技术、高科技工艺流程、新材料这些现代的客观生产要素制造商品，相对于传统生产方式，在同样时间大大减少了无用劳动，提高了劳动的有用程度，这无非说明先进的客观生产要素是社会必要劳动的优良吸收器；运用客观的先进生产要素的生产者比没有掌握它们的生产者，能在同样时间创造更多的社会价值，这无非说明了，他们的个别劳动比后者包含更多的社会劳动，他们在同样时间付出的劳动在社会总劳动中占有更大的比重。由此看来，唯物史观关于劳动是价值的唯一源泉的科学规定，与依靠高新技术等先进生产要素来促进生产力发展的要求是完全一致的。可以说，遵循劳动价值论，必然要求在生产劳动中讲效率，讲效益，依靠科技进步，依靠科学管理，依靠一切有利于提高生产力的客观要素。不言而喻，首先还必须通过发展教育，提高全体劳动者的知识水平，使劳动者有更大的潜力制造并熟练地使用先进的客观生产要素。可见，坚持劳动价值论要求生产者尽可能利用先进的客观生产要素。谁要是根据劳动价值论只承认劳动创造价值，而不承认客观生产要素创造社会价值的科学原理，推理出可以不必重视使用先进的生产要素的结论，那就等于说，只要孤零零的劳动者个人，不要生产资料就可以形成劳动过程；那就等于说，价值可以不要以具体有用劳动为前提就可以存在；那就等于说，价值是一个可以脱离生产力而存在的虚幻的东西；那恰恰是背离了劳动二重性的基本观点，背离了劳动价值论。

与"要素价值论"划清界限。上述分析说明，先进的客观生产要素是社会必要劳动的优良吸收器，但是，如果把这个观点错误地理解为客观生产要素本身就创造价值，那就把价值创造的客观条件和价值创造本身混为一谈了。

如果根据在生产中要依靠先进的客观生产要素，就得出必须承认先进的客观生产要素本身就能形成价值实体，并进而认为其所有者单凭客观生产要素的所有权就可以分割劳动者创造的新价值，这就走到资产阶级庸俗经济学家的所谓"要素价值论"和萨伊的"三位一体公式"（"按要素分配论"）那里去了。须知价值是社会的劳动，它是一种社会的规定，是物背后的一种社会关系，把这种社会的属性张冠李戴到非社会的、物质的要素上去，势必陷入拜物教观念的误区。为了强调先进客观生产要素对发展生产力有重要作用，就把它们加到价值实体的成分中来，那是画蛇添足，是毫无意义的，十分有害的。

五、研究本论题要防止用数学逻辑替代科学经济学的逻辑

用数学逻辑替代经济学逻辑会造成认识误区。研究同一部门生产率高的劳动在同样时间内能否创造较多的社会价值，势必要对社会必要劳动时间进行数量分析和计算。理论界的基本共识，是用加权平均的数学方法来计量社会必要劳动时间。由于在计算中，要把同一部门各种劳动生产率的生产者劳动的个别时间都加权进去，这就很容易造成一种逻辑上的认识误区，似乎劳动生产率低于社会标准的生产者的所有劳动时间都参加了创造社会价值，似乎是劳动生产率低的生产者创造的社会价值转移或分配到劳动生产率水平高的生产者手里，才使后者生产的产品有较高的社会价值。如果我们不从劳动二重性的基本观点出发，单从数学逻辑角度看问题，形成这样的认识误区是难免的。

例如：假定同一部门生产（同种商品）有甲、乙、丙 3 个生产者。在同样的 10 小时中，甲生产 30 个商品，个别价值是 1/3 小时；乙生产 20 个商品，个别价值是 1/2 小时；丙生产 10 个商品，个别价值是 1 小时。那么，用加权平均的数学方法来计算：

单位商品社会必要劳动时间 =（30 × 1/3 + 20 × 1/2 + 10 × 1）/（30 + 20 + 10）= 1/2

这样，在 10 小时中：

甲生产了 $30 \times 1/2 = 15$（社会必要劳动小时或社会价值）

乙生产了 $20 \times 1/2 = 10$（社会必要劳动小时或社会价值）

丙生产了 $10 \times 1/2 = 5$（社会必要劳动小时或社会价值）

从数学逻辑来看，甲、乙、丙 3 个生产者所有劳动时间都是社会价值总量的构成部分，似乎是劳动生产率低的丙把 5 小时转移给劳动生产率高的甲了，甲才能在同样的 10 小时中，创造出 15 个社会必要劳动时间来。这就是认识误区。

坚持数学逻辑服从经济学逻辑的方法论原则。然而，数学逻辑毕竟不能替代经济学的逻辑。在科学经济学的数量分析中，数学逻辑必须服从于科学经济学的逻辑。这里，用数学逻辑计算出来的社会必要劳动时间，只是一种社会必要劳动时间的量的规定，它并不能解释社会价值作为社会实体的来源。我们只能根据社会标准的有用劳动是形成社会价值的前提这种劳动价值论的经济学逻辑，来理解甲创造的社会价值的来源。

由于这里同种商品的社会必要劳动时间是 1/2，丙每 1 小时只生产 1 个商品，所以，这意味着丙每 1 小时的具体劳动中有 $1 - 1/2 = 1/2$ 的无用劳动的时间耗费，所以，他在 10 小时内，以其有用劳动为前提的社会必要劳动时间只有 $10 - 10 \times 1/2 = 5$；而甲的有用劳动程度高，是乙的 $(1/2)/(1/3) = 3/2$，所以，甲的 10 小时的有用劳动等于社会平均标准的有用劳动的 3/2，所以，他创造的社会必要劳动时间就等于处于社会平均标准的劳动条件的乙生产者的 $10 \times 3/2 = 15$。

可见，只要坚持数学逻辑服从经济学逻辑的原则，就不会产生"劳动生产率低的生产者创造的社会价值转移或分配到劳动生产率水平高的生产者手里"这样的认识误区。

（原文发表于《教学与研究》2011 年第 7 期）

基于双重价值转形理论论证劳动生产率
与单位商品价值量的反比关系

——兼与何干强教授商榷

徐东辉[*]

针对马克思劳动价值论关于"劳动生产率与单位商品价值量的变动关系"这一论题，理论界始终存在着不同的理解和认识。尤其是近年来，伴随着科学技术的不断创新与发展，劳动生产率不断提高，以 GDP 为代表的价值指标总量不断增加，有部分学者从以上现象形式出发，提出了所谓的"劳动价值论悖论"，并将马克思的"劳动生产率与单位商品价值量成反比"的学说进行了重新"诠释"，提出了"劳动生产率与单位商品价值量成正比"说。何干强教授在《教学与研究》2011 年第 7 期中发表了《也谈劳动生产率同价值创造的关系》[①]（以下简称《何文》）一文，在文中何教授从分析价值性质入手，提出以下四点规定：第一，价值的内容是社会实体；第二，比较不同的生产者创造多少价值应以社会价值来度量；第三，比较不同生产者创造的价值指的是新价值；第四，区分社会价值与生产价格。基于以上规定，何教授提出，"生产商品的二重性劳动，应当理解为具体有用劳动和抽象劳动……具体劳动包括有用劳动和无用劳动"，[②] 因此"社会标准的有用劳动是社会价值创造的前提"，[③] 进而提出劳动生产率较高的生产条件下，促使先进的客观生产要素成为"社会必要劳动的'优良吸收器'"，[④] "在同样时间大大减少了无用劳动，提高了劳动的有用程度"，[⑤] 从而也就增加了社会价值总量，也就是价值总量，得出了劳动生产率与商品价值量成正比的结论。何干强教授的文章对

---

* 徐东辉，吉林财经大学经济学院。

①②③④⑤ 何干强：《也谈劳动生产率与价值创造的关系》，载于《教学与研究》2011 年第 7 期。

理解马克思"劳动生产率与单位商品价值量变动关系"原理提供了一个新的思路，其中也不乏有创建性的观点，但该文的一些观点和论证的依据仍然存在有待商榷之处。基于此，本文就劳动生产率与商品价值量的变动关系这一主题，请教于何干强教授。

一、科学认识价值决定必须正确理解"社会必要劳动时间"的规定

要科学认识和理解"劳动生产率与单位商品价值量的变动关系"，关键在于要科学地认识和理解"商品价值量由社会必要劳动时间决定"这一重要命题。马克思在抽象的一般层面考察社会必要劳动时间如何决定商品价值量时，首先对形成价值实体的劳动的性质进行了限定，即其是以社会平均性质的劳动为标准的。换句话说，就是以简单劳动为尺度的，而复杂劳动转化为简单劳动的尺度，是早在交换之前、在历史的过程中已经完成了的。对此，马克思说，"形成价值实体的劳动是相同的人类劳动，是同一的人类劳动力的耗费。体现在商品世界全部价值中的社会的全部劳动力，在这里是当做一个同一的人类劳动力，虽然它是由无数单个劳动力构成的。每一个这种单个劳动力，同别一个劳动力一样，都是同一的人类劳动力，只要它具有社会平均劳动力的性质，起着这种社会平均劳动力的作用，从而在商品的生产上只使用平均必要劳动时间或社会必要劳动时间"。① 正是在这一前提下，马克思才界定了社会必要劳动时间如何决定商品价值量这一命题，即"社会必要劳动时间是在现有的社会正常的生产条件下，在社会平均的劳动熟练程度和劳动强度下制造某种使用价值所需要的劳动时间。"② 因此，决定商品价值的劳动，是具有社会平均性质的抽象劳动。《何文》在考察这一问题时，在提出"研讨具有较高劳动生产率的生产者在同样时间内能否创造较多的价值，需要对生产者之间的劳动内涵进行相互比较"③ 的基础上，进一步提出"生产商品的二重性的劳动，应当理解为具体有用劳动和抽象劳动"的观点，这是因为

---

①② 《马克思恩格斯文集》第 5 卷，人民出版社 2009 年版，第 52 页。
③ 何干强：《也谈劳动生产率与价值创造的关系》，载于《教学与研究》2011 年第 7 期。

"具体劳动也可能生产部分废品或者不合格产品；同一部门劳动生产率低的劳动与劳动生产率较高的劳动作比较，前者因动作迟钝、生产方法不得要领等原因，事实上包含着无用、无效的劳动耗费"。① 《何文》中提出的所谓不同劳动生产率条件下的"劳动内涵"以及对具体劳动的重新"诠释和分类"，其本质是将个别生产者之间的异质性劳动混同为决定商品价值的社会平均性质的劳动。

事实上，在批判蒲鲁东的"劳动货币"时，马克思就已经给出了决定商品价值的社会必要劳动的平均性质，"一切商品（包括劳动在内）的价值（实际交换价值），决定于它们的生产费用，换句话说，决定于制造它们所需要的劳动时间。价格就是这种用货币来表现的商品交换价值……由劳动时间决定的商品价值，只是商品的平均价值"。② 因此，决定商品价值量的社会必要劳动时间，其所关涉的劳动性质首先是平均性质的劳动。

这里，我们仅就抽象层面考察了商品价值量的决定问题。那么，随着资本主义生产方式的形成和发展，社会必要劳动时间决定的商品价值量在资本主义社会中又是如何确定的呢？实际上，通过对商品经济发展史的分析，不难得出这样的结论，在简单商品经济时期，由于商品生产主要以家庭手工业为主，生产规模较小。由于那时商品生产者在生产组织形式和技术水平差异并不大，所以商品生产者生产商品的个别劳动时间既为生产该商品的社会必要劳动时间，由这一劳动时间决定的个别价值，也同时就是商品的价值。当商品经济发展到了资本主义自由竞争阶段时，随着新的生产技术和管理方法的研发与应用，社会生产力水平得到了长足的发展，工场手工业逐步被机器大工业所替代，生产的社会化程度大幅度提高。此时，商品的生产和交换不再满足于"互通有无"和"各取所需"，伴随着资本对商品生产的不断渗透，商品作为剩余价值的客观物质载体被越来越多地生产出来。这时候，商品生产的规划，即"生产什么、怎样生产、生产多少"都完全由资本家个人决定。

---

① 何干强：《也谈劳动生产率与价值创造的关系》，载于《教学与研究》2011 年第 7 期。
② 《马克思恩格斯全集》第 46 卷，人民出版社 2002 年版，第 80 页。

相对于生产而言，此时的社会需求（包括商品的质量需求、品种、数量等等），对他而言是个未知数。因此，在资本主义条件下，资本家只有通过一次次的交换来确定他所生产的商品是否能够满足社会的需要，从而解决私人劳动向社会劳动转化的矛盾，实现商品的价值，并从中取得剩余价值。而此时生产同种商品的不同商品生产者的组织形式和生产技术水平已经产生了较大差异，所以在不同生产条件下生产出来的同一种商品的个别价值量也就大不相同，因此，当部门内部展开激烈的竞争时，商品价值量也应由生产该商品的社会平均生产条件下的劳动时间决定。这也就意味着，此时的商品价值量是由无差别的人类劳动凝结而成，单个商品生产者的劳动已经转化为同一劳动，简单劳动与复杂劳动的换算已经完成，不存在区别，可以直接进行比较和交换。

二、对"正比说"理论及其逻辑的剖析与商榷

关于劳动生产率与单位商品价值量之间关系，马克思在《资本论》中给出的最经典的论述如下："劳动生产力越高，生产一种物品所需要的劳动时间就越少，凝结在该物品中的劳动量就越小，该物品的价值就越小。相反地，劳动生产力越低，生产一种物品的必要劳动时间就越多，该物品的价值就越大。可见，商品的价值量与实现在商品中的劳动的量成正比地变动，与这一劳动的生产力成反比地变动。"① 这一反比原理是从量的角度，在劳动生产率变动条件下，揭示了单位商品价值量变化趋势及规律，是马克思劳动价值论的核心内容之一。

首先，要明确劳动生产率的真正内涵。"生产力当然始终是有用的、具体的劳动的生产力，它事实上只决定有目的的生产活动在一定时间内的效率。因此，有用劳动成为较富或较贫的产品源泉与有用劳动的生产力的提高或降低成正比。相反地，生产力的变化本身丝毫也不会影响表现为价值的劳动。既然生产力属于劳动的具体有用形式，它自然不再同抽去了具体有用形式的

---

① 《马克思恩格斯文集》第 5 卷，人民出版社 2009 年版，第 53~54 页。

劳动有关。因此，不管生产力发生了什么变化，同一劳动在同样的时间内提供的价值量总是相同的。"① 正是因为有不同生产力条件下，两个相同劳动量提供的总价值量相同，所以才会有劳动生产率与单位商品价值量成反比。因此，要正确理解马克思劳动生产率与单位商品价值量的变动规律，关键点在于正确理解劳动二重性学说。

其次，要正确理解马克思在《资本论》中关于价值问题研究的方法论。事实上，马克思对劳动生产率和商品价值量之间关系的研究，始终秉持唯物史观和辩证法相结合的研究方法，因此，该研究是从简单商品经济条件下的商品生产着手的，这也就决定了，这里的劳动生产率指的是生产这一商品的劳动生产率，而不是指后来的"部门平均劳动生产率"和"社会劳动生产率"。产生如上错误判断的根本原因在于，人们对价值的转化形式（市场价值、生产价格）与价值的关系问题上存在误解。

劳动生产率与单位商品价值量之间的关系是本质关系，而在商品经济进一步发展的过程中，这一本质关系随之进一步转化为其各种现象形态。丁堡骏教授在《揭开劳动生产力与商品价值量之间关系之谜》② 一文中，运用双重转形理论对马克思的反比学说进行了解析，丁教授认为，劳动生产率与单位商品价值量之间的关系是本质关系，即在简单商品经济条件下，每个个别商品生产者的生产效率并无太大差异，此时商品的个别价值就是商品的价值；而当商品经济形式发展到资本主义条件下的商品经济阶段，在同一部门内部产生了竞争关系，商品价值的表现形式也由个别价值形式转化为市场价值（即社会价值）；当这种竞争关系进而扩展到不同部门之间时，等量资本要求获得等量利润，平均利润由此出现，使得商品的价值进一步转化为生产价格形式；因此，劳动生产率与价值的转化形式（市场价值或生产价格）之间的关系则只是现象形态的关系。文中丁堡骏教授以同部门中存在着优、中、劣生产条件递减的企业为例（见表1），说明劳动生产率存在差异的条件下，当

---

① 《马克思恩格斯文集》第 5 卷，人民出版社 2009 年版，第 59~60 页。
② 丁堡骏、张洪平：《揭开劳动生产力与商品价值量之间关系之谜》，载于《税务与经济》1994年第 3 期，第 33~39 页。

商品价值转化为市场价值形式时，劳动生产率与商品价值量之间的本质关系也将以不同的现象形态呈现：

表 1 　　　　　　　　　　　　　**商品市场价值的形成**

生产条件	产量	个别价值		市场价值（社会价值）		市场价值与价值之差
		单位商品	全部商品	单位商品	全部商品	
优等	15	6	90	8	120	+30
中等	70	8	560	8	560	0
劣等	15	10	150	8	120	−30
总计	100		800		800	0

如上表所示，在同一部门内部竞争条件下，在劳动生产率递减的情况下，优、中、劣企业相应生产出的商品个别价值量成递增的趋势排列。可见，个别劳动生产率与商品个别价值量成反比。劳动生产率是有用的具体劳动的生产效率，它只是决定具体劳动在一定时间内生产使用价值的效率，因此，劳动生产率与商品的使用价值成正比。由于生产这一商品的个别劳动生产率条件下生产出的商品个别价值就是商品的价值，所以它与劳动者的勤奋与否、技术是否熟练及劳动复杂程度的高低并无关系，它是商品总量的总价值分摊到单位商品上的价值量，因此，劳动生产率与单位商品价值量反比关系在这里就表现为个别劳动生产率与单位商品个别价值量的反比关系；与此同时，上表中同一部门企业优、中、劣的劳动生产率差异却并没有带来商品价值的变化，如优等条件下 6 小时的劳动创造 6 小时的价值，或 15 倍的 6 小时劳动共创造 90 小时的价值，换算回来即 1 小时创造 1 小时的价值；中等和劣等生产条件下亦然，各类生产条件下每一小时的劳动仍创造一小时的价值。由此可见，无论劳动生产率如何变化，同一劳动在同一时间内创造的价值量总是相同的。

当竞争关系在同部门企业之间展开时，商品价值的表现形式转化为市场价值，此时，同一劳动在同一劳动时间内提供的市场价值也就是社会价值会随劳动生产率的变化而发生变化。如上表所示，优等生产条件下，6 个小时的劳动转化为 8 个小时的市场价值，即 1 小时劳动转化为 4/3 的市场价值；中等生产条件下，8 小时劳动转化为 8 小时的市场价值，即 1 小时劳动转化为 1 小时的市场价值；劣等条件下，10 小时劳动转化为 8 小时的市场价值，即 1 小时劳动仅转化为 4/5 小时的市场价值；劳动生产率越高，能够提供的市场价值就越多，反之亦然。由此可见，市场价值作为价值的转化形式与劳动生产率是成正比的。

因此，从马克思《资本论》中对"劳动生产率与单位商品价值量的变动规律"理论基础出发，本文对何教授在推演"成正比"论之前所设定的前提，提出以下两方面的质疑。

（1）如何理解个别价值、价值与社会价值的关系。其一，简单商品经济条件下，个别价值、价值与社会价值的关系。何干强教授在文中提出"不同生产者创造多少价值应以社会价值来度量……不同的生产者创造的单个商品的价值量，不是按其作为个别生产者耗费的自然时间或个别劳动时间来度量的，即不是指他创造的个别价值；而是指他在同样时间按社会必要劳动时间来度量的社会价值"，① 在这一观点上，本文持不同意见。在简单商品经济时期，还不存在大规模生产的基础条件，那时，每个个别生产者的生产条件和技术水平等差异不大，此时生产商品的个别劳动时间所决定的个别价值，就是该商品的价值。其二，资本主义经济条件下，个别价值、价值与社会价值的关系。伴随着商品经济不断发展，资本主义自由竞争阶段，商品的生产组织形式采取社会化大生产的形式，马克思在《资本论》写作过程中始终贯穿着唯物辩证的研究方法，由抽象到具体的叙述方法和逻辑与历史相统一的方法，因此，回避个别价值是价值这一事实，就是缺乏唯物史观、以停滞的眼光看待问题。从上面的案例中不难看出，个别价值，是商品总量的总价值分摊到单位商品上面去的价值量。个别价值是价值，而不是长期以来被人们误解的，那种和劳动者的劳动质量、强度等内涵量相联系的范畴。而何教授所

---

① 何干强：《也谈劳动生产率与价值创造的关系》，载于《教学与研究》2011 年第 7 期。

引用的马克思在《资本论》中的原文"商品的现实价值不是它的个别价值，而是它的社会价值"，① 本身所强调的是"现实价值"，即抓得到手的价值；而至于"社会价值"是什么，马克思在这里尚未明确界定，因此，"不同生产者创造多少价值应以社会价值来度量"这一说法，似乎言之过早。

（2）如何正确划分社会价值与生产价格的所属范畴。何干强教授提出"社会价值属于商品生产一般关系范畴，而生产价格属于资本主义商品生产关系范畴"。② 在社会价值与生产价格所属范畴的划分上，本文认为应该遵循马克思的理论分析方法，即按照逻辑与历史相统一的原则，一般范畴应在货币转化为资本之前谈，马克思为什么在书写《资本论》第三卷时打破了这一惯例？在资本主义生产条件下，商品的个别价值、市场价值和生产价格是现象形态，而体现平均数规律的、抽象层面的价值范畴则是本质形态，伴随着整个资本主义生产方式的发展和演化，导致了价值规律发挥作用的形式也相应地发生了变化，其发挥作用的载体形式是个别价值——社会价值——生产价格的转化过程，而《何文》把社会价值和生产价格这种范畴上的划分，实际上是其歪曲了价值转型的逻辑与历史过程。

三、就"正比说"推演过程中的几个问题与何教授商榷

（一）劳动生产率特别高的劳动是否创造更多的价值

何教授在说明劳动生产率的变化与单位商品社会价值量变动的关系时，又进一步指出"在同一部门……劳动生产率高于社会平均标准的生产者，都会在同样时间内创造较多的社会价值"，③ 并提供引证马克思的话"不管生产力发生了什么变化，同一劳动在同样的时间内提供的价值量总是相同的"，④

---

① 丁重阳、丁堡骏：《试论马克思劳动价值论在国际交换领域的运用和发展》，载于《毛泽东邓小平理论研究》2013 年第 4 期。

② 何干强：《也谈劳动生产率与价值创造的关系》，载于《教学与研究》2011 年第 7 期。

③ 何干强：《也谈劳动生产率与价值创造的关系》，载于《教学与研究》2011 年第 7 期，第 48 页。

④ 《马克思恩格斯文集》第 5 卷，人民出版社 2009 年版，第 60 页。

来说明劳动生产率特别高的劳动可以直接创造更多的社会价值，即价值。本文认为劳动生产率特别高的劳动和其他劳动一样，需遵循"同一劳动在同一时间内创造等量价值"的原则，即等量劳动创造等量价值。马克思指出"生产力特别高的劳动起了自乘的劳动的作用，或者说，在同样的时间内，它所创造的价值比同种社会平均劳动要多。"① 对于这一论断，理论界往往取之以佐证"正比说"。但是本文认为要真正理解这一论断，需从前半句入手，即"劳动生产率特别高的劳动起了自乘劳动的作用"，其中作用一词就已经明确说明在价值创造过程中，劳动生产率特别高的劳动并没有直接创造出更多的价值，而是生产了更多的价值载体——使用价值，从而在价值转化为市场价值或生产价格时，在交换过程中实现了更多的社会价值；但由于社会必要劳动时间决定的劳动价值量仍不变，生产的商品数量增加了，等量价值分割在每件商品上表现为单位商品价值量降低，因此，劳动生产率与单位商品价值量成反比。本文认为劳动生产率高的劳动不能创造更多的价值，但在价值转化过程中能转化为较多的社会价值，因此，我们在这一问题上的分歧又再次集中在本文的第一部分对何教授的"成正比"说假定的质疑上来了，即回到"价值"和社会价值是否完全一致？"社会价值、价值和个别价值之间究竟是怎样的一种关系？"等一系列问题上，在这里就不加赘述了。

（二）价值转移必须通过商品交换

何教授在谈到劳动生产率较高的商品生产者获得的、高于其个别价值的社会价值时指出，其"来源完全是该生产者自己的劳动，而不是同一部门的劳动生产率低的生产者转移给他的"，② 因为"价值转移只能经过商品交换，同一部门同一商品生产者之间不发生商品交换，是不可能发生价值转移的"。③对此本文持不同意见，其一，价值的转移绝非必须通过商品交换。通过对资本总公式"G—W…P…W′—G′"的分析可知，货币转化为资本的过程中，

---

① 《马克思恩格斯文集》第 5 卷，人民出版社 2009 年版，第 370 页。
②③ 何干强：《也谈劳动生产率与价值创造的关系》，载于《教学与研究》2011 年第 7 期。

"G—W"和"W′—G′"作为流通过程均不能发生价值增殖；真正的价值增殖来自于生产过程，即当货币购买了劳动力之后，活劳动在商品生产过程当中不仅还原了自身价值，而且创造了大于其自身价值的价值——剩余价值，从而货币转化为资本，资本主义的生产方式得以确立。在这个生产过程当中就包含着价值转移。商品生产者按照生产目的，通过使用劳动资料将劳动力施加于劳动对象之上，消耗劳动资料和劳动对象的价值，同时活劳动创造新价值，生产出新产品，使其最终可以成为价值完美载体——具有使用价值的商品。在这个过程当中，劳动资料和劳动对象的使用价值被消耗掉，但是其价值被活劳动转移到了新产品当中去，成为商品价值的组成部分；其二，关于同一部门较高劳动生产率的商品生产者获得的较高社会价值的真正来源问题，本文认为它只能来自于本部门的较低劳动生产率生产者的价值转移。商品经济是由许多劳动生产率不同的商品生产者组成的统一的有机整体。随着商品经济的不断深化发展，即使是生产同一种商品所耗费的个别劳动时间也是有差异的，导致商品个别价值量也是不同的。但在商品交换过程当中，给不同的个别价值生产者，规定了一个统一的社会价值，即只能按照社会必要劳动时间决定的社会价值进行交换，必然对一部分人有利，对一部分人不利。不同劳动生产率决定了同一部门生产的商品的个别价值，或高于或低于社会价值，使得不同商品生产者的商品交换实际上是不等价交换。但是无论从较长期的同种商品的交换过程，还是从整个社会不同种商品的交换过程来看，通过商品交换实现的价值总和与商品生产过程当中创造的价值总和是趋于一致的。这更加有力地说明，价值规律是商品经济的基本经济规律，其表现形式恰恰就是通过这一次次不等价的交换，最终实现了价值规律要求的等价交换原则。由此可见，在分析劳动生产力与商品价值量之间的关系时，还必须联系各个不同时期竞争条件的变化，如果没有将价值规律视作历史性的规律，缺乏历史观，那么，必然会对价值规律发挥作用的新形式产生曲解。

（三）同一部门先进生产要素具有增加吸收社会必要劳动程度的作用

这样的理论观点屡见不鲜，李嘉图学派的庸俗化者——穆勒和麦克库洛赫所犯的错误就是一个很好的例证。当李嘉图和他的追随者们无法正确理解现实中的"等量资本获得等量利润"这一矛盾时，他们将目光瞄准了生产过程当中的机器、畜力和自然力的"劳动"，也就是所谓的资本的"蓄积劳动"，并提出了先进的客观生产要素是"社会必要劳动的'优良吸收器'"的观点。何教授提出"同一部门先进生产要素具有增加吸收社会必要劳动程度的作用"① 的观点，究其本质与"蓄积劳动"创造价值的理论并无本质区别。从何教授提出"为什么先进客观生产要素能够增加生产者同样劳动时间内的有用劳动的程度，从而使劳动者的社会劳动耗费更有效更多地被凝结、被物化到商品中"这一问题，② 可见在何教授看来，假设高素质的劳动与较低劳动生产率的生产要素相结合就不能生产出较多的价值，高素质的劳动和具有较高劳动生产率的生产要素相结合才能创造较多的价值，"所以，在相同的主观条件下，有力的客观条件能使领导能力得到更有效的发挥，提高劳动的有用程度"，③ 认为先进生产要素比落后的生产要素更能发挥吸收活劳动的作用，生产商品形成价值的劳动不仅要看劳动本身，而且还要看客观生产要素，要看客观生产要素吸收活劳动的能力。而且，在何教授的第二个案例中也提到，先进客观生产要素可以使活劳动节约，但这种节约从全社会的角度来看，应按照马克思的科学抽象法抽象掉，因此也就不存在提高有用劳动程度的情况。"谁要是根据劳动价值论只承认劳动创造价值，而不承认客观生产要素创造社会价值的科学原理……那恰恰是背离了劳动二重性的基本观点，背离了劳动价值论"，④ 这一观点割裂了劳动过程中主观要素和客观要素之间的关系。这里无疑是神话了先进生产要素，将其宣传为具有能动性的生产要素，并和活劳动一样可以在价值创造过程中发挥能动作用，是将"死"的生产要素复活论。因此，尽管何教授的观点是以反对生产要素论的面目出现，但其实是宣扬了一种变形的生产要素论。

除此之外，将经济学逻辑与数学逻辑相对立。"如果根据在生产主要依靠先进的客观生产要素，就得出必须承认先进的客观生产要素本身就能形成价

---

①②③④　何干强：《也谈劳动生产率与价值创造的关系》，载于《教学与研究》2011 年第 7 期。

值实体，并进而认为其所有者单凭客观生产要素的所有权就可以分割劳动者创造的新价值，这就走到资产阶级庸俗经济学家的所谓'要素价值论'和'萨伊的三位一体公式'（'按要素分配论'）那里去了"，① 从何教授的这段论述能够看出，认定先进的生产要素是优良的劳动吸收器，不是创造者，说明他不同意将价值创造的客观条件与价值创造混为一谈，这里面是典型的马克思主义经济学家的困惑。应该注意区别用客观生产要素创造价值来论证客观生产要素的所有者应分得自己所创造的价值部分，这是庸俗经济学者的观点；马克思主义者的观点是不承认客观生产要素创造价值，而承认客观生产要素的所有者凭借其对客观生产要素的所有权参与剩余价值分配。应科学地理解先进客观生产要素对社会价值创造的作用，避免退回到穆勒、库洛克等人的观点，强调所谓的"蓄积劳动"、把劳动时间和生产时间混为一谈，用诡辩和概念游戏来遮掩了价值的真正来源，何教授的观点就是陷入了此类矛盾之中。

综上所述，本文认为导致持"正比说"的学者错误地理解马克思的劳动价值论的思想根源及其理论弊端主要表现在以下三方面。

第一，"正比说"否定了马克思的商品二因素和劳动二重性学说，模糊了使用价值和价值、具体劳动和抽象劳动之间的区别，进而混淆了个别价值、价值和社会价值之间的关系、"劳动生产率和商品价值量"之间的真实关系。

第二，现象支撑。讨论商品价值量规定性的前提，首先要明确价值质的规定性。生产价格、市场价值等范畴只是价值的转化形式和现象化形式，坚持"成正比"说的学者忽视了这一点，把现象和价值创造直接联系起来，跳过中间的价值转形环节，错误地将商品价值的不同表现形式与劳动生产率之间的现象形态关系理解为本质关系。

第三，目前坚持"成正比"说的学者并没有运用转形思想。持"正比说"观点的学者没有运用转型思想考量"劳动生产力成正比说与单位商品价值量"之间的关系，因而，并不能科学地说明较高劳动生产率的劳动在创造

① 何干强：《也谈劳动生产率与价值创造的关系》，载于《教学与研究》2011 年第 7 期。

倍加价值的数量界限问题，从而，容易给否定马克思劳动价值论打开方便之门。

四、以转形理论为基础的"反比说"的科学性与理论优势

双重价值转形理论坚持商品二因素和劳动二重性学说，坚持劳动价值论，是对马克思价值理论的科学解读和继承。因此，以双重价值转形理论为基础的"反比说"具有科学性和理论优势，可以更好地阐释马克思劳动价值论和解读当前的经济现实，可以固本清源、激浊扬清，进一步证明马克思主义经济理论是一个开放的、与时俱进的理论体系。

（1）双重转形理论科学地解释了较高劳动生产率的劳动在创造倍加价值的数量界限。马克思谈到了生产力水平特别高的劳动起到了复杂劳动的作用。那么这个作用是如何发生的呢？要说明这个问题必须要强调的是，马克思的这一论述并不是围绕价值的创造展开的，他所陈述的是当价值（个别价值）转化为市场价值、乃至进一步转化为生产价格之后，作为价值的实现形式，商品的市场价值和生产价格与劳动生产率之间的关系。如表1所示，当存在劳动生产率差异时，同部门内部劳动生产率越高的企业，商品的市场价值或生产价格越大，反之亦然。当竞争关系在部门之间充分展开之后，商品的价值进一步转化为生产价格，这一变动规律依然发挥作用。这充分说明价值（个别价值）在市场价值或生产价格范畴上的价值实现，是与劳动生产率成正比的，这也恰恰说明了"生产力特别高的劳动"是怎样"起了自乘劳动的作用"的。

（2）双重转形理论更好地坚持了劳动价值论。对马克思主义政治经济学特别是对劳动价值论来说，"劳动量守恒"是贯穿始终的重要的规律。以坚持"劳动量守恒"规律为前提，以转形理论为基础的"成反比"说可以更好地解决来自理论界挑战和解释经济现实当中存在的问题。就表1所说明的价值转化为市场价值来讲，劳动生产率表现为优、中、劣的三家企业所生产的商品总量的个别价值之和为800小时，此时由商品价值总量转化而来的市场价值（社会价值）总和也等于800小时。当价值进一步转化为生产价格时，情

形也是如此。这说明在价值转形过程当中，虽然会发生价值转移，但是会一直遵循"劳动量守恒"原则，即价值总量和市场价值（或生产价格）总量是不会发生变化的。

（3）双重转形理论可以更好分析国际商品交换关系。关于国际价值和国际商品交换，古典经济学的劳动价值论受到了挑战，一方面它坚持劳动创造价值，另一方面商品在国际市场上的交换比率并不能直接用价值规律要求的等价交换原则来加以说明，以至于陷入了理论上的困顿。马克思在批判性地吸收了古典经济学的精髓和继承了其科学性的基础上，创建了马克思主义劳动价值论，为解决上述难题提供了金钥匙。尽管马克思在《资本论》当中并没有专门的论述国际价值和国际商品交换，但经过马克思主义者的努力，从马克思的国别价值理论中发展出了国际价值理论。所谓国别价值就是在一国国内市场上形成和实现的价值，由必要劳动时间决定。国别价值的形成过程中，高劳动强度和低劳动强度会进行平均。国别价值通过部门内部的竞争会转化为市场价值，通过部门之间的竞争促使市场价值进一步转化为生产价格。《试论马克思劳动价值论在国际交换领域的运用和发展》[①] 一文中提出了三个观点，第一，国别价值平均化形成国际价值；第二，在国际市场上，各国资本家为超额剩余价值而展开部门内部竞争时，商品的国际价值就转化为国际市场价值；第三，当资本在国际市场上在不同生产部门之间展开为追求平等占用剩余价值或利润的竞争时，商品的国际市场价值就转化为国际生产价格。可见，马克思的国别价值形成及其双重转形的思想，完全适用于国际商品交换的价值理论分析。

五、结论

综上所述，何教授所提出的"正比说"从根本上来说是对马克思劳动二重性理论的理解存在误区，首先，将具体劳动进一步区分为有用的具体劳动

---

① 丁重阳、丁堡骏：《试论马克思劳动价值论在国际交换领域的运用和发展》，载于《毛泽东邓小平理论研究》2013 年第 4 期。

和无用的具体劳动，这一解析前提违背了马克思的研究方法论——从抽象到具体的方法。马克思认为："劳动生产还随同劳动的节约而增长。这种节约不仅包括生产资料的节约，而且还包括一切无用劳动的免除"，① 其本意是强调，与劳动生产率提高以前相比，有一些环节中的劳动、流程成为不必要的了，生产商品使用价值的劳动就是具体劳动，是生产劳动的具体方面，涉及到生产研究的起点问题。从《致库格曼的信》中可以看出，马克思研究商品研究价值是从具体和现实出发，并不是从概念出发，这是马克思政治经济学方法论——抽象法的要求。其次，抹杀个别价值就是价值这一事实，实际上是缺乏唯物史观，是对商品价值形成和实现过程的认识僵化；再次，将先进的生产要素理解为"社会必要劳动的'优良吸收器'"，是将劳动价值论倒退回李嘉图学派的"蓄积劳动"和萨伊的"三位一体公式"等庸俗的劳动价值论，是对马克思劳动价值论研究的倒退。

（原文发表于《当代经济研究》2016 年第 12 期）

---

① 《马克思恩格斯文集》第 5 卷，人民出版社 2009 年版，第 605 页。

从"新解释"到价值转形的一般理论

孟 捷[*]

20 世纪 80 年代初，美国学者弗里（Foley）、法国学者迪梅尼尔（Dumenil）分别独立提出了一种关于劳动价值论的新见解，引发了国际马克思主义经济学界的长期关注和讨论（Dumenil，1983；Foley，1982、1986）。在文献中，这一新见解起初被称为"新解法"（new solution），后来则命名为"新解释"（new interpretation）。新解释为研究转形问题提供了一个新思路。自此，围绕转形问题的研究和争论，在相当程度上以新解释提出的方法和问题为核心。新解释的出现虽然有利于转形问题的研究摆脱鲍特基维茨和新李嘉图主义传统的束缚，但因其在考察价值和价格的关系时囿于净产品，也造成了不少问题。本文认为，新解释被忽略了的真正贡献在于其回到了马克思原初的立场，即以产出而非投入的价值作为转形的出发点。本文继承了这一立场，并试图在下述方面进一步发展新解释倡导的方法：第一，利用冯金华（2015）提出的实现价值方程，将这一方法推广到总产品；第二，强调转形不必局限于均衡条件，在再生产失衡的前提下，同样存在价值转形；第三，结合第二种社会必要劳动（或第二种市场价值）概念，对转形所需服从的总量一致命题做了新的阐释。转形不仅是从价值到生产价格的转形，在考虑非均衡和市场价值概念的前提下，也是从第二种含义的市场价值向市场生产价格的转形。

---

* 孟捷，复旦大学经济学院。

一、以新解释为中心的当代转形理论：一个批判的概述

（一）新解释的基本思想：一个再评价

新解释的理论出发点来自劳动价值论的基本思想：生产中投入的活劳动创造新价值。但新解释把这个纯理论命题转换成了经验性命题，主张在生产中使用的活劳动与扣除了中间物质消耗的净产品之间存在因果关系。基于这一观点，新解释在总量层面定义了"劳动时间的货币表现"（Monetary Expression of Labor Time，MELT），等于某一时期以市场价格度量的增加值（等于该时期产出的价格减去工资以外的成本）与生产性活劳动的比率。根据新解释的这一定义，货币的价值（不同于货币商品的价值）等于 MELT 的倒数，即等于单位货币所代表的抽象劳动量。借用 Fine 等（2004）的例子，在 20 世纪 80 年代初，美国国民收入的增加值或净产品大约等于 3 万亿美元，雇佣劳动力 1 亿人左右。如果假设这些人一年工作 50 周，每周标准工作时间是 40 小时，再假设这些人全部在生产性部门就业，则所耗费的全部活劳动时间就等于 2000 亿小时。根据这些条件，每小时劳动平均可带来 15 美元的增加值，即 MELT = 15；货币的价值则等于其倒数（1/15）。

在概述新解释的基本思想时，大多数文献都使用了由多部门构成的方程组。伦敦大学亚非学院的法因（Fine）、拉帕维萨斯（Lapavitsas）、萨德 - 费罗（Saad - Filho）在一篇合著文章中指出，这样做并无必要，利用简单的数学表述便足以概括新解释的基本思想（Fine et al.，2004）。记某一经济中的总利润为 Π，净收入（总收入减去非工资成本）为 R，货币工资率为 w，活劳动总量为 L，总剩余价值为 S，货币价值 $m = L/R$，可以写出以下 3 个方程。其含义分别为：总利润等于净收入减货币工资总量；总剩余价值等于活劳动总量减货币工资所代表的价值量；通过货币价值得到净产品价值量等于活劳动量：

$$\Pi = R - wL \tag{1}$$

$$S = L - wLm \tag{2}$$

$$Rm = L \tag{3}$$

值得注意的是，在给定 m 即货币价值的定义时，（3）式事实上是同义反复。在（1）式的两端乘以 m，解出 Rm 后代入（3）式，可有：

$$\Pi m = L - wLm \tag{4}$$

或

$$S = \Pi m \tag{5}$$

（5）式意味着，总利润乘以货币价值等于总剩余价值，或言之，利润是剩余价值的货币表现形式。Fine 等（2004）在概括新解释的基本思想时，只采用了上述 5 个方程。在此基础上，本文添加了 1 个方程。

$$e = \frac{S}{V} = \frac{\Pi m}{wLm} = \frac{\Pi}{wL} \tag{6}$$

其中，e 为剩余价值率，V 是劳动力价值总量。（6）式表明，剩余价值率既可看作剩余价值和劳动力价值之比，也可以看作利润总量和货币工资总量之比。

在新解释理论中，只要给定货币价值和劳动力价值的定义，就会得出上述方程。值得强调的是，这些方程不受特定的价格形成原则的束缚，即新解释的核心思想既适用于一个利润率平均化，从而形成生产价格的经济，也适用于市场价格偏离生产价格，不存在利润率平均化的经济①。在此意义上，新解释并不以解决转形问题为唯一目的，但正如本文将要阐述的，新解释的确构成了对转形问题的一种解答。在新解释的转形模型中，（3）式和（5）式都可作为转形的不变性条件，其含义分别为：第一，投入生产的活劳动所形成的新价值等于净产出在实现后取得的价值（后者等于净收入乘以货币的价值）；第二，在生产中形成的总剩余价值等于在交换后所取得的总剩余价值（后者等于总利润乘以货币的价值）。不过，正如后文在介绍伊藤诚（Itoh，1980、1988）时将要看到的，新解释自身对于（3）式和（5）式的理论意义阐述得并不充分，需要借助其他学派的相关研究，才能更为清晰地认识这些

---

① Fine 等（2004）认为，新解释只是一个解释，其正式内容属同义反复。另参见 Saad - Filho（1996）的研究。

等式的含义。

（3）式作为转形的不变性条件，同时也构成了对鲍特基维茨所代表的转形研究进路的拒斥，使新解释在某种意义上回到了马克思原初的立场。（3）式有两个特点：第一，等式右边的 L 代表了生产中投入的活劳动及其创造的净产出价值；第二，从货币资本循环公式 $G - W - P - W' - G'$ 来看，（3）式对应的是其中的 $W' - G'$ 阶段，即净产出的价值表现为货币衡量的增加值。因此，（3）式的提出意味着新解释明确将产出（W'）而非投入的价值（W）作为转形的真正出发点。与此相反，在鲍特基维茨看来，马克思只限于将产出的价值转形为生产价格，而未将投入的价值作类似处理，因而在理论上是不彻底的①。但问题是，从再生产过程来看，当期投入就是上一期的产出，如果像鲍特基维茨那样，将投入的价值和产出同时转形，对各部门产品而言，前后两个再生产时期的单位产出价值就是相等的。这一假设若能成立，又需以再生产过程中没有技术进步、且始终存在再生产均衡为前提②。

价值转形是以产品的价值形成过程为前提的。在价值形成过程中，不管投入是以何种价格购买的，它们都将在生产过程中作为价值转化为产品价值的一部分 C + v，其中 C 为不变资本；一旦价值形成过程结束，产品的价值就构成转形的唯一出发点，而无须再考虑投入价值的转形。新解释在这个重要

---

① 对鲍特基维茨及其后继者研究的系统介绍，可参见张忠任（2004）的研究。在国内研究者中，也有一批这一进路的追随者，如张忠任、丁堡骏等，对这些研究者的批判性评论参见冯金华（2014）的研究。近年来，冯金华（2014）从事了一项重要研究，他利用反证法指出，如果像鲍特基维茨及其追随者那样研究转形，即在将成本价格转形的同时，坚持马克思所设定的两个总量约束条件，最终将造成个别产品的价值与其生产价格相等这一悖论。冯金华得到的这一结果，相当于宣布由鲍特基维茨提出的研究进路是"此路不通"的，从而在客观上支持了新解释代表的观点。

② 这也就解释了鲍特基维茨何以在其研究中要假设转形隶属于简单再生产及其平衡条件。在新李嘉图主义里，投入价值和产出价值可以在当期投入产出条件和实际工资率的前提下直接求得，这一做法与鲍特基维茨有所不同，但两者在下述意义上仍有一致性：都忽略了再生产失衡所造成的产出实现条件变化对价值决定的影响。长期以来，国外转形问题的研究一直深受鲍特基维茨和新李嘉图主义的影响，一些马克思主义者体认到这种弊端，认为新解释的出现是抵销这一影响的解毒剂。伦敦大学的 Saad - Filho（1996）曾提出："新解释"在无须假设一般均衡和简单再生产的前提下就取得了两个总量一致的等式。这是向前迈出的重要一步，因为它使有关转形问题的争论脱离了由新李嘉图主义设定的那些（不充分的）条件。Fine 等（2004）也指出，在新解释理论中，价值与价格不是以生产的物量数据为前提同时决定的。以劳动力价值为例，它要以货币工资和货币价值的形成为前提，而后者即货币的价值在净产品实现后才能决定。

的方法论问题上回到了马克思的立场，并因此在当代西方转形理论中独树一帜。但其也存在如下不足：第一，（3）式在解释价值和价格的关系时，是以净产品为前提的，而未顾及总产品。第二，新解释虽然在相当程度上摆脱了新李嘉图主义和鲍特基维茨理论的影响，但（3）式仍暗含了再生产均衡的假设：生产中投入的活劳动恰好等于净产出实现后所取得的价值，后者进而表现为以货币为量纲的净收入。若以公式表达，可写出 $MELT = \dfrac{R}{L} = \dfrac{W}{L} \times \dfrac{R}{W} = \dfrac{R}{W}$，其中 W 是净产出所实现的价值。在这个等式里，MELT 被分解为两项，即劳动时间的价值表现$\left(\dfrac{W}{L}\right)$和价值的货币表现$\left(\dfrac{R}{W}\right)$。在《资本论》里，马克思使用了"社会平均劳动的货币表现"这一概念，但从未用过"劳动时间的货币表现"。原因很简单，货币是价值的尺度，是用于表现价值的，而不能直接表现劳动①。只有在假设 L = W 时，前述 MELT 的定义才与价值的货币表现相等。第三，在（3）式中，Rm 是通过货币价值得到的价值，在概念上不同于生产中形成的价值，而新解释对这一价值概念的含义未做足够充分的交代。如果要将新解释所倡导的方法在转形研究中加以推广，即提出一个更为一般的理论，就必须解决上述 3 个问题。

接下来，我们将依次介绍弗里、伊藤诚和"单一体系"的转形理论，从比较的角度分述其得与失。

（二）弗里的转形方案②

新解释理论的代表之一弗里，曾提出了一个具体的转形模型。假定一个生产小麦和钢铁的两部门经济，投入和产出的技术关系如表 1 所示。

---

① 马克思（1972，中译本）：《资本论》第 1 卷，人民出版社，《马克思恩格斯全集》第 23 卷，人民出版社。

② 具体参见 Foley（1986）的研究。

表 1 小麦和钢铁部门的投入产出条件

部门	小麦	钢	活劳动	产出
小麦	0	1/4	1	1
钢	0	1/2	1	1

令钢和小麦的单位价值分别为 λ_s 和 λ_f，根据表 1 给出的生产条件，可写出单位价值形成方程：

$$\lambda_s = 1 + \frac{1}{2}\lambda_s$$

$$\lambda_f = 1 + \frac{1}{4}\lambda_s$$

解此方程，得 $\lambda_s = 2$，$\lambda_f = 3/2$。假设钢和小麦的产量均为 10000 单位，剩余价值率为 100%，再假设价值与价格的比例为 1，即 1 单位劳动量表现为 1 美元，可得到表 2 中的价值体系。

从中可知一般利润率（r）为 40%。设 c 和 v 分别为单位产品价值中的不变资本和可变资本，则马克思的生产价格定义式可写为 p = (c + v)(1 + r)。将利润率代入此式，得到小麦的生产价格（p_f）为 1.40 美元，钢的生产价格（p_s）为 2.10 美元。此时有 1000 美元的利润从小麦部门再分配到钢铁部门。

表 2 价值体系和马克思的转形方案

部门	C	V	S	C + V + S	p（美元）	e	r（%）
小麦	5000	5000	5000	15000	1.40	1	50.00
钢	10000	5000	5000	20000	2.10	1	33.33
总计	15000	10000	10000	35000		1	40.00

在马克思之后由鲍特基维茨开创的转形研究传统中，实际工资率在转形前后是假定不变的。根据表 1 给出的投入产出条件，包含小麦部门在内的两部门为生产单位产品而投入的活劳动均为 1 单位，剩余价值率为 100%，故而

单位产品或单位时间所包含的劳动力价值为 1/2。又因小麦价值为 $\lambda_f = 3/2$，可知单位时间的劳动力价值相当于 1/3 单位小麦的价值，即 $\lambda_f/3 = 1/2$。由于先前假定 1 单位（1 小时）劳动量表现为 1 单位货币量，故而该式的单位价值也可改换为小麦的单位价格（p_f），单位时间的劳动力价值则可改换为货币工资率（w），从而有 $p_f/3 = w$。据此可写出鲍特基维茨意义上的、将成本价格也转换为生产价格的一组方程：

$$p_f = (1 + r)\left(\frac{1}{4}p_s + w\right)$$

$$p_s = (1 + r)\left(\frac{1}{2}p_s + w\right)$$

$$w = \frac{1}{3}p_f$$

解此方程组，可得一般利润率和相对价格，即 r = 39.45% ，p_s/p_f = 1.5354。在鲍特基维茨开创的转形研究传统中，常见的做法是在上述体系中再增添 1 个方程，如总利润 = 总剩余价值，或总价格 = 总价值，以求得绝对价格。但是，除非假设一种极为特殊的条件，否则无法保证这两个等式同时成立。这便是鲍特基维茨研究进路所面临的无法化解的难题。

为解决上述问题，新解释提出了两个新的不变性条件。其中一个条件涉及对劳动力价值的重新界定。根据新解释的定义，单位时间的劳动力价值等于货币工资率乘以货币的价值。由于前文已经假设 1 单位（1 小时）劳动量表现为 1 美元，单位美元的货币价值便等于 1 小时，在此前提下，若假设货币工资率为 1/2 美元，劳动力价值便等于 1/2 小时。新解释认为，在转形前后货币工资率或单位时间的劳动力价值保持不变，这一观点修改了鲍特基维茨进路所假设的实际工资率不变的条件。

新解释所倚重的另一不变性条件涉及活劳动和增加值。新解释认为，在转形前后活劳动总量保持不变，当货币价值给定时，这一活劳动量也决定了增加值或净收入的数量。在上述例子中，两部门新价值为 20000 单位，由于货币价值等于 1，增加值便为 20000 美元。基于上述不变性条件，弗里构造了如下一组方程：

$$p_f = (1 + r)\left(\frac{1}{4}p_s + \frac{1}{2}\right)$$

$$p_s = (1 + r)\left(\frac{1}{2}p_s + \frac{1}{2}\right)$$

$$10000\left(p_f - \frac{1}{4}p_s\right) + 10000\left(p_s - \frac{1}{2}p_s\right) = 20000$$

其中，第 3 个方程与（3）式相对应：方程左边的各项分别为产量乘以利润，右边则为投入生产的活劳动总量乘以劳动时间的货币表现（后者假设为 1）。解此方程组，得到一个以美元为单位的生产价格体系（见表 3），其中 Π 为利润，e 为剥削率。

表 3   弗里的转形方案

部门	C	V	Π	C + V + Π	p（美元）	e	r（%）
小麦	5520	5000	3960	14480	1.448	0.79	37.65
钢	11040	5000	6040	22080	2.208	1.21	37.65
总计	16560	10000	10000	36560		1.00	37.65

表 3 第 2 列数字是这样得到的：由表 1 给出的投入条件可知，当两部门产量均为 10000 单位时，小麦与钢铁部门投入的钢分别为 2500（10000 × 1/4）和 5000（10000 × 1/2）单位；将这些投入量分别乘以钢的单位生产价格，就得到表 3 第 2 列的 5520 和 11040[①]。

如何评价弗里的模型是个有趣的问题。一方面，从模型第 3 个方程来看，弗里贯彻了新解释的思想；但另一方面，从模型前 2 个方程来看，由于其中将投入也做了转形，因而明显表现出鲍特基维茨和新李嘉图主义的影响。作者认为弗里的模型是矛盾的产物。这种矛盾体现在：弗里本人虽然是新解释的领军人物，却未能完全领略新解释的主要贡献之一是将产出而非投入的价

————————

① 在弗里的模型中，尽管净产品价值等于其生产价格（以货币价值等于 1 为前提），但总产品价值（35000）与其生产价格（36560）是不等的。新解释将这一不等归咎于总产品带来的重复计算。

值作为转形的出发点。可能是由于对均衡假设的习惯性依赖，使弗里没有认识到这一点（或在此问题上表现出倒退）。

（三）伊藤诚论转形

新解释提出转形的不变性条件之一，是生产中形成的价值量和实现的价值量相等，这个观点从思想史的角度来看并非是其独创。在新解释出现之前，日本学者伊藤诚就已提出了类似观点，并且在方法论上更为自觉和彻底。伊藤诚隶属于日本马克思主义经济学的"宇野学派"（the Uno School）。该学派主张生产价格是在自由竞争资本主义经济中发展起来的一种特有的价值形式；生产价格作为这样一种发展了的价值形式，不仅要表现生产中形成的价值实体和价值量，而且是在不同部门和不同阶级间分配价值实体的中介。宇野学派的这个观点是对《资本论》开篇提出的价值形式理论的发展，在国际范围内产生了一定的影响①。伊藤诚将此观点进一步运用到解决转形问题中。在他看来，价值和生产价格分属不同的理论层次，前者对应于价值实体（其量纲为劳动时间），后者对应于价值形式（其量纲为货币），将一个以价值为量纲的生产体系与一个经过转形、并以货币为量纲的生产价格体系直接比较，即在转形中遵从马克思所设定的两个总量约束条件，除非附加十分特殊的假设，否则在理论上是难以成立的（Itoh，1980、1988）。

伊藤诚进一步提出，马克思的价值概念并不只涉及生产中形成的价值量，还包含以下三重维度：第一，在生产中形成的、物化于商品的价值实体；第二，作为价值形式的生产价格；第三，以生产价格为中介，不同部门和阶级在市场上取得的价值。上述 3 个维度分别对应于商品流通一般公式 W – G – W 中的 3 个环节。在转形研究中，马克思与鲍特基维茨传统上是将第一个环节的 W（对应于生产中形成的价值体系）与第二个环节的 G（对应于生产价格体系）相比较。而在伊藤诚看来，这种比较在概念上是不合理的；应该加以

---

① 除了后文将要提到的格林（Glyn）——已故牛津大学马克思主义经济学家——以外，美国著名马克思主义经济学家、纽约新学院大学的谢克（Shaikh，1982）也曾接受了这个观点。

比较的是第一个环节的 W 和第三个环节的 W，与前者一样，后者也是一个以价值为量纲的体系①。

伊藤诚的理论缺失是追随了鲍特基维茨的传统，将投入也转形为生产价格。其贡献则在于，区分了作为价值形式的生产价格和在生产中形成的价值实体，并在此基础上重新界定了转形的约束条件：在生产中形成的价值总量等于经由生产价格中介而在市场上取得的价值总量。显然，将生产价格定义为价值形式的做法，在理论上支持了新解释的（3）式。伊藤诚对转形约束条件的重新界定也与（3）式极为近似。不过，在伊藤诚的研究中，市场取得的价值总量是通过将各个部门产出的生产价格乘以价值－生产价格比率而得到的。这样一来，在市场取得的价值总量就和以价值为量纲的生产价格无关。而在新解释理论中，在市场取得或实现的价值等于生产价格直接乘以货币的价值，这意味着在市场上取得或实现的价值事实上等于以价值为量纲的生产价格。对这两种生产价格的分梳是必要的，在本文的模型中，这一分梳也起着重要作用②。

（四）新解释和"单一体系"学派

"单一体系"学派和新解释同时出现，其首倡者为美国学者沃尔夫（Wolff）、罗伯茨（Roberts）及卡拉里（Callari）（Wolff et al.，1982、1984）。另一位美国学者莫斯里（Moseley）也是该学派的重要代表。莫斯里认为新解释对可变资本和不变资本的处理在方法论上是不对称的。一方面，根据定义，可变资本或劳动力价值以一笔给定的货币工资为前提，即等于货币工资乘以货币的价值（前文的 wLm），而非像新李嘉图主义那样得自给定的物量数据，即以实际工资乘以工资品的价值（bλL，其中 b 为实际工资率，λ 为工资品单位价值）。另一方面，在新解释理论中，不变资本仍以生产的物量数据为前

---

① 伊藤诚的这一观点得到了 Glyn（1990）的支持。

② 严格讲，有 3 种不同的生产价格。除了以货币为量纲的生产价格外，以价值为量纲的生产价格还可区分为两种，一种是以生产中形成的价值为实体的生产价格，另一种是以流通中取得的价值为实体的生产价格。马克思采用的是前一种含义的以价值为量纲的生产价格，并在此意义上主张总产品的价值等于其生产价格。新解释则采纳的是第二种含义的以价值为量纲的生产价格。

提，即等于生产资料价值乘以物量，因而并未与新李嘉图主义彻底划清界限①。为了克服这一矛盾，莫斯里提出在马克思的相关理论中，初始给定的前提并不是生产的技术条件和实际工资这些物量数据，而是作为货币额的不变资本和可变资本；在购买生产资料和工资品时，无论是按照与价值成比例的价格来购买，还是按照生产价格来购买，不变资本和可变资本都是作为具有一定价值的货币额而给定的。在此观点的基础上，莫斯里写出了如下等式，以替代新解释的（3）式（Moseley, 2016）。

$$P = \bar{C} + \frac{1}{m}L \qquad\qquad (7)$$

其中，P 是以价格为量纲的生产价格总量，$\bar{C}$ 是预付资本里用于支付生产资料的部分，L/m 则是活劳动所创造的货币增加值。

从本文的角度看，（7）式其实是未完成的。这是因为该式虽然引入了不变资本，但等式右边的两项具有某种非对称性：一方面，和新解释一样，L/m所代表的净收入价值是由生产中投入的活劳动创造的；但另一方面，在 $\bar{C}$ 上却看不到它与当下价值形成过程的联系。单一体系片面强调不变资本是具有价值的货币额，必然会忽视不变资本价值的形成与生产的技术条件关系。正如 Mohun（2004）所指出的，单一体系彻底切断了由生产技术条件决定的商品内含价值量与通过货币价值得到的价值量的关系。

此外，作为预付货币资本价值的一部分，$\bar{C}$ 的大小事实上取决于投入品的数量和价格，为此可写出 $\bar{C} = pAq$，其中 p 和 q 分别为以货币为量纲的生产价格和产出向量，A 为生产资料投入矩阵。在此可以看到，与莫斯里的意图相反，新李嘉图主义的物量数据事实上仍是形成不变资本价值的基础。

（7）式与沃尔夫等人提出的单一体系理论典型表达式［后文（11）式］

---

① Moseley（2000）："我认为，在弗里的解释中，不变资本的决定与可变资本的决定在方法上存在关键的不一致。可变资本得自给定的货币量，而不变资本则得自给定的物量。弗里对于处理不变资本和可变资本的前后不一致并未给出合理的解释。我认为，由于不变资本和可变资本都是资本的一般概念的特殊形式，是最初预付的货币资本（M）的两个组成部分，因而应该以相同的方式来决定，即要么都作为给定的货币量，要么都得自给定的物量。""因此我认为，在摆脱新李嘉图主义对马克思理论的物量解释这个问题上，弗里只走了'半程'。如果弗里接受我对不变资本的理解，我们之间的差异似乎就焕然冰释了。"

是一致的。可以从新解释的（3）式出发，经过扩展得到单一体系的标准表达式。通过（3）式 Rm = L，新解释理论界定了货币的价值，若以包含多部门的矩阵方式整理（3）式，可写出：

$$mpy = lq \qquad (8)$$

其中，各变量均为相关向量，y 代表净产出，且 R = py，l 为生产单位产品所支出的活劳动，q 为总产出。货币的价值为：

$$m = \frac{lq}{py} \qquad (9)$$

（8）式左边为净产出的价值，这一价值是通过货币的价值（m）得到的，因而不同于在生产中形成的内含价值（λ）。为表达这一差异，我们将这一价值称为实现价值，并将单位实现价值向量记为 λ^*（$\lambda^* = mp$），以与内含价值 λ 相区别。正如后文指出的，将 λ 和 λ^* 区别开来，在理论上具有重要意义。

在（8）式两边加上 mpAq，得到：

$$mpy + mpAq = lq + mpAq \qquad (10)$$

其中，等式左边是净产品价值和生产资料投入价值之和，等于总产品的价值，即等于 mpq。故有：

$$mpq = \lambda^* q = mpAq + lq$$

或

$$\lambda^* = mpA + l \qquad (11)$$

（11）式可视为单一体系理论的典型表达式[1]，其中，不变资本等于预付货币额（pA）乘以货币的价值（m）；活劳动量 l（或单位净产出价值）则在转形中维持不变[2]。

将（11）式和（8）式相比较，可以直观地发现单一体系与新解释之间

----

① 要指出的是，由于产量 q 是列向量，（11）式并不能通过将 $\lambda^* q = mpAq + lq$ 里的产量直接化约得到。但是，如果该等式中的 q 和价值、价格决定没有关系，也就是在同一套价值、价格体系下，产量可以是任意的，那么此处向（11）式的过渡就是成立的。笔者做上述推导的目的只是为了方便和新解释相比较。事实上，正如下一个脚注所提及的，单一体系的代表沃尔夫等人在构建模型时直接就写出了（11）式（Wolff et al. , 1984）。

② Wolff 等（1984）提出了一个正式的价值转形模型，其中共有 3 个方程，除了生产价格方程和价值利润率方程外，第 3 个最为关键的方程即为：λ = pA + l，其中 p 为价值量纲的生产价格。

的区别和相通之处。两者共通之处体现在：第一，双方都主张投入生产的活劳动量在转形前后保持不变；第二，尽管（11）式和（8）式分别以总产品和净产品为前提，但可以证明两式各自定义的货币价值在数学上是等价的[①]。单一体系和新解释的区别则在于，前者试图将不变资本也纳入考虑范围，即在总产品的意义上考察转形，而后者仅限于考察净产品。不过，单一体系的意图虽然合理，在其模型中却误将预付资本价值、而不是生产中形成的价值作为转形的前提。由于预付资本价值的大小必然要以生产的物量数据（A）为前提，因而单一体系并没有如其希望的那样，真正脱离鲍特基维茨和新李嘉图主义的影响。

在单一体系的基础上，还派生出了"跨期单一体系（TSSI）"学派。这一学派的特点是注重非均衡，强调同一产品作为产出的价值不同于作为投入的价值[②]。其思想概括在如下以矩阵形式表达的方程中：

$$\lambda_{t+1}^{*} = m_t(pA)_t + l_t$$

其中，投入和产出在时期上是分开的。和先前一样，为了强调等式左边的单位价值不同于生产中形成的价值，而是经由货币价值的中介得到的，我们用 λ_{t+1}^{*} 代替了 λ_{t+1}。将这个方程和前述单一体系的核心方程（11）式相比较，可以发现跨期单一体系是对单一体系的进一步发展。尽管笔者并不赞成单一体系和跨期单一体系的核心方程，但后者强调非均衡，在方法论上却是有积极意义的，和新解释相比，应视为一个进步。

针对单一体系将考察拓展到总产品的建议，弗里表现出一种微妙的调和性态度：一方面，他在原则上不反对改以总产品为考察对象；另一方面，他又有保留地认为，通过乘以货币价值而把货币形态的不变资本转换为以劳动度量的价值，其理论含义是暧昧不明的，因为由此得到价值"一般而言既不等于生产资料中内含的历史劳动，也不等于在现行技术下再生产生产资料所

---

① Mohun（2004）给出了具体证明。

② 跨期单一体系学派的代表人物为克莱曼（Kliman）、弗里曼（Freeman）等人，相关文献可参见 Kliman 和 MaGlone（1999）与 Freeman 等（2004），Freeman 等（2004）还在文中针对 TSS 进行了批判性讨论。

需要的劳动"①。

　　然而，弗里（Foley，2000）没有虑及的是，第一，在生产中形成的、内含于商品的历史劳动，抑或在现行技术条件下再生产商品的劳动，都属于第一种含义的社会必要劳动，而价值概念还要以第二种含义的社会必要劳动为依据。借助于货币的价值而得到的不变资本价值，对应于第二种含义的社会必要劳动概念。第二，商品价值关系所表达的是在同一价值空间里形成的共时性关系，在此意义上，不同批次、不同时期的不变资本价值与当前耗费的活劳动所形成的价值在理论上是同质的。

二、非均衡与第二种市场价值概念

　　正如前文提及的，新解释以及单一体系理论在界定货币价值时假设了再生产均衡。然而，在马克思的理论中，转形问题和均衡条件并无实质的联系。在非均衡条件下，也存在利润率平均化和价值转形，但此时总量一致条件的表达会有微妙的变化：总产出的价值与其生产价格相等，将替换为总产出的市场价值与其市场生产价格相等。为此，这一节将引入与非均衡相对应的第二种市场价值概念，以作为下一节研究的预备性讨论。

　　在马克思主义经济学内部，围绕两种含义社会必要劳动概念的争论最早发生于 20 世纪初的德国和俄国。当时极为活跃的俄国经济学家鲁宾（Rubin，1972）在其著作中反映了这场争论。半个世纪后，鲁宾的著作首度翻译为英文，使这一争论得以在国际范围内被了解。鲁宾对当时争论双方的立场做了这样的概括：

　　"社会必要劳动的'经济'概念在于，……商品的价值不仅取决于生产率（它表现为在给定的平均技术条件下生产一种商品所必须的劳动量），而且取

---

　　① 参见 Foley（2000）的研究。Fine 等（2004）在谈及此问题时，则持更明确的反对态度。他们认为："如果同期的死劳动……也借助货币的价值而转形，严重的问题就会不顾弗里的调和性声明而出现。通过除以活劳动与当前净产出价格的比率，就可将既往不同时期、不同批次的不变资本中所包含的劳动（这些劳动已经转移为当前产出的价值）普遍视为彼此等同，并且与现期耗费的劳动也相等同，这种做法并不具有逻辑或经济的理由。"

决于社会需要或需求。这个概念的反对者（即那些认为社会必要劳动时间由'技术'决定的人）则反对道，需求的变化，如果没有伴随着生产率和生产技术的变化，只能带来市场价格对市场价值的暂时偏离，而不会给平均价格带来长期的永久变化，也就是说，不会带来价值本身的变化。"①

此后，在马克思主义经济学中一直存在这两种相互对立的立场，但相较而言，后一种立场——即坚持第一种含义的社会必要劳动——具有更大的影响，日本学者伊藤诚在出版于 20 世纪 80 年代的英文著作里，恰当地指出了个中原因，他在 Itoh（1980）中写道："如果供给和需求的比率决定市场价值的水平，那么价值由生产这种商品内含的抽象劳动量所决定这一点，就会受到损害，而且这样做类似于边际主义以供给和需求决定价格的理论。为了避免这一立场，多数马克思主义者在传统上偏爱马克思对市场价值的第一种定义，把市场价值理解为由生产一种给定商品在技术上所需要的平均劳动时间所决定的。"不幸的是，在伊藤诚这一论断发表之后，上述局面在西方马克思主义者中间一直未有任何改观，以至在围绕新解释的争论中，几乎没有人提及市场价值的第二种理论与这场争论的联系。

在协调马克思两种市场价值概念的努力中，笔者赞赏罗斯多尔斯基和国内学者魏埙等人的尝试。魏埙和谷书堂（1961）在 20 世纪 50 年代提出："供求状况在一定条件下（劳动生产率不变）可以调节社会价值，使之或是与社会平均条件下的个别价值相一致，或是和优等或劣等条件下的个别价值相一致。"②

类似地，罗斯多尔斯基（1992，中译本）也以马克思的论述为依据，主张在下述意义上理解市场价值概念以及市场价格和市场价值的关系："市场价值只能在由三种生产类型中的某一种所决定的生产条件（从而也是由个别价值决定）的限度内运动。""如果由于市场的变动，大多数商品按照高于在较

---

① 参见 Rubin（1972）。

② 不过，在和第一种理论的拥护者辩论时，谷书堂和杨玉川（1982）有时陷入了误区，以为供求只影响价格与价值的偏离，而不涉及市场价值决定本身。例如他们说："第二种含义的社会必要劳动时间参与价值决定，而市场供求只决定市场价格与价值的差额，只决定价值实现，两者怎么可以混同呢？"

坏条件下生产的商品的个别价值出售，或者相反，按照低于在较好条件下生产的商品的个别价值的价值出售，市场价格就会在实际上偏离市场价值。"

根据上述解释，第一，市场价值对应于部门内某种既有的个别价值，但未必等于由平均生产条件所决定的个别价值。第二，供求因素可以参与市场价值的决定，但其影响被局限在一个限度内，即供求只能导致市场价值在最坏或最好的生产条件之间变动；一旦超出这个范围，供求变化就只影响市场价格与市场价值的偏离，而不影响市场价值本身。

以罗斯多尔斯基（1992，中译本）与魏埙和谷书堂（1961）为代表的这类解释，代表了协调市场价值两种理论的重要尝试。笔者赞同并试图发展这一解释。值得强调的是，罗斯多尔斯基在讨论市场价值的形成时，没有为其附加任何均衡条件。这意味着，当市场价值由较高或较低的生产率水平调节时，该部门（乃至整个社会生产）可能处于市场供求不均衡乃至再生产失衡的状态。在谷书堂和杨玉川（1982）中，他们更为明确地指出：应该在商品供求不均衡的前提下开展对第二种意义的市场价值的分析；在非均衡的前提下，市场价值可能和通过加权平均得到的市场价值无关，而直接等于最优或最劣生产条件下的个别价值。

在围绕第二种含义市场价值的研究中，近年来出现了一个突破性进展。由于国内学者冯金华（2015）的工作，我们拥有了一个分析市场价值决定的便利工具，即冯金华（2015）提出的实现价值方程。利用这个方程，我们可以更为准确地界定第二种市场价值概念，并揭示这一概念和第一种市场价值之间的联系。

假定存在一个两部门经济。令生产第 i 种（i = 1，2）产品所需要的劳动量（包括物化劳动和活劳动）为 t_i，这一劳动量所带来的总产出为 q_i，单位产品的内含价值量为 λ_i，同时令第 i 种产品在市场上实现的单位价值量为 λ_i^*。在再生产均衡的前提下，两个部门总产出在生产中形成的内含价值总量（$\sum_{i=1}^{2} \lambda_i q_i$），必然等于投入生产的全部劳动量 $\sum_{i=1}^{2} t_i$，且总产出的内含价值总量等于其实现价值总量（$\sum_{i=1}^{2} \lambda_i^* q_i$），即有：

$$\sum_{i=1}^{2} \lambda_i^* q_i = \sum_{i=1}^{2} \lambda_i q_i = \sum_{i=1}^{2} t_i \tag{12}$$

接下来要讨论单位商品的实现价值（λ_i^*）是如何决定的。从定义来看，单位产品的实现价值（λ_i^*）应当等于用单位产品交换到的货币的价值（以劳动量衡量），换言之，即等于产品的交易价格与单位货币价值（后者用 m 表示）的乘积。若用 p_i 表示第 i 种产品的价格，则可写出如下交易方程：

$$\lambda_i^* = p_i m \tag{13}$$

将（13）式代入（12）式，解出单位实现价值 λ_i^*，得到：

$$\lambda_i^* = \frac{p_i}{\sum\limits_{i=1}^{2} p_i q_i} \sum_{i=1}^{2} t_i = mp_i \tag{14}$$

这便是"冯金华方程"。该式意味着，第一，根据其中的第一个等式，单位产品实现价值是全社会在生产中耗费的总劳动量（$\sum\limits_{i=1}^{2} t_i$）按照一个比率分布而形成的，这个比率等于单位产品价格与全社会总产出价格的比率。在特定条件下，这一等式可用来定义第二种含义的社会必要劳动（详见后文）；第二，根据第二个等式，单位产品实现价值也可看作交易价格和货币价值（m）

的乘积，$m = \dfrac{\sum\limits_{i=1}^{2} t_i}{\sum\limits_{i=1}^{2} p_i q_i}$ [①]。在冯金华实现价值方程的推导中，不难加入代表非均衡的条件。再生产非均衡意味着，在生产中投入的劳动量以及这一劳动量所形成的市场价值总量没有完全实现，从而总产出的实现价值总量小于市场价值总量（后者同时也是均衡条件下的内含平均价值总量），即有如下不等式：

$$\sum_{i=1}^{2} \lambda_i^* q_i < \sum_{i=1}^{2} t_i = \sum_{i=1}^{2} \lambda_i q_i$$

---

① 将（13）式代入（12）式，可得 $m = \dfrac{\sum\limits_{i=1}^{2} t_i}{\sum\limits_{i=1}^{2} p_i q_i}$。

或

$$\sum_{i=1}^{2} \lambda_i^* q_i = \phi \sum_{i=1}^{2} t_i \tag{15}$$

其中，$\phi(0 < \phi \leq 1)$ 为度量非均衡的系数，将（13）式代入（15）式有：

$$\lambda_i^* = \frac{\phi p_i}{\sum\limits_{i=1}^{2} p_i q_i} \sum_{i=1}^{2} t_i \tag{16}$$

在（16）式基础上还可写出：

$$\lambda_i^* q_i = \frac{\phi p_i q_i}{\sum\limits_{i=1}^{2} p_i q_i} \sum_{i=1}^{2} t_i \tag{17}$$

从马克思再生产图式的角度看，$\sum\limits_{i=1}^{2} t_i$ 带来的年产品价值为 $\sum\limits_{i=1}^{2} (C_i + V_i + S_i)$，其实现（年产品价值补偿和实物补偿）是由 $\sum\limits_{i=1}^{2} (C_i + V_i + S_{ik} + S_{ic} + S_{iv})$ 所代表的有效需求所决定的，其中 S_{ik}、S_{ic}、S_{iv} 分别代表资本家的消费、净投资以及新增工人的消费。这样一来，（17）式还可写为：

$$\lambda_i^* q_i = \frac{p_i q_i}{\sum\limits_{i=1}^{2} p_i q_i} \sum_{i=1}^{2} (C_i + V_i + S_{ik} + S_{ic} + S_{iv}) \tag{18}$$

其中，$\sum\limits_{i=1}^{2} (C_i + V_i + S_{ik} + S_{ic} + S_{iv})$ 相当于全部社会年产品最终实现的总价值。比较（17）式和（18）式，可知：

$$\phi = \frac{\sum\limits_{i=1}^{2} (C_i + V_i + S_{ik} + S_{ic} + S_{iv})}{\sum\limits_{i=1}^{2} t_i}$$

在再生产均衡条件下，冯金华实现价值方程所定义的实现价值（λ_i^*）与市场价值在数量上是一致的，但在非均衡条件下，两者数量上并不必然相等。用数学集合语言来说，市场价值此时只是实现价值的一个子集，为此需要确定这一子集形成的条件。按照罗斯多尔斯基（1992，中译本）、魏埙和谷书堂（1961）所代表的解释，在非均衡条件下，市场价值不再等于部门内中等的或经过某种平均的内含价值（记为 λ_i^a），而等于部门内最优或最劣的个别价值（分别记为 λ^{min} 和 λ^{max}）。这个解释可以通过冯金华实现价值方程得到说明。

下式表达了任一部门单位产品实现价值与其内含平均价值的关系：

$$\lambda_i^* = \varphi_i \lambda_i^a = \frac{\phi p_i}{\sum_{i=1}^{2} p_i q_i} \sum_{i=1}^{2} t_i \qquad (19)$$

其中，φ 是度量两者偏离程度的系数。由（19）式可以看出，φ 此时也度量了因非均衡造成的实现价值与内含平均价值的偏离。由于单位产品的市场价值可以在（λ^{min}，λ^{max}）这一区间内变动，任一部门单位产品的实现价值只要能满足（20）式所刻画的条件，就可作为市场价值：

$$\lambda_i^{min} \leqslant \lambda_i^* \leqslant \lambda_i^{max} \qquad (20)$$

将（19）式的第一个等式代入（20）式，就得到 φ 的变动范围：

$$\frac{\lambda_i^{min}}{\lambda_i^a} \leqslant \varphi \leqslant \frac{\lambda_i^{max}}{\lambda_i^a} \qquad (21)$$

依照罗斯多尔斯基等人的观点，当因非均衡而产生的 φ 的变动处于（21）式所刻画的范围时，需求的变化直接影响部门内市场价值的决定；一旦超出该范围，需求的变化就只调节价格和价值的偏离，而不再影响市场价值本身。

将考虑非均衡的（16）式加以整理，可得到：

$$\lambda_i^* = \frac{\phi p_i}{\sum_{i=1}^{n} p_i q_i} \sum_{i=1}^{n} t_i = p_i \frac{\phi \sum_{i=1}^{n} t_i}{\sum_{i=1}^{n} p_i q_i} = m p_i \qquad (22)$$

在上式中，第一个等式可作为刻画第二种含义市场价值的工具；第二个等式则表达了非均衡条件下货币价值的定义，即 $m = \dfrac{\phi \sum_{i=1}^{2} t_i}{\sum_{i=1}^{2} p_i q_i}$。

从（22）式或（14）式可以看到，冯金华实现价值方程和新解释的核心方程（3）式在数学结构上是完全一致的[1]。但相较而言，冯金华方程具有如

---

[1] 裴宏（2017）体认到这一点。

下优点：第一，冯金华方程是经推导而来，新解释的方程则纯粹是定义。第二，冯金华方程是在总产品基础上建立的，因而更具一般性[①]。第三，冯金华方程最初是为了刻画第二种社会必要劳动而提出的，在这个方程中，通过乘以货币价值的方式而得到的价值对应于第二种含义的市场价值，因而其含义不像新解释的定义那般模糊，有着明确的理论基础。第四，冯金华方程更为简洁明了地表达了以货币为量纲的生产价格和以价值为量纲的生产价格的区别，这一点体现在，只要方程里的交易价格 p 是以货币为量纲的生产价格，则 λ^* 就对应于以价值为量纲的生产价格。

三、价值转形的一般理论

冯金华实现价值方程（14）式为价值转形问题的解决提供了新的思路。将该方程加以整理，可得：

$$\frac{\lambda_i^*}{p_i} \sum_{i=1}^{n} p_i q_i = m \sum_{i=1}^{n} p_i q_i = \sum_{i=1}^{n} t_i \tag{23}$$

其中，第二个等式等价于：

$$\sum_{i=1}^{n} \lambda_i^* q_i = \sum_{i=1}^{n} t_i$$

在非均衡条件下，分别有：

$$m \sum_{i=1}^{n} p_i q_i = \phi \sum_{i=1}^{n} t_i$$

$$\sum_{i=1}^{n} \lambda_i^* q_i = \phi \sum_{i=1}^{n} t_i$$

（23）式相当于新解释核心方程（3）式，但它是在总产品的意义上建立起来的。该式意味着，总产品的价值通过货币价值（或 MELT）的中介表现为总产品的生产价格。

---

①　该方程也可兼容净产品，只要将其中代表总劳动的 $\sum_{i=1}^{n} t_i$ 改换为活劳动 $\sum_{i=1}^{n} L_i$，总产量 q 改换为净产量 y，方程同样成立。前文已经指出，以总产出定义的货币价值和以净产品定义的货币价值在数学上是等价。

接下来可写出一组与利润率平均化兼容的、由单位产品的市场价值（λ）向实现价值（λ^*）转形的方程。此处的实现价值 λ^* 也可看作以价值为量纲的生产价格，对应以货币为量纲的生产价格 p。

$$\lambda_i^* = mp_i = (1 + r)(\lambda_j A_i + mwl_i) \tag{24}$$

在这个方程里，投入的价值和产出的价值是不同的，分别以 λ 和 λ^* 表示。前者是根据生产的技术条件并参照需求而形成的，构成了价值转形的基础[①]；后者是通过分配形成的，反映了利润率平均化的结果。值得注意的是，在（23）式里，不仅生产的技术条件，即生产单位产出的生产资料投入和活劳动量是给定的，而且表示分配关系的剩余价值率也是给定的。

借助于（24）式、（23）式和（14）式，可以构建一个解释价值转形的模型。参照弗里给出的两部门投入产出数例（见表1），并和他一样假设货币工资率为 1/2，货币价值为 1，可得如下一组方程[②]。其中 λ_s 和 λ_f 为已知数，分别等于 2 和 3/2。

$$\lambda_f^* = (1 + r)\left(\frac{1}{4}\lambda_s + \frac{1}{2}\right) = 1 + r \tag{25}$$

$$\lambda_s^* = (1 + r)\left(\frac{1}{2}\lambda_s + \frac{1}{2}\right) = 1.5(1 + r) \tag{26}$$

$$10000\lambda_s^* + 10000\lambda_f^* = 35000 \tag{27}$$

$$\lambda_f^* = \frac{p_f}{10000p_f + 10000p_s} \times 35000 \tag{28}$$

$$\lambda_s^* = \frac{p_s}{10000p_f + 10000p_s} \times 35000 \tag{29}$$

根据（25）~（27）式，可求得：$r = 0.4$，$\lambda_f^* = 1.4$，$\lambda_s^* = 2.1$。λ_f^* 和 λ_s^*

① 在再生产均衡的假定下，等于部门内个别价值的加权或算术平均；而在非均衡时，这一点将不再成立，此时可能等于部门内最优或最劣生产条件下的个别价值。参见后文讨论的以非均衡为前提的数例。

② 这一组方程更一般的形式如下：$\lambda_i^* = (1 + r)(\lambda_j A_i + mwl_i)$，$\sum_{i=1}^{n} \lambda_i^* q_i = \sum_{i=1}^{n} t_i$，$\lambda_i^* = \dfrac{p_i}{\sum_{i=1}^{n} p_i q_i} \sum_{i=1}^{n} t_i$，其中，未知数为 λ_i^*、r 及 p_i。

是以价值为量纲的生产价格，将其代入（28）式和（29）式，得到以货币为量纲的生产价格的相对比例，即 $p_f/p_s = 2/3$。在货币价值等于 1 时，$p_f = 1.4$，$p_f = 2.1$。

从模型的求解来看，这一组结果和马克思原来的转形方案所得到的结果完全一致（参见第一部分有关弗里的内容）。但在涉及两个总量一致命题时，本文接纳了新的解释。首先，在转形前后，总产品的市场价值总量等于实现价值总量，二者分别为：

$$10000\lambda_s + 10000\lambda_f = 35000$$

$$10000\lambda_f^* + 10000\lambda_s^* = 35000$$

其次，在生产中形成的总剩余价值等于总平均利润。由于货币价值和货币工资是给定的，活劳动总量在转形中也保持不变，在此前提下，生产中形成的剩余价值总量和总平均利润分别为：

$$\left(1 - \frac{1}{2}\right) \times 10000 + \left(1 - \frac{1}{2}\right) \times 10000 = 10000$$

$$10000 \times \left(\frac{1}{4}\lambda_s + \frac{1}{2}\right)r + 10000 \times \left(\frac{1}{2}\lambda_s + \frac{1}{2}\right)r = 4000 + 6000 = 10000$$

要特别予以说明的是，以上转形是以再生产均衡为前提的，在此前提下，与利润率平均化对应的市场价值似乎是由投入产出条件单独决定的。然而，这只是假象，市场价值的决定还要依靠模型里的第 3 个方程［（27）式］，而且正是在非均衡条件下，该方程的作用才更为明显。参照前文的讨论，引入象征非均衡的偏离系数 $\phi(\phi \leqslant 1)$，且在非均衡时假设产量仍能出清，但会有价格调整，则（27）式可改写为：

$$10000\lambda_s^* + 10000\lambda_f^* = 35000\phi$$

与此同时，我们将（25）式和（26）式改写为：

$$\lambda_f^* = mp_f = (1 + r)k_f$$

$$\lambda_s^* = mp_s = (1 + r)k_s$$

其中，k_f 和 k_s 分别代表两个部门的以价值度量的单位成本。由此解得：

$$r = \frac{3.5\phi}{k_f + k_s} - 1$$

若 $\phi = \dfrac{4}{7}$，则可知利润率大于 0 的条件为 $k_f + k_s < 2$。在此前的均衡条件下，两部门的单位成本之和为 $k_f + k_s = 1 + 1.5 = 2.5$，故而不符合此条件。在这种情况下，如果任一部门存在更为先进的企业，使其单位成本与另一部门单位成本之和恰好符合这一条件，则该先进企业的个别价值将调节其部门产品的市场价值。

表 4　　　　　　　　　　小麦和钢铁部门的投入产出条件

部门	小麦	钢	活劳动	产出
小麦	0	1/4	1	1
钢	0	3/8	1/2	1

基于以上讨论，可假设钢铁部门存在一种更为先进的技术条件（见表 4）。当这种生产条件和小麦部门原有的生产条件分别成为各自部门内起调节作用的生产条件时，可建立如下价值生产方程，其中 λ_s' 和 λ_f' 分别为在新技术条件下形成的两种产品的内含价值：

$$\lambda_f' = \frac{1}{4}\lambda_s' + 1$$

$$\lambda_s' = \frac{3}{8}\lambda_s' + \frac{1}{2}$$

解此方程，求出 $\lambda_s' = 0.8$，$\lambda_f' = 1.2$；这一结果满足 $k_f + k_s < 2$ 的条件，即 $\left(\dfrac{1}{4}\lambda_s' + \dfrac{1}{2}\right) + \left(\dfrac{3}{8}\lambda_s' + \dfrac{1}{4}\right) = 1.25$。在此基础上，可写出如下一组转形方程组：

$$\lambda_f^* = (1 + r)\left(\frac{1}{4}\lambda_s' + \frac{1}{2}\right) = 0.7(1 + r)$$

$$\lambda_s^* = (1 + r)\left(\frac{3}{8}\lambda_s' + \frac{1}{4}\right) = 0.55(1 + r)$$

$$10000\lambda_s^* + 10000\lambda_f^* = 35000 \times \frac{4}{7} = 20000$$

解得 $\lambda_f^* = \dfrac{28}{25}$，$\lambda_s^* = \dfrac{22}{25}$，$r = \dfrac{21}{35}$。据此，首先看两部门总产品的市场价值

和实现价值的关系，前者为 $10000\lambda'_f + 10000\lambda'_s = 12000 + 8000 = 20000$，与实现价值总量正好相等。其次考察总产品市场价值中的剩余价值总量与其实现价值中的平均利润总量的关系：剩余价值总量为 $\left(1 - \dfrac{1}{2}\right) \times 10000 + \left(\dfrac{1}{2} - \dfrac{1}{4}\right) \times 10000 = 5000 + 2500 = 7500$；平均利润总量为 $10000 \times \left(\dfrac{1}{4}\lambda'_s + \dfrac{1}{2}\right)r + 10000 \times \left(\dfrac{3}{8}\lambda'_s + \dfrac{1}{4}\right)r = 4200 + 3300 = 7500$，双方恰好相等。

在上述模型中，我们是从一个给定的价值体系出发，最后得到了以价值为量纲的生产价格和以货币为量纲的生产价格。在此过程中，不仅技术条件，而且活劳动总量和表示分配关系的剩余价值率都是给定的。在此前提下，我们得到了总产品的市场价值总量和实现价值总量相等，剩余价值总量和平均利润总量相等的结果。这些不变性条件的存在事实上意味着，从原初的价值体系向生产价格体系的转形，是以两个体系在时间上的同时并存为前提的。它们两者的关系——借用一个比方——就像一棵树或一栋建筑物和它们在太阳下的阴影之间的关系。在给定太阳的方位、树木或建筑物的尺寸时，我们就能测量影子的长度。在《资本论》里，价值转形服从于马克思所使用的从抽象到具体的叙述方法，这一方法的要旨是说明生产关系的整体性，也就是在思维上重建"一切关系在时间上同时存在而又互相依存的社会机体"①。价值和生产价格的关系，正属于这种同时存在而又互相依存的关系。在此意义上，价值转形是一种逻辑意义上的"静态"转形。新解释的（3）式和本文引入的（12）式，都表达了转形的这一含义。

值得强调的是，上述意义的价值转形和利润率平均化的动态过程是有区别的，后者伴随着资本在部门间的流入和流出，因而会改变作为转形起点的各部门产品的价值及其构成。在转形研究中，一些研究者有意或无意地将这种利润率平均化的动态过程和价值转形混淆在一起，主张从价值体系出发，

————————

① 马克思：《哲学的贫困》，载于《马克思恩格斯全集》第 4 卷，人民出版社 1965 年版，第 145 页。

经过若干轮竞争或利润率的平均化过程，最终达到一个彻底转形的生产价格体系。在笔者看来，对利润率平均化过程本身进行研究或建模是有意义的，但这一平均化过程和上述逻辑转形不同，两者分属不同的问题①。将逻辑转形和利润率平均化的实际过程相混淆，必然要求转形研究依赖于简单再生产等极为特殊的假设条件，使之变成一个缺少实际意义的抽象问题②。

四、结论

20 世纪 80 年代以来，转形问题的研究事实上形成了两大派别，其中一派追随鲍特基维茨的研究传统，错误地理解了转形的出发点，并将投入品的价值转形为生产价格，从而使问题变得难以解决；另一派则以新解释为代表，主张转形的出发点是在生产中形成的产出价值，转形所要满足的条件，是产出价值总量与在交换中通过价格实现的价值总量相等，从而为转形问题的最终解决指出了方向。然而，新解释的出现虽然有利于相关研究摆脱鲍特基维茨和新李嘉图主义传统的束缚，但其囿于净产品，并假设了再生产均衡，因而具有明显的局限性。本文一方面继承了新解释所采取的方法，另一方面将这一方法推广到与总产品和非均衡相适应的情况，并结合第二种含义的社会必要劳动，对转形的含义做了新的阐释。在此基础上，本文指出价值转形不只是由生产中形成的内含价值向生产价格的转形，在非均衡前提下，也是由第二种市场价值向市场生产价格的转形。

强调转形和非均衡的联系，对于准确理解马克思经济学的特质具有重要意义。长期以来，马克思主义经济学内部有一种观点，主张生产价格是长期均衡价格。这意味着，除了生产的技术条件和实际工资的变动以外，生产价

---

① 所谓历史转形，是和研究利润率平均化的实际过程颇为近似的一个问题。它假设价值体系只存在于简单商品经济，生产价格体系则存在于资本主义经济，因而转形同时也是简单商品经济向资本主义经济的过渡。马克思和恩格斯都有历史转形的看法［马克思（1974，中译本）：《资本论》第 3 卷，《马克思恩格斯全集》第 25 卷，人民出版社］。将历史转形作为一个独立的问题来看待，是可以接受的，但若以历史转形取消或代替逻辑转形，则是错误的。在当代作者中，英国学者米克（1963，中译本）是支持以历史转形取代逻辑转形的代表人物。

② 美国学者谢克（Shaikh，1977）是这类研究的代表，他将迭代方法引入转形，为此假设了简单再生产平衡条件。

格不受其他因素的影响。由于价值转形是联系劳动价值论和《资本论》第三卷的资本积累理论的中介环节，上述主张必然会连带地造成对这两项理论的错误理解。首先，将生产价格视为长期均衡价格，会导致将劳动价值论也视为一般均衡理论的组成部分。森岛通夫就曾明确表达了这种观点（Morishima，1979）。其次，将生产价格理解为长期均衡价格，还会导致在利润率动态的研究中接纳比较静态的方法，从而使利润率动态——这一理论是马克思资本积累理论的核心——也成为均衡理论的组成部分。所谓置盐定理便是这一倾向的典型例证[①]。因此，若要恢复马克思经济学作为非均衡经济学的特质，将非均衡纳入对价值转形的研究就成为一项先决条件。

（原文发表于《世界经济》2018 年第 5 期）

---

① 关于置盐定理的这个特点，可参见孟捷和冯金华（2016）。

第五编　在当代的运用与发展

劳动价值论的坚持与发展问题

卫兴华*

劳动价值论问题既是马克思主义的基本原理问题，又是国内外经济学家不断讨论和争论的一个问题。特别是在我国社会主义市场经济建设过程中，究竟劳动价值论还适用不适用，学术界对此，曾经进行了热烈的争论，我也写过一系列论文。对于劳动价值论问题，我既不赞同错解、曲解和否定马克思劳动价值论的观点，也不赞同用本本主义、教条主义的态度固守只有物质生产劳动创造价值的理论观点，而是主张坚持和发展劳动价值论。

一、劳动价值论的坚持问题

关于劳动价值论的讨论，我认为应首先明确两个前提：第一，不应该提出要区分资本主义社会的劳动与劳动价值论和社会主义社会的劳动与劳动价值论问题，两者应该是统一的，不能分割开来。因为马克思的劳动价值论是统一的，简单商品生产也好，资本主义商品生产也好，社会主义商品生产也好，价值论的基本原理和商品经济的规律应该是统一的，不应该在资本主义条件下是一回事，到社会主义条件下又是另一回事，不能这样区分。第二，经济学的价值概念是商品经济概念。恩格斯在《反杜林论》中批驳了杜林的所谓"绝对价值"观，指出：马克思研究的"只是商品的价值"，"经济学所知道的唯一的价值就是商品的价值"。① 不要把表现为交换价值或价格的商品价值，同哲学上使用的价值概念混同起来。如，价值取向、价值观、学术价值、人生价值等，与商品价值不是一回事。也不能把日常生活中所讲的某一

---

* 卫兴华，中国人民大学。

① 《马克思恩格斯文集》（第9卷），人民出版社2009年版，第206～323页。

事物对人有用处、有意义就有价值，与经济学的价值概念相混同。

我之所以主张要坚持、继承马克思的劳动价值论，就是因为它比西方经济学所讲的供求价值论、要素价值论、效用价值论、边际效用价值论更科学。西方经济学的供求价值论和效用价值论甚至不考虑和计算成本问题，这明显与事实本身不符。马克思的劳动价值论中，商品价值是由 C + V + m 构成的，里面是包含成本（C + V）的，是成本价值与增殖价值之和，这是符合实际的。本来，价值理论争论的实质应是商品价值的源泉问题，特别是表现为利润、利息、地租等形式的剩余价值（m）的来源是什么，但是供求价值论和效用价值论把问题实际上变异为包括成本在内的整个商品价值（C + V + m）都是由供求或效用决定的。不同商品的成本大小不同，是客观存在的，在正常情况下，商品价值和价格总要高于成本，成本大小能单纯由供求或效用来决定吗？因此，我认为应该继承、坚持马克思主义劳动价值论。劳动价值论既是理论学术问题，又是具有政治意义的问题。如果说资本能够创造价值，土地也能够创造价值，那就意味着过去地主所获得的租金是由土地创造的，而不是由农民的劳动创造的；资本家获得的利润是由资本创造的，而不是由雇佣工人的劳动创造的；也就是说，剥削没有了。可如果没有剥削，还讲什么要消灭剥削和剥削制度？还讲什么用社会主义公有制取代资本主义私有制？美国经济学家克拉克在《财富的分配》中讲："许多人指责现在的社会，说它'剥削劳动'……如果这种说法证实，那么，每一个正直的人都应当变成社会主义者"。如果工人阶级知道他们创造的财富或价值"很少，但全部归他们所有，他们也许就不会想到革命"。当然，不能只从这个方面肯定劳动价值论。我们还要看马克思的劳动价值论是不是科学，其理念与要求是否建立在科学的基础上。某些人认为劳动价值论是虚假的东西、错误的东西，对此，我们就要去证明劳动价值论是建立在科学的基础之上，还得回来研究劳动价值论的科学性，说明劳动价值论是阶级性与科学性的统一。这个问题学界已有很多论述，我也做过阐述，这里继续讲几点。

首先，生产不同商品的生产资料和劳动耗费不同，其价值和价格的高低便不相同，因此，不能由供求关系和效用大小决定商品价值和价格的大小。

亚当·斯密在其《国民财富的性质和原因的研究》一书中就否定了效用价值论，指出：效用即使用价值很大的东西，往往具有很小的交换价值，甚至没有使用价值，比如水。当然，斯密所处时代还没有瓶装、桶装矿泉水出卖，人们食用的井水、河水也不用付费。但即使是现在买卖的矿泉水，一桶矿泉水的价格也远远小于一桶汽油的价格。斯密又指出：交换价值很大的东西，往往具有极小的使用价值，甚至没有使用价值，如金刚石。有人用水供大于求、金刚石求大于供的供求价值论反驳斯密，这其实也表明效用价值论解释这些现象的失败，所以只能转而用供求价值论来辩护了。但供求价值论也是不成立的。小轿车再供过于求，儿童车再供不应求，一辆小轿车的价格总会大于一辆儿童车的售价。同样，不管供求关系如何，一斤牛肉的价格总是高于一斤高粱米的价格。再说，当商品供求平衡时，价值又是如何决定的呢？由效用价值论进一步发展的边际效用价值论同样也不能成立。假如一个人能吃五个馒头，按照边际效用价值论的观点，则第一个馒头的效用最大，其他四个馒头的边际效用依次降低，而馒头的价值或价格是由边际效用最低的第五个馒头来决定的。边际效用价值论是主观唯心主义的价值论。然而，市场上每个馒头的售价都是一样的，并且是既定的，不由吃馒头时的饥饱程度来决定。难道第六个馒头的边际效用为零或负数时，市场上的馒头价格会因此为零甚至是负数吗？

其次，在西方经济学的价值理论中，容易使人困惑的是"要素价值论"。马克思认为，生产资料作为物化劳动，只转移旧价值而不能创造新价值，新价值的唯一源泉是人的活劳动即抽象劳动。而生产要素价值论认为，使用先进技术设备、先进生产工具，既能增加使用价值，也创造了新价值，劳动、资本、土地（自然界）共同创造价值。如何证明非劳动要素只是创造价值的条件，而不是价值的源泉呢？对这一问题，我们的政治经济学教材一般没有分析和说明，只有论断而没有论证。而没有论证和论据的论断是难以服人的。在作为非劳动要素的生产资料只转移旧价值而不创造新价值的问题中，对转移旧价值的事实不会有争论，问题是怎样证明生产资料不是与劳动一起共同创造新价值呢？要回答这一问题，我想从两个方面来说明：

　　第一，随着科技进步和劳动生产率的提高，单位商品价值和价格降低的事实，在历史上和现实中都是存在的，使用价值与价值量的运动并不是同方向、同比例发展的，总的趋势是，商品价值和价格总量的增加低于商品使用价值总量的增加。例如，最初铝制品的售价高于银品，而当生产铝的劳动生产率大幅提高后，铝的使用价值量随之大幅增加，但其单位商品售价则大幅降低，因而铝制品价值总量的增加远远低于其使用价值总量的增加。再如，英国工业革命完成后，其劳动生产率大幅提高，这意味着单位商品中包含的活劳动量减少了，从而单位商品的价值和价格降低了。1786 年，英国每磅棉纱的售价为 38 先令，1800 年降为 9.5 先令，1830 年再降为 3 先令，只及 1786 年的 7% 左右。从我国现实生活来看，尽管 30 多年来许多商品的价格增加了 10 多倍，但诸如汽车以及包括电脑、电视、冰箱等在内的家电产品，其科技含量不断提高，而售价却不断降低。售价降低的原因主要不在于其所耗费的原材料和机器设备的减少，而在于劳动生产率的提高和劳动量的减少，即同量劳动所生产的产品数量的增加。

　　第二，非劳动生产要素是否创造价值，可从中外农业生产的实际状况得到说明。如果非劳动要素与劳动要素一样都创造价值，那么，农业生产中非劳动要素的比例要比工商业更高，创造的价值也应更多。应注意到，农业劳动比一般工商业劳动更繁重，而且农业劳动中的非劳动要素除土地、劳动资料（无论是镰刀、锄头、驴马，还是现代农业机械）外，还离不开自然力如阳光、水分、风力等。但中外农业生产的收益都不如工业部门，都需要政府的补贴。现在我国不仅免除了农业税赋，而且根据种植面积给予财政补贴，但农业生产的收益依然相对较低。如果非劳动要素一样创造价值，那么农民的收入和生活水平就更应该高于城镇职工，然而实际情况正好相反。这表明，农业的非劳动要素并没有创造价值。

二、劳动价值论的发展问题

　　对于劳动价值论要不要发展，也是目前存在不同看法的一个比较大的问题。有些学者坚持马克思讲的只有物质生产劳动才能创造价值的观点。马克思确实认为只有物质生产劳动才能创造价值，确切地说，马克思是认为只有商品经济的物质生产劳动才能创造价值，认为商业劳动不创造价值，借贷行为也不创造价值，商业职工的工资也是从产业工人创造的剩余价值里边转移过来的一部分，商业利润是产业资本创造的剩余价值的转移部分；其他非物质生产劳动就更不用说了，都不能创造价值。马克思的原意确实是这样的。但是目前从世界范围的经济发展形势来看，非物质生产劳动所占比重越来越大。发达国家所谓的第三产业里包含了一部分物质生产劳动，比如运输、保管等，但更多的是非物质生产劳动，它们占的比重越来越大，有的已占到60%～70%。社会越发展、越进步，物质生产劳动所占比重就越小。我国第三产业比重也在不断增加，尽管还没有达到发达国家70%或更高的水平，但是也在朝着这个方向发展。提高广大人民的休闲和文化生活水平，增加就业，发展以服务业为主的第三产业，是重要途径之一。那么，我们还能坚持只有物质生产劳动才能创造价值的论断吗？难道占比例越来越大的非物质生产部门的收入，包括职工的收入、业主的收入，统统都是由物质生产部门的劳动所创造的剩余价值转移过来的吗？这是一个难以说明的问题。坚持这种观点的学者也没有能够提供任何的论证和论据。马克思讲，商业利润和商业职工的工资都来源于产业劳动的剩余价值，并且可以用数字来演算和说明。不管这个演算现在能否得到认同，起码可以看出马克思已运用数字演算来阐述自己的观点。由于商业资本是为产业资本服务的，借贷资本也是为产业资本服务的，它们之间有着内在关系，所以还是可以说商业利润和商业职工的工资都是产业劳动的剩余价值的转移。然而，现在的许多服务行业是在为生活服务，而不是为生产服务，不是为产业资本服务的。马克思在世的时候，服务行业主要是为有钱的资产阶级服务的，很少为穷人服务。而目前的服务行业范围越来越广，它不仅为富人服务，也为劳动人民服务，为普通人服务。那么，现在服务行业中服务劳动的收入是从哪里来的呢？如果还说是从产业劳动创造的剩余价值转移而来，那么就需要用数字来演算一下，才能知道是如何转移的。但是还没有人像马克思那样来演算，也没有办法来证明。因为许多为生活服务的行业同产业部门没有内在联系，不存在由产业部门转移剩余价值的渠道问题。

在发展劳动价值论问题上，目前大多数马克思主义经济学家主张要拓宽劳动价值论的范围，主张某些非物质生产劳动也能创造价值。但是，对于拓宽到什么程度，存在很大的分歧。有的学者认为，所有第三产业都创造价值，如，蒋学模同志认为："如果把马克思的劳动价值学说的内涵框死在这样狭隘的理解里（指"只有物质生产部门的劳动才是生产劳动，才创造价值"——引者），那就成了一种僵化的教条，就难以用来说明现代市场经济中的许多现象"，"马克思的劳动价值论需要丰富和发展。……应该把传统观念中的那些非物质生产部门如科研、教育等部门中的某些'非物质生产劳动'也纳入创造价值的生产劳动范畴中来"。"从总体上看，第三产业各部门的劳动也创造价值"。① 宋则行同志认为，"我国第三产业的劳动可视为生产劳动"，具体包括邮电、通讯业、商业、物资供销、金融、保险业、房地产业、旅游业、咨询服务业、教育文化、新闻、卫生、体育、国家机关、党政机关、社会团体、军队、警察等。② 胡代光同志认为，"在现实世界，我们要丰富和发展马克思主义"。以服务业为主的第三产业，包括公用事业的服务，如"商业、金融、保险等流通方面的服务、教育和新闻、广播电视等信息方面的服务；还有专业性服务、行政管理和个人服务等。从总体上说来，……大部分也需要视为生产劳动"。但他认为，"政府、军警、公检法部门的社会公务活动则不能属于生产劳动"。③ 刘诗白教授认为："经济生产中的生产物，不论是物质产品，还是精神产品；不论是实物形态的产品或非实物形态的产品，……只要它是使用价值，具有满足人的需要的属性"，投入的社会劳动就会"形成价值"。谷书堂教授也主张扩大创造价值的劳动范围。他说："包括第三产业相当大的一部分大致都可归入生产部门，也就是创造价值的劳动部门。"但他认为，"党务部门、军警政法部门以及基础科研和社会义务教育等事业部门"的劳

---

① 蒋学模：《现代市场经济条件下如何坚持和发展劳动价值学说》，载于《经济学动态》1996 年第 4 期。

② 宋则行：《服务部门劳动也创造价值》，载于《经济学家》1996 年第 6 期。

③ 胡代光：《如何深化对劳动和劳动价值理论的研究和认识》，载于《马克思主义与现实》2001 年第 5 期。

务，尽管也非常重要，但"不创造价值"。① 魏埙教授认为："商业劳动也创造价值，文艺演出是满足人们生活所必要的，因而都是生产劳动，都是形成价值的劳动。"② 程恩富教授认为，除生产物质商品的劳动创造价值外，从事商品场所变更的劳动、生产精神商品的劳动、从事劳动力商品服务的劳动都创造价值，如邮电、教育、社会科学、文学艺术、广播影视、讲课、表演、医疗、体育、美发等劳动都创造价值。杨圣明认为，人类社会正迈向服务经济时代。绝大多数发达国家的服务部门已经成为最大的产业，美国甚至高达75%左右。一般地讲，"凡是服务劳动，都创造价值"。但具体说，用于买卖的时间不加入价值。"医生和教师的劳动不直接创造用来支付他们报酬的基金"。"有些服务劳动创造价值，而另一些服务劳动则不创造价值。金融、保险、电讯等服务劳动也应列入创造价值的范围之内"。陈征教授认为，精神劳动生产精神产品，包括有形和无形产品，如音乐，教育等劳动也创造价值。这些学者都执意于发展探索，都主张拓宽劳动价值论，但拓宽的范围又不一致。

　　当然，也有少数学者坚持只有物质生产劳动创造价值，甚至批评主张拓宽的观点，认为拓宽就是否掉了劳动价值论，就是否掉了马克思主义。有的学者反对我在《经济纵横》和《当代经济研究》发表的论文中所讲的下面这些话："对马克思的劳动价值论，既要继承与坚持，又要发展与创新，自然也主张拓宽劳动价值论"、"用本本主义的态度研究和捍卫马克思的劳动价值论，表面上看起来是坚定地坚持马克思主义，实际上是有害于马克思主义的发展"、"不能对任何伟大人物包括马克思搞'凡是'，句句是真理"。他反对我所主张的拓宽劳动价值论的这些话，主张只有物质生产劳动创造价值，不能超越一步。尽管多数马克思主义经济学家主张应拓宽劳动价值论，但他对此断言，这是"对马克思劳动价值论的本身缺乏正确理解"。难道这么多著名马

---

① 谷书堂：《求解价值总量之"谜"两条思路的比较》，引自逄锦聚等：《社会主义劳动与劳动价值论研究》，南开大学出版社 2002 年版，第 7 页。

② 魏埙：《马克思劳动价值论的继承和发展》，引自逄锦聚等：《社会主义劳动与劳动价值论研究》，南开大学出版社 2002 年版，第 35 页。

克思主义经济学家主张拓宽劳动价值论，都是对马克思劳动价值论缺乏正确理解？他反对拓宽劳动价值论的理论依据，是大量转述马克思的物质生产劳动创造价值、非物质生产劳动不创造价值的论述，然后得出结论说："将形成价值的生产劳动的外延扩展到非物质生产领域，……，这种认识不符合劳动价值论的科学本意，因而是错误的看法"。按照这种观点和逻辑，也就谈不上马克思主义的发展与创新了。因为如果要发展与创新，就不能字字句句都"符合"马克思论述的"本意"，不能搞"句句是真理"。事实上，如果认为只有物质生产劳动创造价值，反对拓宽劳动价值论，那么必然导致马克思劳动价值论对现实解释力的减弱，使其很难解释许多现实问题。我主张拓宽劳动价值论，但不主张拓展得太宽。我尊重上述诸学者对拓宽劳动价值论的观点，作为探讨性的研究，可以相互交流。但我难以认同把党政人员、军警的劳动统统都当成创造价值的生产劳动的观点。因为要说创造不创造价值，首先应该肯定一点，即价值要体现商品经济关系，只有属于商品经济关系的生产劳动，才能创造价值。如果不能体现商品经济关系，比如我们每个家庭会自己做饭、洗衣服、搞家务劳动，给自我服务，这能创造价值吗？显然不能，更不会将其计入 GDP 之中。然而，如果是到外面的餐厅吃饭，服务人员生产食品就会创造价值；到洗衣店洗衣服，洗衣劳动就会创造价值，因为它们都体现了商品经济关系。因此，我认为，不宜把劳动价值理论拓宽到非商品经济领域去。政府党政公务人员、公检法部门和军警等的服务，也不是商品关系，也不创造价值。如果这些劳动都创造价值，也就用不着靠财政拨款、"吃国家财政饭"了。这些部门的劳动收入是由社会再分配决定的。有人认为，否定某种劳动创造价值，就是看轻了该种劳动的重要性。其实，不能把创造价值和不创造价值作为衡量劳动的重要性的标准。不创造价值的劳动可以是社会很重要的劳动，比如我们党政军部门的高级决策层领导的劳动很重要，但不属于商品生产范围，不应该说它也创造价值。发达国家的统计部门可以将其统计进去，认为所有的收入都是自己创造的价值，但马克思主义不能这样看。党政军部门很重要，党政军的劳动有些是关系国家兴衰和命运的，但它并不是创造价值的生产劳动。把是否创造价值作为衡量劳动重要不重要的分野，这是一个误解。

我主张拓宽劳动价值论。我认为，商业劳动可以创造价值，这与《资本论》的论述不同。对此，我坚持认为：我们应当既坚持又发展马克思的劳动价值论，马克思的话并不是句句都是真理，任何伟大的人物，政治家也好，学者也好，他们的话不可能句句是真理。讲马克思主义的发展与创新，讲马克思主义的时代化，包括劳动价值论的发展与创新和时代化，不能排斥探讨马克思的理论里面有没有某些考虑不周的地方。我觉得，大家在看马克思所讲的商业劳动不创造价值这一观点时，没有注意到一个问题，也就是商业雇佣劳动力的价值事实上没有最后实现的问题。商业的雇佣劳动力也有价值，商业资本家购买商业工人的劳动力也要付出工资。商业资本家从产业资本家那里购买商品，要支付低于商品价值的那个价格。但是这里容易忽略一个问题，就是按马克思的说法，商业资本家出卖商品的收入，仅仅是产业资本家卖给他的商品的那部分价值加上让渡的剩余价值，这是按产业劳动创造的商品价值出卖，而商业工人劳动力的价值没有算进去。如果把商业工人的劳动力价值也算进去，加上商业资本家购买产业资本的商品的那部分价值，再加上商业利润（产业资本让渡的那部分剩余价值），这个总价值与按马克思的演算公式中出卖商品的价值就不一致了。马克思的演算公式没有实现商业工人劳动力的价值，商业工人劳动力的价值用产业工人的剩余价值弥补了。这样的话，商业资本家实际上最后出卖的这个价值，没有包括商业工人劳动力的价值，出卖的价值小于原本的价值总额。这个问题大家都没有注意到。按照传统理论，用公式来演算：假定商业资本家购买产业资本家的商品时支付了7000元，而商品的原价值为8000元，产业资本家让渡给商业资本家1000元的剩余价值，作为为产业资本家服务的报酬。商业资本家购买商业工人的劳动力，假定价值为500元。商业资本家按商品价值8000元出售，其中500元剩余价值用于支付商业工人的工资，剩下500元剩余价值是商业利润。这种传统计算方法有个漏洞，即商业工人的劳动力价值没有在商品最后销售中实现。商品的价值为8000元，商业工人的劳动力价值为500元，总价值应是8500元。而售价只有8000元，有500元没有实现。如果承认商业劳动也创造价值，这个矛盾就不存在了。新的演算公式是：产业部门将价值 7000 元的商品卖给商业部门，商业工人创造了 1000 元的剩余价值，商品按 8000 元出售，其中 500 元为商业工人的劳动力价值，另外 500 元为商业利润。其实，马克思讲过：商品从生产出来到最后消费的全过程都创造价值。那么这一全过程就应包括商业劳动创造的价值。我认为，商业劳动可以创造价值。商业劳动也包括保管、搬运等劳动，马克思是承认这类劳动创造价值的。如果产业资本家自己出卖产品，自己开商店，雇商业工人，他所出卖商品的价值就应当等于原来生产的价值加上商业劳动力的价值和商业劳动创造的剩余价值；这也是可以用数字来计算的。但是对劳动价值论的拓宽问题，我觉得不宜把范围拓得太宽。一是非商品经济的劳动，即使它很重要，也不创造价值。二是创造价值的劳动应该是对社会有用或有正面意义的，不能说凡是对某些消费者有使用价值的劳动或服务，都创造价值。多数学者会肯定，诸如走私、贩毒、赌博，甚至买通黑社会人员制造暴力，这些也要付出劳动，但这些劳动会给社会整体带来危害，所以它们是不能创造价值的。

对于借贷资本形成的借贷关系是否能够创造价值的问题，目前不少马克思主义者认为能够创造价值，但我不是很理解。为什么呢？纸币本身既无价值也不会创造价值，而且没有劳动就不可能创造价值。人们把货币存入银行，获得利息，这不是自己劳动创造的价值，而是从别人创造的价值中转移出来的。进一步将个人借贷关系放大为银行存贷关系，银行的利润是银行的存款与贷款的差额收入，是别人创造的价值的一部分转移给它的。这个差额本身当然是由劳动创造的，但是不是由银行创造的呢？如果说是金融关系创造的，这一点不太好说明。还有，教师的劳动是否创造价值呢？我也是大学教师，我愿意我的讲课能够创造价值。但给学生上课时，教师与学生之间是不是商品关系？我认为，不应该把教师与学生之间的关系看成是商品货币关系。公办学校也主要依靠财政拨款，而我认为凡是靠财政拨款的，都不应该看做是创造价值的生产部门。如前所述，党政部门、社会团体、公检法和军队都依靠政府财政拨款，这说明它们自己不能创造价值，否则也就不需要政府拨款了。学校分为私立学校和公立学校，公立学校主要靠财政拨款，民办学校则主要依靠收学生的学费。那么民办学校的教工是否创造价值？这一点需要探讨。但可以肯定的是，教育不应该完全商业化。我认为，教师与学生之间的关系不能当成商品关系。师生教学不应是买卖关系，不能完全商业化。还有，对于社会科学、理论工作是否创造价值，理论界的观点分歧很大。在学术界，有的坚持马克思主义，有的要否定马克思主义；有的强调发展中国特色的社会主义，有的否定社会主义，认为资本主义比社会主义好。这些完全对立的观点都创造价值吗？有的人还擅长于宣传一些错误的东西，这也能创造价值吗？所以，是不是一切的精神生产劳动都创造价值，应该进一步研究，有很多问题还需要讨论。另外，有价值的东西不等于就能创造价值。我们去买馒头，馒头有价值，但它自己不能创造价值。有些服务有价值，但是不是一切服务都创造价值？买的东西有价值，不等于它创造价值。我觉得，要发展马克思主义，其中一些难点我们到现在也没有把它说清楚。比如说，土地质量有好有坏，耕种优等土地比劣等土地生产的产品多，价值也多。那我们就会碰到这样一个问题：我们国营的农场以及过去的人民公社、生产队，应该怎么计算劳动报酬？一个职工或者社员被分配到优等土地上劳动，另一个职工或者社员被分配到劣等土地上劳动，两者产量高低不同，那能不能说分配到优等土地劳动的成员所生产的更多的产品价值全是由他自己劳动创造的，所以应给他更多的报酬，分配到劣等土地劳动的成员生产的产量和价值少，给他的报酬就应该少些？能不能这样分配呢？实践中是不会这样的。过去的记工分方法，不管是在优等土地还是劣等土地劳动，一般一天都记十个工分。那么怎么说明优等土地生产更多的产品和更多的价值，是由优等土地上劳动创造的？他创造的价值多为什么不能获得更多的报酬呢？这个问题难以说清。有很多问题需要我们进一步研究，研究如何用劳动价值论来说明我们的现实问题，这就需要我们发展劳动价值论，需要我们认真思考。总之，劳动价值论本身还有一些空白点，还有许多需要我们去很好地研究和讨论的地方。

我把劳动分成四类：第一类是物质生产劳动。马克思讲生产劳动也主要是讲物质生产劳动。物质生产劳动又分两类，一种是商品关系中生产价值的物质生产劳动；一种是非商品关系中不生产价值的物质生产劳动，如自然经

济中的生产劳动、家务劳动等。属于商品经济的物质生产劳动，既创造财富
又创造价值；不属于商品关系的劳动，虽然也生产使用价值，也是生产劳动，
但不创造价值。原始社会中，劳动也生产物质产品，但他们不知价值为何物。
现代社会的家务劳动也创造使用价值，但是不体现商品关系，所以也不创造
价值。如果妻子因做饭洗衣，丈夫每天支付给妻子 100 元，那么这种货币支
付等于从这个口袋移入另一口袋，并没有新价值的产生。因此，要把握价值
体现的是商品经济关系。有的物质生产劳动创造价值，有的物质生产劳动不
创造价值。第二类是精神生产劳动。马克思主要讲的是物质生产劳动，因为
物质生产部门的资本与雇佣劳动关系最典型地体现出资本主义的经济关系和
阶级关系以及资本主义经济发展规律。现在精神生产劳动越来越重要了。因
此，生产劳动概念应扩展范围。生产精神产品的劳动是精神生产劳动，精神
生产劳动有的也会创造价值，如科技、设计、出版、工艺、美术等方面的劳
动。第三类是商业服务劳动，前面已有论述。第四类是社会公务劳动，包括
党政军、公检法的劳动。这些劳动都是很重要的，但不创造价值。对马克思
的劳动价值论，既要坚持又要发展。而对其发展应包括两个方面内容：一是
将马克思的理论中已经包含但没有凸显的观点加以凸显。如，马克思明确讲
过，科技劳动和脑力劳动、管理劳动都创造价值。我们过去对此没有给予应
有的理论重视，导致有的学者甚至认为马克思的劳动价值论就是体力劳动价
值论。现代生产中，科技劳动和管理劳动已经成为引领全局的劳动。因此，
应当突出其在创造价值和财富中的意义。二是不固守只有物质生产劳动才是
生产劳动，才创造价值的观点。生产劳动的概念也可以拓宽。有的精神生产
劳动创造价值，有的不创造价值。既是非物质生产劳动又是非精神生产劳动
的商业劳动和某些服务劳动也可以是创造价值的生产劳动。发展和创新劳动
价值论，会碰到很多问题，需要我们很好地来讨论和深入研究。

（原文发表于《经济纵横》2012 年第 1 期）

现代科学劳动探索

陈　征[*]

一、关于科学劳动

研究劳动价值论的新发展，当然要从研究当代劳动的新特点开始。笔者认为，当代劳动的新特点，主要是：商品价值创造由体力劳动为主转变为以脑力劳动为主；科学劳动对生产和经济生活起着越来越重要的作用；由精神劳动生产的精神产品得到了广泛的发展和使用；管理劳动和服务劳动在社会经济生活中已居于十分重要的地位。在这里科学劳动是当代劳动新特点的主要内容。

科学劳动一词最早是马克思提出的。他说："随着大工业的发展，现实财富的创造较少地取决于劳动时间和已消耗的劳动量，较多地取决于在劳动时间内所运用的动因和力量，而这种动因自身——它们的巨大效率——又和它们所花费的直接劳动时间不成比例，相反地却取决于一般的科学水平和技术进步，或者说取决于科学在生产上的应用。"[①] 他又说："直接劳动在量的方面降到微不足道的比例，……同一般科学劳动相比，同自然科学在工艺上的应用相比，……却变成一种从属的要素。"[②] 这就是说，随着大工业的发展，商品价值的创造主要取决于科学技术的进步及其在生产中的应用，即来自于"一般科学劳动"，而来自于直接劳动的部分则降低到微不足道的比例。必须注意，这里所说的取决于科学技术的进步及其在生产中的应用，并不是说科学技术能创造价值；而是说，要促进科学的发展，将科学应用于生产过程，

---

* 陈征，福建师范大学。
① 《马克思恩格斯全集》46 卷下册，人民出版社 2003 年版，第 217 页。
② 《马克思恩格斯全集》46 卷下册，人民出版社 2003 年版，第 212 页。

必须依赖一般科学劳动。这是在新的条件下价值决定中的一个关键性问题。

什么是科学劳动或一般科学劳动？马克思没有进一步作出过简明的概念表述。简单地说，科学劳动是掌握了科学技术知识的科学劳动者所进行的高级脑力劳动。从历史的生产实践的过程看，人们通过不断的生产实践，不断积累生产经验和劳动技能，不断地创造和运用生产工具并寻求新的劳动对象，"人们在创造工具的过程中，不断寻求劳动工具与劳动对象的客观规律，这种在劳动过程中寻求规律的思考就是脑力劳动，也是科学劳动的开端。"① 科学不是天生就有的，而是人们在不断的生产实践或社会实践中，不断总结经验，发现其内在的运动规律，总结上升为理论，反映着对自然界客观规律运动的知识理论体系称为自然科学，反映着对社会客观运动规律的知识理论体系称为社会科学。所谓科学劳动，应该包含两个方面，一方面，人们在不断的生产和社会实践活动中认识客观规律并将其上升为理论，这是科学发现和发展的过程，这既包括分析研究、发明创造的科学发展过程，也包括学习、传授、继承和长期积累的过程；另一方面，人们将科学应用于生产，创造出一系列新的工具、手段、工艺，并培养劳动者使其掌握一定的科学技术知识并运用它们来进行生产活动，这是由科学到技术，再由技术到生产的应用过程，是由潜在生产力到现实生产力的转化过程。科学劳动既包括积累和总结实践经验，从事科学发现、发明、创造的劳动，学习、继承科学成果的劳动，也包括将科学转化为技术、将技术应用于生产实践过程的劳动。这不只是少数人或一、二代人劳动的结晶，而是由人类的祖先世代相传长期劳动的结晶。表现为脑力劳动，或构成脑力劳动的主要部分。人们往往只看到脑力劳动，而不注意进一步对脑力劳动所包含的这种科学劳动进行深层次分析，因而长期以来，忽视对科学劳动的深入研究。

科学劳动是通过人表现出来的，进行科学劳动的人可称为科学劳动者。科学劳动者具有科学劳动力。科学劳动力有价值和使用价值。一般劳动力的价值包含三个因素，即维持劳动者自身生存所必需的生活资料的价值，养活

---

① 宋健主编：《现代科学技术基础知识》，科学出版社 1994 年版。

劳动者家属所必需的生活资料的价值，劳动者接受教育和训练的费用。科学劳动力的价值必须具备上述三个要素。但为了掌握科学技术知识，必须接受高层次教育，这就要支出大量的学习费用和研究费用。例如，一个科学劳动者从小学到大学毕业，一般要 16 年时间，如加上研究生阶段，需要 20 年左右。20 年左右时间内所花费的学习费用，既包括个人学习时间内的支出，也包括老师所付出的辛勤劳动，还要包括在这些时间内所消耗的物质设备条件等费用；同时还要进行科学研究。科学研究既要创造新知识，又要整理和修改已有知识，以及开拓知识新用途的探索工作；从创造新知识来说，这是一个创新、发现、发明，是探索未知的问题；从整理和修改已有知识来说，这是对已经产生的知识进行分析整理、鉴别和运用，是知识的规范化、系统化，是对知识继承的问题，这就需要大量复杂而细致的工作，具备必要的物质设备等客观条件，支出大量的科研费用。这些支出，是知识的价值凝结，成为科学劳动力价值的重要组成部分，这也是科学劳动力价值有别于一般劳动力价值的特点，因而科学劳动力价值大大高于一般劳动力价值。这是从一个人来说的。但科学技术的发明创造，往往不是一个人所能达到的结果，不仅需要一个群体共同进行科学劳动，而且是世代相传长期劳动在继承的基础上实现创新，这种长期的集体的共同劳动的结晶所形成的价值量是相当多的，虽然也要分摊到大量的劳动者身上，形成各个科学劳动力的价值，因而科学劳动力的价值，不知要比一般劳动力价值高多少倍，对科学劳动力付与高报酬，对发明专利付给高价，是完全合理的。但这些共同劳动的结晶，也不仅仅体现在某一科学劳动力身上，而是分摊在社会上一大群的科学劳动力身上，由于这些长期的集体科学劳动的结晶，大量是社会性支出的，因此对科学劳动力付给报酬，不应仅限于以工资形式付给个人，还应以其它形式付给社会，如用作社会的科学技术研究基金，以促进科学技术的继续发展。否则，即使以再高的工资也难以达到科学劳动力价值补偿的要求。因为科学劳动力价值补偿，不仅是对个人的补偿，而且是社会性地补偿，这与一般劳动力价值只对个别人补偿是有区别的。这是科学劳动力价值区别于一般劳动力价值的又一特点。

　　科学劳动力的使用价值是科学劳动，一般人类劳动所实现的是人与自然界的物质变换过程，科学劳动则是人们借助科学技术驾驭自然力、改造自然力、利用自然力，将自然物质改变为人类有用物，由潜在的生产力转化为现实的生产力的过程，科学劳动的主要表现形式是脑力劳动。马克思多次指出，形成价值的劳动，不仅包括体力劳动，也包括脑力劳动。在资本主义的初期，由工场手工业向机器体系过渡，体力劳动在价值形成过程中确实起着主导作用。但随着科学技术的发展，特别是 20 年来新技术革命和高科技发展，脑力劳动在价值形成过程中逐步起着主导作用，其中，科学劳动起着决定性作用。科学劳动既可创造新价值，而且在新价值中占有很大比重。它也同时可以转移旧价值，不仅可以转移一般生产资料的旧价值，还包括由积累的科学知识的价值转移来的部分和先进技术设备转移来的价值部分，这就使单位商品中，转移来的旧价值部分增多了，新创造的价值部分相对地减少了。在单位商品新创造的价值中，表现为，体力劳动创造的部分减少了，脑力劳动创造的部分却大大增加了。为什么科学劳动能够在创造大量新价值的同时也能创造大量的使用价值并使单位商品价值量降低呢？就在于它能使巨大的自然力为生产服务，充分利用自然力，将自然力并入生产过程，这不仅可以代替更多的人力，而且对这种自然力的利用又是无偿的。马克思说："大工业把巨大的自然力和自然科学技术应用于生产过程，并入生产过程，必然大大提高劳动生产率。""用于生产的自然力，如蒸汽、水等等，也不费分文。"① 生产的科学过程，也就是科学劳动的实践过程，也就是大量地无偿地利用自然力（包括一切自然资源）为人类服务的过程，由于无偿地利用了巨大的自然力和一切自然资源，大大提高了劳动生产率，不仅生产出大量的使用价值，而且使单位商品价值量大大降低，促进了社会生产力的迅速发展。还须注意，科学劳动是高级复杂劳动，在同样劳动时间内，可以比简单劳动创造多倍的价值，这多倍的价值包含在多倍的使用价值即国民财富中，构成社会经济增长和发展的主要内容。科学技术是第一生产力，这种"第一"的作用，是通过科学

---

　　① 《马克思恩格斯全集》第 23 卷，人民出版社 1972 年版，第 424 页。

劳动而实现的。必须把科学劳动创造价值和科学创造价值严格区分开来。科学劳动能创造价值，科学则不能创造价值。科学是反映客观固有规律的知识体系，是人们在改造世界的实践中获得的认识和经验的总结。任何科学知识，包括各种概念、公式、管理等，都来源于科学实践和社会实践，来源于人们的脑力劳动和体力劳动，是人类劳动的结晶。科学知识作为一般人类社会劳动的凝结具有价值，但科学知识本身不能创造价值。科学知识虽然是劳动的结晶，但潜在于人脑或文字中不能直接表现出来，只有通过人类劳动才能表现出来。例如，某一科学理论被写成论文或专著，如果没有人使用它，束之高阁，就只是一堆废纸。如果某一劳动者掌握了大量科学知识，但这些知识只存在于他的头脑中，不通过劳动被使用，他就和没有掌握科学知识的劳动者完全一样。任何科学知识都只有通过科学劳动者的劳动才能表现出来，才能发挥其作用。正如劳动力存在于活的人身上，只有通过劳动才能表现出来一样，科学知识只有通过科学劳动才能表现出来。正如劳动力与劳动不能相等一样，科学知识不能与科学劳动相等。在这里，必须把科学劳动者所进行的科学劳动和科学劳动者本身所具有的科学知识严格区别开来，必须把科学知识本身的价值与科学劳动所创造的新价值严格区别开来。科学本身是物化劳动，能够转移它已经具有的价值，但不能创造新价值，只有活劳动才能创造新价值。如果把科学劳动创造价值和科学创造价值混为一谈，就会导致物化劳动和活劳动共同创造价值的错误结论。

二、由一般科学劳动发展为现代科学劳动

时代在前进、实践在发展，发生于英国的近代第一次产业革命，从 19 世纪 40 年代开始向欧洲发展，并迅速波及整个世界，这是形成马克思主义的历史条件，也是马克思创建科学的劳动价值论的客观条件。当时科学技术确已有一定程度的发展，所以马克思提出了"科学技术是生产力"、"一般科学劳动"对生产有重要作用的著名论断。但当时还处于以蒸汽机为标志的资本主义工业化的初期阶段，科学技术在生产中的应用属于早期阶段。从历史发展过程看，人们通过不断的劳动生产实践，积累生产经验和劳动技能，运用和

制造新的生产工具并寻求新的劳动对象，不断改进生产工艺和劳动技能，逐步认识自然界物质运动的客观规律，起初是点滴地搜集积累，到一定程度进行系统地整理概括，形成完整而系统的科学体系，这就产生了科学。这时候，科学、技术、生产三者之间的相互关系，形成了"生产→技术→科学"的模式向前发展。科技发展的早期，虽有许多天才的科学发现和重要的技术发明，但由于尚无系统的科学理论为指导，整个科学技术还是直接建立在生产实践与人类生活经验的基础上，因此，科学技术在社会经济发展中的作用还是不大的。有人估计，原始社会生产力发展的平均速度每万年提高 1%～2%。奴隶社会和封建社会每百年提高 4%。马克思、恩格斯在《共产党宣言》中指出在资产阶级统治的 100 年中，生产力的发展比以往的总和还要多，还要大。科学技术处于这种早期状态，而科学劳动者所进行的一般科学劳动所起的作用也是比较有限的。上述情况，自 19 世纪电磁学革命时开始出现了根本变化。由奥斯特·法拉第和麦克斯韦创立的电磁学理论，直接引发了 19 世纪下半世纪的电力科学技术革命和近代以来生产力发展的第二个新高潮。由于电力科技革命不仅改变了工农业生产的基本状况，还迅速进入人类生活领域，无线电通讯、电灯、电话、电视，直至电脑等层出不穷的家用电器，大大改变了人类的生产、工作和生活状况，这是影响人类经济与社会发展的最重要变化之一，并由此确定了科学、技术、生产三者之间关系的新模式即："科学→技术→生产"。这就是说，在科学理论指导下，采用新技术，进行现代化生产，大大提高了劳动生产率，据统计，我国手工业人均年产值约为 2000 元，传统工业人均年产值约为 2 万元，高科技产业人均年产值可达 10 万～20 万元。在科学劳动者进行科学劳动、创造、传播、应用、发展科学技术能力的过程中，成为经济和社会发展的强大推动力。科学能力决定着科学知识体系的生产、更新和发展；技术能力决定着把科学知识转化为一定的专业技术和生产程序、工艺流程；生产能力决定着将科学技术转化为直接生产力，最终形成现实的物质产品；这三者互相联系，互相促进，推动科学、技术与生产力共同发展。但在这三者之间起决定性作用的首先要有科学理论作指导。在当代，科学理论不仅走在技术和生产的前面，而且为技术和生产的发展开辟了各种可能的途径。江泽民同志说："翻开科技发展的历史，我们知道，基础研究的成果为整个人类社会带来了巨大的突破与进步，也促进了应用科学的发展；……可以说，如果没有量子理论，就不会有微电子技术。如果没有相对论，就没有原子弹，也不会有核电站。"① 科学理论是推动技术和生产发展的最基本的因素和力量。特别需要注意的是，自 20 世纪中叶以来，各学科、各专业、各类知识之间相互渗透、汇流、交叉、综合、日益频繁，出现了科学技术化、技术科学化，形成了科学技术一体化新趋势，开始走向"大科学"时代，走向现代化的高科技阶段。这时，科学劳动者所进行的已不是一般科学劳动，而是现代科学劳动。以前的一般科学劳动，只是掌握一般的科学技术知识，反映着科学技术尚未充分发达阶段的情况。现在，由一般科学劳动发展为现代科学劳动，情况大不相同。现代科学劳动是掌握了现代有关最新科学、多学科的前沿理论和最新先进技术的科学劳动者所进行的科学劳动，是高级或超高级的脑力劳动，是高级或超高级的复杂劳动。现代各国生产力水平都直接取决于科学技术水平的高低和创新能力的大小。而科技能力和创新水平又直接取决于科学劳动者的现代科学劳动的质量和水平。邓小平及时提出了"科学技术是第一生产力"的重要论断。要使第一生产力能够充分实现，由潜在的生产力转化为现实的生产力，必须依赖现代科学劳动。现代科学劳动不只是当今世界推动社会经济发展的动力，而且正起着越来越重要的决定作用。"当今世界的综合国力竞争，归根到底是科技实力的竞争，高素质人才的竞争，"所谓高素质人才，主要是科学劳动者所进行的现代科学劳动。在这种情况下，笔者提出现代科学劳动这一新范畴，说明它是一般科学劳动的新发展，把一般科学劳动和现代科学劳动区分开来，着重说明现代科学劳动是在现代科学技术高速发展情况下，掌握了现代科学技术的科学劳动者所进行的科学劳动。

　　现代科学劳动反映的是劳动领域里的实质性内容，是本质范畴；而现代服务劳动、现代管理劳动、现代精神劳动、现代科技劳动等等则是现代科学

---

① 江泽民：《论科学技术》，中文文献出版社 2001 年版，第 184 页。

劳动的具体表现形式。也就是说，掌握了现代科技的科技工作者进行的是现代科技劳动，掌握了现代科技的经营管理工作者进行的是现代管理劳动，掌握现代科技的服务工作者进行的是现代服务劳动，掌握了现代科技的教育工作者和文艺工作者进行的是现代精神劳动等等。现实经济生活中的这些劳动的具体形式都反映着掌握现代科技的现代科学劳动这一实质性的内容。总之，现代科学劳动反映着当代劳动的实质，而其它具体部门的劳动则是现代科学劳动这一实质性内容所表现的具体形式。

以管理劳动为例：在以一家一户为生产单位的个体经济社会里，生产者自己劳动、自家消费，当然不存在管理劳动。随着分工协作的发展，生产某一产品，不是由个人而是由一定数量的人在分工的基础上协作劳动，这时以统一指挥为特点的管理劳动就应运而生。这种最初在企业内部直接生产过程中产生的管理劳动，笔者称为一般管理劳动。随着现代科学技术的发展，分工更加细致，协作范围更加广阔，管理劳动的重要性更加突出。在一个企业内部，作为管理人员的管理劳动，为了组织好生产，既要处理好各生产力要素之间的协调关系，也要处理好生产、流通、交换、分配各经济环节之间的关系，这就要求现代企业中的管理劳动者，首先是本行业的专家，如化工行业的管理者应是化工专家，纺织行业的管理者应是纺织专家，他们不仅要善于指挥生产，还要善于经营，对企业发展的目标和战略、市场的占有、资源的配置、员工的激励、产品的营销、资本的运营以及企业创新等方面，都要提出具体方案并组织实施，要符合这些管理企业的基本要求，必须掌握现代科学技术。掌握了现代科技的管理者是现代管理劳动，是在一般管理劳动的基础上随着社会经济和现代科技发展而产生的现代管理劳动。现代管理劳动是现代科学劳动的实质所反映的具体劳动形式，他们对一个企业的成败兴衰，在优胜劣败的市场竞争中起决定作用。

如果不是从某一企业来考察，而是从整个社会经济发展过程来研究，一方面，整个社会经济和生产都需要协调有序地发展，这就产生了宏观管理机构，对全社会的生产、有效地配置经济资源和自然资源，适当地调节商品供求，以及整个经济按比例协调发展等等，都是宏观方面的管理任务。另一方面，整个社会是一个大的统一的有机体，要使这个有机体正常运行，必须在各个环节上都进行有序的配合与协作，例如，要使商品购买能够顺利进行，货币到商品、商品到货币的顺利转化，就需要在金融方面很好地组织，即投入必需的货币量，实现正常的货币流通等等，这就要对全社会经济进行货币管理，使得市场经济能有序地进行，这种管理货币的任务由银行来承担，也就是宏观方面管理货币的劳动。由于许多不同专业的管理经济的劳动，组成为整个社会经济的宏观管理劳动。这种管理劳动在计划决策方面具有十分重要的意义。如果出现失误，整个国民经济就会出问题，比一个企业出现的问题严重得多。这说明，随着现代科技和国民经济的发展，管理劳动的范畴必须扩大，既要进行微观管理，也要进行宏观管理，在社会生产和再生产以及经济发展过程中，都要进行决策、计划、组织、指挥、协调、控制和监督等现代管理活动。这说明，由一般管理劳动发展为现代管理劳动，是现代经济生活中的新情况、新问题，也是当代劳动价值理论的新内容，现代管理劳动这一具体表现形式是现代科学劳动的本质反映，充分显示了现代管理劳动的新特点。

其它如现代科技劳动、现代服务劳动、现代精神劳动等等，都是现代经济生活中的新情况、新问题，都是当代劳动价值理论的新内容。当代劳动价值理论的新发展，既要包括物质产品，也要包括非物质产品；既要包括有形产品，也要包括无形产品；既要包括直接生产部门的生产劳动，也要包括间接生产部门和社会经济部门的间接生产劳动。整个社会经济不再像马克思时代那样以工业产品为中心而进行运转，而是工、农、商、交、财政金融、文化教育、科学技术等整个社会经济文化各方面统一运转，在这些部门的劳动者主体，都需掌握现代科学技术，都需要通过各种不同具体形式互相交换其劳动，从而构成统一的劳动价值理论的新内容。这是由当代科技发展和经济发展的新情况所决定的。劳动价值理论必须面对新的问题，总结新的实践经验，丰富新的理论内容。这就是说：

（1）提出了现代科学劳动这一新概念，说明我们当代已由一般科学劳动发展为现代科学劳动。现代科学劳动是当代社会劳动的主要方面。

（2）现代科学劳动是社会劳动的本质反映，贯穿于其它各种具体劳动之中；其它社会劳动，绝大部分是现代科学劳动的具体表现形式。（还有另一部分劳动者尚未能掌握现代科学技术。）既有物质生产领域的具体表现形式，也有非物质生产领域的具体表现形式。既可用以说明物质生产领域的价值创造问题，也可用以说明非物质生产领域价值创造问题。

（3）由现代科学劳动这一本质决定的各种具体劳动形式，如生产劳动、管理劳动、服务劳动、科技劳动、精神劳动等，是现实经济生活中的重要组成部分，对社会经济的运行和发展起着重要作用。

（4）劳动价值理论包括的内容范围必须扩大，总体工人的概念内容也必须扩大，既包括生产单位内部的各种具体劳动者，也包括社会经济生活文化教育等各方面的劳动者，把微观、宏观各方面构成为一个统一的有机整体，他们在这个整体中分工协作、互相交换劳动。

（5）归根结底，现代科学技术的发展体现为现代科学劳动的发展，决定着社会劳动的发展方向，是整个社会经济发展的决定因素和根本动力。

三、现代科学劳动是发展劳动价值理论的本质范畴和核心理论内容

众所周知，劳动价值理论，是古典学派最早提出来的，他们一方面提出劳动创造商品价值的正确观点，但另一方面他们的理论中又包含许多自相矛盾、不能说明实际问题的非科学的庸俗成分。马克思在古典学派劳动价值论的基础上，批判地继承并创造性提出了劳动二重性这一新的重要原理，即抽象劳动创造价值、具体劳动创造使用价值，解决了新价值创造的同时转移旧价值等一系列重要问题，从而建立了劳动价值论的新的理论体系，即创建了新的科学的劳动价值理论，为剩余价值论奠定了坚实的理论基础，引起了政治经济学的深刻的革命，形成了马克思的经济学说。所以马克思说："商品中包含的劳动的这种二重性"，"是理解政治经济学的枢纽"。他在写给恩格斯的信中也说："我的书最好的地方是：在第一章就着重指出了……劳动二重性，

（这是对事实的理解的基础）。"① 可见，劳动价值论的新发展，必须在运用原有理论的基础上，创建新的理论范畴和新的理论体系，给整个理论带来新的变化，用以说明一系列新的实际问题。可见，仅仅就价值创造外延上的扩大来说明其发展还是不够的，需要创建新的本质性的范畴从理论体系上给予系统的深刻说明。像马克思发现劳动二重性那样，使之成为"对事实的全部理解的基础"，成为发展劳动价值理论的枢纽点。

通过反复学习研究，不揣冒昧，笔者认为，现代科学劳动这一范畴，可以说明高科技和社会主义市场经济条件下劳动价值论新的本质和一系列现象问题，把现代科学劳动作为发展劳动价值论的重要范畴和核心理论内容来看待。也可以说，现代科学劳动是发展劳动价值论的枢纽点，是"对事实的全部理解的基础"。这是因为：运用现代科学劳动范畴可以说明劳动价值面临的一系列理论和实际问题。但对这一问题需要进行更深入更细致的研究。现仅就粗浅的理解，提出几点例证。

（1）关于新价值创造和旧价值转移问题。随着现代科技的发展，有机构成不断提高，单位商品价值量下降。在单位商品价值量中，新创造的价值量减少了，转移来的旧价值量增加了，以物质产品而论，由于现代科学劳动之故，在一定时间内可生产更多的商品，创造出更多的新价值，既体现为单位商品的使用价值量大量增加，又体现该商品的价值量的增加。由于现代科学劳动是高级复杂劳动，在一定时间内可以创造出更多的价值量，但这些价值量凝结在大量的使用价值即商品中，因而单位商品中新创造的价值量比以前相对地下降了，缩小了；另一方面，由于现代科学劳动在一定时间内创造出更多更好的商品，这就既转移了大量的生产资料的旧价值，又转移了大量包含于科学知识中的旧价值，二者相加，转移来的旧价值大大增加了，这就使单位商品价值下降的同时，转移来的旧价值相对增加。这就是劳动生产率提高同单位商品价值量成反比，即劳动生产率提高，单位商品的价值量下降。如从生产该商品的生产部门来看，由于现代科学劳动之故，使生产出的该商

---

① 《马克思恩格斯全集》第31卷，人民出版社1972年版，第331页。

品总量大大增加，该商品的价值总量也大大增加，这就是劳动生产提高同该商品使用价值总量和该商品价值总量成正比，即劳动生产率越提高，该商品总量（使用价值量）就越多，该商品价值总量也越多。这就说明随着现代科学技术的发展，劳动生产率提高，商品的使用价值和价值总量都大大增加。这也就是近半个世纪以来国民生产总值不断增加和人民消费资料总量不断扩大的基本原因，这正说明了，随着现代科技的发展，生产力迅速提高，国民经济迅速增长，人民生活水平迅速提高的根本原因所在。

（2）现代科学劳动的实质表现为各种具体形式，反映着现代化劳动和生产的最新发展趋势。现代科学技术渗透在现代经济生活的各个方面，每个方面的或某一个经济环节的发展都由现代科学技术的发展所决定，现代科学劳动这一反映社会劳动的本质范畴，也必须通过各种不同的具体形式表现出来。现代科技劳动、现代管理劳动、现代精神劳动、现代服务劳动等等具体劳动形式都反映着掌握现代科技这一实质内容。例如，掌握了现代科技知识的大学教师把现代科技知识传授给大学生，使大学生掌握某一专业知识成为某一专业的现代科学劳动者，他们运用现代科技知识从事生产或经济工作，在实现现代化过程中取得一定的成绩。这些掌握现代科学技术知识的高素质人才，是发展生产发展经济的基本的最重要的动力。当今世界的综合国力的竞争，主要是经济竞争，科技实力的竞争，归根结底，是高素质人才的竞争，这已成为决定经济社会发展和国家、民族兴衰成败的关键。掌握着现代科学技术的现代科学劳动者，反映现代化劳动和生产最新发展趋势，是先进生产力的代表，体现着新的时代精神。总之，大至于国家民族，小至于一个企业生产单位，兴衰成败的关键，都主要取决于现代科学劳动者的现代科学劳动。

（3）按照现代科学劳动的原理，实行按劳分配与按贡献分配相结合的分配制度。劳动二重性是科学劳动价值论的核心内容。现代科学劳动同样也具有二重性，只是在上述基础上有了进一步的新发展。现代科学劳动同样是抽象劳动，由于它是高级的或超高级的复杂劳动，在一定劳动时间内可以创造更大量的新价值，根据按劳分配原则，对他们付以较高的报酬，是完全合理的，应该的。现代科学劳动同样要表现为各种具体劳动，由于现代科学劳动可以将自然力引入生产过程，大大提高劳动生产率，可以在一定时间内生产出大量的使用价值，使物质财富大量增加，更好地满足人们的各种需要，促进社会生产力的发展，这是对社会的贡献。通过现代科学劳动的各种具体形式创造出的物质财富越多，对社会的贡献就越大。对作出较大贡献的劳动者给予一定的贡献报酬，也是完全合理的，应该的。江泽民同志在 2001 年"七一"讲话中说："从制度上保证各类人才得到与他们的劳动和贡献相适应的报酬。"人们往往只习惯于注意劳动报酬而不注意贡献报酬，在劳动报酬中又不重视高级或超高级复杂劳动在价值创造中的倍加作用。将现代科学劳动的原理运用于分配领域，对于建立合理的分配制度正确体现激励机制有重要的现实意义。

（原文发表于《经济学家》2004 年第 2 期）

马克思劳动价值论的科学地位及其新课题

顾海良 *

江泽民同志《在庆祝中国共产党成立八十周年大会上的讲话》（以下简称《讲话》）以"三个代表重要思想为主线，密切结合当今世界和当代中国经济社会发展的新实际，提出了马克思劳动价值理论研究和发展的新课题。《讲话》指出："马克思主义经典作家关于资本主义社会的劳动和劳动价值的理论，揭示了当时资本主义生产方式的运行特点和基本矛盾。现在，我们发展社会主义市场经济，与马克思主义创始人当时所面对和研究的情况有很大不同。我们应该结合新的实际，深化对社会主义社会劳动和劳动价值理论的研究和认识。"这一论述的重要意义主要在于：

第一，充分肯定了马克思的劳动价值论在经济科学革命上的意义和地位。马克思的劳动价值论不仅是马克思主义经济学的理论基础，而且也是经济学说史上最重要的理论问题。劳动价值论从来就是马克思主义认识资本主义经济关系矛盾及其规律的最重要的思想武器，也是理解资本主义经济运行及其基本特点的基础理论。

第二，马克思主义经典作家根据他们所处的资本主义经济关系发展的不同时期的实际，不断地发展和完善劳动价值论，并运用这一理论揭示当时的资本主义经济的运行特点和基本矛盾。马克思 1843 年开始从事政治经济学研究，经过近四分之一世纪的不懈探索，在 1867 年出版的《资本论》第一卷德文第 1 版中，对劳动价值论作了科学的、系统的论述。但马克思从来没有认为就此终结了劳动价值论的发展。相反，马克思在之后的《资本论》第一卷德文第 2 版和法文版，以及《资本论》第二卷的一些手稿和第三卷的部分手

* 顾海良，国家教育行政学院。

稿（这一卷的大部分手稿是在 1867 年之前完成的）中，对劳动价值论作了进一步的展开论述。1883 年马克思去世之后，恩格斯在整理出版《资本论》第二卷和第三卷的过程中，根据资本主义经济关系发展的新情况和经济科学发展的新材料，对劳动价值论作出新的发展。20 世纪初，列宁根据自由资本主义向垄断资本主义过渡的新变化和新特点，对劳动价值论作了新的阐述。列宁没有拘泥于马克思已有的结论，而是根据马克思劳动价值论的基本原理，对垄断价格和价值规律的新作用作了创新性的研究，拓展了对垄断资本主义经济关系的本质及其规律的认识视野。斯大林对苏联社会主义经济关系的探索，尽管存在着各种失误，但他对劳动价值论在社会主义经济关系中的作用还是作了一些开拓性的研究。特别是在《苏联社会主义经济问题》中，斯大林对社会主义经济运行中价值、价值规律作用问题的论述，在社会主义经济思想史上有着重要的影响。我们现在所处的时代，无论是资本主义经济关系还是社会主义经济关系，都发生了深刻的变化。马克思的劳动价值论必然要有新的发展。

第三，提出了劳动价值论研究的新课题。时代的变化呼唤理论的创新。就劳动价值论研究而言，我们所处时代的变化，主要表现在四个方面：一是社会生产力的新发展和科学技术的新变化，这是马克思当时进行劳动价值论的科学革命时所没有预想到的，马克思当时设想的决定劳动生产力的五种情况，即"工人的平均熟练程度，科学的发展水平和它在工艺上应用的程度，生产过程的社会结合，生产资料的规模和效能，以及自然条件[①]"，已经发生了根本性的变革。二是作为劳动价值论研究对象的社会制度发生了变化，马克思当时运用劳动价值论专注于资本主义经济制度的研究；现在，劳动价值论不仅要运用于当代资本主义经济关系的研究（当代资本主义经济关系同马克思那个时代的资本主义经济关系相比，也已经发生了深刻的变化），而且还要运用于现实的社会主义经济关系的研究（现实的社会主义经济关系同马克思恩格斯当时设想的社会主义经济关系，也有着显著的区别）。社会经济制度

---

① 《马克思恩格斯全集》第 23 卷，人民出版社 1972 年版，第 53 页。

的这些变化，对劳动价值论提出了一系列新的课题。三是劳动价值论不仅运用于经济关系的制度分析，还进一步运用于体制分析。在体制分析，特别是社会主义市场经济体制分析中，劳动价值论的研究范围和作用形式必将发生重要的变化，四是经济全球化极大地改变了世界经济的整体格局。一方面在现实中，以生产、贸易、资本、金融和信息全球化为主要特征的经济全球化，极大地改变了传统的生产、流通、分配和消费的关系和过程；另一方面在理论上，马克思当时设想，涉及世界市场的比较具体的问题尽管是"资本主义生产方式的基础和生活条件"，也只打算在"可能的续篇"中进行论述，① 但在现时代，世界市场及其价值作用的新形式，已经成为重要的课题，提出了劳动价值论发展的新的视野。

结合新的实际，深化劳动价值论的研究和认识，特别是深化社会主义经济关系中劳动价值论的研究和认识，有着重要的现实意义。审视学术界对劳动价值论研究的现状，有必要先搞清楚以下五个方面的问题。

一、价值形成（创造）、价值实现和价值分配的相关联又相区别的问题

在既定的社会经济关系中，价值形成、价值实现和价值分配，分别发生在生产、流通和分配等不同的经济运行过程和环节。按照马克思主义经济学观点，经济运行的四个主要环节——生产、交换、分配、消费是一个相互联系的总体，是一个整体内的有机组成部分。在对经济运行过程和环节的理解中，不能脱离这个总体和整体来理解其中的某个环节，也不能把这些环节并列起来或割裂开来。马克思认为，在这些环节中，生产起着决定作用，是"普照之光"，是"特殊的以太"，它决定和改变着这个总体内各个环节的色层和比例。生产决定了交换、分配和消费。当然，在一定的条件下，交换、分配和消费也会反过来作用于生产。所以，价值形成、价值实现和价值分配这三个环节是总体内的有机组成部分，但它们又是分别发生在不同环节的经济过程：生产领域主要是价值形成、价值创造，流通领域主要是价值实现，

---

① 《马克思恩格斯全集》第 25 卷，人民出版社 1974 年版，第 126～127 页。

而分配领域主要是价值分配。

对涉及劳动价值论的有关问题的探讨，首先应该搞清楚问题发生在什么环节或领域，在这个环节或领域要解决的是什么问题；然后还应该搞清楚这个环节或领域的问题在整个经济关系总体中的地位和作用。如人们关注的要素分配和其他的分配方式等，实际上主要是分配环节或领域中的价值分配问题。生产中的价值形成决定了可供分配的价值总额，而生产要素的所有权决定了既定价值的分配方式和分额。从价值形成到价值实现、再到价值分配，其间有一系列的转化环节。马克思在《资本论》第一卷先研究价值形成的问题，探讨了价值的实质，探讨了决定和创造价值的本质和本源。在此基础上，马克思在《资本论》第二卷专门探讨了从资本循环到资本周转、再到社会资本再生产过程，探讨了生产和流通的统一中价值实现的问题。《资本论》第三卷主要探讨价值，尤其是剩余价值怎样根据生产要素所有权进行分配的问题。

价值问题首先要回答的是谁创造了价值、创造价值的实体是什么的问题。关于分配问题，如资本主义剩余价值的分配问题，在理论逻辑上，有一个从本质到现象的转化过程。在《资本论》第三卷中，马克思是在论述了价值转化为生产价格基础上，再来探讨平均利润分配问题的。价值是由劳动创造的，但剩余价值或利润的分配却是由资本所有权决定的，等量资本获得等量利润。只有在理论逻辑上，实现了价值向生产价格的转化，才可能搞清楚资本主义经济中为什么等量资本获得等量利润的问题。等量资本获得等量利润同劳动创造价值是不矛盾的，它是价值形成从本质到现象几度转化以后的必然结果，是本质经过了数度转化后的现象形态。因此，假如没有价值到生产价格的转化，直接用劳动价值论来说明分配领域中等量资本获得等量利润问题是完全说不通的。李嘉图在劳动价值论研究上的失误，就是企图在价值创造的逻辑层面上直接说明剩余价值的分配问题。马克思认为，李嘉图的这一错误，就在于试图把"方"直接变成"圆"，缺少历史的和逻辑的"中介"环节。"中介"这个概念，就是指事物转化的中间过程。当事物转化完成的时候，"中介"就消失了。在这个意义上可以说，科学的任务就在于发现从本质到现象转化的"中介"和"中介"过程。假如现象和本质完全一致，科学就成为多余的了。总之，对于现在提出的涉及劳动价值论的问题，应该准确地判断它是属于哪个环节、哪个领域的问题，而不能直接地、简单地全部归为价值创造的问题。

二、关于价值抽象与价值转化的问题

马克思在《资本论》中对劳动价值论的阐述，是一个从抽象上升到具体的过程。在这个过程最初的抽象阶段，研究的是劳动价值论的最本质的规定。随着抽象上升到具体的规定性不断地增加，劳动价值论越来越接近于具体，越来越接近于事物的表象。因此，在开始时要撇开非本质的因素，然后在抽象上升到具体的过程中逐步地"还原"这些因素，直到最后达到"具体的总体"。这里所说的价值抽象与价值转化的问题，是理解马克思劳动价值论的根本的方法论。

在《资本论》第一卷中，商品的价值是由社会必要劳动时间决定的，价值的实体是抽象劳动。这时谈的只是新价值的创造问题，还没谈到生产资料的旧价值的转移问题。进入《资本论》第一卷第三篇，马克思运用劳动二重性理论讨论新价值创造的同时，进一步探讨了包含在生产资料中旧价值是怎么转移的问题。这时，马克思提出了（C + V + M）的问题，这是新价值创造和旧价值转移的统一。整个《资本论》第一卷和第二卷，就是在（C + V + M）的基础上讨论剩余价值生产和流通、资本积累和价值实现等问题的。在《资本论》第三卷，马克思引进了成本价格概念。成本价格概念与（C + V + M）的不同之处在于，它不是按创造新价值和转移旧价值来理解问题的，而是以资本的投入或资本的预付来理解问题的。这时，不变资本 C 和可变资本 V 都成为资本家的成本或费用，从而利润就成为资本投入带来的收入或报酬。这样，价值抽象就向价值具体转化。在具体层面上，原本是新创造的价值和转移来的价值，都变成由资本的投入而产生的价值，M 也就成为（C + V）的产物。由此剩余价值也就转化为利润。由于资本的转移、资本的有机构成和周转的不同，最后形成了平均利润，达到等量资本获得等量利润的具体形态；利润不再按本部门资本投入的多少来区分，而是按资本在整个社会中的份额

来分配。马克思劳动价值论从本质上解答了等量资本为获得等量利润的问题。

　　从价值抽象到价值具体，既是对价值本身的认识过程，也是对价值转化形式的认识过程。马克思一开始讨论劳动价值论时，假定商品价值是由社会必要劳动时间决定的，存在从个别价值到社会价值的转化问题。由个别价值到社会价值的转化，马克思假定存在三个既定的前提条件：正常的生产条件、平均的熟练程度和平均的劳动强度。凡是高于或低于这些前提条件的，都折算成平均量。在《资本论》第三卷，马克思由价值探讨到市场价值时，认为正常的生产条件不一定等于平均的生产条件，有的可能是平均的生产条件，有的可能是社会的先进的生产条件，有的可能是落后的生产条件。假如考虑到社会经济内劳动时间分配的不同，也就引出所谓的第二种社会必要劳动时间的概念。《资本论》第三卷讨论的市场价值比第一卷讨论的社会价值增加了具体的规定性。

　　《资本论》第三卷最后还谈到"三位一体"公式问题，即劳动获得工资，土地获得地租，资本获得利润。"三位一体"是一种现象，也是资本主义经济的现实。马克思的任务并不是要否定这个现实，而是要用他的理论来揭示这个现象的本质。这个现象的本质就是：不管是以利润还是以地租的形式出现，最终它们都是工人的活劳动所创造的价值的一部分，只是通过多次的转化，最后出现了利润是资本的收入、地租是土地的报酬的这种现象。所以，认识"三位一体"公式所表达的现象，关键就在于如何理解从价值抽象到价值具体的转化关系。

三、价值形成（或创造）与使用价值生产（或财富创造）的问题

　　对这个问题，马克思运用劳动二重性理论已经作了十分清楚的论述：抽象劳动创造价值，具体劳动创造使用价值。根本上来说，价值的形成、价值的创造反映的是社会经济关系，或经济活动中的社会关系。而使用价值的创造则是体现人与自然的关系，反映的是经济活动中人与自然的关系。任何社会的经济活动既有自然关系的一面，也有社会关系的一面，是社会关系和自然关系的统一体。马克思在进行经济学的科学革命时，着力于资本主义经济

制度的分析，集中于资本主义社会关系的研究，但他并没有排除对人与自然关系的研究。值得注意的是，劳动的社会关系和自然关系是统一的，决不是相互排斥的，但也不是可以相互取代的。现在，马克思主义经济学新发展的特点之一就在于，把理论研究由制度研究进一步推向体制研究，特别是推向社会主义社会生产力的发展和财富创造问题的研究。这样，劳动的社会关系和自然关系的统一性问题，价值与使用价值生产即财富创造关系的问题进一步凸现而出。这同样对劳动价值论的发展提出了新的课题。

四、价值实体和总体工人的问题

价值的实体是抽象劳动，抽象劳动的主体是劳动者。马克思在《资本论》第一卷讨论劳动创造价值的时候，并没有对劳动者作更多的探讨。后来，当谈到劳动的协作和分工等问题时，马克思提出了"总体工人"的概念。马克思先假定从事物质生产的劳动者是单一的；随着科学技术和分工协作的发展，以及结合劳动的出现，劳动过程得以分解或细分，单独的直接劳动者成为群体的组合劳动者，直接作用于劳动对象的劳动者被细分为几个层次。分解的劳动过程构成为一个总体，进入分解的劳动过程的劳动者就成为"总体工人"。由于"总体工人"的出现，对原先单一的直接劳动者的理解变得复杂了。抽象劳动的主体不是单个人，而是一个总体。"总体工人"的出现，也使得抽象劳动的主体复杂了、扩大了；"总体工人"中从事同一的有机劳动过程的劳动者都可能成为创造价值的劳动者。因此，现在进入抽象劳动的，不再只是直接作用于劳动对象的劳动者，属于"总体工人"范围内的所有的劳动者都可能形成创造价值的劳动。

马克思逝世后，随着现代科技的发展和分工协作的发展，"总体工人"的概念也发生了更为深刻的变化。怎样在新的技术条件下来理解"总体工人"的内涵和外延，已经成为劳动价值论在现时代发展的新课题。随着社会化大生产的发展，管理职能分解出来，出现了专门从事管理的劳动者。管理劳动当然是"总体工人"的劳动，只要这种管理劳动直接服务于生产过程，但我们也不能由此认为所有的管理劳动都创造价值。结合现时代经济发展的实际，加强对"总体工人"的研究是有利于拓展劳动价值论的理论空间的。

五、劳动凝结的物质性与非物质性

马克思把劳动创造价值的过程叫作劳动对象化的过程，就是把自己的活劳动、抽象劳动凝结在一定的物质产品中。关于劳动的对象化，马克思当时只考虑对象化于一定的物质产品。这是由马克思当时的经济现实条件决定的，当时的非物质生产还是微不足道，马克思没有把它们纳入自己的研究视野之中。但现在，原来那些看来微不足道的非物质生产变得越来越重要。如何理解劳动对象化的物质性和非物质性？比如知识产品、软件等等。这种对象的物质性和非物质性是我们现在研究劳动价值论的一个难点。但是，我们不能因为出现了劳动对象的非物质性，就此否定马克思的劳动价值论。现在对知识创造价值的研究，没有把知识作为一种对象化的产品来考虑它里面凝结的知识劳动的成果。

随着劳动对象化从物质性向非物质性的发展，作为要素进入生产过程的非物质性对象是如何转移价值的？这些都涉及到目前劳动价值论争论的一些根本性的理论问题。

（原文发表于《南开经济研究》2001 年第 6 期）

人工智能背景下马克思劳动价值论的再认识

白永秀 刘 盼*

人工智能作为信息时代科学技术创新的结果，是包含高科技含量的生产力范畴，它使社会生产力基础产生变化。智能化因素渗透在生产力各要素中并带来人机关系的变化，使劳动创造价值的过程呈现出新的特点。人的劳动表现为智力劳动力提供的富有创造性的智能劳动，劳动资料因基于大数据的应用而具有智能化、系统化、无形化的特征，劳动对象更具可开发性、可拓展性、可培育性。智能化机器体系加剧"机器排挤人"的同时产生了"人－机"的重新分工，并使人机融合趋势加强。人的智能劳动在价值创造中的作用更加突出并呈现出新特点，智能劳动发挥了价值创造的集合效应，产出的是劳动密度大、能量强的知识型产品，且突出了"人－机"融合增值的价值部分。

一、马克思劳动价值论创新发展问题的提出及文献综述

自资本主义生产过程中出现机器操作代替手工劳动使生产规模迅速扩大、资本家财富快速增长开始，一些资产阶级经济学家就开始质疑马克思劳动价值论的科学性，认为机器也可以创造价值。二战以后，特别是 20 世纪 70 年代以来，第三次科技革命的蓬勃兴起使机械手、机器人、自动化设备和无人工厂等大规模出现在生产过程中，形成从事直接生产操作的工人数量骤减与资本家的物质财富剧增并存的局面，据此部分西方学者提出机器、科学技术、知识等将成为主导生产的决定性力量，生产工人将变得无足轻重，再次掀起了对马克思劳动价值论的批判热潮，出现了一系列反对马克思劳动价值论的

---

* 白永秀，西北大学经济管理学院；刘盼，西北大学。

"新观点"①。一是以德国的罗雪尔、英国的卡特勒、美国的路易士·凯尔索和摩第麦·阿德勒等为代表提出"机器创造价值"。罗雪尔在吸收萨伊的劳动、土地、资本都创造价值观点的基础上，提出机器替代手工劳动就表明机器或者说是资本参与了价值创造并发挥决定性作用；卡特勒在其《马克思的〈资本论〉与今日的资本主义》一书中提出自动化设备的应用使直接劳动者丧失了在生产过程中的主体地位，因此，马克思劳动价值论的基础便不复存在；路易士·凯尔索和摩第麦·阿德勒在其《资本家宣言》中通过分析资本和劳动对财富的贡献比例，认为资本和劳动都是财富的生产者和创造者。二是以美国的尼尔·贝尔、德国的乔·哈伯玛斯等为代表提出"技术创造价值"。尼尔·贝尔认为"技术在计算机时代发挥决定性作用，那么马克思的价值观念自然也要随之改变"；乔·哈伯玛斯提出科学技术已成为不依赖于活劳动的、独立的价值和剩余价值来源②。三是"知识创造价值"。美国的阿尔温·托夫勒、约翰·奈斯比特等提出并论证了知识经济发展的大趋势，在此基础上一批学者从知识经济生产部门中劳动的特殊性和拓宽创造价值的劳动范围的角度提出知识创造价值③。这些质疑马克思劳动价值论的观点产生的原因在于对马克思劳动价值论的机械化、片面化理解，导致错误认识马克思劳动价值论中不变资本和可变资本的关系、生产劳动和生产工人的形式与概念、高度自动化企业的高额利润来源等问题，进而否定马克思劳动价值论的科学性。

20 世纪 80 年代国内学者针对这些问题从不同方面论证了马克思劳动价值论的科学性：第一，生产力的进步只是改变了生产过程中不变资本和可变资本的比例，并没有改变二者在价值形成过程中的关系，机器、自动化设备等都属于不变资本范畴，是物化了的人类劳动，是工人活劳动的接收器，它只

---

① "新观点"中"机器创造价值"和"技术创造价值"的观点转引自：管希国：《马克思的劳动价值论不容否定》，载于《山西财经学院学报》1983 年第 2 期，第 12～16 页。"知识创造价值"的观点转引自：本书编写组：《当代马克思主义政治经济学十五讲》，中国人民大学出版社 2016 年版，第 176～180 页。

② 管希国：《马克思的劳动价值论不容否定》，载于《山西财经学院学报》1983 年第 2 期，第 12～16 页。

③ 本书编写组：《当代马克思主义政治经济学十五讲》，中国人民大学出版社 2016 年版，第 176～180 页。

有与人的活劳动结合才能生产产品，在价值形成中它始终只能转移自身固有的价值量并不能创造新价值。第二，社会分工和生产专业化、协作化发展使生产劳动和生产工人的构成变化、概念扩大，产品是社会化的产品，是总体工人的共同产品，自动化设备的应用和"无人工厂"的出现使处于直接生产过程的工人减少甚至消失，但从事研发、设计、操作等复杂劳动的生产工人增多，他们成为总体工人中日益重要的一部分，他们的复杂劳动能创造更大的价值和剩余价值。第三，高度自动化企业的高额利润并不是由本企业的先进设备创造的，也并非完全是由本企业的生产劳动创造的，它是社会总剩余价值按照利润率平均化规律从资本有机构成低的部门向资本有机构成高的部门转移的结果①②③④⑤。

21 世纪以来，随着我国社会主义市场经济体制改革的深化和科学技术的突飞猛进，科学知识成为重要的生产要素，研发、创新、管理等日益成为重要的生产环节，出现了研发劳动、管理劳动等新的劳动形态，且科学技术的应用使经济总量快速增长，"要素价值论"重登舞台。陆立军认为价值形成和价值增殖是劳动、资本、土地、技术、管理等诸要素综合作用的结果⑥，但何炼成认为要素不是创造价值的源泉，而是价值形成的重要条件，是财富的源泉⑦。国内其他学者在深刻认识劳动形态变化的基础上，通过区分价值源泉和财富源泉，展开对马克思劳动价值论科学性的论证。何炼成首先为理解科学

---

①　管希国：《马克思的劳动价值论不容否定》，载于《山西财经学院学报》1983 年第 2 期，第 12 ~ 16 页。

②　本书编写组：《当代马克思主义政治经济学十五讲》，中国人民大学出版社 2016 年版，第 176 ~ 180 页。

③　蒋学模、蒋维新：《机器人能创造价值吗》，载于《学术月刊》1982 年第 8 期，第 37 ~ 41 页。

④　沈光文：《机器人能生产剩余价值吗?》，载于《河北师范大学学报（哲学社会科学版）》1983 年第 3 期，第 10 ~ 14 页。

⑤　林健：《机器人动摇不了马克思劳动价值论的科学结论》，载于《福建师范大学学报（哲学社会科学版）》1983 年第 1 期，第 45 ~ 51 页。

⑥　陆立军：《论社会主义社会的劳动和劳动价值》，载于《经济研究》2002 年第 2 期，第 31 ~ 36 页。

⑦　何炼成：《深化对劳动和劳动价值论的认识》，载于《经济学家》2001 年第 6 期，第 46 ~ 51 页。

技术进步下劳动价值论的科学性提供了新视角，即强调劳动三要素的科技含量①。邓先宏等认为科学技术使劳动形式变化、劳动综合性增强、劳动创造性加强、生产劳动扩展，而这些劳动新变化的根源是劳动的创造性②。中国社会科学院经济研究所课题组认为科技劳动和管理劳动等新劳动形态都包含科学知识的因素③，而科学知识具有固定资本的性质，劳动者可以通过学习和实践获得知识使其成为自己的劳动力资本，实现自我增值④。而知识的不断累积使劳动者用复杂劳动代替简单劳动，引起劳动形态的变化，进而使价值创造主体发生变化。科学劳动、管理劳动都是价值创造的主体，因为这些劳动能发挥较强的带动作用⑤，它们的应用才使劳动生产率成倍提高，进而对财富（使用价值量）增长做出巨大贡献，因此只能说科学知识是财富的源泉，而不能说是价值的来源⑥。国内学者虽然很好地论述了在新科学技术革命背景下马克思劳动价值论的科学性，在研究视角和研究方法上给我们很大启示，但对劳动创造价值发生的新变化、出现的新特点论述还不深入、不到位，需要我们进一步作深入研究，尤其需要对人工智能背景下劳动创造价值的理论进行再认识。

人工智能自 20 世纪 50 年代兴起，经历了两次繁荣期，当前受大数据时代到来的驱使正处于增长爆发期，我国也出台了《新一代人工智能发展规划》《促进新一代人工智能产业发展三年行动计划（2018－2020 年)》等一系列政策文件，以促进人工智能技术和产业的快速发展。与分别以蒸汽、电气和电

---

① 何炼成：《深化对劳动和劳动价值论的认识》，载于《经济学家》2001 年第 6 期，第 46～51 页。

② 邓先宏、傅军胜、毛立言：《对劳动和劳动价值理论几个问题的思考》，载于《经济研究》2002 年第 5 期，第 3～12 页。

③ 中国社会科学院经济研究所课题组：《关于深入研究社会主义劳动和劳动价值论的几个问题》，载于《经济研究》2001 年第 12 期，第 33～40 页。

④ 任洲鸿：《知识积累与劳动力资本化：一个基础理论模型》，载于《经济评论》2013 年第 4 期，第 13～19 页。

⑤ 中国社会科学院"劳动价值论"课题组：《如何深化和发展马克思劳动价值论》，载于《中国社会科学院研究生院学报》2002 年第 4 期，第 1～10 页。

⑥ 卫兴华：《深化对劳动和劳动价值论认识的几个问题》，载于《新世界》2001 年第 2 期，第 21～25 页。

子信息为代表性技术的前三次工业革命不同，以互联网、大数据、云计算等为基础的人工智能所展现出来的惊人的运算能力和深度学习能力使社会生产力正经历着继工业革命以来最全面、最深刻的变化。智能化因素出现在生产力各要素中，智力劳动力和智能型劳动资料相结合使劳动生产率以亿万倍速率提高，采用人工智能技术和设备的企业的利润快速增长，智能化生产设备大量取代人的脑力劳动，生产全过程智能化，彻底实现了人"站在生产过程之外"从事生产。因此，部分学者提出人工智能可以自主创造价值和剩余价值，特别是在服务领域，当企业使用人工智能的成本收回之后，人工智能便开始创造价值①，马克思劳动价值论的科学性再次遭受质疑。根源在于对人工智能背景下生产力各要素中出现的智能化因素及要素之间的关系变化缺乏科学、深刻理解，导致对新型劳动和新型劳动资料在价值形成和价值创造过程中的作用认识不清，从而错误理解马克思劳动价值论。因此，正确认识人工智能背景下马克思劳动价值论的科学性首先要准确认识人工智能背景下生产力各要素及其关系的变化。

二、人工智能背景下创造价值与为创造价值服务的生产要素的新变化

对人工智能概念的认识目前尚未形成统一观点。1956 年达特茅斯会议提出人工智能是用机器来模仿人类学习以及其他方面的智能活动②；何玉长认为它是包含高科技含量的生产力范畴③；Ajay Agrawal 等认为人工智能是一种预测技术④；王春超等认为它是利用计算机模拟人类的思维过程和智能行为，创造出能实现理性决策和行动的智能机器⑤；百度百科将人工智能视为计算机科

---

① 王阁：《剩余价值理论框架下关于人工智能普遍发展与应用的分析》，载于《财经科学》2018 年第 1 期，第 65～69 页。
② 参见：https://baike.baidu.com/item/达特茅斯会议/22287232? fr = aladdin.
③ 何玉长、宗素娟：《人工智能、智能经济与智能劳动价值》，载于《毛泽东邓小平理论研究》2017 年第 10 期，第 36～43 页。
④ AJAY AGRAWAL, JOSHUA GANS, AVI GOLDFARB：《AI 极简经济学》，闾佳译，湖南科学技术出版社 2018 年版。
⑤ 王春超、丁琪芯：《智能机器人与劳动力市场研究新进展》，载于《经济社会体制比较》2019 年第 2 期，第 178～188 页。

学的一个分支，是研究、开发用以模拟、延伸、扩展人的智能的理论、方法、技术及应用的新技术科学①；腾讯研究院认为人工智能包括基础设施层、算法层、技术层、应用层，它通过机器学习模拟人的智能和行为，其中，机器学习是基于算法让计算机从数据中尽可能挖掘更多信息②。中国电子技术标准研究院出版的《人工智能标准化白皮书》给出的定义是利用数字计算机或者数字计算机控制的机器模拟、延伸和扩展人的智能，感知环境、获取知识并使用知识获得最佳结果的理论、方法及应用系统，并且根据人工智能能否真正实现推理、思考和解决问题，将其分为弱人工智能和强人工智能两个阶段③。虽然人们对人工智能认识的表述存在差异，但对人工智能宗旨和本质的认识是一致的，其宗旨在于对人的思维和智能的模拟，本质上是人的智能的对象化，是人类本质力量在物质世界的全面展现，是社会人集体智能的延伸平台④。

不管科学技术手段发生什么变化，任何创造价值的社会生产过程都是劳动、劳动资料、劳动对象三要素结合并发生作用的过程，是人通过自己有目的的劳动，借助劳动资料，使劳动对象发生预定变化的过程。在整个生产过程中，人的劳动表现为生产劳动，劳动资料和劳动对象表现为生产资料，生产资料和劳动力构成生产力。生产力作为社会生产中最革命最活跃的因素，是社会发展的最终决定力量。生产力水平取决于生产资料和劳动力的发展水平，而科学技术是影响生产资料和劳动力水平的最关键因素⑤，也就是说，生产力各要素会随着科学技术进步而丰富和发展，进而会影响社会发展的生产力基础。那么，人工智能作为信息时代科学技术创新的产物，是包含高科技含量的生产力范畴，生产力各要素在人工智能下也必然会得到丰富和发展，

①　参见 https：//baike. baidu. com/item/人工智能/9180？ fr＝aladdin。

②　腾讯研究院：《人工智能》，中国人民大学出版社 2017 年版，第 24～27 页。

③　中国电子技术标准研究院：《人工智能标准化白皮书（2018 版）》，http：//www. cesi. ac. cn/images/editor/20180124/20180124135528742. pdf。

④　鲁品越：《智能时代与马克思生产力理论》，载于《思想理论教育》2017 年第 11 期，第 10～16 页。

⑤　蒋学模：《政治经济学教材》，上海人民出版社 2005 年版，第 2～3 页。

使社会发展的生产力基础发生新变化。这种新变化集中体现为智能化因素渗透在生产力各要素中，具体来看，人工智能的主体是拥有先进科学知识和高端技能的智力劳动者，他提供不同于一般劳动的更富有创造性的智能劳动；人工智能的客体是智能型劳动资料和智能型劳动对象，智能型劳动资料包括数据、智能型机器设备等，具有智能化、系统化、无形化的特征，智能型劳动对象的智能并非指劳动对象会自我变化、自我创造，而是指劳动对象在人工智能下更具可开发性、可拓展性、可培育性。但是人工智能下生产力各要素发生的新变化并没有改变创造价值的社会生产过程的本质，创造价值的社会生产过程仍然是劳动、劳动资料、劳动对象三要素结合并发生作用的过程，在人工智能背景下表现为智力劳动者通过自己的智能劳动，借助于智能型劳动资料，使智能型劳动对象发生预定变化的过程，智力劳动者在创造价值的社会生产过程中仍然发挥主导作用。

第一，智能劳动不仅具有劳动的物质规定性，而且是极富有创造性的劳动。任何社会的生产劳动都是共性和特性的统一，即劳动的物质规定性和社会规定性的统一①。撇开劳动的特性，马克思首先表明生产劳动包含了人与自然之间的物质变换关系，揭示了劳动的物质规定性。人工智能背景下的智能劳动显然具有劳动的物质规定性，在生产过程中智力劳动者可以灵活控制和应用各种智能型劳动资料作用于劳动对象，最终生产出某种产品，只是产出产品这一最终目的是通过智能劳动不断提高社会生产体系的智能化这一直接目的来实现的，但仍然体现的是人与自然之间的物质变换关系。

再考虑劳动的特性，人工智能下的智能劳动是极具创造性的劳动，具有以下两大特点：一是智力劳动者提供的智能劳动使其处于自我增值的动态演化中。智力劳动者必须有丰富的科学知识、先进的技术能力、创造性的思维才能从事极富有创造性的智能劳动。智能劳动的创造性要求智力劳动者坚持不懈地学习、研究和实践以获得和积累更丰富的科学知识来保证其智能劳动

---

① 丁任重：《全面理解马克思关于生产劳动的规定》，载于《财经科学》1982 年第 3 期，第 85 ~ 89 页。

的创造性，同时，智力劳动者应用其科学知识进行智能劳动时，他所拥有的科学知识不但不会被消耗殆尽，而且会在其智能劳动过程中得到丰富、发展、激活，进一步提高其智能劳动的创造性。也就是说，智力劳动者基于不断丰富的科学知识而进行的智能劳动可以不断提高其智能劳动的品质、效益，从而更具有创造性，进一步促进智力劳动者实现自我增值。二是智能劳动产出的是知识产品。这种知识产品外在表现为产品的社会生产体系。人工智能的不断发展使得社会生产体系更加智能化，最直观的表现是处于直接生产环节的生产工人越来越少，以致造成产品似乎是由智能机器体系独立完成而人被机器排挤出生产过程的假象。但深究现象背后的本质不难发现，这种智能化社会生产体系正是智能劳动创造的知识产品的具体应用，本质上仍然是人通过自身劳动改进生产工具来逐步提高自身劳动的品质，使低级劳动发展为高级劳动，从而使自己得到解放，"站在劳动过程之外"，只是因为这种智能化社会生产体系比以往的生产工具更体系化和智能化而容易使人被假象所蒙蔽。

第二，智能型劳动资料因基于大数据的应用而具有智能化、系统化、无形化的特征。马克思指出劳动资料作为联系人的劳动和劳动对象的媒介物，生产过程中人使"自然物本身就成为他的活动的器官，他把这种器官加到他身体的器官上，不顾圣经的训诫，延长了他的自然的肢体"[1]，揭示了劳动资料是对人体力和脑力的延伸的本质属性。人工智能背景下，基于大数据而产生的智能型劳动资料本质上是对人高级体力和高级脑力的突破性延伸，呈现出前所未有的高智能化水平。它与传统劳动资料最显著的区别在于它是基于对数据的采集、加工、处理和分析等，通过算法或者程序像人一样从数据中挖掘尽可能多的信息来给人类提供延伸人类能力的服务，因模拟和实现人的学习能力、思维能力、逻辑能力等更加智能化，并且通过深入的无形化数字链接不断调整和优化自身的机器行为，形成从信息收集、信息处理、智能预测、智能决策的系统化智能机器行为。同时，由于生产工具的改进不仅使其远超人体局部器官的劳动能力，而且它的结构体系逐步趋近整体的人，系统

---

① 马克思：《资本论》（第 1 卷），人民出版社 2018 年版，第 209 页。

化趋势显著，这在人工智能下表现得尤为突出。随着对人类各种行为和思维等无形数据的更广泛和更全面地获得，智能型生产工具将实现对人的学习能力、思维能力、逻辑能力、思辨能力、创新能力等更高级的人类能力的深度模拟，使智能型生产工具整体功能的完善和局部功能的增强同步实现，促进智能型生产工具从智能化向智慧化转变，达到类人化的程度。至此，马克思的机器体系将有望彻底实现由发动机、传动机、工具机和智能控制装置四部分构成①，改变传统的以人为主进行计划、决策、管理、操作的生产逻辑，劳动资料的智能化、系统化、无形化将进一步凸显。

但即便是这般智能的劳动资料仍然属于物质要素范畴，不能创造价值。正如马克思所言"它们被劳动的火焰笼罩着，被劳动当作自己的躯体加以同化，被赋予活力以在劳动过程中执行与它们的概念和使命相适合的职能"，②智能型劳动资料在生产过程中所表现出来的惊人的学习能力、计算能力、逻辑能力、预测能力等都是它作为智能型劳动资料的特点及存在意义，正是因为它具有这些特点才能被人类发明出来并加以应用，它"不在劳动过程中服务就没有用"③，智能型劳动资料本质上同其他劳动资料一样，都属于物质要素范畴，只不过是具有智能化、系统化、无形化特征的更高级的劳动资料，并不能创造价值。一方面，智能型劳动资料是为人所控制的、为人的生产目的而服务的，无法获得真正的自由的目的性和实质的控制性，即使达到类人化的水平也不能与人等同，它能处理的领域始终是有限的。另一方面，人的劳动具有自然物质属性和社会关系属性，在生产产品的同时还生产人与人之间的社会关系，但智能型劳动资料既没有主动生产的意愿也没有对产品的需求，不能生产出人与人之间、人与机器之间或者是机器与机器之间的社会关系，只具有劳动的自然物质属性而不具有社会关系属性，而马克思所说的价值本质上体现的是人与人之间的社会关系，因此不能说智能型劳动资料可以创造价值。

---

① 贾根良：《第三次工业革命与工业智能化》，载于《中国社会科学》2016 年第 6 期，第 87 ~ 106 页。

②③ 马克思：《资本论》（第 1 卷），人民出版社 2018 年版，第 214 页。

第三，智能型劳动对象更具可开发性、可拓展性、可培育性。人要进行物质资料的生产时不仅要有劳动和劳动资料，还必须要有劳动对象。马克思所讲的劳动对象包括土地、同土地脱离直接联系的天然物质和一切原料。在传统生产力条件下，人类可获得的劳动对象不仅大多严重依赖于自然资源的初始禀赋，种类较少，数量有限，而且受资源不可再生性、资源利用效率低、加工成本高等因素限制，部分劳动对象呈现出较强的稀缺性，严重影响产品生产和产业发展。但人工智能背景下，科学技术的巨大进步提高了人类开发、利用和创造资源的能力，赋予了劳动对象智能化因素，使得马克思所讲的劳动对象的范围得以扩大。当然，这并不是说劳动对象可以进行自我生产、自我创造，而是说智能型劳动对象具有了全新的特征。

一是智能型劳动对象更具可开发性。这是指对现有资源在广度上实现延伸利用，在深度上实现高效利用。人工智能下，人基于丰富的科学知识深化对现有资源的认识，发掘现有物质的新属性和新功能，并利用先进的技术手段开发之前未被开发的新的有用物质，或者物质的新的有用属性，提高对现有资源的利用效率。二是智能型劳动对象更具可拓展性。这是指依托一种资源来利用相关资源，实现对劳动对象的横向拓展。人工智能下，基于丰富的科学知识和先进的技术手段，以一种资源激活、撬动、联动更多资源，通过挖掘不同要素组合所产生的新属性和新功能，探寻更有效率的要素组合，提升资源的可拓展性。三是智能型劳动对象更具可培育性。这是指培育出之前不存在的新资源。一种是通过人工智能技术完全无中生有的培育新资源，另一种是借助人工智能的先进技术手段，在现有资源的基础上，通过加入人工要素的成分合成新材料和新能源，扩大劳动对象的范围。因此，人工智能下，劳动对象的种类将更加多样、范围将明显扩大、数量将成倍增加，使原本稀缺的资源找到新的可替代资源，原本低效使用的资源得以被充分高效利用，弱化资源稀缺性限制，在一定程度上有利于破解发展中的资源与环境瓶颈问题，促进智能化生产；或者说出现了资源稀缺性弱化的发展趋势。

三、人工智能背景下价值创造过程中智力劳动者与智能型劳动资料关系的新变化

人工智能背景下，智能化因素渗透在生产力各要素中使生产力基础发生变化，特别是智能型劳动资料所展现出来的智能化、系统化、无形化特征给生产方式带来巨大变革。其中，智能化机器体系在生产中的大规模应用使人们容易忽视隐藏在生产背后的智能劳动的作用，误以为智能型劳动资料，尤其是智能化机器体系完全替代了人类而自主主导着整个生产过程，进而曲解人工智能下智力劳动者和智能型劳动资料在价值创造中的关系，否定马克思劳动价值论。因此，要正确认识人工智能下马克思劳动价值论的科学性，在强调生产力各要素的智能化因素的基础上，还需要深入剖析智力劳动者和智能型劳动资料之间的关系。

首先，人工智能背景下在某些生产环节必然会出现"机器排挤人"的趋势。马克思指出"劳动资料取得机器这种物质存在方式，要求以自然力来代替人力"[①]，"就立刻成为工人本身的竞争者"[②]，机器"在劳动过程本身中作为资本，作为支配和吮吸活劳动力的死劳动而同工人相对立"[③]，他从劳动资料的革命性变革中揭示了工人与机器、劳动与资本的对立关系，说明新机器的采用必然对那些首先成为机器竞争对手的工人产生灾难性的影响，意味着机器从诞生之日起便存在着"机器排挤人"的特点。并且工人与机器的对立关系会随着社会分工细化而强化，细化的分工使劳动力的技能片面化、特定化，劳动力逐步演变成某一生产工序的一道"螺丝钉"，一旦这一环节的工作能被效率更高、成本更低的机器完成时，这类工人将被机器完全替代并被驱逐出生产过程，此时"劳动力的交换价值就随同它的使用价值一起消失"[④]。

---

① 马克思：《资本论》（第1卷），人民出版社2018年版，第443页。
②④ 马克思：《资本论》（第1卷），人民出版社2018年版，第495页。
③ 马克思：《资本论》（第1卷），人民出版社2018年版，第487页。

此外，工业化的技术基础就是掌握机器并用机器去生产机器①，表明不断会有更多、更先进的机器去取代更多工人的劳动，必然会呈现出"机器排挤人"的趋势。

在人工智能背景下，智能化机器体系的大规模应用和日益细化的社会分工同样会出现上述"机器排挤人"的趋势。因为人工智能下，智能化机器体系的功能不仅超过人体局部器官的劳动能力且渐趋整体人的结构，具有智能化、系统化等特征，实现了对人体力和脑力的进一步延伸，它的广泛应用会使过去只能由人类来完成的部分劳动被具有更低成本、更高效率、更强能力的智能化机器体系所完成，甚至会将某些生产系统的全部低端劳动力驱逐出生产过程，产生"无用阶级"。他们由于更高级的智能化机器体系的出现以及自身知识和技能的不足而不被任何一个生产环节所接纳，被完全排挤出生产过程无法就业，因此完全丧失经济价值沦为社会中的无用阶级。但这并不是说智能化机器体系的不断改进会将所有人都排挤出生产过程而沦为无用阶级，也不等于说一切生产活动完全由智能化机器体系去自主完成。剥开智能化生产的表象我们发现，智能化机器体系仍是由人发明、为人的生产目的服务的，它的发明、升级、运营都是由智力劳动者来完成的，根本上仍为人所控制，所以人工智能下"机器排挤人"本质上是生产力进步的必然结果，是迭代升级的机器体系对只拥有低级劳动能力的劳动力的替代，而并非对整个人类的替代。相反，社会生产力的进步会使整个社会生产过程对更高级劳动的需求大规模增加，在"机器排挤人"的同时将形成"人－机"重新分工的新格局。

其次，人工智能背景下将形成"人－机"重新分工。马克思很早就预示了在"机器排挤人"的同时会出现"人－机"分工变化的新趋势，他指出"机器在应用它的劳动部门必然排挤工人，但是它能引起其他劳动部门就业的增加"②，"就业工人人数的相对减少和绝对增加是并行不悖的"③，表明机器

---

① 马克思：《资本论》（第 1 卷），人民出版社 2018 年版，第 441 页。
② 马克思：《资本论》（第 1 卷），人民出版社 2018 年版，第 509 页。
③ 马克思：《资本论》（第 1 卷），人民出版社 2018 年版，第 517 页。

体系对人类劳动不仅有替代效应，更有创造效应和扩大效应，机器体系的迭代更新会引起"人－机"重新分工。人工智能下这种"人－机"重新分工不仅表现为人和机器工作领域的变化，而且资本技术构成将得到大幅提高。

一是智力劳动者向创新性劳动领域聚集，智能化机器体系占领逐步低端化的工作领域。"现代工业通过机器、化学过程和其他方法，使工人的职能和劳动过程的社会结合不断地随着生产的技术基础发生变革"①。科学技术的进步使生产工具经历着从"工具机"到"结合工作机"再到"自动化机器体系"的演进过程，人工智能下马克思所说的包括发动机、传动机、工具机的机器体系将逐步向包括发动机、传动机、工具机和智能控制装置的智能化机器体系演进。与生产工具的演进相适应，工人的劳动与劳动过程的社会结合方式从人直接去操作工具机到人去控制操作指令再到人创造和控制智能化系统转变。人工智能下，智能化机器体系的应用便会催生出智能创造、智能开发、智能设备运维、机器编程等实现人创造和控制智能化系统的新岗位，形成缺乏一定知识素养和科技能力的低端劳动力"边缘化"和研发创新能力出众、具有丰富科学知识、通晓整个生产体系的综合性高端劳动力"核心化"并存的局面②。智能化机器体系以更快的速度分布于更广泛的逐渐被边缘化的低端劳动力所从事的工作领域，与此同时，人则大规模从事这些新出现的需要丰富知识、先进技能的智能创造、智能开发等更高级的创造性工作，人和机器产生新的分工。

二是资本的技术构成大幅提高。在人工智能背景下，技术条件的革命性变革使智能型机器体系的应用越加广泛，即使是创新环节的智能劳动也离不开智能化机器体系的支持，因此，在整个社会生产中，智能化机器体系的规模将迅速扩大，大量能实现人创造和控制智能化系统的新岗位应运而生。但由于智力劳动者提供的创造性的智能劳动是能量巨大的劳动，一个单位的智力劳动力可以支配和控制更多单位的生产资料，因此，资本的技术构成将得

---

① 马克思：《资本论》（第1卷），人民出版社2018年版，第560页。
② 刘伟杰、周绍东：《新科技革命与劳动者阶层分化——马克思主义政治经济学视角的解读》，载于《财经科学》2018年第10期，第49~59页。

到大幅提高。

最后，智能化机器体系使"人－机"融合趋势得到前所未有的加强。一方面这是由生产过程中智力劳动者主导地位的强化决定的。如马克思所言"生产过程的智力和体力劳动相分离，智力转化为资本支配劳动的权力"①。人工智能下，智力劳动力提供的富有创造性的智能劳动使其在生产过程中发挥创造者和控制者的作用，智力劳动力拥有了自身活劳动资本化的权利，人从隶属于机器转变为主导机器，同时，智能型机器体系的强大功能给智力劳动者的创造性劳动提供了强大助力和不可或缺的支撑，激励人们去改变以往资本主义生产不断排除其创造出来的劳动工人的技术路线，选择更能激发人类潜能、增强人的技能，促进"人－机"密切结合的、更有效率的技术路线，改变资本对劳动力的控制策略②，使资本和劳动的对立关系发生实质性的变化，走向"人－机"融合。另一方面，这也是人工智能发展的必然趋势。"人工智能的发展模式逐步从'用计算机模拟人工智能'转向以机器与人结合而成的增强型混合智能系统，用机器、人、网络结合成的新的群智系统，以及机器、人、网络和物结合成的更复杂的智能系统"③，表明只有人与机器的密切结合才能实现更先进的智能系统。人工智能下，人机融合最直接的表现是智力劳动者从事的更富创造性的智能劳动离不开智能型机器体系的应用，智能型机器体系的迭代升级离不开智力劳动者水平的提升，二者相互促进，走向深度融合，并随技术进步最终实现"人－机"一体化。但人机融合趋势的加强并没有否定马克思劳动价值论的科学性，反而更加凸显了人的活劳动是价值的唯一源泉的本质。因为智力劳动者在智能型机器体系的研发、生产、升级、应用中发挥主导作用，始终主导着整个生产过程，智能化机器体系作为不变资本构成的一部分始终只能按照每天的平均损耗部分进入价值形成过程。

① 马克思：《资本论》（第1卷），人民出版社2018年版，第487页。

② 张平、郭冠清：《社会主义劳动力再生产及劳动价值创造与分享——理论、证据与政策》，载于《经济研究》2016年第8期，第17～27页。

③ 中国电子技术标准研究院：《人工智能标准化白皮书（2018版）》，http：//www.cesi.ac.cn/images/editor/20180124/20180124135528742.pdf。

四、智能劳动创造价值的特点

马克思指出"当劳动通过它的有目的的形式把生产资料的价值转移到产品上并保存下来的时候，它的运动的每时每刻都形成追加的价值，形成新价值"①，产品价值（c+v+m）包括了生产资料所转移的旧价值（c）和劳动创造的新价值（v+m）两部分，后者是生产过程中产生的唯一的新价值，揭示了价值是"一般人类劳动的耗费"这一本质。在人工智能背景下，由于智能化因素出现在生产力各要素中，生产过程就表现为智力劳动者通过自己有目的的智能劳动，借助于智能劳动资料，使劳动对象发生预定变化的过程，由于智能劳动的新特点及其与智能型劳动资料关系的新变化，使得智能劳动创造价值的过程呈现出一些新特点：智能型劳动在价值创造过程中发挥价值创造的集合效应，生产的是劳动密度较大、能量巨大的知识型产品，且突出了"人－机"融合增值的价值部分。

第一，智能型劳动在价值创造过程中发挥价值创造的集合效应。正如马克思所言"比社会的平均劳动较高级、较复杂的劳动，是这样一种劳动力的表现，这种劳动力比普通劳动力需要较高的教育费用，它的生产要花费较多的劳动时间，因此它具有较高的价值"②。人工智能下的智能型劳动是由包含丰富科学知识、先进技术能力和创造性思维的智力劳动者提供的，而劳动者只有经过长期的学习积累、实践探索和钻研思考才可能获得丰富的科学知识、先进的技术能力和富有创造性的思维而成为智力劳动者，因此，智力劳动者的产生过程本质上是人力资本的提升过程。并且随着劳动者知识和技能层次的提高，劳动者人力资本增加的边际教育成本递增，这是因为一方面给智力劳动者提供教育劳动的劳动者本身是含有更丰富知识和更高级技能的劳动者，他们所提供的教育劳动是其长期投入大量教育经费和学习研究时间的结果，本身就是较高级、较复杂的劳动，其成本必然比普通劳动的成本高得多，另

---

① 马克思：《资本论》（第1卷），人民出版社2018年版，第242页。
② 马克思：《资本论》（第1卷），人民出版社2018年版，第230页。

一方面智力劳动者为提高自身人力资本水平所需要的学习条件和设施成本越来越高。因此，毫无疑问智力劳动者是这种要花费较多劳动时间和较高教育费用的劳动力，它所提供的智能劳动就是马克思所说的"较高级、较复杂的劳动"，具有较高的价值。

劳动力的价值越高，它就越表现为较高级的劳动，在同样的时间内能创造更多的价值，具有高附加价值创造能力。人工智能下，智能劳动在价值创造过程中发挥价值创造的集合效应，这是由智能劳动的创造性特性决定的。富有创造性的智能劳动是能量巨大的劳动，一个单位的智力劳动力可以支配和控制更多单位的劳动资料，能最大限度实现劳动资料和劳动对象的转化价值。人工智能使创新成为现代生产中日益重要的环节，当把创新环节独立列出后，人工智能背景下的商品价值形成和价值增值的内容进一步被扩充为包含研发、生产、管理、流通和创新环节中的生产资料与劳动力的耗费所形成的价值，即 $W = (c+v+m)_1 + (c+v+m)_2 + (c+v+m)_3 + (c+v+m)_4 + (c+v+m)_5$。在这个技术条件发生革命性变革的过程中，研发、生产、管理、流通环节的劳动越来越多地被智能化机器体系所替代，而创新成为主导整个生产过程的核心环节，且创新既独立于各个环节又内嵌在各个环节中，生产过程在广度和深度上都得以延伸。并且智能劳动可以在很大程度上借用外力，在外力的作用下，智能劳动的弹性较大，价值形成向创新环节聚集，从而使智能劳动发挥价值创造的集聚效应。

第二，智力劳动者产出的是劳动密度大、能量强的知识型产品。在人工智能背景下，智力劳动力、智能型劳动资料与劳动对象相结合发生作用而形成的产品是知识产品，而非普通产品。知识产品与普通商品相比在产品形式、劳动量吸纳能力等方面具有显著特点：一是知识产品的体积、面积、重量普遍微小，比如某一功能强大的智能程序，没有体积和重量，仅占部分系统内存，但它却具有决定某一生产体系的生产条件和生产效率的功能；二是知识产品对劳动力的吸纳力强，一单位知识产品包含的劳动力在数量和质量上都远大于普通产品，因为任何知识产品的生产都并非一蹴而就，它可能是一连串智能劳动综合作用的结果，其中某个智能劳动所取得的突破性进展是建立在前期大量的智能劳动成果积累的基础上的，也就是说，任何知识产品都是直接劳动者的智能劳动与前人和他人等一些间接生产者的劳动相结合的结果①。而智力劳动者需要有丰富的科学知识、先进的技术能力、长期的研究积累和富有创造性的思维才能提供智能劳动，因此，这些无形的知识产品是高级劳动密集型产品，对复杂劳动的吸纳能力很强，并且对劳动的创造性要求很高，这也就决定了知识产品是包含巨大劳动价值的产品。

由于知识产品在生产中的应用就表现为社会生产体系，所以知识产品越高级、生产体系就越先进、生产效率就越高、创造的收益也就越大。这也就决定了企业必须将核心竞争力放在提高知识产品上，进而使资本收益从过去的传统要素向生产知识产品的智能劳动等新要素转移，吸引劳动者生产更先进的知识产品，从而使知识产品对劳动力的"虹吸效应"逐步放大，知识产品的劳动密集性越来越大，所吸纳的劳动数量越来越多、层次越来越高，它包含的价值量就越来越大。

第三，智能劳动创造价值中突出了"人－机"融合增值的价值部分。我们认为"人－机"融合包括"人－机"分工和"人－机"协作，并最终走向"人－机"一体。"由协作和分工产生的生产力，不费资本分文。它是社会劳动的自然力"②，马克思在这里所指的是人与人之间的分工和协作而产生的生产力。但人工智能背景下，除人与人之间的分工和协作，"人－机"间的分工和协作所产生的生产力不可小觑。"人－机"分工的作用主要表现为对生产力水平提高的促进。马克思指出"机器本身包含的劳动越少，它加到产品上的价值也就越小。它转移的价值越小，它的生产效率就越高，它的服务就越接近自然力的服务"③，越先进的机器生产效率就越高，同样的时间内能生产的产品就越多。智能化机器体系在人的控制下以不断降低的成本去生产产品和机器，显然是具有较高生产率、能生产更多产品的机器体系，这也是它相比

---

① 刘诗白：《知识产品价值的形成与垄断价格》，载于《社会科学研究》2005 年第 3 期，第 36 ~ 42 页。

② 马克思：《资本论》（第 1 卷），人民出版社 2018 年版，第 443 页。

③ 马克思：《资本论》（第 1 卷），人民出版社 2018 年版，第 447 ~ 448 页。

人的优势所在，而智力劳动力去从事富有创造性的智能劳动，发挥价值创造的集合效应，在生产过程中二者充分发挥自身的优势，各司其职、各尽其能、合理分工，促进生产力显著提高，"人－机"分工增值的价值部分凸显。"人－机"协作表现为"人－机"相互促进、共同作用所创造了新的生产力。人工智能被人用得越多，它拥有的数据就越多，深度学习能力就越强，模拟人类智能的能力就越强，智能化水平也就越高，越有利于实现机器与人结合的增强型混合智能系统的人工智能发展模式。可见，人与智能化机器体系的深度协作可有力地促进智能系统的全面提升，使生产力实现质的飞跃，"人－机"协作增值的价值部分得以实现。"人－机"一体表现为人机相互结合使生产率以亿万倍速率提高。一方面人的富有创造性的智力劳动离不开智能型机器体系，智能型机器体系为智力劳动创造更大价值奠定基础，另一方面智力劳动水平的提升又不断创新智能型机器体系，二者的深度结合使得劳动生产率以亿万倍速率提高，更好地发挥智能劳动的集合效应。

五、简短结论

总之，人工智能作为信息时代科学技术创新的结果，给整个社会带来的变化不容小觑。它在生产过程中的大量应用使社会发展的生产力基础发生变化，进而引起劳动创造价值的具体形态发生了某些变化。首先，智能化因素的出现引起生产力各要素的变化：智能劳动不仅具有劳动的一般性质，而且是极具创造性的劳动；智能型劳动资料因基于大数据的应用而具有智能化、系统化、无形化的特征；智能型劳动对象更具可开发性、可拓展性、可培育性，弱化了资源稀缺性限制。其次，智力劳动力与智能型劳动资料的关系发生了变化：虽然"机器排挤人"的现象从机器产生之日起便已存在，但智能化机器体系在加剧"机器排挤人"的同时带来了人与机器间的重新分工，并且它使"人－机"融合趋势得到前所未有的加强，人的智能劳动在价值创造中的作用更加凸显。最后，智能劳动创造价值呈现出新的特点：在劳动形式上，智能型劳动在价值创造过程中发挥价值创造的集合效应；在产品内容上，智力劳动者生产的是劳动密度大、能量强的知识型产品；在"人－机"关系上，"人－机"融合增值的价值部分凸显。

即使在人工智能高度发达的今天，社会生产过程仍然是劳动、劳动资料、劳动对象结合并发生作用的过程，三要素缺一不可。社会生产力的发展只会改变三要素自身存在的具体形态以及三者相结合创造价值的具体形态，并不会改变他们的本质及其在价值创造过程中的作用，人的活劳动仍然是价值的唯一源泉。人工智能背景下马克思劳动价值论依然表现出其强大的生命力，它仍然是我们正确理解价值来源问题的科学指南。

（原文发表于《经济学家》2020 年第 6 期）

当"劳动"变成"休闲"：
数字劳动价值论争议研究

富丽明[*]

数字经济是全球经济发展的核心[①]，其产生的新劳动形态——数字劳动，呈现出内容化、体验化和娱乐化等特征，因而又被称为生产性消费活动[②]。这种新兴但却迅速成长的劳动形态快速成为学界关注的热点，并引发了其与马克思劳动价值论的争论。有学者认为在数字平台上消费者成为免费工人[③]，产品的价值来源依然是数字劳动[④]；也有学者认为，马克思的劳动价值论与信息资本主义无关[⑤]，受众既不为社会，也不为大众传媒创造价值和剩余价值[⑥]，因为劳动变成了休闲、工作变成了娱乐[⑦]。由于劳动价值论坚持劳动是创造价值的唯一源泉，资本增殖是剥削劳动而来，因此，也进一步引发了数字劳动是否存在剥削的争论。一种观点认为被资本剥削的数字劳动不断增加[⑧]，而且

---

　[*]　富丽明，辽宁中医药大学马克思主义学院。

　①　汤婧：《国际数字贸易监管新发展与新特点》，载于《国际经济合作》2019 年第 1 期。

　②　Ritzer G，Jurgenson N. "Production，Consumption，Prosumption"，*Journal of Consumer Culture*，vol. 1，2008，pp.

　③　刘皓琰、李明：《网络生产力下经济模式的劳动关系变化探析》，载于《经济学家》2017 第 12 期。

　④　张卫良、何秋娟：《人工智能时代异化劳动的技术形态及其扬弃路径》，载于《理论探索》2019 年第 3 期。

　⑤　Adam A，Elanor C. "*Value in Informational Capitalism and on the Internet*"，*The Information Society*，vol. 3，2012，pp. 135 – 150.

　⑥　Jakob R，Robert P. "*Value，Rent，and the Political Economy of Social Media*"，*The Information Society*，vol. 5，2015，pp.

　⑦　埃里克·A. 波斯纳、E. 格伦·韦尔：《激进市场》，机械工业出版社 2019 年版，第 141 页。

　⑧　肖峰：《从机器悖论到智能悖论：资本主义矛盾的当代呈现》，载于《马克思主义研究》2021 年第 7 期。

由于资本家还获得劳动者的一部分免费创造潜力①，数字劳动者遭受的异化和剥削更为严重②；另一种观点则认为数字劳动没有或不涉及剥削，因为数字劳动不用于交换，数字劳动使粉丝获得了形式上的享受③。我们需要注意的是，这些针锋相对的观点聚焦于数字劳动的内涵、特征及数字劳动商品化，而对数字劳动的价值生产过程本身关注较少④。实际上，数字劳动的价值生产及其是否存在剥削的相关问题，不仅在马克思主义内部产生了分歧，也使马克思主义与西方主流经济学更加泾渭分明。对此，有学者设想，将两种理论体系进行对比研究可能会得到新知⑤。本文即从对马克思主义和西方主流经济学解释进行比较的角度，分析数字时代的"劳动"与"价值生产"在劳动条件、劳动过程、劳动结果等方面发生的变化，澄清相关争论，以期对我国数字经济建设提供有益启示。

一、如影随形的"休闲"：数字劳动的立体画像

数字劳动的概念目前学术界尚未达成共识，就广义而言，数字劳动包括传统雇佣经济领域、互联网平台零工经济、数字资本公司技术工人和非雇佣形式的产销型数字劳动等多种形式⑥。狭义上的数字劳动是以数字技术为终端的社交媒介领域的用户劳动⑦。实际上，数字劳动的概念最初是由意大利学者特拉诺瓦提出的，其所界定的数字劳动是由互联网用户无偿、自愿的网络行

① Aleksandr V, Andrey I. "The Anatomy of Twenty – First Century Exploitation：From Traditional Extraction of Surplus Value to Exploitation of Creative Activity", *Science and Society*, vol. 4, 2013, pp. 486 – 511.

② 赵林林：《数字化时代的劳动与正义》，载于《北京师范大学学报（社会科学版）》2020 年第 1 期。

③ Nancy B, Robert B. "Amateur Experts：International Fan Labor in Swedish Independent Music", *International Journal of Cultural Studies*, vol. 5, 2009, pp. 433 – 449.

④ 孔令全、黄再胜：《国内外数字劳动研究——一个基于马克思主义劳动价值论视角的文献综述》，载于《广东行政学院学报》2017 年第 5 期。

⑤ 宋宇、白媛媛：《新中国成立 70 年马克思主义经济学比较研究述评》，载于《西安财经大学学报》2020 年第 1 期。

⑥ 韩文龙、刘璐：《数字劳动过程及其四种表现形式》，载于《财经科学》2020 年第 1 期。

⑦ 郑礼肖：《马克思主义政治经济学视域下数字劳动的含义辨析》，载于《理论月刊》2021 年第 8 期。

为所提供的"免费劳动"，具体包括互联网浏览网页、自由聊天、回复评论、写博客、建网站、改造软件包、阅读和参与邮件列表、建构虚拟空间等①。本文所研究的数字劳动，就是特指这种免费无偿的休闲劳动。当前，数字劳动与休闲已难分彼此。奥地利学者福克斯指出，数字工作过程及其相互联系，可以充分证明数字劳动符合马克思劳动价值论②。在劳动价值论中，马克思完整地从劳动条件、劳动过程和劳动后果分析了资本主义生产关系造成的对立③。下文即从这三方面尝试勾勒数字劳动不同于传统劳动的新特点。

（一）极限覆盖：数字劳动条件的触手可及

马克思在工人劳动条件的改变中看到了技术的决定性意义④。随着智能手机和电脑的普及，任何一个会上网的人都可以成为数字劳动者，数字化技术为其创造了触手可及的休闲条件。搜索引擎、社交媒体、视频网站等数字平台成为新的劳动场所。劳动者进入此类劳动场所除了一个简单的注册外，几乎毫无门槛，这也使劳动者的关系呈现非竞争化的特征。数字劳动的主体成为休闲和娱乐的公众群体⑤，在平台上每个数字劳动者都会留下数据痕迹。用户越多，产生的数据量也就越大，就此也提升了数据平台的价值。数字平台不仅能吸纳每一个数字劳动者，还完全打破了传统劳动在时间、空间上的限制。数字劳动的时间与人们正常工作、休闲、社交、睡眠的时间不再界限分明，为了从事数字劳动人们甚至废寝忘食。数字劳动还可以在私人住宅、公共咖啡馆等任何地方进行，随处可见的低头族都孜孜不倦地从事着五花八门的数字劳动。因此，数字化技术为数字劳动者排除了从业门槛、时间、空间等条件上的种种障碍，实现了数字劳动条件对每

---

① Terranova, T. "*Free Labor: Producing Culture for the Digital Economy*". Social Text, vol. 2, 2000, pp. 33 – 58.

② 夏玉凡：《传播政治经济学视域中的数字劳动理论——以福克斯劳动观为中心的批判性探讨》，载于《南京大学学报（哲学·人文科学·社会科学）》2018 年第 5 期。

③ 胡大平：《解放政治学·生命政治学·无为政治学——现代性批判技术视角的旨趣和逻辑转换》，载于《学术月刊》2018 年第 1 期。

④ 孙周兴：《马克思的技术批判与未来社会》，载于《学术月刊》2019 年第 6 期。

⑤ 胡翼青：《当我们说数字劳动，我们在谈论什么》，载于《新闻与写作》2021 年第 2 期。

个人全时域的覆盖。

（二）难以抗拒：数字劳动过程的瘾性协作

劳动过程的简单要素是有目的的活动或劳动本身、劳动对象和劳动资料①。数字劳动以网络空间体验，如搜寻信息、休闲娱乐以及社会交往为目的，进而呈现出成瘾性、协作性等特征。比如数字劳动者通过微博等双向、互动的可读写模式，实现了在线内容的聚集；游戏玩家的劳动过程不仅是高质量游戏体验的过程，也是参与游戏改善、提升在游戏社区中的参与感与认同感的过程。进而，数字劳动者要持续付出时间、精力，才能在平台上创建并维护个人人际社交圈，使自己获得在网络环境中生存的"数字身体"，否则就会在社交中缺乏"存在感"。用户经历，包括人类的经验、思想、情感及网上行为等都成为数字劳动对象。与此同时，人类出于审美、认知、购物等生活需要的满足而产生的数字化的知识和信息无疑成为最重要的数字劳动资料。比如 Amazon 用户就贡献了数百万条图书、音乐和产品评论②。可以说，所有人都在数字劳动中难以自拔地参与织网，并不断贡献集体智慧。

（三）社会共用：数字劳动产品的产消合一

劳动产品是固定在某个对象中的、物化的劳动，这就是劳动的对象化③。对于数字劳动而言，其产品就是用户在网络平台上自我展示、搜索信息与社会交流的数据。数字劳动产品具有非消耗性、时效性、可复制性、可分享性、可分割性、边际成本为零等新特点④，能同时满足劳动者消费与资本家生产的双重需要，这就使其具有了产消合一的特征。一方面，数字劳动产品能使劳动者主动利用媒体平台，搜寻到各种数据来满足个人的多样需求，体验一种满足感、平等感与自由感；另一方面，数字劳动产品又是资本生产与再生产

① 《资本论》第 1 卷，人民出版社 2004 年版，第 208 页。
② 陆薇：《Web2.0 构建要素》，载于《程序员》2007 年第 4 期。
③ 马克思：《1844 年经济学哲学手稿》，人民出版社 2000 年版，第 52 页。
④ 吴欢、卢黎歌：《数字劳动、数字商品价值及其价格形成机制——大数据社会条件下马克思劳动价值论的再解释》，载于《东北大学学报（社会科学版）》2018 年第 3 期。

不可或缺的生产资料，不仅包括数字劳动者创造的私人信息、兴趣爱好与关注内容等，还包括数字劳动者的社交关系。平台将数字劳动产品向广告商出售，广告主不仅可以通过用户浏览记录了解到该用户的消费倾向从而精准投放广告，还可以将广告传播于该目标受众的社交关系网络中。由于数字劳动者不断创造并维护他们自身的分类，这更便于精准地投放商业广告。因而，数字劳动产品能被资本经由"数字圈地"趋向商品化发展。

二、互利共生、自我解放还是剥削深化：三种观点的深层透视

数字劳动呈现的上述新特点，引发了学术界的争议，主要集中在西方主流经济学、自治主义马克思主义和马克思主义政治经济学这三大学派的思想碰撞。这三者在研究范畴、研究逻辑展开以及研究方法运用上，将数字劳动聚焦于三种不同层面的休闲。西方主流经济学的观点体现了一种消费关系层面的生理式休闲，自治主义马克思主义的观点体现了一种思想关系层面的创造式休闲，马克思主义政治经济学的观点则体现了一种生产关系层面的迷失式休闲。

（一）互利共生：消费关系层面的生理式休闲

当下，人们所参与的休闲活动或所采取的休闲行为或是放松身心，或是逃离工作，多以娱乐消遣的方式呈现①。这种生理式休闲对数字劳动而言，就是指其在劳动过程中带给数字劳动者享受、满足、放松等效用，进而实现了数字劳动者与平台的互利共生。西方主流经济学从概念使用上将数字劳动者的主体地位提升到拥有自由权利的境界，常用用户、消费者等概念来表示数字劳动者，数字资本则常用数字平台等概念来表示。尤其是关于数字劳动价值生产的问题，西方主流经济学的观点空前一致，那就是"劳资互利观"。实际上，西方主流经济学在研究范畴、研究逻辑以及研究方法上都体现了数字

---

① 来晓维、刘慧梅：《闲暇与幸福的关系：一个被遗忘的德性伦理问题》，载于《浙江大学学报（人文社会科学版）》2021 年第 4 期。

劳动是消费关系层面的生理式休闲。

具体劳动的研究对象体现了消费关系层面的生理性休闲。具体劳动体现在数字劳动是什么劳动、以及如何劳动的探讨上。面对这种以智力、知识、社交、娱乐等为代表的新型劳动形式，西方主流经济学提出数字劳动是一种与其他劳动性质不同的具体劳动。这是因为数字劳动是非物质的，数据在使用上不受物质稀缺性地制约，一个人对数据的使用不妨碍他人对该数据的再次利用[1]。数字劳动这一特殊的劳动通过带给人感官、心理上的满足感，开辟了休闲的新途径，进而决定着现代社会的物质生产劳动，这体现了数字劳动是一种在现代社会处于主导核心地位的具体劳动；由于数字平台的使用非竞争化，大量消费者聚集而来，并进一步通过虹吸效应和涟漪效应，为平台吸引消费相同产品或服务的用户[2]，这体现了数字劳动成为核心劳动的人数基础；互联网环境下的消费成为一种提升时间效率和改善空间效用的时空集约型消费[3]，这体现了数字劳动成为核心劳动的时空原因。

使用价值的研究逻辑彰显了消费关系层面的生理式休闲。西方主流经济学认为商品的价值是由其所提供的效用，也即是使用价值决定的。使用价值因为是异质的，所以不存在量的比较。在一个完全竞争市场中，消费者在个人约束条件下追求效用最大化与生产者在成本约束下追求利润最大化达成了均衡。在数字劳动过程中，数字劳动者获得了前所未有的视听满足与身心愉悦。这体现了数字劳动创造的是能满足人们生理休闲需求的使用价值。用户经历这种数字劳动对象转化为主体的本质力量。比如说人们在刷微博、看短视频时，数字信息会变成主体的一部分，从而发展人的智力、丰沛人的情感。这体现了数字劳动创造使用价值的方式。然而，这种感官乃至心理上的满足，更多的是动物的生理需求得到满足带来的愉悦感，

---

[1] 陈兵、顾丹丹：《数字经济下数据共享理路的反思与再造——以数据类型化考察为视角》，载于《上海财经大学学报》2020年第2期。

[2] 祝合良、王明雁：《消费思维转变驱动下的商业模式创新——基于互联网经济的分析》，载于《商业研究》。

[3] 冯华、陈亚琦：《平台商业模式创新研究——基于互联网环境下的时空契合分析》，载于《中国工业经济》。

存在短暂的易逝性。为了满足消费者不断增加的休闲享乐需求，平台就要持续地更新数据供给。资本家要充分利用对平台等劳动资料的所有权，时刻挖掘数字劳动劳动者留下的数字痕迹，以此不断丰富平台信息，最大限度满足数字劳动者的休闲需要。流量（数字劳动者的规模与劳动时间）对数字平台至关重要，是数字平台独特的、稀有的和不可替代的资源，是其持续成长的优势和基础①。这体现了使用价值增加的途径，即通过资本与劳动两种要素的分工，按照"看不见的手"——自由市场进行各种要素的最佳配置，增加两种要素配置的效率。

现象描述法的研究方法反映了消费关系层面的生理式休闲。西方主流经济学从抽象人的心理动机作为本质因素，演绎出各种相关的经济范畴，并运用人在现实经济活动中的主观体验，从而检验结论。这种现象描述法遵循的是从抽象上升到具体的研究思路，从单纯的规定性开始，最后终结于具有各种规定性的具体总体。西方主流经济学的核心要义就是经济人追求效用最大化的利己动机，在自由市场引领下，会实现社会财富的改善。这里的财富被归结为使用价值。由于使用价值是由资本、劳动等各种要素生产的，所以最终产品理应按要素贡献分配。针对数字劳动而言，首先，数字劳动充分契合了"经济人"的理论预设，在交易费用为零或足够低的情况下，不管资源最初的主人是谁，它都同样会流到价值最高的用途上去②。其次，在市场经济供求关系的作用下，数字劳动产品精准地满足了劳动者多样化休闲的需求，这使用户体验被提升到了前所未有的高度。数字劳动产品通过全景式呈现劳动者的休闲信息，更好地满足资本生产的需求。平台在与消费者不断地进行价值协同和价值互动中为消费者创造持续的价值，从而获得收益③。再次，随着数字经济的发展，为提高效率，使用价值的生产具体化为资本阶层在平台资本、商业资本和生产资本的进一步分工。平台有效利用社会闲置资产和产能，

①③　罗珉、李亮宇：《互联网时代的商业模式创新：价值创造视角》，载于《中国工业经济》2015 年第 1 期。

②　薛兆丰：《公正背后是效率考量》，载于《领导科学》2018 年第 36 期。

拥有的少，创造的多，是没有资本的资本主义①。由于要素分别归数字资本与数字劳动者所有，所以各个经济主体基于自己的利益将资源进行最佳配置。协同消费的核心在于共享，跨越了资本主义和社会主义之间的意识形态，找到了一个共同的社会资源分配方式②。协同共享使资本主义体制将丧失在经济中的主导地位③。

（二）自我解放：思想关系层面的创造式休闲

休闲不仅仅局限于娱乐消遣，在亚里士多德看来，"休闲"是人的创造性活动得以展开和维持幸福生活的前提，也是很好地防御懒散的精神滋养品④。对于数字劳动而言，这种创造式休闲是指劳动者经由劳动自发地实现了自我解放。其尝试从工人自治运动角度，寻找通向共产主义道路的自治主义马克思主义学派，在研究范畴、研究逻辑以及研究方法上都体现了数字劳动是思想关系层面的创造式休闲。

具体劳动的研究对象体现了思想关系层面的创造式休闲。自治主义马克思主义提出数字劳动是非物质性的，强调意识、情感等，将数字劳动规定为一种超越其他任何劳动的具体劳动。平台使用非竞争化为劳动者的自主联合创造了条件。数字劳动者出于自愿地、自主自觉地与其他劳动者联系并建立关系⑤，不能被资本从外部加以操控，这体现了数字劳动超越其他劳动的原因，即数字技术为集体智力的缔造奠定了基础。劳动时空的分散化，有助于建构自主的革命主体，这里的革命力量是羽化为一种集体智力的阶级。集合而成的大众既能清醒地意识、又能自觉地反抗资本的剥削。这体现了数字劳

---

① 乔纳森·史蒂安：《无形经济的崛起》，谢欣译，中信出版社 2020 年版，第 15 页。

② 博茨曼·罗杰斯：《共享经济时代：互联网思维下的协同消费商业模式》，上海交通大学出版社。

③ 杰里米·里夫金：《零边际成本社会一个物联网、合作共赢的新经济时代》，中信出版社 2017 年版，第 25 页。

④ 成素梅：《后疫情时代休闲观与劳动观的重塑——兼论人文为科技发展奠基的必要性》，载于《华东师范大学学报（哲学社会科学版）》2021 年第 4 期。

⑤ 孙妍豪：《马克思"机器论片段"的两种当代解读路径》，载于《江苏社会科学》2020 年第 1 期。

动高于其他劳动的表现，即数字劳动个体通过对彼此智力、知识、思维等进行改造，孕育了一种整体意义上的反抗力量，实现了创造式休闲。

使用价值的研究逻辑显现了思想关系层面的创造式休闲。数字劳动者形成了自由意志的联合体，使生产越来越具有了生命政治的特征①。这体现了数字劳动创造的是能满足劳动者反抗需求的使用价值。这里的使用价值实际上意指集体智力带给人自我解放的效用。数字劳动对象是数字劳动者知识、情感的对象化。这体现了数字劳动生产使用价值的方式，即通过共享知识增进智力，通过共享情感巩固联系。数字劳动者与数字化知识和技能等劳动资料的关系并非分离而是紧密结合的。在对象化的劳动中，人确证了内在力量和主体性。通过自由自觉的创造性活动，数字劳动者不断累积反抗的力量，从而获得满足感与幸福感。这体现了使用价值增进的途径。

现象描述法反映了思想关系层面的创造式休闲。自治主义马克思主义运用了从抽象到具体的分析方法，从意识出发，以智力、思维、情感等联合效用的"思想人"为研究基点，从而演绎出"生命政治""一般智力"等各种相关的经济范畴，并通过人的现实感受验证结论，这实质上就是现象描述方法的运用。自治主义马克思主义数字劳动产品凝结着的已不是无差别的人类劳动，而是一种抽象的集体智力，其价值无法用单位劳动时间计量，这也就宣告了马克思劳动价值论的破产。一般智力已转化为劳动力的内在素养，实现了与劳动者的新的结合。使用价值的具体化表现为，数据积累越来越外在于资本，并不断地紧密数字劳动者之间的合作关系，增强数字劳动者的反剥削能力。集体智力的使用价值不断增进，最终能自发地挣脱资本的束缚。因为数字劳动产品能最大限度地满足劳动者反抗诉求，资本的剥削能力相应也就日益萎缩，最终只能沦为平台的提供者存在，从数字劳动产品中获得类似地租性质的收益。在此，使用价值的具体化就其实质来说，就是资本与劳动按照要素所有进行分配。

---

① Hardt M，Negri A．"*Empire*"，Cambridge：Hardard University Press，2000，pp. 397 - 407.

（三）剥削深化：生产关系层面的迷失式休闲

在马克思眼中，休闲包括"个人受教育的时间，发展智力的时间，履行社会职能的时间，进行社交活动的时间，自由运用体力和智力的时间"①。在马克思主义政治经济学看来，数字劳动并非这种真正意义上的休闲，而是一种"迷失式"的休闲。迷失式休闲是指在数字劳动结成的生产关系中，潜藏着剥削的深化。马克思主义政治经济学在研究范畴、研究逻辑以及研究方法上都体现了数字劳动是生产关系层面的迷失式休闲。

抽象劳动的研究对象体现了生产关系层面的迷失式休闲。马克思从具体劳动中提炼了抽象劳动，即撇开劳动具体形式的无差别的人类劳动。数字劳动是基于人类大脑活动的一个物质系统，是人类物质性的一个组成部分。作为一种新的劳动样态，就抽象劳动的质而言，数字劳动与其他劳动别无二致。数字劳动具有二重性，既是具有特殊形式的具体劳动，又是凝结了人类体力、脑力耗费的抽象劳动。在数字经济条件下，人们必须通过交换来获得数字信息，抽象劳动是交换的共同尺度，反映了商品生产者之间的社会关系。数字劳动必须服从抽象劳动的社会权力。在规定了抽象劳动的基础上，马克思主义政治经济学提出数字劳动条件并未脱离社会关系尤其是生产关系，而是被资本当作工具加深对劳动的掠夺。平台使用非竞争化，使资本得以控制规模无限的数字劳动大军；劳动时空分散化，使资本得以时时处处地奴役劳动者。

价值的研究逻辑彰显了生产关系层面的迷失式休闲。马克思主义政治经济学认为，数字经济仍然是以交换为目的的商品经济，广大数字劳动者只有通过交换使私人劳动转化为社会劳动，才能使具体劳动还原为抽象劳动，进而实现数字劳动产品的价值。私人劳动若要被社会劳动所承认，数字劳动者势必要接受资本商业律令的指挥，毫无自主性可言。这体现了具体的数字劳动生产使用价值的同时，关键是抽象的数字劳动形成了社会属性的价值。数字劳动对象就是资本平台为吸引劳动者，用尽一切手段网罗的用户经历。数

---

① 《资本论》第 1 卷，人民出版社 2004 年版，第 306 页。

字劳动者依照资本的期待审查自己的思想和形象，由此，用户经历等劳动对象与劳动者相异化。这体现了数字资本掠夺价值的手段。数据及平台这种劳动资料是一种"关系物"，资本家利用数字资本或平台资本的优势监视、采集、记录用户数据，将其转化为自身牟利的工具①。这体现了数字资本得以掠夺价值的原因，那就是生产资料资本主义私有制关系。数字劳动的过程就是劳动者以丧失主体性为代价，促进数字资本累积的过程。从整个社会来看，在生产力发展阶段决定的社会平均生产水平和智力水平下，仍然可以形成一个平均的社会必要劳动时间，以此作为数字劳动产品的价值衡量标准②。这种价值是数字资本赖以存在得以增殖的根基，数字资本家的利润主要来源于互联网用户的所有在线时间。

科学抽象法的研究方法反映了生产关系层面的迷失式休闲。马克思主义政治经济学的核心研究方法之一就是科学抽象法③，这一方法基于唯物史观和唯物辩证法，通过从感性具体到思维抽象，再从思维抽象到思维具体的过程，达到对事物的科学认识。马克思主义政治经济学强调数字劳动者是处于社会关系尤其是物质生产关系中的人，创造的是具有社会属性的价值，透视了以物为中介的生产者之间的社会关系。这体现了从感性具体到思维抽象的路径。接下来的分析，使得思维具体被一步步地推演出来。在资本产权私有条件下，价值的具体化表现为，资本阶层凭借对生产资料的占有使得价值在劳资之间发生变动。数字劳动者创造的价值，却被资本家阶层剥夺。既然数字劳动产品的属性由资本而不是劳动者决定④，那么，其满足的只是劳动者的虚假需求，这种需求是平台资本为了盈利目的而建构的。当生产进入现实层面，资本主体这一抽象状态进一步具体化为平台资本主体、商业资本主体和生产资

---

①　孔令全、黄再胜：《国内外数字劳动研究——一个基于马克思主义劳动价值论视角的文献综述》，载于《广东行政学院学报》2017 年第 5 期。

②　刘皓琰：《信息产品与平台经济中的非雇佣剥削》，载于《马克思主义研究》2019 年第 3 期。

③　闫境华、朱巧玲、石先梅：《资本一般性与数字资本特殊性的政治经济学分析》，载于《江汉论坛》2021 年第 7 期。

④　朱阳、黄再胜：《数字劳动异化分析与对策研究》，载于《中共福建省委党校报》2019 年第 1 期。

本主体，分割的是数字劳动者创造的价值。各类资本流动，使得利润率平均化。由此，马克思主义政治经济学的分析一步步由思维抽象上升为思维具体，并为进一步解决数字经济中的劳资贫富差距提供了实践指向。所以，马克思主义政治经济学既从数字劳动中把握了商品经济生产的一般规律，又看到了资本主义生产方式的特殊规律。

三、数字劳动的"休闲"真相：马克思主义政治经济学的超越

西方主流经济学指出数字劳动优化了经济效率，着力于在消费层面分析生理式的休闲。自治主义马克思主义认为数字劳动建构了劳动的自主性，着眼于思想层面分析创造式的休闲。这两派学说实际上都是基于效用价值论的视角，即价值是由具体劳动创造的效用来衡量。而马克思主义政治经济学认为数字劳动生产了兼具价值与使用价值二重性的商品，资本通过新式的奴役机制无偿占有价值，进而深化了对数字劳动者的剥削，关注的是生产关系层面的迷失式休闲，实际上是基于劳动价值论的视角。马克思主义政治经济学透过数字劳动生产价值的表面深入到了本质，在研究对象、逻辑展开、研究方法上都实现了其他两派的超越。然而，当前关于数字劳动的分析还基本停留在什么劳动形成价值这个层次，并没有真正回答看似等价交换、各取所需的劳资关系背后，为何数字资本家的所得远远高于数字劳动者的所得，究竟什么构成了数字资本价值增殖的来源。本文认为，沿着数字劳动生产关系这条线索分析下去，实际上，数字劳动者为获取数据信息，向平台出卖的并非是劳动，而是一种特殊的劳动力，这种特殊的劳动力就是注意力。注意力成为商品，这才是数字资本剥削劳动的关键。通过分析注意力商品，才能更深刻的揭示数字劳动的"休闲"真相。

（一）资本的"数字工厂"围猎注意力

在研究对象上，自治主义马克思主义和西方主流经济学是从有用的具体劳动层面研究数字劳动，仅仅是对经济现象的经验性反映，忽视了这种经济事实社会历史条件的感性基础。马克思主义政治经济学则是对这个研

究对象的范畴进行了前提批判，从社会历史角度的抽象劳动层面研究数字劳动。个人与社会通过商品交换中介联系在一起，但在商品交换中，具体劳动不能直接进行量的比较，只有还原为抽象劳动，才能进行量的比较。此时，社会劳动才以抽象一般劳动或抽象人类劳动的形式出现①。由此，马克思主义政治经济学从具象到抽象地实现了研究对象上的超越。

　　就数字劳动而言，西方主流经济学与自治主义马克思主义将其视为一种起主导作用的非物质劳动。无论是精神的愉悦，还是智力的集结，两大学派都着眼于意识上的获得感，否认了数字劳动者的消耗。实际上，数字劳动消耗的是一种特殊形式的劳动力，那就是注意力。比如，刷抖音支付的注意力，只能从自我学习或者其他活动中扣除。注意力在大脑中由生物能量转化过来，又跟我们的脑神经元紧密捆绑在一起。劳动者过度消耗注意力，对自己的身心也会造成损伤。这种损伤表现为神经涣散、反应迟钝、难以思考等。随着注意力被线上各种"诱惑"消耗殆尽，人们的基本社交能力也会急剧下降。显然，马克思主义政治经济学将数字劳动视为物质劳动，是对非物质劳动说的超越。关于平台使用非竞争化与劳动时空分散化，西方主流经济学和自治主义马克思主义都认为这是数字技术对劳动自主性的彻底赋能，也是数字劳动凌驾于其他劳动之上的显著特征。然而，数字技术一方面便利了劳动条件、提升了劳动技能、提高了劳动效率，但另一方面，也加深了资本对劳动的压榨。比如，流量明星都是由资本平台包装的。数字劳动者想要成为某个流量的粉丝，就要天天打卡、转发、控评、做数据等，不得不耗尽时间、精力和梦想。因此，数字技术与数字劳动仍然是资本主义生产方式的产物并处于资本主义的统治之中。由于局限在具体劳动的层面，西方主流经济学认为数字劳动的目的就是为了生理式休闲，导致消费主义、享乐主义等横行，反而对数字劳动者的生存与发展带来了难以估量的负面影响。自治主义马克思主义在强调劳动者主体性力量的同时，走向了单纯的技术和知识（或一般智力）

---

　　①　訾阳：《论马克思商品价值论的政治经济学批判性质》，载于《当代国外马克思主义评论》2021 年第 1 期。

的解放逻辑，只能沦为虚无缥缈的幻想。而马克思主义政治经济学始终强调，只有在一定的社会历史条件下，劳动才能形成价值，数字劳动只是其中的一种表现形式。也就是说，数字劳动只有在抽象一般劳动的基础上，才意味着价值。马克思主义政治经济学将纷繁芜杂的具体数字劳动加以抽象，找到了无差别的人类劳动——抽象劳动，实现了对其他两大学派的超越。既然数字劳动本身也存在商品交换，那么，数字劳动者用来交换的究竟是什么呢？实际上，数字劳动者是网络无产阶级，无法建立起不受资本关系控制的网络平台，除了注意力外自由的一无所有。劳动者之所以能交换到数据信息，向数字平台转让的正是自己的注意力，注意力也成了一种商品，劳动者向平台交换的正是注意力商品中抽象劳动凝结的价值。数字技术的发展，从广度和深度上拓展了资本对注意力的控制。如此一来，数字技术为劳动者的迷失式休闲构筑起了条件。数字技术的资本主义运用仅仅是对掘金领地的圈占，数字技术的社会主义运用才会实现数字劳动者的真正自由。当下区块链技术的透明性与去中心化都为数字智能技术超越资本的"生产逻辑"提供了技术上的可能，我国应从战略角度推动数字技术创新发展，避免垄断资本借助数字技术进行集权控制。

（二）资本的"温柔陷阱"压榨注意力

使用价值在西方主流经济学中就是效用，体现了物的属性与人的需要之间的契合性。效用的大小是由消费者基于自身需要对物的有用性做出的主观评价。效用的变化实际上取决于供求双方的力量博弈，而非仅仅是物的有用性本身。物的有用性背后隐藏着人与人之间的交换关系。效用价值论将这种交换能力的表象环节予以凸显，将交换环节的产物等同于价值本身，没有看到决定这种交换能力的根源，那就是社会必要劳动时间的耗费。马克思主义政治经济学的劳动价值论，透视到主观效用背后的客观供求关系，并且从供求的交换关系表象进一步透视到生产关系的实质，找到了价值的实体和本源，从而实现了从效用价值论超越。

具体在数字劳动中，从效用价值论出发，西方主流经济学、自治主义马克思主义的整个分析框架都在围绕使用价值的运动展开。其中，前者着力于为财富（使用价值）的创造配置各种要素，以便打通各种要素自由流动的障碍。后者寄希望于社会化大分工的发展能形成思想上的联合，凭借一般智力（使用价值）的增长，颠覆资本主义私有制。若要创造使用价值，资本与劳动两种要素缺一不可。这两大学派进而认为劳动与资本这两种要素在生产中彼此独立、各司其职。数字劳动的过程是劳动者自我满足的过程，剥削根本不存在或者剥削会自动离场。而马克思主义政治经济学将使用价值抽象至价值层面，从价值运动中揭示了数字资本对劳动创造的价值的疯狂掠夺。然而，资本就是如何在平等交换数字信息的表象下完成了增殖？增值的来源又是什么呢？只有通过分析劳动者的注意力这种特殊商品在生产中发挥的作用，才能更彻底地揭示剥削的秘密。注意力商品的特殊性在于它的使用价值能创造出比自身价值更大的价值。比如在数字劳动者浏览网页的同时，他的注意力经常被各种软件的内容推送所抢夺、被各种哗众取宠的标题图文与视频所诱惑。数字劳动者进行网络社交时，他的注意力经常被以朋友之名求赞、拉关注，被各种商业广告推销等吸引。由于注意力商品被"出售"，导致劳动者在劳动中不属于自己，而是属于资本家。由此，劳动者的劳动、劳动对象和劳动资料等数字劳动过程的三个基本要素，都为资本家占有与支配。首先，资本决定了数字劳动的目的只有一个，那就是无限制地为其创造价值。虽然数字劳动过程营造了某种自我关注与享乐的氛围，但数字劳动并非自觉自由的劳动，而是受资本支配的强制劳动。其次，作为劳动对象的用户经历，不过是资本以更隐蔽的方式，对劳动者全景式剥削的工具化手段。比如网红以段子、直播带货等形式吸引流量用以牟利。再次，资本之所以能用一种虚幻的满足感为诱饵，操纵数字劳动者无时无处不在为其创造剩余价值，正是因为资本对平台以及数据等劳动资料的私有制。在私有化条件下，资本家垄断信息平台，工人对网络平台的设计和协议没有所有权、控制权和治理权①。这就

① 崔学东、曹樱凡：《"共享经济"还是"零工经济"？——后工业与金融资本主义下的积累与雇佣劳动关系》，载于《政治经济学评论》2019 年第 1 期。

使劳动过程成为支配劳动者的力量，甚至导致强迫性的伤害性的劳动，潜移默化地使人的身体、精神世界、人的本质与人相异化，还使人与人的关系异化。由此可见，使用价值的单纯展开逻辑，会忽视劳资之间的不平等，而马克思主义的价值展开逻辑实现了对其的超越。这也提示我们，数字劳动者在孜孜不倦奉献体力、智力与情感的过程中，并未察觉自己早已沦为数据化的平面存在，将一切的一切献祭给了资本增殖。只有坚持互联网平台以公有制为主体，才能避免数字劳动过程被垄断资本俘获，从而实现人与人、人与物、人与社会的进一步联合、联通与互动，使劳动过程真正被数字劳动者驾驭，实现人向自身、向合乎人性的人的复归。

（三）资本的"幕后黑手"劫持注意力

西方主流经济学、自治主义马克思主义采用的实际上是现象描述法，探索的只是现象的表面联系，不能真正把握经济运行的规律。而马克思主义经济学运用科学抽象法，遵循"感性具体—思维抽象—思维具体—实践"的基本研究路径，克服了现象描述法"只分不合"的缺陷，实现了对后者的超越。

具体到数字劳动中，西方主流经济学与自治主义马克思主义都是从观念和抽象出发，认为从抽象上升到具体的方法只是思维用来掌握具体，并将其当作一个精神上的具体再现出来的方式。其中，前者从抽象的"经济人"假设出发，强调人在生理上的消费满足。后者从抽象的"思想人"假设出发，强调集体智力的重要。实际上，这都是效用价值论，对数字劳动仅抽象到具体劳动创造使用价值这个层面上。因为使用价值的源泉是多元的，两者自然而然的提出资本与劳动各得其所，数字劳动者获得了劳动产品，平台资本获得了来自要素投资的回报。然而，如果满足于西方主流经济学的"生理式休闲"，那么数字劳动者就会忘我地沉浸于资本营造的消费主义之中。如此一来，娱乐化、消费化、低俗化的数字劳动产品占据主流，而具有批判性、独立性和本体性的数字劳动产品就会日渐式微。自治主义马克思主义的"创造式休闲"则夸大了精神的能动作用。既然共同品本身的创造与传播处在资本的精心设计与控制之下，那么，其又如何能自动生成反抗资本的革命精神与革命力量？因此，只运用从抽象到具体的研究方法，理论就无法和实际情况真正结合起来，更无法对活生生的现实的具体做出新判断。马克思主义政治经济学"迷失式休闲"运用科学抽象法，从现实的、社会的人出发，进而从数字劳动这个社会历史上的特殊劳动形态透视到了抽象劳动一般，并提出抽象劳动是价值的唯一源泉。在马克思主义政治经济学中，从实在和具体到抽象这个过程在整个思维进程中占据着基础性的位置，这也使马克思主义政治经济学科学地揭示了其他两派无法触及的数字劳动本质。遵循科学抽象法，从思维抽象进一步到思维具体，我们就要运用注意力商品这样一个中介。在私有制条件下，资本家无偿占有数字劳动者生产的剩余价值，以此继续购买劳动者的"注意力"，榨取更多的剩余价值用于资本积累。资本的利润是由剩余价值转化而来，在平台资本、商业资本、产业资本之间进行瓜分。这也警示我们，资本控制的数字平台上没有免费产品，即便看起来是免费的，但实际上数字劳动者已成为它的产品，付出了自己的所有。因此，要从所有制的角度促进数字劳动产品的真正共享。一方面，在以公有制为主体的平台上，不断引导数字劳动者生产符合社会主义核心价值观的劳动产品，并不断提升数字产品的效用，促进数字经济成果的真正共享；另一方面，应注意保护数字劳动者的数据隐私权，关注网民的生存与休闲状态，引导数字劳动者认识到自身注意力的稀缺与珍贵。

四、结论：自主式休闲的突围——注意力的合理安放

数字劳动的条件、过程、后果呈现一系列新特征，"劳动"似乎与"休闲"不分彼此。西方主流经济学与自治主义马克思主义都基于效用价值论，过于强调数字技术进步孕育的主体性力量，并未从"喧嚣的交换景观"回归到生产的"根基"。两者不约而同地提出，单纯利用知识技术的力量来推动一场全民性的社会改革。然而，这最终只能沦为一种美好的幻想乃至成为掩护数字资本剥削的挡箭牌。只有重新回到马克思主义政治经济学的劳动价值论，将数字劳动问题与其所处的生产关系背景相结合，才能深刻揭示休闲面纱下资本对数字劳动的隐性剥削。其中，劳动者的注意力成为商品，是数字资本

实现剥削的关键。资本家诱迫数字劳动者用注意力创造剩余价值，对劳动者的剥削更为沉重，这体现于剥削的广度（劳动者无门槛）、剥削的强度（劳动全时域）、剥削的精度（社交网络的精准对标）、剥削的深度（全身心沉迷）等方面。这也启示我们，在新时代中国特色社会主义数字经济的建设中，要坚持与发展马克思主义政治经济学，避免数字劳动成为垄断资本增殖的工具，实现数字劳动者的自主式休闲，促进真正的共享。在数字平台的建设中，国有经济成分要不断掌握互联网核心技术，坚持数字平台以公有制为主体。在平台数据的投放内容上，要引导人们认识到，休闲是为了生产，并非生产是为了休闲。数字劳动的根本目的是生产与发展，只有有利于人类主体的生存和发展、符合社会发展趋势、推动社会历史进步需要的才是平台投放数据的真正标准。这样才能真正发挥数字劳动者中集体智力的作用，实现数字劳动主权的复归，使自治主义马克思主义的空想变为现实。在平台数据的投放形式上，还要借鉴西方主流经济学的合理成分，研究数字资本使用个性化等制造消费黏性的方式，创新公有制数字平台的呈现形式，才能更好地吸引数字劳动者的注意力并充分发挥数字劳动者积极性与创造性。在完善公有制数字平台的同时，还要引导私有平台为社会主义数字经济建设服务。当前各大私有平台通过数据垄断与流量垄断，实现垄断资本的不断自我强化。这就需要政府监管部门加强有效干预，维护市场公平竞争，保护消费者，并为创新型的初创企业开辟发展空间。让劳动者不再成为数字平台的奴隶，使数字平台真正为数字劳动者服务。对于广大数字劳动者而言，要引导人们充分领悟到注意力对于每个人都是珍贵的，其与个人"身心健康"高度交织。注意力商品的特点是其能创造出超出自身价值的价值，同时注意力很容易被外界诱惑所劫持。注意力被过度劫持可能会造成长期注意力商品的"贬值"。正是因为注意力商品增值潜力大，对自己"投资"注意力就能获得倍增的回报。所以，数字劳动者应保护注意力并合理投放注意力，进而实现数字劳动者自主式休闲的跃升。

（原文发表于《中国矿业大学学报（社会科学版）》2022 年第 3 期）

相关文献

［1］陈征：《发展劳动价值论的关键所在——四论现代科学劳动》，载于《当代经济研究》2002 年第 11 期，第 33～37、62～10 页。

［2］陈征：《现代科学劳动是发展劳动价值论的重要范畴和核心理论内容》，载于《高校理论战线》2002 年第 11 期，第 23～25 页。

［3］陈征：《深化对劳动和劳动价值理论的认识》，载于《高校理论战线》2001 年第 10 期，第 51～56 页。

［4］陈征：《论科学劳动》，载于《当代经济研究》1996 年第 6 期，第 2～7 页。

［5］陈征：《论现代精神劳动》，载于《当代经济研究》2004 年第 7 期，第 3～8、73 页。

［6］陈征：《论现代科技劳动》，载于《福建论坛（人文社会科学版)》2004 年第 6 期，第 4～9 页。

［7］陈征：《现代科学劳动探索》，载于《经济学家》2004 年第 2 期，第 4～11 页。

［8］陈征：《论现代教师劳动》，载于《高校理论战线》2004 年第 4 期，第 31～35 页。

［9］陈征：《论现代服务劳动》，载于《当代经济研究》2003 年第 10 期，第 3～8、73 页。

［10］陈征：《论现代管理劳动》，载于《东南学术》2003 年第 5 期，第 89～96 页。

［11］陈征：《论劳动价值论在当代的运用和发展》，载于《经济评论》2003 年第 4 期，第 3～5 页。

［12］李建平：《抽象和具体两种形态劳动价值理论的涵义》，载于《海派经济学》2021 年第 3 期，第 225～226 页。

［13］李建平：《〈资本论〉抽象形态劳动价值论的基本内容探索》，载于

《福建师范大学学报（哲学社会科学版）》2015 年第 5 期，第 2～10、168 页。

[14] 李建平、黄志刚：《商品价值的数学表达及其应用》，载于《东南学术》2008 年第 1 期，第 111～116 页。

[15] 李建平：《劳动价值论研究的新开拓》，载于《福建师范大学学报（哲学社会科学版）》2003 年第 1 期，第 144～145 页。

[16] 李建平：《论劳动价值理论的两种形态》，载于《学术月刊》2002 年第 9 期，第 50～55 页。

[17] 李建平：《异化劳动的几个理论问题刍议——兼评所谓"社会主义异化劳动残余论"》，载于《福建师范大学学报（哲学社会科学版）》1984 年第 3 期，第 19～25 页。

[18] 李建平：《价值形式辩证法试探——读《资本论》札记》，载于《福建师大学报（哲学社会科学版）》1982 年第 2 期，第 38～47 页。

[19] 陈征：《劳动的新特点》，载于《光明日报》2001 年 7 月 17 日。

[20] 卫兴华：《劳动价值论的坚持与发展问题》，载于《经济纵横》2012 年第 1 期，第 1～7 页。

[21] 卫兴华：《劳动价值论需要创新与发展》，载于《经济学家》2004 年第 1 期，第 11～16 页。

[22] 卫兴华：《关于深化对劳动和劳动价值理论的研究与认识之我见》，载于《南开经济研究》2001 年第 5 期，第 3～10 页。

[23] 谷书堂、杨玉川：《对价值决定和价值规律的再探讨》，载于《经济研究》1982 年第 1 期，第 18～25 页。

[24] 谷书堂、柳欣：《新劳动价值论一元论——与苏星同志商榷》，载于《中国社会科学》1993 年第 6 期，第 83～94 页。

[25] 陈征：《马克思劳动价值理论的基本内容》，载于《南昌大学学报（人文社会科学版）》1982 年第 3 期，第 10～17 页。

[26] 卫兴华：《三论深化对劳动和劳动价值论认识的有关问题》，载于《高校理论战线》2001 年第 8 期，第 35～42 页。

[27] 李建平：《掌握〈资本论〉方法，正确理解劳动价值论》，载于

《当代经济研究》2002 年第 1 期，第 6 ~ 9、2 页。

[28] 陈征：《现代科学劳动探索》，载于《经济学家》2004 年第 2 期，第 4 ~ 11 页。

[29] 苏星：《劳动价值论一元论》，载于《中国社会科学》1992 年第 6 期，第 3 ~ 16 页。

[30] 卫兴华：《劳动价值论讨论中的一些观点质疑》，载于《当代财经》2002 年第 12 期，第 3 ~ 5 页。

[31] 钱伯海：《论深化劳动价值认识的根本关卡》，载于《经济学动态》2001 年第 9 期，第 14 ~ 19 页。

[32] 钱伯海：《关于深化劳动价值认识的理论思考》，载于《厦门大学学报（哲学社会科学版）》2001 年第 2 期，第 30 ~ 35 页。

[33] 陈永志：《新技术革命与当代资本主义生产劳动》，载于《学术月刊》1997 年第 7 期，第 31 ~ 37 页。

[34] 何炼成：《对"生产劳动理论观"批判的反批判》，载于《当代经济科学》2003 年第 3 期，第 1 ~ 5、69 ~ 93 页。

[35] 何炼成：《马克思的劳动和劳动价值论新探》，载于《陕西师范大学学报（哲学社会科学版）》2003 年第 2 期，第 5 ~ 11 页。

[36] 陈永志：《新技术革命与马克思生产劳动理论》，载于《经济评论》2002 年第 3 期，第 3 ~ 6、44 页。

[37] 何炼成、姚慧琴：《坚持和发展马克思的劳动价值论》，载于《河北经贸大学学报》2002 年第 2 期，第 1 ~ 5 页。

[38] 陈永志：《新技术革命与当代资本主义生产劳动》，载于《学术月刊》1997 年第 7 期，第 31 ~ 37 页。

[39] 邱兆祥：《浅论古典学派在劳动价值论上的贡献》，载于《中央财政金融学院学报》1990 年第 3 期，第 46 ~ 48 页。

[40] 汤在新：《价值论的革命变革——从斯密、李嘉图到马克思》，载于《经济评论》2005 年第 2 期，第 3 ~ 8 页。

[41] 胡莹、刘静琬：《价值理论的发展：从李嘉图到马克思》，载于

《当代经济研究》2021 年第 4 期，第 5 ~ 15 页。

[42] 李铁映：《关于劳动价值论的读书笔记》，载于《中国社会科学》2003 年第 1 期，第 25 ~ 40、205 页。

[43] 谢富胜：《论生产劳动和非生产劳动》，载于《经济评论》2003 年第 2 期，第 8 ~ 12 页。

[44] 任洲鸿：《马克思"抽象劳动"概念探析》，载于《当代经济研究》2009 年第 8 期，第 26 ~ 30 页。

[45] 陈永志、杨继国：《"价值总量之谜"试解》，载于《经济学家》2003 年第 6 期，第 35 ~ 42 页。

[46] 朱炳元：《马克思劳动价值论的方法论》，载于《毛泽东邓小平理论研究》2005 年第 11 期，第 17 ~ 24 页。

[47] 张雷声：《马克思劳动价值论的逻辑整体性》，载于《教学与研究》2018 年第 4 期，第 5 ~ 11 页。

[48] 张雷声、顾海良：《马克思劳动价值论研究的历史整体性》，载于《河海大学学报（哲学社会科学版）》2015 年第 1 期，第 1 ~ 8、89 页。

[49] 钟春洋：《方法论视野下马克思劳动价值论新解读》，载于《当代经济研究》2011 年第 12 期，第 7 ~ 13 页。

[50] 何炼成：《也谈劳动价值论一元论——简评苏、谷之争及其他》，载于《中国社会科学》1994 年第 4 期，第 23 页。

[51] 王峰明：《马克思经济学假设的哲学方法论辨析——以两个"社会必要劳动时间"的关系问题为例》，载于《中国社会科学》2009 年第 4 期，第 54 ~ 64、205 ~ 206 页。

[52] 丁堡骏：《论社会必要劳动时间的理论定位——兼与王峰明先生商榷》，载于《当代经济研究》2010 年第 10 期，第 1 ~ 4 页。

[53] 何干强：《也谈劳动生产率同价值创造的关系》，载于《教学与研究》2011 年第 7 期，第 46 ~ 53 页。

[54] 徐东辉：《基于双重价值转形理论论证劳动生产率与单位商品价值量的反比关系——兼与何干强教授商榷》，载于《当代经济研究》2016 年第

12 期，第 70～77 页。

　　［55］孟捷：《劳动价值论的"新解释"及其相关争论评述》，载于《中国人民大学学报》2011 年第 3 期，第 35～44 页。

　　［56］顾海良：《马克思劳动价值论的科学地位及其新课题》，载于《南开经济研究》2001 年第 6 期，第 7～9、16 页。

　　［57］中国社会科学院"劳动价值论"课题组：《如何深化和发展马克思劳动价值论》，载于《中国社会科学院研究生院学报》2002 年第 4 期，第 2～10、109 页。

　　［58］白永秀、刘盼：《人工智能背景下马克思劳动价值论的再认识》，载于《经济学家》2020 年第 6 期，第 16～25 页。

　　［59］富丽明：《当"劳动"变成"休闲"：数字劳动价值论争议研究》，载于《中国矿业大学学报（社会科学版）》2021 年第 1 期。

　　［60］白暴力、王胜利：《全面理解马克思劳动价值理论》，载于《当代经济研究》2007 年第 2 期，第 1～7、73 页。

　　［61］陈永志、杨继国：《"价值总量之谜"试解》，载于《经济学家》2003 年第 6 期，第 35～42 页。

　　［62］白暴力：《对现代西方学者否定劳动价值理论的分析》，载于《海派经济学》2003 年第 3 期，第 92～104 页。

　　［63］白暴力：《评斯蒂德曼对劳动价值学说的所谓否定》，载于《经济学动态》2001 年第 8 期，第 43～47 页。

　　［64］王峰明、周晓：《生产性劳动的转化及其理论效应辩难——从马克思《资本论》看奈格里和哈特的非物质劳动理论》，载于《中国高校社会科学》2022 年第 1 期，第 46～59、158 页。

　　［65］伍书颖、王峰明：《生产劳动理论：马克思对亚当·斯密的批判与超越》，载于《思想理论教育导刊》2021 年第 8 期，第 37～44 页。

　　［66］白永秀、刘盼：《人工智能背景下马克思劳动价值论的再认识》，载于《经济学家》2020 年第 6 期，第 16～25 页。

　　［67］金碚：《马克思劳动价值论的现实意义及理论启示》，载于《中国

工业经济》2016 年第 6 期，第 5～13 页。

[68] 莫小丽：《劳动价值论与剥削：马克思与科恩之间》，载于《海派经济学》2020 年第 4 期，第 76～89 页。

[69] 侯风云：《论马克思劳动价值论及其理论意义和实践意义》，载于《河北经贸大学学报》2022 年第 3 期，第 1～8 页。

[70] 王天恩：《人工智能与劳动价值论内在逻辑的展开》，载于《思想理论教育》2021 年第 9 期，第 43～49 页。

[71] 胡斌、何云峰：《弱人工智能时代的劳动价值论与劳动制度》，载于《浙江工商大学学报》2019 年第 4 期，第 5～14 页。

[72] 戴亮：《马克思劳动价值论视域下"内卷化"现象探略》，载于《长白学刊》2022 年第 2 期，第 64～72 页。

[73] 刘伟兵：《过时还是证明：人工智能时代的马克思劳动价值论》，载于《毛泽东邓小平理论研究》2020 年第 6 期，第 62～67、109 页。

[74] 王水兴：《人工智能的马克思劳动价值论审思》，载于《马克思主义研究》2021 年第 5 期，第 87～96 页。

[75] 胡莹：《数字资本主义与劳动价值论的新课题》，载于《经济纵横》2021 年第 11 期，第 28～35 页。

[76] 何玉长、宗素娟：《人工智能、智能经济与智能劳动价值——基于马克思劳动价值论的思考》，载于《毛泽东邓小平理论研究》2017 年第 10 期，第 36～43、107 页。

[77] 吴宏政、吴暇：《新时代美好生活的"劳动价值论"》，载于《湖湘论坛》2019 年第 5 期，第 46～52 页。

[78] 郭潇彬、朱炳元：《正确理解劳动价值论要用科学的方法论》，载于《海派经济学》2020 年第 4 期，第 151～161 页。

[79] 吴雨星：《弱人工智能时代马克思劳动价值论的坚持与阐释》，载于《东南学术》2022 年第 1 期，第 66～74 页。

[80] 贾淑品：《人工智能背景下马克思劳动价值论的再审视》，载于《广西社会科学》2021 年第 6 期，第 1～7 页。

[81] 徐彦秋：《马克思劳动价值论的理论溯源、科学内涵及当代意义》，载于《苏州大学学报（哲学社会科学版）》2021 年第 2 期，第 11～18 页。

[82] 李松龄：《发展马克思主义必须坚持和发展劳动价值论》，载于《经济问题》2018 年第 9 期，第 22～30 页。

[83] 付文军：《马克思劳动价值论的政治哲学意蕴》，载于《贵州师范大学学报（社会科学版）》2021 年第 6 期，第 1～8 页。

[84] 吕景春、李梁栋：《马克思劳动价值论：扩展与反思——兼论"劳动者商品"概念及其内涵》，载于《中国经济问题》2021 年第 3 期，第 38～50 页。

[85] 王峰明、王璐源：《蒲鲁东的价值理论——基于马克思劳动价值论的评析》，载于《当代经济研究》2022 年第 1 期，第 25～33 页。

[86] 朱哲、何林：《马克思劳动价值论中的劳动主体性思想及当代价值》，载于《当代经济研究》2019 年第 7 期，第 15～22 页。

[87] 李海明：《检验劳动价值论：方法与证据》，载于《经济学动态》2017 年第 9 期，第 20～33 页。

[88] 刘晓晓：《劳动价值论是货币价值论吗？——海因里希对马克思价值理论的探讨》，载于《理论月刊》2022 年第 4 期，第 15～22 页。

[89] 陈祥勤：《劳动价值论：商品世界的历史科学》，载于《哲学动态》2022 年第 5 期，第 23～37 页。

[90] 胡芳：《资产阶级劳动价值论的马克思意识形态批判》，载于《宁夏社会科学》2021 年第 5 期，第 27～36 页。

[91] 李无双、孙寿涛：《论马克思劳动价值论的政治哲学意蕴——从罗尔斯对马克思的质疑谈起》，载于《求是学刊》2021 年第 6 期，第 32～39 页。

[92] 卢萍：《马克思劳动价值论的时代境界及实践意义》，载于《财经问题研究》2021 年第 3 期，第 21～27 页。

[93] 方敏：《对〈资本论〉中劳动价值论的几点认识与澄清》，载于《当代经济研究》2020 年第 6 期，第 5～14、113、2 页。

[94] 王清涛：《马克思劳动价值论的生存解读及其当代价值》，载于

《东岳论坛》2019 年第 6 期，第 21 ~ 33 页。

[95] 张晓雪、孙迎光：《人工智能背景下马克思劳动价值论的三维审视》，载于《江苏社会科学》2021 年第 3 期，第 160 ~ 167 页。

[96] 何祚庥、庆承瑞：《一个可将劳动价值论和边际效用论统一在一个方案的数理经济模型》，载于《当代财经》2015 年第 4 期，第 3 ~ 22 页。

[97] 孙乐强：《马克思劳动价值论的革命意义及当代价值——对非物质劳动论与知识价值论的再思考》，载于《理论探索》2017 年第 3 期，第 55 ~ 61 页。

[98] 丁堡骏：《坚持、捍卫和发展马克思的劳动价值论——纪念恩格斯诞辰 200 周年》，载于《当代经济研究》2020 年第 9 期，第 5 ~ 21、113 页。

[99] 张雷声：《马克思劳动价值论的逻辑整体性》，载于《教学与研究》2018 年第 4 期，第 5 ~ 11 页。

[100] 高林远：《论马克思劳动价值论的立场、论证方法和理论逻辑》，载于《四川师范大学学报（社会科学版）》2019 年第 1 期，第 27 ~ 35 页。

[101] 吴欢、卢黎歌：《数字劳动与大数据社会条件下马克思劳动价值论的继承与创新》，载于《学术论坛》2016 年第 12 期，第 7 ~ 11 页。

[102] 陆茸：《非物质劳动条件下马克思的劳动价值论过时了吗——评哈特和奈格里基于"共同性"的价值理论》，载于《中国经济问题》2021 年第 1 期，第 17 ~ 23 页。

[103] 刘伟：《中国特色社会主义政治经济学必须坚持马克思劳动价值论——纪念《资本论》出版 150 周年》，载于《管理世界》2017 年第 3 期，第 1 ~ 8 页。

[104] 杨嫚：《论新媒介产消者"自由劳动"的本质及其历史意义——基于马克思劳动价值论的分析》，载于《社会主义研究》2018 年第 4 期，第 46 ~ 55 页。

[105] 孟捷：《劳动价值论与资本主义经济中的非均衡和不确定性——对第二种社会必要劳动概念的再阐释》，载于《政治经济学报》2017 年第 2 期，第 3 ~ 48 页。

［106］丁堡骏：《评萨缪尔森对劳动价值论的批判》，载于《中国社会科学》2012 年第 2 期，第 79 ~ 93 页。

［107］华安：《主权与技术：数字货币视域下马克思劳动价值论探析》，载于《甘肃社会科学》2021 年第 2 期，第 223 ~ 229 页。

［108］赵磊：《"不能量化"证伪了劳动价值论吗?》，载于《政治经济学评论》2017 年第 4 期，第 3 ~ 17 页。

［109］种项谭：《坚持和发展马克思劳动价值论：基于对价值源泉争论的思考》，载于《中国社会科学院研究生院学报》2018 年第 5 期，第 23 ~ 33 页。

［110］刘召峰：《"从抽象上升到具体"与马克思的劳动价值论——以"劳动的耗费、凝结与社会证成"为中心线索的解读》，载于《政治经济学评论》2013 年第 2 期，第 186 ~ 208 页。

［111］孙亮：《〈资本论〉语境中"劳动价值论"及其解放理念》，载于《马克思主义理论学科研究》2019 年第 3 期，第 13 ~ 22 页。

［112］唐正东：《马克思劳动价值论的双重维度及其哲学意义》，载于《山东社会科学》2017 年第 5 期，第 5 ~ 10 页。

［113］侯彦杰：《马克思劳动价值论的生态学意涵》，载于《学习与探索》2019 年第 11 期，第 33 ~ 39 页。

后　记

经典著作的恒久魅力，在于其所蕴含的思想能够穿透时空而抵达当下，超越时代而指向未来。《资本论》就是这样的经典之作，无论时代如何变迁，它都始终站在人类思想之巅。

1983年马克思逝世一百周年，陈征先生主编了一套《资本论》教学研究参考资料以表示对这位伟大革命导师的纪念。该套丛书选编了新中国成立后30余年国内研究《资本论》的论文和译文，分五册由福建人民出版社出版，分别是：《〈资本论〉创作史研究》《〈资本论〉的对象、方法和结构》《〈资本论〉第一卷研究》《〈资本论〉第二卷研究》以及《〈资本论〉第三卷研究》。这套资料的出版受到了学界的一致好评。

斗转星移，现在距离《资本论》教学研究参考资料丛书的出版已经整整过去了四十年。四十年来，中国从低收入国家一跃成为世界第二大经济体，发生了天翻地覆的变化。然而，作为中国的主流经济学，马克思主义政治经济学经历了一个从一统天下到多元并存再到强势重建的否定之否定的发展历程。曾经有一段时期，马克思主义经济学"失语、失踪、失声"问题非常突出，一些年轻人缺乏理论自信，认为马克思经济学过时了，《资本论》过时了。对此，陈征先生在接受采访时郑重指出："我始终对《资本论》研究充满信心和动力。"他还表示："《资本论》没有过时，也永远不会过时。因为《资本论》分析了资本主义的问题，预见了资本主义一定要向更高级社会形态演变的规律，对现在依然有很强的指导意义。"在一次题为《关于马克思主义经济学研究的几个问题》报告中，李建平先生强调必须重视对马克思经济学经典著作的现代解读，因为"《资本论》揭示了资本主义市场经济乃至所有市场经济的一般规律，如价值规律、资本积累规律、平均利润率下降规律等，在现代依然具有指导意义，依然能够指导我国的社会主义改革和建设实践"。

党的十八大以来，习近平总书记高度重视马克思主义政治经济学的学习和应用。在主持十八届中央政治局第二十八次集体学习时的讲话中，总书记指出，在我们的经济学教学中，不能食洋不化，还是要讲马克思主义政治经济学，当代中国社会主义政治经济学要大讲特讲，不能被边缘化。作为马克思主义最厚重、最丰富的著作，习近平非常重视《资本论》的教学与研究。早在 2012 年 6 月，他在中国人民大学调研时就特地考察了该校的《资本论》教学研究中心，并发表重要讲话，他指出：马克思主义中国化形成了毛泽东思想和中国特色社会主义理论体系两大理论成果，追本溯源，这两大理论成果都是在马克思主义经典理论指导之下取得的。《资本论》作为最重要的马克思主义经典著作之一，经受了时间和实践的检验，始终闪耀着真理的光芒。

福建师范大学一直以来都非常重视《资本论》以及马克思主义政治经济学的教学与研究。即便在《资本论》研究处于低潮时，我们都始终坚持给经济学专业的本科生开设《资本论》课程。几代人薪火相传，几十年砥砺奋进。我们在政治经济学教学研究尤其是《资本论》研究领域取得了蜚声学界的研究成果，被誉为"南方坚持马克思主义经济学教学与科研的重要阵地"。显然，这一地位的取得与陈征和李建平两位"大先生"长期潜心于《资本论》教学、研究和传播是分不开的。陈征先生的《〈资本论〉解说》是"我国第一部对《资本论》全三卷系统解说的著作"。李建平先生的《〈资本论〉第一卷辩证法探索》是国内最早运用文本分析研究马克思经济理论和方法的专著。一代又一代福建师大经济学人在马克思主义经济学领域辛勤耕耘，奠定了学校作为政治经济学学术重镇的地位。

2021 年 9 月，经济学院成立了《资本论》的理论、方法和结构及其当代价值研究团队。在李建平先生的倡议和指导下，鲁保林教授开始组织团队的骨干力量编写一套新的《资本论》教学研究参考资料，旨在反映改革开放以来中国学者在《资本论》研究对象、劳动价值论、生产力理论、资本主义基本矛盾理论、工资理论、重建个人所有制、社会再生产理论、一般利润率趋向下降规律研究上所取得的代表性成果。这套丛书由李建平先生和黄瑾教授担任主编，一共八册。各分册的负责人为：（1）陈晓枫：《资本论》研究对象；（2）陈美华：劳动价值论；（3）陈凤娣：生产力理论；（4）许彩玲：资本主义基本矛盾及其当代表现；（5）杨强、王知桂：工资理论；（6）孙晓军：重建个人所有制；（7）魏国江：社会再生产理论；（8）鲁保林：一般利润率趋向下降规律。

为保持入选论文原貌，入选论文的作者简介以论文发表时为准。我们对作者的授权和支持表示衷心感谢！不过，由于工作单位变动等因素的影响，一些入选论文未能联系到原作者，敬希望作者见书后及时与我们联系，以便奉寄样书和支付稿酬。由于本书篇幅有限，还有许多佳作尚未入选，我们深表遗憾。经济科学出版社孙丽丽编审为本套书的出版付出了辛勤劳动，在此一并感谢。

2023 年是马克思逝世一百四十周年。本套丛书历经一年半的编写和审改也即将问世，这套丛书的编写饱含了我们对马克思这位伟大思想家的崇高敬意和深厚感情。跟随马克思的足迹前进，是对这位伟大革命导师最好的缅怀和纪念。作为"南方坚持马克思主义经济学教学与科研的重要阵地"，我们将进一步增强责任感和使命感，做《资本论》研究的继承者和发展者，为繁荣发展中国马克思主义经济学贡献力量。

福建师范大学《资本论》的理论、方法和结构及其当代价值研究团队

2023 年 3 月